신화와 형이상학

Mythe et Méthaphysique
by Georges Gusdorf

국립중앙도서관 출판시도서목록(CIP)

신화와 형이상학 / 조르주 귀스도르프 지음 ; 김점석 옮김.
— 파주 : 문학동네, 2003
p. ; cm

원서명: Mythe et Métaphysique
원저자명: Gusdorf, Georges
색인수록

ISBN 89-8281-784-0 03160 : ₩18000

166.8-KDC4
194-DDC21 CIP2003001789

신화와 형이상학

철학개론

조르주 귀스도르프 지음 | 김점석 옮김

Georges Gusdorf
Mythe et Métaphysique

문학동네

Mythe et Métaphysique

차례

일러두기

1. 이 책은 프랑스 플라마리옹 출판사Editions Flammarion에서 출간된 *Mythe et Métaphysique* 의 1984년 개정판을 완역한 것이다.

2. 원주는 1, 2, 3, ……으로, 역주는 1), 2), 3) ……으로 표기하였다.

3. 논문은 「」, 책과 잡지는 『』으로 표기하였다.

1983년판 서문

오늘날에 와서는 아무도 '신화와 형이상학' 이라는 단어들과 이 두 단어의 접근에 놀라지 않을 것이다. 30년 전만 하더라도 이 두 용어는 당연한 의심의 대상이었으며, 이들의 결합은 엄밀한 의미에서의 철학의 흠 없는 개념을 침해하는 것처럼 보일 수도 있었다.

'형이상학' 은 귀족작위에도 불구하고 공식적인 프로그램으로부터 제외되어왔다. 단지 '일반철학' 만이 정당하게 통용되고 있었는데, 그것은 존재론에 대한 미심쩍은 매혹보다는 차라리 정밀과학의 발전에 더 관심을 기울였던 실증주의의 선구자인 콩도르세, 관념론자들, 오귀스트 콩트까지 거슬러올라가는 용어 때문이었다. 『신화와 형이상학』이 출간된 해인 1953년에 장 발[1] 은 『형이상학 개요』라는 책을 출판했다. 그런데 이 책은 기이(奇異)

1) Jean Wahl(1888~1974): 프랑스의 실존주의 철학자. 『키에르케고르 연구』 등의 저서를 남겼다.

의 천사가 인정해준 호기심 많고 난삽한 지성으로 낡아빠진 형식을 용감하게도 다시 다룬 것이었다.

'신화' 라는 단어는 철학자들이 보기에 주변적인 성격을 띠고 있었다. 권위 있는 랄랑드[2]의 1926년 초판 『철학사전』에 따르면, 신화는 "우화적이고 대중적인 기원을 가진 비사색적인 이야기"로서, 그 행동이 '상징적인' 성격을 띠고 있는 개인적인 존재의 형태로 자연의 힘을 동원하는 것이었다. 유추해보자면, "우리는 신화 속에서 하나의 사상이나 교의가 드러나 있는 것을 볼 수 있는데, 거기서는 상상력이 발휘되고 환상과 그 아래에 감추어진 진리를 혼합하는 시적이고 종교적인 형태를 취하고 있다." 신화는 야만인들의 정신적인 발육 부진 상태를 드러내고 있다. 그리하여, 신화는 사상가가 지성의 보증만으로는 충만하고 완전한 진리에 도달할 수 없는 제한된 경우에, 상상적 도착에 빠질 위험 없이 이성의 쇠퇴현상을 치료할 수 있도록 해준다.

고대 최고의 철학이었던 형이상학은 칸트 이래로 그 특유의 내용을 상실해버렸다. 신화적 의식과 이 막연한 분야의 결합은 순진하고 정직한 합리성과 단절된 채, 반성적 의식이라는 훌륭한 관습에 대한 침해로 간주되었을 수도 있다. 틀림없이 정신적 공간에 대한 가슴을 에는 듯한 수정의 시간이 무르익은 것이다. 추문은 일어나지 않았다. 여러 가지 개념들에 대한 새로운 정의에 관심이 많았던 사려 깊은 랄랑드는, 신화에 대한 새로운 정의에 포함되어야 할 여러 가지 요소들에 관해 나에게 물어왔다. 그후 모든 것은 아주 빠르게 진행되었다. 형이상학은 자신의 정체성을 거의 말할 수 없었지만 장차 자신의 이름을 말할 수는 있게 된 것이다. 그리고 정당하게 철학적인 복권이 인정된 신화는 마침내 존재론의 영역을 차지하게 되었다.

나아가 우리는 한 세대 안에 전통적인 사유 형태들을 휩쓸어버린 신화의

---

2) André Lalande(1867~1963): 프랑스의 철학자. 『철학사전*Vocabulaire de Philosophie*』 등의 저서를 남겼다.

밀물을 목격할 수 있었다. 그러므로 오늘날에 와서 신화를 위해 변론한다는 것은 터무니없는 일일 것이다. 그보다는 차라리 이성으로 되돌아갈 것을 권하고 싶을 정도이다. 그만큼 우리 동시대인들에게 모든 신화체계들은 취할 만한 것으로 보인다. 프로이트와 융, 그리고 모든 분야에서 활동하고 있는 제자들의 영향으로 서양과 동양의 신화적 자산은 갑작스럽고 격렬하게 팽창하였다. 그리하여 신화적 자산의 윤곽은 실제 경험과 관련하여 전대미문의 명료함을 전해주고 있다. 상상계의 잠재의식적 충동은, 심리적이고 생물학적인 정체성의 기저에서 비등하고 있는 잠재된 초월성을 외적으로 또는 내적으로 폭발시킴으로써 세계 내적 존재를 유린하고 있다. 우리는 심리치료사이자 심리마술사였던 고대의 의료술사Homme Médecine, 대마술사 Grand Sorcier의 현대적 유형의 재등장을 보았는데, 라캉[3]이 단연 그 탁월한 예가 되고 있다. 이 분석가는 최고도로 승화된 살아 있는 신화라고 자칭하면서 세미나라는 대미사에 모인 신자들 앞에서 그들의 편집광적인 착란을 종말론적 양식으로 설파하고 있다.

지금까지는 인식과 별다른 연관관계가 없는 것으로 간주되던 민족학은 문화적이고 미학적인 혁명이라는 맥락에서 아주 기분 좋은 진전을 이룩했다. 서구인들은 탈식민지화의 첫번째 희생자들이었다. 그들은 자신들의 옛 신민에게 공개 사죄하고, 인간 불행의 싹인 과학과 기술에 대한 메마른 탐욕에 사로잡힌 유럽인들 사이에서 잊혀졌던 예술, 진리, 지혜의 비밀들을 오히려 옛 신민에게 묻게 되었다. 어제의 야만인들이 오늘의 슈퍼맨이 되었고, 이제 그들은 강압적 문명의 정복 행위에 역겨워진 백인 의식의 그림자 연극을 자신들의 위엄으로 가득 채우고 있다. 구세계Ancien Monde의 의무 포기, 명예 실추, 죄의식을 상징하는 형상들은 이제 그 동안 묶여 있던 보로로 족, 아라라 족, 남비콰라 족, 투피남바 족과 트로브리안드 족, 하이다 족, 틀린키트 족, 콰키우틀 족 및 바밀레케 족과 여타의 도곤 족 들을 풀어주었

3) Jacques Lacan(1901~1981): 프랑스의 정신분석가. 『에크리 *Ecrits*』 등의 저서를 남겼다.

다. 나뭇잎, 깃털, 조개껍질로 장식하고 있는 당당하고 관대한 모든 부족들은 과거의 잘못을 참회하고 있는 식민 지배자들에게 지혜와 인간성의 스승이다. 위대한 추장 레비스트로스는 우리보다 열등한 형제인 줄 알았던 원시인들이 날 때부터 정신적·도덕적·사회적 질서에 대한 인공두뇌 장치를 갖추고 있다는 사실을 발견하고는 야만인과 컴퓨터의 결합을 찬양했다. 5구[4]와 전세계의 교외에 거주하는 지성인들의 경탄해 마지않는 눈길 아래에서, 구조주의적 해석학에 따라 철저히 분석된 고대의 신화체계는 어마어마한 구구단의 비법을 투명하게 드러내고 있다.

나는 용어와 이미지의 소용돌이나 최근 수십 년 동안 철학분야를 잠식하고 있는 신화학의 카니발에 직접 참가한 것은 아니다. 프로이트나 라캉 덕택에 누구나 정신의학적 지식이나 적어도 정신병리학의 용어를 접할 수 있게 되었다. 레비스트로스는 누구든 무엇이 문제인지 모르고도 모든 것을 단언할 수 있도록 해준 빈자(貧者)의 민족학을 확산시켰다. 정치학은 종말론적 신화의 특혜받은 장소가 되었다. 제의주의자(祭儀主義者)들의 유토피아는 초월적인 명령에 의해 양분을 공급받은 사회적 열성을 키워냈다. 그리하여 이 유토피아는, 스스로가 어떤 마술적 공식을 통해 세상을 변화시키는 힘을 지녔다고 생각하는 무리들이 고함치고 있는 슬로건의 형태로 길거리에서 판을 치고 있다. 현대인의 삶의 제의적 풍경을 이루고 있는 모든 종류의 유치하고 시류에 영합하는 미신들은 현대의 소비상품이 되어버렸으며, 도처에 존재하며 무소불위인 매스컴이라는 수단을 통해 전달되었다. 그런데 이러한 풍경은 완전히 방향성을 상실한 개인들의 소란스러운 대열 속으로 흘러들고 있다. 이러한 공동의 착란을 상징적으로 보여주는 이미지들과 '우상'의 제의를 위해 오늘날의 수많은 젊은이들을 불러모으는 음악적인, 혹은 음악적이라고 자임하는 축하행사나 '방랑하는 인간homo circulator'

---

4) 파리 제5구를 의미한다. 이 지역은 전통적으로 '카르티에 라탱(라틴어 구역)'이라 불리며 지식인들이 모이는 대학가이다.

이 헛되이 자신의 환상을 쫓아다니느라 흥분하는 고속도로의 운동 영역 등은 앞서 언급한 현대의 풍경이 보여주는 예들이다. 속도 역시 하나의 신화이며 제논의 논쟁에 나오는 화살 앞의 과녁처럼 멀어져가는 한계이기 때문이다.

우리 시대의 몇몇 사상가들 혹은 자칭 사상가라 하는 이들은(그들은 결코 소수가 아니다) 몸과 마음을 온통 빼앗긴 채, 최초 수십 년간 철학분야를 휩쓸고 지나간 이러한 이데올로기적 카니발에 몰입해 있다. 마약이나 에로티시즘, 자연적인 또는 촉발된 착란들의 인공낙원은, 예전에는 포르티크 Portique[5]나 아카데모스Academos[6]의 정원을 무대로 한 현학적 대담의 선택받은 장소가 되었다. 격정적 이미지들과 용어들의 고삐 풀린 분노는 불꽃놀이에 대한 아마추어 대중의 경탄할 만한 동의를 강요하고 있다. 일단 자신들의 디오니소스 제(祭)를 완수한 절정 상태의 집전자들은, 자신들의 저작권에 신경쓰고 있는 합법적 관리처럼 행동하고 있다.

나는 이런 요란한 잔치가 싫었다. 나는 이런 종류의 훈련에 재능을 홀리지 않았으며, 철학에 입문하기 위해서는 우선 이성부터 버리고 봐야 한다고는 상상조차 하지 못했다. 우리의 문화는 야생적 사고의 위세에 중독되어 있다. 그런데 이러한 야생의 사고와 엄밀한 의미에서의 지혜의 관계는 연재만화와 문학의 관계와 같다. 하지만 지성적이고 우아한 심판자들은, 예전에는 일곱 살배기 어린애의 장난으로 취급받았지만 외설과 포르노라는 부수적인 매력으로 권위를 얻게 된, 지금은 칠십대 노인마저 찬탄해 마지않는 이런 예술에 아주 헌신적이다. 비판정신의 폐기, 저급한 본능적 작품에의 탐닉, 체계적 현상학 및 오늘날의 정신적인 사색가들의 지적 파렴치는 사유의 의무와 지혜의 영원한 사명과는 완전히 단절되어 있는 내적 무정부 상태일 뿐이다.

5) 제논이 강의한 곳. 스토아파 철학이 유래함.
6) 그리스의 영웅. 그의 무덤이 아테네 아카데미의 이름으로 사용됨.

1953년에 출판된 이 책은 양차 세계대전 사이의 고통스런 불확실 속에서 성장한, 아직은 젊은 사상가의 작품이었다. 1930년대의 대학철학은 소르본의 쇠퇴해가는 영광으로 대표되고 있었는데, 당시 소르본에서는 역사가 에밀 브레이에,[7] 논리학자 앙드레 랄랑드, 사상가 레옹 브룅슈비크[8] 같은 선생들이 가르치고 있었다. 이들은 비종교 삼인방으로서 민주적이고 공화적 기질의 소유자로 급진적 사회주의 이데올로기를 구현하고 있었고, 화해한 인류의 최대 행복을 위해 지식의 진보와 추론하는 이성의 거역할 수 없는 승리를 믿고 있었다. 그들의 동료였던 뤼시앵 레비 브륄[9]은 우리의 열등한 형제인 전세계 야만인들에게도 이러한 보편적 진리의 이상이 거역할 수 없을 정도로 널리 퍼질 것임을 천명했다. 반면 장 피아제는 무상 의무교육 덕에 열두어 살경이면 합리적 의식의 괄목할 만한 성숙에 도달하게 되는 어린아이들에게서도 이와 유사한 현상이 일어남을 밝혀냈다. 똑같은 복음은 생시몽주의와 1848년 혁명 참가자들에 대한 어렴풋한 기억으로 물든 채, 이제는 고인이 된 에밀 뒤르켕,[10] 샤를 세뇨보스,[11] 셀레스탱 부글레[12]와 같은 훌륭한 선생과 그 제자들의 영향 아래 사회적 · 역사적 · 정치적 차원으로 확산되었다.

소르본은 1929년의 위기[13]에는 별 관심 없이 1936년의 인민전선에 열광

---

7) Emile Bréhier(1876~1952): 프랑스의 역사가, 철학자. 『철학사』 등의 저서를 남겼다.

8) Léon Brunschvicg(1869~1944): 프랑스의 합리주의 철학자. 『수학적 철학의 제 단계』, 『서구 철학에서의 의식의 진보』 등의 저서를 남겼다.

9) Lucien Lévy-Brühl(1857~1939): 프랑스의 사회학자. 『원시인의 정신세계』 등의 저서를 남겼다.

10) Emile Durkheim(1858~1917): 프랑스의 사회학자. 『자살론』, 『종교생활의 기본 형태』 등의 저서를 남겼다.

11) Charles Seignobos(1854~1942): 프랑스의 역사가. 『문명의 역사』, 『역사 연구 서론』 등의 저서를 남겼다.

12) Célestin Bouglé(1870~1940): 프랑스의 사회학자. 『평등론』 등의 저서를 남겼다.

13) 전세계를 휩쓴 경제공황을 말함.

한 채 계몽주의 시대를 살고 있었다. 하지만 주변 세계는 그리 밝은 편이 아니었다. 지평선상에는 이탈리아의 파시즘과 제국의 희미한 흔적이라는 암울한 구름이 겹겹이 쌓여 있었다. 국가사회주의는 지도자Führer[14]의 악마적 재능에 홀린 독일인들의 마음을 사로잡고 있었다. 승승장구하는 전체주의의 또다른 형태였던 스탈린의 러시아는 모스크바에서의 숙청과정을 통해 혁명적 성향의 엘리트들을 집어삼켜버렸다. 자기 내부로 웅크린 채, 서구 민주주의는 부상하는 야만성의 온갖 증거들과 우리의 소르본 선생들의 가르침과 완벽하게 조화를 이루고 있는 낡아빠진 신앙을 대립시키는 데 만족하고 있었다. 위정자와 마찬가지로 학자에게도 무솔리니나 히틀러 같은 사람들은 악마의 형상이었고, 악의 화신이었다. 스탈린 역시 자격 있는 아첨꾼들이 세심하게 제기한 의혹을 잘 이용했다. 그런데 '나쁜 원칙Mauvais Principe'의 승리란 그것이 진보의 교의와 대립되는만큼 상상할 수도 없다. 그러므로 사물의 흐름에 내재된 섭리를 그대로 내버려두는 것으로 충분하며, 사악한 사람들은 벌을 받게 될 것이다. 전쟁 준비와 전쟁을 준비하는 사람을 대립시키는 것은 그들 영역에서 그들을 따라가는 것이며, 전쟁신의 판단에 굴복하는 셈이 된다. 그런데 사실은 주문(呪文)처럼 말하는 정의와 법이라는 이상적 가치를 긍정하는 것으로 만족해야 한다. 나와 같은 세대의 젊은이들은 몇 년 안에—나중에는 몇 달 후에—선전포고가 내려질 것이라는 어떤 확신을 지니고 있었다. 우리에게는 이런 유예된 위협 외에는 다른 미래가 없었다. 그러한 위협의 반복되는 강박증은 관념이라는 하늘에 대한 명확한 전망을 암울한 구름으로 가리고 있었다. 우리 세대 젊은이들은 근심거리 없이 살아가는 은총을 누리지 못했다.

전쟁 전날까지도 고등사범학교의 철학 세미나는 레옹 브룅슈비크의 영향 아래 있었다. 당시 사람 좋고 온화한 노신사였던 그는, 정통 철학자로 자신의 주저(主著)에 묘사되어 있는 형이상학적 피타고라스주의라는 위대한

---

14) 히틀러를 말함.

전통의 지지자였으며, 우리 젊은 세대에 부과된 존재의 받침대였다. 진리에 대한 온갖 청원은 결코 사라질 수 없는 엄밀한 과학의 확실성을 매개로 공표되어야 한다. 수학과 물리학의 건전한 원칙을 떠나서는 결코 구원이란 없었으며, 이성은 육체와 정신의 타협을 수용하자마자 그리고 감정이나 신앙과 공모하자마자 방향을 잃어버리게 된다. 엄밀한 지식의 도래는 수세기를 거쳐오는 동안 전투적 이성의 변천에 하나의 이정표가 되고 있다. 이러한 이성의 진보는 뛰어난 오성(悟性)을 지닌 인간들을 지적으로 통합시키며 다가올 미래의 승리를 예고하고 있다. 진리의 왕도인 철학사는 피타고라스, 플라톤, 유클리드, 아르키메데스에서 갈릴레이, 라이프니츠, 아인슈타인에 이르기까지 정밀인식이 세상을 정복해나가는 완만한 도정을 표시하고 있다. 사상가들은 추상적 원칙에 대한 소질에 따라 점수가 매겨져왔다. 아리스토텔레스는 박물학과 수사학에 호의적이었기 때문에 상위계급에 들지 못했다. 또한 아리스토텔레스에 대한 단죄는 중세 전체에 대한 단죄를 초래했다. 이 시기는 거장 사상가들이라고 해봐야, 피아제의 기준에 따른다면, 일곱 살배기 어린애의 정신연령 수준을 넘어서지 못했던 유아기적 퇴행의 시기로 간주되었다. 플라톤, 데카르트, 스피노자, 라이프니츠, 칸트의 이름이 우등생 명부의 윗부분에 나타나 있으며, 브룅슈비크가 확실한 공감을 표했음에도 기민한 사상가인 베르그송은 이 명부에서 제외되었다.

우리의 스승은 — 이 점에서 오류를 범해서는 안 되리라 — 사람 좋은 위대한 정신의 소유자로서, 이해하려고 노력해보지 않고는 어떠한 판단도 내리려 들지 않았다. 우리의 스승은 파스칼의 작품에 대한 권위 있는 판본을 확립하는 데 수년간 힘든 노력을 바쳤다. 그것은 바로 수학자이자 물리학자이며 아주 훌륭한 자질을 갖춘 논리학자 파스칼이 기독교적 계시에 미혹되도록 내버려둔 것을 이해할 수도 없을 뿐 아니라 수치스럽기조차 한 일이라고 여겼기 때문이다. 충성스럽게도 브룅슈비크는 순수정신의 요청에서 이와 같은 고귀한 배반의 방법과 이유를 다시 포착하고자 했다.

스승이 발하는 빛은 소수의 고등사범학교 학생들이 모이는 조그만 방에서 그 빛을 쬐는 특권을 가지고 있었던 사람들에게 광범위한 영향력을 행사했다. 정통적인 스승의 경우 당연히 그러하듯 그 빛은 긍정적인 동시에 부정적이었다. 장 카바예스[15]와 아마도 드장티[16] 같은 훌륭한 학생들은 위험을 무릅쓰고 수학적 모험을 감행했다. 다른 학생들은 다소 격렬하게 반발했다. 부인이 인민전선 내각의 장관을 지냈던 급진주의자 폴 니장[17]은 친부살해적인 소책자에서 신사 브룅슈비크를 자본주의의 '충견' 이라고 몰아세웠다. 이 부유한 유대인 부르주아의 대표자는 프롤레타리아 투사의 면모를 보여준 것은 분명 아니었다. 게다가 니장 역시, 자신이 그중 한 사람이기에 타인이나 자신을 설득하기 위해 성실한 노력을 기울였음에도 프롤레타리아 투사는 아니었다.

수학적 무능력에도 불구하고 나 역시 처음에는 내게 만날 기회를 주고 각별한 호의를 베풀어주었던 유일한 생존 사상가의 영향을 받았다. 하지만 내가 정신주의적 실증주의positivisme spiritualiste에 의문을 품게 되는 시기가 왔는데, 그것은 내가 그 용어들 사이에 모순이 존재한다고 믿었기 때문이다. 수학과 물리학은 물질세계의 현실에 속한 사물에 따른 어떤 진리의 의미를 제공한다. 하지만 사물의 진리가 인간 진리에 대한 척도가 될 수는 없다. 그와 같은 환원은, 주된 경험이 예술, 종교, 사랑의 경험과 같이 과학적 공리의 영역에서 벗어나 있는 개인적 실존의 위축현상을 초래하게 된다. 브룅슈비크는 학자들의 순수한 사유와는 관련 없는 일들 속에서 추구되고 발견되거나 놓치며, 따거나 잃는 운명의 내기를 철학의 영역에서 제거해버렸다.

이러한 단절은 스승의 지도로 칸트의 종교사상에 대한 논문을 작성하면서 일어났다. 어느 정도 카를 바르트의 영향을 받은 나의 결론은 '단순한 이성의 한계 내에서' 종교를 다루는 것이 불가능하다는 것이었다. 그런데, 그

15) Jean Cavaillès(1903~1944): 프랑스의 철학자, 논리학자.
16) Jean Toussaint Desanti(1914~2002): 프랑스의 수학철학자.
17) Paul Nizan(1905~1940): 프랑스의 급진파 성향의 철학자, 소설가.

것은 능동성이 부족하다는 이유로 브룅슈비크의 성스러운 스승들인 칸트와 스피노자를 정의로운 사람들의 낙원에서 제외시키는 것이었다. 나를 아주 좋아했던 브룅슈비크는 이러한 부인 때문에 몹시 괴로워했다. 내가 이렇게 그의 사상과 결별한 이래 그의 실망에 찬 고통스런 눈초리는 결코 내 마음에서 떠난 적이 없다. 나는 스승을 죽인 것이다. 물론 다른 방도가 없었지만, 그렇다고 해서 내 마음이 편해진 것은 아니었다. 나는 일생 동안, 레옹 브룅슈비크에게 그의 입장의 불충분함을 이해시키려 하면서 그의 그림자 앞에서 나 자신을 정당화하려고 노력해왔음을 알고 있다.

때때로 나쁜 학생이 오히려 좋은 학생이 되는 경우가 있다. 좋은 학생이란 선생의 교훈을 답습하는 학생이 아니라, 다른 길을 가더라도 그 길로 접어들게 했을망정 그의 의식을 깨우쳐준 스승을 존경하는 학생을 말한다. 내가 교수자격시험을 준비하고 있을 당시 고등사범학교의 복습교사였던 모리스 메를로 퐁티 역시 브룅슈비크의 제자였다. 내가 보기에 『지각의 현상학』은 인간 현실에 대한 어떤 것도 배척하지 않으려는 포괄적 접근이라는 명목으로 늙은 스승을 직접 겨냥하여 스승의 과학적 합리주의를 비판하고 있는 것 같았다. 브룅슈비크는, 우리 시대의 주요 사안인 사유하는 의식의 새로운 뿌리내림을 주장하는 변론의 보이지 않는 대화 상대로 늘 존재하고 있다.

그러므로 내가 보기에 『신화와 형이상학』은 이제는 사라져버린 스승을 마주하고 정당화하려는 시도였으며, 영원한 철학의 의연한 증인에 대한 경의의 총체였다. 그것은 '하직인사'가 아니었다. 왜냐하면 나는 결코 브룅슈비크를 타당한 대화 상대가 아니라고 생각해본 적이 없었기 때문이다. 내가 결국 인문과학사나 인식론에 내 작업의 무게를 싣게 된 것은, 아마도 브룅슈비크가 자신의 가장 중요한 작품들을 수학철학의 단계와 물리이론의 단계에 바쳤기 때문일 것이다. 나는 인문과학이 철학적 의식의 변천에 대한 연구에 적잖이 결정적인 도화선을 제공하고 있다는 사실을 드러내고 싶었다. 인문과학은 인간과 더 가까이 있으며 인간 정체성을 직접 드러내고 있다. 그리고 형식과학이나 물질적 현실을 다루는 학문 이상으로, 여러 세대에 걸쳐서 사상가들이 새롭게 하고 있는 인간 탐구의 중요한 증거가 될 만한 자격이 있다. 브룅슈비크는 정밀과학의 철학, 초물리학méta-physique을 발전시키려 했다. 그런데 내가 기도했던 것은 초인간성méta-humanité, 인간성의 철학이다. 생 마르탱은 "인간을 통해 사물을 설명해야지 사물을 통해 인간을 설명해서는 안 된다"고 말했다.

내 책이 출판되기 오래 전 브룅슈비크는 이미 죽어 존재하지 않았다. 그는 독일 점령기에 아주 조용히 사라졌다. 지적 가치와 과학적 '진리'의 보편성을 통해 결국 이성이 승리하리라고 굳게 믿었던 이 민주주의자는 유대인 박해 시절 브룅이라는 이름으로 프랑스 남부 지방에 은신해 있었다. 그의 서재는 침략자에게 약탈당했고, 그는 발각될까 두려워 자신의 책들을 옛 제자의 중재로 엑상 프로방스Aix-en-Provence 대학 도서관에 빌려줄 수밖에 없었다. 나는 그가 끝까지 자신의 수학적 '말Verbe'에 대한 신앙을 지켰는지 알지 못한다.

나는 한가롭게 독일의 오플락Oflag[18]에서 내 사유를 다듬어볼 수 있었다. 그곳은 다행스럽게도 전쟁터에서나, 수용소에서나, 처형의 총탄 속에서도 살아 남은 나와 같은 세대의 많은 지식인들이 5년간이나 머물렀던 곳이다. 내 나이 또래의 사람들은 제1차 세계대전이라는 갈등의 메아리 속에서 유년기를 보냈으며, 우리 앞의 지평선을 가리고 있는 제2차 세계대전의 강박관념 속에서 자랐다. 민주주의 체제는 점진적으로 증가해가는 맹렬한 국수주의의 압력 아래에 있었다. 민주주의는 계속해서 물러남으로써 폭발을 피할 수 있으리라고 생각했던 것 같다. 그리하여 그것은 항상 새로운 양보를 통해서 안전을 보장받을 수 있다고 믿는 무기력한 평화주의 속으로 피신해버렸다. 이러한 열등과 굴욕 정책은 실제로 전쟁에 패하기도 전에 우리를

---

18) 포로 장교 수용소.

설복시켜버렸다. 그렇다고 해서 전쟁을 피하기 위해 자기 존재이유를 포기해버린 자들에게 부과된 전쟁은 더 짧아지지도, 그 끔찍함이 덜해지지도 않았다.

20세기는 세계 역사상 가장 야만적인 세기, 이성이 몰락한 세기이다. 사실 이성은 결코 시합에서 이기지 못했다. 이성은 자신에게 인류의 과오에 대한 교정자 역할만을 부여했을 뿐이다. 하지만 인류는 20세기만큼 많은 잘못을 저질렀던 적이 없으며, 그 잘못이 그토록 적게 수정되었던 적도 없다. 20세기에 와서 기술의 진보는 지배력이라는 광기에 문명 전체의 완전한 소멸에 이를 수도 있는 파괴력을 부여했다. 헤겔이 이야기했듯 신문을 읽는 것이 현대인의 아침기도라면, 우리 시대의 독자들은 매일 일어나는 지구상의 '공포'의 증인들인 셈이다. 20세기에 들어와서 자행되고 있는 산업화된 대량 살육은 중세 때 있었던 침략이나 지난 세기의 무력 충돌과 억압에 의한 갈등을 소박한 가내수공업 정도로 제쳐놓았다. 선량한 영혼의 소유자들은 그나마 식민화의 희생자를 위해 고해성사를 하고 있다. 하지만 아무도 관심을 기울이지 않는 사이 날마다 증가하는, 탈식민화 과정에서 죽어가고 있는 수백만에 달하는 사람들은 안중에도 없다. 식민통치의 압제에서 해방된 민족은 스스로 주인이 되었다. 그들의 내부 상황은 더이상 인권과 아무런 관련이 없게 되었으며 그것은 단지 통계상의 문제로 취급될 따름이다.

게다가 우리 시대는 유혈이 낭자한 확실한 공포에 감히 이름조차 말할 수 없는 또다른 공포를 덧붙였다. 그런데, 그 공포는 어떤 질병들처럼 겉으로 드러나지 않는만큼 더욱 무서운 것이다. 시청각매체 기술은 위정자들에게 기성 권력에 순응하는 이데올로기를 부과하면서 여론을 마음대로 주무를 수 있도록 해주었다. 공식적인 정치선전은 수정되고 조작된 정보를 만들어내고 있으며, 감정과 감동을 직접적으로 다루면서 대중을 동원할 수단을 소유하고 있다. 선량한 시민들은 그 시대의 스승들을 위해 봉사하는, 심리적 조작에 능한 기술자에 의해 유통되고 있는 상투어구와 명령, 가치, 슬로건을 수용한다. 지구상의 대부분 지역은 물리적·정신적 압제체제에 예속되어 있으며, 여전히 존재하는 자유 공간에는 자국민을 세계의 나머지 지역에서 여전히 유효한 집단원리를 이용하는 체제에 예속시키려는 수많은 개인들이 있다. 현재 같은 상황에서 민주국가는 소수에 불과하다. 민주국가의 기능이 기술과 산업의 지속적 발전의 부수적인 영향으로 훼손되어 민주국가들이 점점 더 제 기능을 다하지 못하게 되었다고 평가할 수 있다. 경제장치도 고장이 나 조직의 기술자들마저도 제어할 수 없을 것 같은 사회적 무질서를 야기하고 있다.

만약 사람들이 더이상 그에 대한 논의가 합리적 개인을 설득할 수 없게 대변혁과 유토피아의 환상적 위안을 거부하게 된다면, 현대 세계는 그 의미를 상실해버릴 것처럼 보인다. 세계 질서가 — 만약 그것이 존재한 적이 있다면 — 역사의 대변혁 속에 사라져버린 지금, 사람들은 인간에 내재한 지배성이라는 설득력 있는 미덕이 부여하는 새로운 질서의 가능성을 잘 볼 수 없게 되었다. 사람들은 인류를 선한 종말에 이르게 하기 위해 이성이라는 고귀한 작품의 집행자인 역사를 더이상 신뢰할 수 없게 되었다. 20세기라는 것은 백치의 부르짖음과 분노로 가득 찬 이야기이다. 지나칠 정도로 행복하고 평화로운 낙관주의의 여유에 영감을 받아 이데올로기 지도라는 성(城)을 건축하며 절대 속에서 계속 철학한다는 것은 터무니없는 짓일 것이다. 여기에서 오늘날 많은 사상가들의 특징인 야생으로의 귀환에 대한 정당화를 찾아볼 수 있을 것이다. 성에 의해 야기된 펜티코스트파[19]의 착란, 사디즘 예찬, 악의 환락, 피와 관능과 죽음이 결합된 주제의 다양한 변이체들, 우리 현대인들이 매혹되고 있는 이 모든 퇴폐적 풍속은 자멸적 인본주의, 아니 인간 내면의 파괴를 반영하고 있다.

우리 역시, 적국에 자리한 상대적으로 자유로운 오아시스였던, 가시철망과 망루로 가로막힌 기하학적인 공간 안에 갇히는 혜택을 받은 사람들에게

---

19) 미국에서 일어난 종교운동으로 성령의 작용을 강조하고 생활의 성스러운 면을 역설한다.

부여된 이 이상하고도 상대적인 평화를 누리는 한편 전쟁 환경에 대해 생각해보아야 했다. 독일군은 포로를 다루면서 제네바 협약을 존중했다. 강제수용은 지옥이자 감금이며 연옥이자 유배였지만, 동시에 오늘날의 젊은이들이 성장하고 있는, 풍요롭지만 신랄한 사회에서는 찾아볼 수 없는 미덕인 굴종, 겸양, 빈곤, 우정 속에서의 오랜 기다림이었다. 누구든 5년 동안 토마토 한 개, 신선한 달걀 한 알, 오렌지 한 개, 스테이크 한 점 맛보지 못하고 산 적이 있다면, 이 세상에서 아무리 하잘것없는 것이라 하더라도 그 고귀한 가치를 깨달을 수 있을 것이다. 포로는 보편적 고통의 한가운데 잠깐 동안의 휴식의 수혜자로서, 완벽한 휴식과 그만큼의 궁핍을 경험하고 있었다. 그들은 흡사 독일제 난로 곁에서 — 그보다는 덜 따뜻했지만 — 겨울을 나던 데카르트처럼 자신의 사유와 대화를 나눌 수 있는 완전한 여유를 누렸다.

슐레지엔이나 포즈난의 눈덮인 산책장을 오가던 오플락의 수용자들의 정신을 스쳤던 사색은 분명히 '벨 에포크Belle Epoque'[20]의 부드러운 명증과는 아무런 관련이 없었다. 독재자의 미친 듯한 격노, 점점 더 광범위한 사람들에게 차별 없이 적용되는, 점점 더 완벽해져가는 몰살 방법이 작동하는 가운데 세계의 갈등은 우리가 갇혀 있는 울타리 주위에서 온통 맹위를 떨치고 있었다. 지구상의 인간 현실은 그때부터 전쟁터의 통계학 규범에 따르거나, 다양한 방법의 폭발물과 폭탄에 대한 문명의 제 요소들의 반응능력에 따라 인식되어왔다. 어쩔 수 없이 상대적으로 전쟁놀음 밖으로 빠져나와 있던 포로들은 관조적인 수동성의 유혹에 노출되어 있었다. 아무것도 할 수 없었기에 체념하면서 종말을 기다리는 도리밖에 없었던 것이다. 나중에는 결국 더 강한 자, 다시 말해 전쟁에서 승리한 자의 희망에 부합하는 철학적 질서를 정당화시킬 수밖에 없었다. 무솔리니나 히틀러, 스탈린, 마오쩌둥, 아민 다다 같은 우리 시대의 모든 인물들은, 군신(軍神)과 국시(國是)가 그들에게 우호적이었던 세월만큼 그들에게 헌신적인 사상가들을 거느리고

---

20) 20세기 초의 황금시대.

있었다. 상황에 따라 엄청난 설득력이 생겨나는 것이다. 나는 이러한 필연성이 갑작스럽게 그 흐름을 바꾸게 되었을 때, 대개의 경우 권력에 봉사하던 이론가들이 지체없이 그에 합당한 변신을 도모하는 것을 보아왔다. 그들의 전향에는 지나간 행동에 대한 사면(赦免) 가치를 지니는 시의적절한 건망증이 뒤따랐다. 그의 충실한 공모자들이었던 동료들에 의해 스탈린의 잔학함이 드러났을 때, 프랑스와 여타 국가의 스탈린주의자 중 드물기는 하지만 몇몇은 자살했으며, 몇몇은 우울증이나 건강이 악화되기도 했다. 하지만 대다수 신봉자들은 마치 몇 가지 형식의 주문이 죄를 사하는 능력을 지니기라도 한 것처럼 '스탈린의 죄상'을 공개적으로 비판하는 데서 그쳤다. 그 천재적인 인민의 아버지는 죽음과 더불어 자신의 모든 죄를 가져가버렸고, 그의 편에 섰던 사람들은 그것으로 죄사함을 받아 과거의 모든 죄상에서 벗어나게 된 것이다. 사람들은 나치의 전범들을 추적해왔고, 지금까지도 계속해서 추적하고 있다. 하지만 우리가 아는 한 스탈린은 혼자 죄를 저질렀고, 그 가증스런 죄악—사람들이 주장하는 대로 그런 죄악이 있었다면—을 집행했던 사람들을 추적하거나 찾아나서는 사람은 아무도 없었다.

이러한 성가신 이야기야 어떻든 간에, 전쟁포로들은 문명의 변천 바깥에 있는 보호지구 속으로 내몰려 세계 역사의 변두리에서 살아가고 있는 아메리카 인디언처럼 사건의 바깥에 있었다. 데카르트의 독일제 난로처럼 감금 상태는 사변적인 이탈을 용인했다. 잠정적이기는 하지만 현실적 안전의 수혜자인 포로는 추상적 시공간 속에 갇혀 자신이 빠져나온 전투의 방관자가 되었다. 포로는 물질적 자유는 박탈당했어도, 자신과는 상관없이 진행되고 있는 역사로부터 물러나 무관심의 자유를 누린 것이다. 매일같이 들려오던 교전국들의 전황 정보들은 영웅적이고 사나운 다른 세상에서 벌어진 일이었다. 포로수용소에서는 아무 일도, 거의 아무 일도 일어나지 않았다. 몇 년이 지나도 올 것 같지 않은 종전(終戰)을 기다리는 매일이 무한히 반복될 뿐이었다. 몰상식과 광기와 죽음의 먹이가 된 세계의 모순들은 저멀리 동떨어져 있었다. 반대되는 명증의 속박이나 정치선전의 압력에 넘어가기를 원치 않은 사람들은 희망의 요인들을 모으기 위해 노력해야 했거나 자신들의 동료들에게 전달하려고 애썼던 확실성을 공들여 쌓는 것으로 스스로 방책을 찾았다.

좁은 수용소 안의 과밀한 수용이나 육체적으로나 정신적으로 서로 팔꿈치를 부딪치면서 살아갈 수밖에 없는 사람들의 공간적인 밀집은 이러한 상황의 혜택을 받은 사람들에게 인간성에 대한 예외적인 경험을 제공했다. 모든 사람들에게 공통으로 부과된 궁핍이라는 권리는 군대 계급이라든가 사회 계급, 재산 등 모든 종류의 특권 같은 이차적 차이를 무용지물로 만들어 버렸다. 공동으로 겪고 있던 역경 속에서 같은 의복과 음식, 동일한 위상은 고도의 연마 작용을 했는데, 여기서부터 각자의 정체성이 드러나게 되었다. 존재이유의 손상은 사회생활의 모순적 분주함과 참여 속에서 그 의미가 퇴색한 삶과 죽음의 의미를 탐색해볼 길을 열어주었다. 그러한 박탈 상태에는 뭔가 비정상적인 것이 있었다. 즉 그러한 상황은 '역사'에 의해 강요된 이러한 한가한 시간으로부터 어떤 이익을 끌어낼 만한 정신력을 발견한 사람들 — 실제로 그런 포로들이 많았다 — 모두에게 하나의 기회를 제공해주었다. 내기에 건 판돈과도 같은 운명과 스스로에 대한 선택의 가능성은 사회경제적 현실이 주는 기회와 편의에 따른 것이 아니라 최상의 것에 대한 갈망에 따른 것이었다.

오플락에 수용되었던 포로들이 각자 나름대로 이러한 정신적 경험의 흔적을 간직하고 있는 것은 당연하다고 생각한다. 그러한 상황에서 무르익은 사상은 당연히 생 제르맹이나 생 미셸 거리에 자리한 카페의 몽롱한 취기 속에서 행해지는 재치가 넘치는 지적 훈련과는 다른 윤곽을 그려 보여줄 것이다. 오늘날의 대사상가들은 독일의 수용소라는 고립된 장소에서 물질적·정신적 현실과의 건전한 접촉 없이 형성된 개념이 비현실적이라고 고발할지도 모른다. 그런데 이 개념들은 이미 고인이 된 사람만 거명하더라도 마르크스, 프로이트, 마르쿠제, 라캉 같은 사람들에 필적할 만한 재능의 소유자들에 의해 그 논법이 규명된 것들이다. 가치에 대한 신앙고백은 그것이 어떤 것이든 결국 민중의 아편의 한물간 형태인 종교적 중독과 공모했다는 의심을 사고 있는 이미 폐기처분된 이상주의로의 회귀에 불과하다. 중독성이 강하건 약하건 해시시, 엘에스디(LSD)나 코카인을 기꺼이 복용하는 마약 애용자들은 마르크스가 이미 그 해악을 지적한 바 있는 종교적 예배를 단호히 거부한다. 반면, 그들에게 마약이란 현실세계와 인류에게 호의적인 계시자이다.

요컨대, 나는 포로생활의 속박으로부터 돌아왔다. 어쩌면 완전히 돌아온 것은 아닐지도 모른다. 내 속에 있는 무언가는 아직도 내가 그토록 오랜 겨울을 지낸 슐레지엔, 모라비아, 폴란드라는 머나먼 신화 속에 머물러 있다. 상황은 분명치 않다. 즉 우리는 평화를 기다리고 있다고 상상하고 있었지만 평화는 없었고, 언제라도 깨질 수 있는 휴전협정만이 우리를 기다리고 있었을 뿐이다. 우리는 가시철망에서 빠져나왔다고 생각했지만 그후로도 도처에는 가시철망이 퍼져 있었던 것이다. 적어도 독일에 유폐되어 있을 동안 우리는 각자 우리가 어디에 있는지, 다시 말해 울타리의 어느 쪽에 있는지 알 수 있었다. 상황은 명확했으며, 총검의 의미 또한 명확했다. 종전 이후에도 전쟁은 결코 끝난 것이 아니었다. 여기저기 늘어가는 수용소로 우리는 각자 전반적인 애매함 속에서 자신이 수용소 안에 있는지 밖에 있는지 혹은 다른 어떤 곳에 있는지 자문해야 할 지경이 되었다. 게다가 얼마 안 있어 잠재적 간수의 역할에서 잠재적 죄수의 역할로 — 혹은 그 역으로 — 위치를 바꾸어야 할지도 모를 형편이었다. 요즘 같은 불안정한 세계에 비하면 차라리 포로들의 세계가 진리의 장이었는지도 모른다. 하지만 이러한 사실에는 소비문명의 편리함에 취해 있는 모든 군소 학자들을 납득시키기에는 어려운 점이 있다. 이들은 인간에 의한 인간의 착취를 화를 내며 단호히 거부하지만, 사실 소비문명은 그러한 착취의 가장 효과적인 도구들 중 하나인 것이다. 이 사회를 지배하고 있는 위선과 자본주의의 불평등을 고발하는 사람들은 부르주아 계급이 가지고 있는 소박한 매력과 그들이 자신들을 중상하는 자들에게 아낌없이 베풀고 있는 혜택을 이용하는 데 조예가 깊다. 또한 그들은 '복수의 혁명'이 일어나 사물과 인간을 재정리하게 될 위대한 저녁을 기다리고 있다. 그러면서도 그들은 가급적 늦게—아예 없으면 더 좋겠지만—그러한 소란이 찾아오도록 하기 위해 갖가지 기원을 다하고 있다. 호사스런 레스토랑이나 유행하는 카바레 안에 빼곡히 들어찬 과격파 이론가와 정치가는 언제나 나의 찬탄을 자아냈다.

내 경우 지상으로 돌아오는 것은 쉬웠다. 한 수도원에서 다른 수도원으로 옮기듯 나는 포로수용소에서 울름 가(街)[21]의 한 수도원으로 옮겼다. 스승인 부글레 선생의 사후(死後) 호의로 나는 정원으로 나 있는 1층의 조그만 방에서 살게 되었다. 그 방은 나중에 루이 알튀세가 사용하게 되었는데 그 동안 나는 그가 교수자격시험을 준비하는 것을 도왔다. 나는 내 논문을 다듬는 데 3년이라는 시간을 보냈다. 내가 수용소에서 해방될 때 가지고 나온 조그만 배낭 속에는 내가 여유 있을 때 진행했던 연구 결과인 자아 인식의 시도와 오류에 대한 커다란 노트와 희생에 대한 부활절 명상을 핵심으로 하는 좀더 작은 연구 결과가 들어 있었다. 그것들은 마지막 몇 달간 권태와 배고픔을 잊고 정신생활을 살찌우기 위해 쓴 글들이었다. 그것들은 물론 대학에서 통용되는 원칙과 기법, 그리고 대학의 훌륭한 관습에는 전혀 낯선 종류의 글이었다. 스무 명씩이나 같이 쓰는 방의 테이블 한쪽 구석에서 자욱한 담배연기와 잡담과 소요 속에서, 나는 수용소 안의 하잘것없는 참고자료에 의지하여 내 사유의 흐름을 따라가려 애썼다.

첫번째 문제는 독일을 벗어난 그 글들이 박사학위 논문으로 통과될 수 있을까 하는 것이었다. 결정권이 나에게 있는 것은 아니었다. 논문 지도교수가 있어야 했다. 내 스승들의 세대는 이미 사라지고 난 뒤였다. 브룅슈비크도 이미 없었다. 메를로 퐁티를 제외하고는 아무도 아는 사람이 없었다. 게다가 그는 1945년 당시 소르본에서 강의를 하고 있지 않았다. 명단에서 이

---

21) 파리 고등사범학교가 자리하고 있는 곳.

름들을 하나하나 지워나가는 것으로 일에 착수했다. 그리하여 나는 대학에서의 나의 운명을 한 번도 만난 적이 없었던 가스통 바슐라르에게 맡기기로 했다. 내가 바슐라르를 선택한 것은 그의 열린 정신과 지적인 관대함, 그리고 대학교수에게서 종종 볼 수 있는 심한 열등감의 표현인 정신적 변비증과 속으로 감추어진 시기심이 없는 독특한 성격을 존경했기 때문이다. 내 연구가 바슐라르의 고유 영역 속에 위치시킬 수 있는 성질의 것은 아니었지만, 바슐라르라는 존재가 발산하고 있는 정신의 자유와 탁월함에 의탁하자는 것이 내가 그를 선택한 부차적 이유였다. 그 믿음은 어긋나지 않았다.

바슐라르는 브룅슈비크처럼 위대한 자유주의 부르주아bourgeois libéral는 아니었다. 바슐라르에게는 분명 그의 고향인 부르고뉴의 기질에 뿌리를 둔 대중적이면서 전원적인 무엇인가 있었다. 그의 선한 성품은 아주 섬세한 판단력과 극도로 직관적인 통찰력과 잘 어우러져 있었다. 사람들은 그가 항상 깨어 있는 생생한 공감을 기초로 사물과 인간을 호기심으로 대하는 것을 느꼈다. 독학자로서의 바슐라르의 지적 경력은 정밀과학에 대한 연구로부터 출발한 것으로, 내가 틀린 것이 아니라면, 우체국 직원으로서의 소박한 직업활동의 여유에서 이루어진 것이었다. 하지만 그의 과학적 합리주의는 브룅슈비크와 달랐다. 그는 미래에 내기를 걸면서 학자들보다 더 많은 것을 안다고 주장하는 자신만만한 태도를 경계했다. 시골사람의 총명함을 지닌 바슐라르는 물리학자, 화학자, 수학자의 시도를 설명하면서 그 발자취를 따라가는 데 만족했다. 그의 사유는 어떤 사건을 쫓아가되 그것을 뛰어넘었다고 자만하지 않는 행동파적인 인식론이었으며, 그의 합리주의는 깨어 있는 태도로서 언제든지 정신의 창조적 자발성의 쇄신에 따라 증식하고 자신의 길을 보다 유연하게 만들 준비가 되어 있었다.

독단과는 거리가 먼 이러한 수용성과 정신적 다원주의(多元主義)는 바슐라르라는 사상가의 작업이 보여주는 놀라운 이원성에서도 드러나고 있었다. 그는 출발점으로 이성의 통일성을 전제로 삼았으며, 과학적 지식은 실증주의의 가르침에 따라 모든 영역에서 결정적 열쇠를 지녀야 했다. 과학사는 시간의 흐름 속에서, 지성에 대한 감성의 미신적 잠식이나 투명한 지성적 규범에 대한 신비술(神秘術)의 미신적 잠식이라는 고대의 어렴풋한 기억이 제거된 인식의 점진적인 순화를 드러내고 있다. 지식의 역사는 모범적이고 해방시키는 가치를 지니고 있으므로, 바슐라르는 자신의 패러다임을 개성personnalité의 신장에 적용하려 했다. 오래도록 감각적 이미지와 고대(古代)의 참여에 갇혀 있던 인간의 의식은 근거 없는 사전(事前)관계를 버림으로써 스스로를 교육시켜야 했다. 이러한 사전관계라는 마법에 의해 인간의 의식은 아주 빈번하게 여전히 감정이라는 마법, 혹은 형상이나 상징이라는 마법의 노예로 남아 있다. 달리 말하자면, 바슐라르는 시적 의식에 의해 문명화된 서구인들 사이에서는 억눌려 있는 원시적인 정신세계의 레비브륄 같은 사람이 되고자 했던 것이다. 그런데 그에게 레비 브륄과 똑같은 모험이 일어났다. 즉 존재의 현실이 합리적인 마귀 쫓기라는 그의 시도에 저항한 것이다.

바슐라르는 시의 힘을 도모하려던 자신의 시도를 '원소의 정신분석'이라고 불렀다. 프로이트보다도 더 통찰력이 있었던 바슐라르는 완강한 저항에 직면해야 했으며 자신의 시도를 끝까지 밀고 나갈 수 없음을 아무런 부끄럼 없이 인정해야 했다. 인간 현실의 고대적 토대는 완강한 것이다. 우주 내에서의 영혼의 시적 현존은 환상이 아니라 진실이기 때문이다. 실증주의는 인간세계에서 인간 존재의 현존을 보증해주는 의미의 원천이며 의미의 의미인 존재 정립을 지울 수 없다. 바슐라르는 주위 풍경과 인간의 소통을 사라지게 하는 합리주의적인 소외현상을 고발했다. 시골사람인 바슐라르는 사물과 존재의 세계에서 인간 현존을 구성하는 요소와 시적 영감의 공모 속에서 자신의 뿌리를 재발견한다. 초창기 그리스 사상가가 생각했던 것처럼 불, 물, 공기, 흙은 체험된 세계의 기본적인 구성요소이자 삶과 꿈을 이루고 있는 중요한 요소들이다. 그후의 분리과정, 즉 화학, 물리학, 생물학이나 심리학의 분석은, 공리의 차원에서 인간이 이 세상에 오게 된 경위인 원시적 구현의 몇몇 양상을 해독해줄 수 있다. 하지만 과학적이고 기술적인 효용성에 부합하는 이러한 추상적인 해설집은 다만 현실의 찌꺼기만을 문제삼을 수 있을 뿐이다. 그림자 때문에 잡고 있는 먹이를 놓아버려서는 안 되며, 진실한 환영(幻影)을 통해 시인이 우리에게 제시하는 대로 '존재'에 대한 풍미 있는 관조로부터 마음을 돌리도록 내버려두어서도 안 된다.

대지모신(大地母神)의 발치에 접근할 때 다시 힘을 취하게 되는 거인 아틀라스처럼, 바슐라르는 과학정신의 발전에 직면해서 모든 사유의 착근이라는 존재론적 추(錘)가 인간 생명의 첫번째 실체인 상상세계의 무의식 속에 유지되게 하는 것을 자신의 임무로 삼았다. 분석적 합리주의의 승리를 확보하기 위해 출발했던 바슐라르는 기쁘게도 인간 속에 자리잡고 있는 시적인 것의 완강함을 깨닫게 된 것이다. 그는 포도주를 맛보듯이 시의 맛을 보았으며, 아무런 거리낌 없이 사상가로서의 여정을 따름으로써 이중의 길을 따라간 셈이다. 내가 그에게 초기의 과학적 인식론에 대한 사유와 그가 길을 열어놓은 시적 인식론 사이의 접합이 어떻게 이루어졌는지 물어보았을 때, 그는 부드럽게 웃으며 다음과 같이 대답했다. "그건 바로 당신이 해결해야 할 과제이지, 나의 과제가 아닙니다. 해답이 있다면 당신이 찾아보도록 하세요. 나는 내 정신이 이끌어가는 대로 따르는 데서 기쁨을 느낍니다. 나는 수학에 많은 흥미를 가지고 있지만, 시를 사랑합니다. (……) 나의 자유를 존중해주기 바랍니다."

그 다음부터는 점점 더 복잡해지고 있는 과학적 인식의 행보를 인간 지식의 통합적인 프로그램을 위한 구상 속에 끼워넣는 것이 더이상 문제가 되지 않았다. 세속적이며 민주적인 '보편이성'의 종말론적인 완성을 향해 나아가는 수학적 진리의 왕도는 이제 더이상 존재하지 않았다. 게다가 새로운 수학과 최근의 물리학 방법론은 가변적인 과학의 영역을 점점 더 그 수가 많아지고 있는 독서의 차원으로까지 확장해왔다. 명료함의 내적·외적 파열의 영향으로 분석의 영역은 여러 방향으로 분산되어, 이제 분석이라는 것은 학자 자신이 터를 잡고 있는 이 세계와는 관계없는 추상화의 심연 깊은 곳에 자리하게 되었다. 과학적인 담론은 고유의 정확성을 지니고 있어 초심

자에게 온갖 엄격한 형식 구조를 제공한다. 하지만 온갖 엄격함을 지닌 과학적인 담론은, 마치 원자폭탄이 인간의 거주와 양립할 수 없어 철저하게 모든 것을 파괴해버리듯, 대지의 토착민에게는 아무런 의미도 없다. 바슐라르가 이야기하는 대로 시(詩)를 지킨다는 것은 과학적인 인간의 테러리즘에 대한 양심적인 반대가 어떤 토대를 지니고 있는지 보여준다. 과학적인 인간은 자신의 연구 목적을 의식하지도 못한 채 인간으로부터 소외되어 있으며, 자신이 어디로 가고 있는지도 모르면서 맹목적으로 곧장 앞으로 나아가고 있다.

레옹 브룅슈비크는 원자시대와 그 시대의 무시무시한 파괴력을 알기에는 너무 일찍 이 세상에 왔던 사람이라 할 수 있다. 그의 물리학은 뉴턴의 물리학으로, 아인슈타인에 의해 재조명되었다. 수학에서도 그는 부르바키의 시대에 들어가지 못했다. 그의 훌륭한 제자였던 장 카바예스는 1935·36년경 고등사범학교 복도에서 우리 공통의 스승이며 자신의 논문 지도교수였던 브룅슈비크가 수학의 토대에 대한 자신의 연구의 기술적 양상을 이해하지 못하겠다고 솔직히 고백한 바 있다고 내게 말했다. 과학철학의 전문가였던 브룅슈비크는 그 무렵부터 그 당시 통용되던 지식의 현상태를 따라가지 못하고 있었던 것이다. 게다가 부르바키 운동의 창시자들 중 한 사람이 내게 이야기한 바에 의하면, 당시 창시자들의 일원이었던 카바예스마저도 부분적으로는 사람들이 그에게 설명해주었던 것을 이해하는 데 어려움을 겪었다.

과학철학은 산산조각났으며 점점 더 제한적이고 개별적인 기법의 한계에 갇힌 전문화된 인식론으로 분해되었다. 더이상 과학적인 담론세계는 존재하지 않게 되었으며, 다만 전문가들만의 관심을 끄는 개별적인 공리만 남았다. 우리는 20세기 초 빈 학파 사상가들의 급진적인 단언에서 출발해 전개된 논리적 신(新)실증주의의 철학적인 움직임, 혹은 철학적이라고 자임하는 움직임 속에서 그에 대한 확증을 잡을 수 있다. 과학주의의 이러한 새로운 형태는 그 창시자들을 서구 곳곳으로 분산시켰던 국가사회주의자들의 박해에 힘입은 바가 크다고 할 수 있다. 다시 말해 유대인이 북구, 영국,

북미 지역으로 분산되면서, 이 지역에 수많은 대가들이 충원되었다. 그리하여 철학정신은 이 지역에서 가까스로 만족할 줄 알게 되었고, 외국 문물의 유입으로부터 기꺼이 그 자양분을 빌려오게 되었다.

신실증주의는 정밀과학만이 진리의 원천이라는 원칙을 확인하는 데서 출발한다. 형식적인 원리의 공리와 실험적인 방법론의 절차상의 코드는, 그것들이 있는 그대로 드러난다는 조건하에 학자들이 유포시킨 단언들에 무조건적인 타당성을 부여했다. 일상생활, 문학, 시, 철학이나 종교뿐만 아니라, 소위 '인문과학' 이라는 부정확하고 엄격성도 없는 분야에서 사용되고 있는 인간 언어의 나머지 부분은, 아무런 근거도 없고 확인되지도 확인할 수도 없는 명제들의 불안정한 연쇄 같은 분석에서 드러난다. '2+2=4' 라고 하는 모델에 입각한 다소 세련된 공식들만이 타당하며, 더군다나 그러한 타당성 또한 한정된 공리 영역에 속한 가정들에 의해 정의된 정신 공간의 범위 안에서 제한적으로 나타난다. 달리 말해 신실증주의 사상가는 우리로 하여금 세계도 인간도 없는 진리, 또는 과학적 진리와는 상관없는 인간과 세계 사이에서 선택을 하도록 강요하고 있다. 사람들은 분명히 한걸음 더 나아가 인간과 세계의 진리가 단순히 엄밀과학에 따른 진리와 동일시될 수 없다는 결론을 내릴 수도 있을 것이다. 그러나 신실증주의자들은 이 한걸음을 넘어서지 못하고 지적 테러리즘에 만족하고 있다. 하지만 이러한 테러리즘은 그것을 주장하는 사람에게 등을 돌리고 있다. 오직 과학적인 담론만이 의미가 있다. 그런데 과학에 대한 신앙고백은 일종의 경건한 서원이다. 과학사상은 과학적인 명제가 아니기 때문이다. 엄밀히 말해 그것은 정의나 자유, 신(神)보다 견고하지 못한 유토피아이다. 신실증주의자는 자신의 방정식보다 더 먼 곳은 보지 못하는 허무주의자이다. 사실 이러한 양식의 사고에 포함된 진리의 몫은, 인간 언어가 절대를 사유하는 데 적합치 않다는 것을 인정하는 부정적인 사고를 확립하는 데 부응하고 있다. 신실증주의자들이 자신들의 편으로 간주했던 빈 학파의 유일한 철학적 수령인 비트겐슈타인이 인정했던 대로, 부정적 사유는 허무주의가 아니라 실은 그 반대이다.

사실 비트겐슈타인은 익살스럽게도 찬성에서 반대로 회귀하면서 극단적 논리에서 신비적인 침묵으로 전략적 후퇴를 함으로써 이들의 입장을 무화시켜버렸던 것이다.

그러므로 과학철학은 산산조각이 나버렸다. 아무런 양심의 거리낌 없이 두 개의 그림 속을 들락거리는 바슐라르의 시학적이고 수학적인 이중성은 이른바 논리적 실증주의의 초보적인 논거를 통해 자신의 입장을 정립하고 있다. 그런데 논리적 실증주의는 인간성의 공백 속에서 자신의 엄격함을 펼치고 있는 논리의 비실증성non-positivité을 귀류법을 써서 증명하기에 이른다. 하지만 그와 동시에 프랑스에서는, 갈릴레이와 뉴턴의 전통과 막연하게나마 데카르트와 칸트류의 합리주의 사이의 성스러운 결합에 기초해 있으며, 빅토르 쿠쟁[22]의 절대적 가르침하에 강요되었다가 후에는 제3공화국이 검토하고 수정한, 대학의 정신주의라고 하는, 거의 공식 철학이라 할 수 있는 철학이 붕괴되었다. 브룅슈비크, 랄랑드, 브레이에는 지적 사변, 혹은 수학적이거나 그렇다고 자임하는 이성이 키운 '말'에 대한 조용한 관조 위에 근거를 둔, 회복 불가능한 상호이해주의에 대한 긍정이라는 선한 계시를 내리는 마지막 사람들이었다.

행복하고 평화스러운 낙관주의에 물들어 있는 이러한 믿음의 서약은 잔혹한 20세기의 엄격한 시련을 겪으면서 성장한 젊은 세대에게 갑작스럽게 거부당했다. 사람들은 몇몇 사상가들의 파괴적인 폭력에 놀라게 되며, 또한 사회질서와 심지어 순진무구한 언어를 포함한 인간 현실 전체를 파괴하는 허무주의의 신성모독적인 과장에 놀라게 된다. 하지만 이러한 사고의 흐름은 우리 시대가 그들에게 주었던 것을 다시 우리에게 돌리고 있다. 즉 이러한 조류는, 믿음도 법칙도 없고 미몽에서 깨어나 방향성을 상실한 채 시대

---

22) Victor Cousin(1792~1867): 프랑스의 철학자. 1840년 교육부장관을 지냄. 『철학단편』(1826), 『철학사 강의』(1828) 등의 저서를 남겼다.

에 대항해서 상호몰살에 이를 정도로 찢어진 우주의 이미지와 그림자를 제안하고 있다. 프랑스 혁명이 한창이었을 때, 문명국가의 공포에 질린 눈 아래 공포정치는 불과 몇 달 만에 수천, 아니 수만 명의 희생자를 냈다. 오늘날에 와서 그 희생자들은 수천만을 헤아리게 되었으며, 일상화된 테러 행위가 바로 가까운 길모퉁이를 포함해서 세계 도처에서 자행되고 있건만, 어느 누구도 그 끝이 어딘지 예견할 수 없다. 게다가 사람들이 이런 사정에 익숙해져 있다는 것은 분명 최악의 상황이다.

신의 죽음과 인간의 죽음이라는 두 개의 테마는 불행하게도 몇몇 정신이상자들의 착란적인 발명품들을 발전시키지 않는다. 신학의 쇠퇴와 인본주의의 소멸은 일상적으로 소비되는 주제가 되었다. 철학적인 성경강림주의자들의 광란은 일상적 현실의 광란과 일치하고 있다. 어떠한 개인도 양식(良識)을 가지고 인류를 훌륭한 종말로 이끌어가기 위해, 사물의 질서나 신성한 박애주의나 국가를 통치하고 있는 계몽된 정치가의 선의를 믿을 수 없게 되었다. 개별 국가의 차원에서뿐만 아니라 국제적인 차원에서 이루어지는 가치에 대한 조롱, 위선과 거짓, 숨김 없는 폭력 등이 주된 변화의 원칙이 되었다. 사람들은 이제 더이상 학생들에게 도덕을 가르칠 수 없게 되었다. 학교 다니는 아이들조차 그러한 가르침이 협잡에 불과하다는 것을 꿰뚫어 볼 수 있기 때문이다.

20세기의 인류는 자각하지도 못한 채 엄청난 '가치의 대공위 시대Grand Interrègne des valeurs'를 살아가고 있으며, 아무도 그 끝을 예견할 수 없는 가치의 사막을 통과해야 하는 운명에 놓여 있다. 전 지구에 퍼져 있는 이데올로기 갈등은 종교전쟁의 열정적인 과장과 비슷한 정도에 이르렀다. 자기 기만mauvaise foi은 국제 영역뿐만 아니라 국가 내부의 인간관계 속에도 널리 퍼져 있다. 이것은 새삼스런 것이 아니다. 마키아벨리는 20세기의 저자가 아니다. 새로운 것이 있다면, 다양한 대중 전달 기법에 의해 개인적 양심의 심판에 가해지는 엄청난 억압이다. 인쇄술의 발명이 정보와 선전의 다양한 가능성을 증가시키기는 했지만, 시청각 문화의 설득 효과는 인쇄물의 영향과는 비교가 되지 않는다. 글쓰기에 대한 지각과 이해는 지성의 원천, 다시 말해 비평의 가능성을 결집시켰다. 사진, 영화, 라디오, 텔레비전 등은 무의식적인 충동의 영역 속에서 본능에 영향을 미치는 미혹에 아무런 저항감 없이 따르는 개인의 정서적 능력에 직접적인 영향을 행사한다. 모든 전체주의 체제는, 자신의 연출가적 자질과 주술의 힘으로 수백만의 인간들을 가장 단순한 표현으로 축소시켜버림으로써, 지나치게 과소평가하는 '말' 의 연설적인 힘을 통해 대중들을 호릴 수 있는 마술사를 스승으로 삼고 있다. 그렇기 때문에 엄청난 수에 달하는 라디오와 텔레비전 시청자들은 히틀러나 스탈린, 카스트로 등의 언어의 마술에 길들여진 군중에 비견될 수 있다. 전통적 수사학의 원동력은 목소리가 갖는 제한된 범위로 한정되어 있었다. 하지만, 오늘날에는 그 범위가 무진장 확장되었으며 이미지의 수사학은 담론의 수사학의 잠재적 유해성을 증가시켰다.

우리는 엄청난 규모의 지성이 감소하고 있는 것을 지켜보는 무력한 목격자들이다. 하나의 진부한 기호가 현재 유행중인 연재만화 속에서 발견될 수 있는데, 그 선집이 책을 밀어내고 그 자리를 차지하고 있는 추세이다. 사람들은 더이상 책을 읽지 않고 다만 이미지의 피상적인 용이함에 혼을 빼앗긴 채 눈으로 한번 훑어보기만 하는 것으로 만족한다. 그 이미지는 정열적인 도발에도 쉽게 흥분하는, 눈에 보이는 감수성의 초보적인 감정을 야기한다. 외설과 포르노가 이러한 감각의 저속화에 아주 자연스럽게 끼어들어 개인으로 하여금 자신의 타락을 즐기게 한다. 특히 각자의 지적 · 영적 저속화는 사회 · 정치 · 경제생활 속에서 인간관계의 총체적인 자격상실과 자웅을 겨루고 있다. 언어와 관습의 전반적인 자유방임은 그 질서 체계 내에서 모든 분야가 이완되었음을 나타내고 있다. 권위의 수동성은 잘못된 의식과 잘못된 사고에 기초한 무기력의 표시이다. 이에 책임을 져야 할 사람은 아무도 없지만 모두가 죄인이기도 하다. 죄인은 희생자보다 더 측은하다. 선한 영혼의 소유자들이 보여주는 우유부단함은 불일치와 모순에 기초한 권력자들의 온건주의와 결합되어 있다.

사람들은 때때로 우리 시대의 어떤 문학적·예술적·철학적 표현이 가진 상식에서 벗어난 폭력 앞에서 분개한다. 이러한 분노는 몇몇 대표적 인물들만 꼽아본다면 아민 다다, 보카사, 호메이니 등과 같은 인물에게 경의를 표하는 시대와 일치하고 있다. 지구상의 광범위한 지역에서 야만인의 추장이나 가장 악명 높은 로마 황제에 비한다면 학정을 행사하는 다른 왕과 소국왕들도 이들에 비하면 박애주의자로 통할 정도다. 서구 문명은 위뷔 왕 Ubu-Roi[23]의 예언적인 모습을 제안했다. 왜 서구 문화에는 아민 다다들이, 모든 가치를 몰살해버리는 죽음의 천사들이 없는 것일까? 철학자들이 이성을 상실해버렸다고 해서 놀라서는 안 된다. 이성은 점점 더 인간의 땅을 황폐화시키고 있기 때문이다.

사상의 모델이나 체계도 파산해버린 듯하다. 이데올로기의 야바위꾼들은 더이상 누구의 신뢰도 불러일으키지 못한다. 오늘날 마르크스에게서 영감을 받은 독단론은 온갖 사회경제적인 실패와 전체주의적인 타락을 비호하고 있다. 적어도 말할 수 있는 것은, 자신의 영감을 인본주의에 두고 있는 마르크스가 그의 제자라고 자칭하는 사람들이 무서워서 인정하길 거부했으리라는 것이다. 더구나 이론적인 견지에서 산업기술의 진보는 이미 오래 전에 기한이 만료된 상황의 환기자로서의 마르크스적인 도식을 전근대적인 것으로 만들어버렸다. 독일 점령에서 해방된 직후 이러한 교의에 매혹된 프랑스 지식인들은 조금씩 그것을 포기했지만 어떤 성자에게 의탁해야 할지는 모르고 있었다. 그 영역을 장악하기 위해 다양한 철학이 나타났다. 즉 1945년부터 사람들은 헤겔주의, 현상학, 실존주의, 프로이트주의, 구조주의, 신실증주의, 기호학, 나중에는 '신철학'이라는 이상한—앞서 언급한 철학들도 오래된 것이 아니기 때문에— 이름의 철학까지 차례로 유행하는 것을 목도하게 되었다. 사실 이러한 철학들도 자의건 타의건 신문, 잡지, 라디오, 텔레비전과 같은 매스컴의 강력한 힘에 종속된 문화의 급격한 인플레

23) 알프레드 자리Alfred Jarry(1873~1907)의 동명 희곡에 나오는 주인공.

이션 현상과 합쳐지면서 급격하게 노쇠해갔다.

지속적으로 성장하는 인쇄물과 시청각매체에 의해 영양을 공급받는 문화적인 소비는 끊임없이 박자를 빨리 할 수밖에 없으며, 새로운 상품으로 자꾸 호기심을 불러일으켜야 한다. 시사 문제는 금방 낡아버리며 절정기에 오른 다음에는 곧 쇠락해버린다. 지식시장의 통제를 놓고 여러 패거리들 사이에서 무자비한 영향력 싸움이 벌어지고 있다. 구조주의의 침공은 급속도로 영역을 확대했다가 급속도로 사라져버린 좋은 예이다. 구조언어학은 교육학의 하부 구조를 지배한 덕분에 거세게 저항했다. 하지만 이러한 몽매주의는 다른 것들과 마찬가지로 새로운 양식에 의해 제거될 터인데, 이 새로운 양식 또한 그 통치가 지속되는 짧은 기간만 그 주창자들에게 명예와 이익을 가져다줄 것이다. 지적 리듬의 가속은 더 먼저 나올 수 없어서 그 운동을 따르는 기존의 대가들의 경향에 의해 점점 약화되고 있는데, 그만큼 그들은 다음 기차를 놓쳐버리지나 않을까 전전긍긍하고 있다. 그들은 가장 새로운 것의 뒤를 쫓아가거나 유행중인 사상에 계속해서 비싼 값을 부름으로써 자신들이 다시 젊어질 수 있을 거라고 상상한다. '신철학자들'은 한 걸음씩 걸을 때마다 늙어갔다. 아니 차라리 날 때부터 이미 늙어 있었다고 말해야 옳은 것인지도 모르겠다. 그들은 지배적인 상투어에 대한 해독 치료를 시도하려 했지만 의사소통이라는 수단의 함정에 빠져 이전 철학들과 마찬가지로 덧없는 새로운 양식을 던져놓는 데서 그쳤다. 철학은 상하기 쉬운 식료품이 되었다.

광란의 철학은 마치 물의 흐름에 떠밀리는 조약돌과도 같이 시간의 광란에 기대고 있다. 중요한 것은 시간을 포착하는 사람, 다시 말해 적시에, 즉 텔레비전 카메라나 잡지사 리포터의 눈 앞에서 상황에 맞아떨어지는 말을 하는 사람이 되는 것이다. 사상은 카메라 플래시처럼 터져야 하는데, 이 경우 그 빛이 바로 다음 순간 사라져버린다는 사실은 별로 중요하지 않다. 바로 여기에서 반론에 대한 무관심이 생겨나는데, 그것은 보충적인 독창성의 기호로 간주된다. 자의적이고 기한 만료된 사상인 인간의 죽음에 대해 이야기하는 온갖 예언가들이, 20세기 지구상의 인간 생명의 전반적인 가치 하락—인정해야 하리라—과 부합하여 상당히 좋은 평판을 얻고 있다. 하지만 주체를 위한 진혼곡의 탁월한 전파자들 중 한 사람은 광인이나 죄인들, 그리고 사회질서에 의해 오해받고 억압받던 또다른 천재들을 열렬히 옹호하고 있다. 만약 인간이 존재하지 않는다면, 인권인들 무슨 소용이 있겠으며 죄인이나 광인이 각자의 의미 이상으로 존재할 이유가 어디 있겠는가? 일인칭을 거부하는 또다른 어떤 유명인사는 장 자크에게 영감을 받아 열대성의 자서전을 출간하고 난 후, 겸손하게 자신의 공적을 강조하고 나서 콜레주 드 프랑스의 교수와 아카데미 프랑세즈의 회원이 되었는데, 이는 아마도 자신의 비존재를 스스로에게 더 잘 증명하기 위한 것이었으리라.[24] 또다른 한 사람은 자신의 아내를 살해했는데, 이것은 그가 스스로 최소한의 현실을 인정하고 있다는 사실을 증명해주고 있다.[25]

내게 와서 철학이 사람의 사생활과는 아무런 관련이 없다고 말하지 않기를 바란다. 만약 철학자가 스스로 철학하지 못한다면 그가 하는 철학이 무슨 소용이 있겠는가? 정신병자에게 털리거나 공격받는 난폭 행위의 희생자인, 자유주의 사상을 지닌 그 거물급 인사가 예심판사에게 불평했을 때, 나는 그가 자신도 받아들이지 않는 교의를 다른 사람들에게 가르치고 있다는 데 비탄을 금치 못했다. 이것이 바로 자기 기만이다.

하지만 나는 예견했었다. 1950년경, 1960년대와 1970년대의 천재들은 아직 나타나지도 않은 때였다. 사상가들은 현재의 지성계를 영속적인 시장 전람회로 변화시켜버린 할인판매 때문에 오늘날 명사를 만들었다 없앴다 하는 매스컴이라는 수단을 믿을 수 없었다. 수다쟁이의 정열과 소란에 비교한다면 사상가들은 어스름빛 속에 은거하여 살아가고 있었다. 철학책은 발

24) 『슬픈 열대』를 쓴 클로드 레비스트로스의 경우를 말하고 있다.
25) 루이 알튀세의 경우를 말하고 있다.

행 부수가 많지 않았고, 철학자로 통하던 사르트르만이 대중의 관심을 끌었다. 그가 "실존주의는 휴머니즘이다"라는 주제에 대해 유명한 강연 — 상당히 잘못 알려진 것이다 — 을 했던 아주 단출한 교실 입구에서는 점잖은 전투가 벌어질 지경이었다.

나는 논문을 발표한 후에 아무런 계략이나 경쟁 없이 스트라스부르 대학교의 문과대학 교수로 지명되었다. 거기서 나는 누구에게 굽신거리지도 않고, 더 영광스러운 자리를 차지할 만큼 원만한 성격도 지니지 못한 채 교수직을 수행했다. 현역 사상가로서 유일하게 내가 공감을 느끼는 사람은 모리스 메를로 퐁티였는데, 그는 울름 가(街)의 집에서 내 후견인이었던 시절부터 영광스럽게도 우정을 베풀어주었다. 그는 현상학의 길에 몰두해서 '지각'에 대한 위대한 작품을 썼다. 그런데 그는 나중에 반성적 방법론의 포로가 되어 갇혔는데, 때이른 죽음으로 사라지기 전까지 거기서 빠져나오지 못했다. 나는 추론적 이성이라는 사각의 링에서 떨어져나와 철학의 다른 입구를 찾았다. 내가 찾은 것은 사유가 인간 현실을 본원적 지성의 폭넓음 속에서 고려하도록 하는 토대였다. 그것은 인간이 육체와 영혼을 동시에 지닌 채, 정신의 힘과 더불어, 하지만 감정의 원천, 의식뿐만 아니라 무의식도 함께 지닌 채 거주하는 우주 안에 인간의 자리를 확립하는 것이라 할 수 있었다. 현실세계의 현실적 인간 존재에 대한 목록이 다른 모든 것을 제외한 채 몇 가지 정신적 윤곽만을 선택함으로써 이루어질 수는 없다. 막스 셸러[26)]와 메를로 퐁티가 주창한 현상학은 체험된 것이 보여주는 모든 양상과, 인간 경험을 그 통일성과 다양성 속에서 정당화시키는 모든 양상, 기능, 가치를 배제하지 않은 채 전체적으로 고려하려 했다. 나 역시 연구를 이런 방향으로 끌고 가려고는 했다. 하지만 나는 어떤 기존의 정통에 충실하지 않고 원칙이나 기질 면에서 완전히 독립적인 입장을 취하고자 했다.

---

26) Max Scheler(1874~1928): 독일의 현상학자. 『세계 내적 인간의 상황』 등의 저서를 남겼다.

나는 운좋게도 어떤 뛰어난 사람의 호의를 누렸는데, 그는 분명 『신화와 형이상학』을 쓰는 데 많은 영감을 불어넣어주었다. 대학 기구와 동떨어져 있던 모리스 레나르트[27]는 민족학 분야에서 자수성가한 사람이었다. 외모나 정신이 바슐라르를 상기시키는, 턱수염을 기른 이 호인은 뉴칼레도니아의 개신교 선교사업에 일생을 바쳤다. 원주민 복음화의 임무를 띤 그는 그들의 말과 관습을 배워 그들의 말로 복음서를 옮겼으며, 그들과 함께 생활함으로써 몇 년이 흐른 후에는 자신의 교구민에 동화되어 그들의 눈으로 세상을 바라보고 그들의 사고방식으로 세상을 파악할 정도였다. 중요한 것은 이론적인 인식이 아니었다. 대화의 목표는 카나카 공동체[28]의 존재이유에 대한 것이었다. 식민화의 충격, 서구인의 물질적이고 지적인 우월성과의 대면으로 전통적인 균형이 파괴되었고 원주민은 절망에 빠졌다. 이방인이 가져온 질병과 알코올의 문제도 있었다. 태평양의 다른 곳과 마찬가지로 뉴칼레도니아 지역도 인구가 점차 감소했으며, 이들은 절망에 사로잡혀 죽어갔다. 그들 자신의 정신적인 자양과 그들이 구현한 진리를 빼앗겨버렸기 때문이다. 하지만 정작 식민지 당국이나 통치자들은 마땅히 책임져야 할 이 비극을 의식하지도 못했다.

거의 알려져 있지 않은 기독교 선교의 공적은, 원주민에게 대체적인 정신적 자양을 제공하고, 전통적 믿음체계와 침략자의 신앙 사이의 국지적인 타협을 통해서 그들에게 존재이유를 준 것이다. 종종 제국주의의 첨병으로 오인되기도 했던 수많은 선교사들은, 이렇게 해서 자신들이 담당하고 있던 공동체의 주민으로 하여금 자신들을 으스러뜨릴 위험이 있는 문화적 갈등에 저항하도록 함으로써 원주민 공동체사회의 존속을 보장한 것이다. 이러한 임무를 감당하면서 모리스 레나르트는, 자신이 개종시켜야 할 사람들의 이치와 세계관과 삶의 방식에 자신을 맞추었다. 그의 대화 속에는 끊임없이

27) Maurice Leenhardt(1878~1954): 프랑스의 신교 선교사, 민족학자. 『오스트레일리아-멜라네시아 지역의 언어와 방언』, 『도 카모』 등의 저서를 남겼다.
28) 하와이 및 남양군도.

자신이 담당했던 후아일루Houailou 민족 특유의 사상, 말, 이미지가 나타났다. 그 선교사는 늙은 서구인의 개성을 거부하고 몇 년 동안의 공동생활을 하는 과정에서 동화된 카나카인의 정체성을 채택했다. 그의 직업적인 임무와 종교적인 소명은, 그로 하여금 문헌학이나 문법의 차원에서뿐만 아니라 특히 세계 내적 존재에 대한 정신적인 원천이라는 차원에서, 연결의 첨병 혹은 유럽 문화와 고대 문화 사이의 매개자로서의 임무를 맡도록 했다. 자신의 기술이나 인간적인 것에 대한 무지를 확신한 식민주의자의 우월의식과 원주민 공동체의 보존을 보장해주었던 수천 년 동안의 전통에서 오는 예지를 정당화시킬 줄 아는 선교사의 겸손은 대립하고 있었다.

뒤르켕, 레비 브륄, 마르셀 모스[29]에 의해 확립된 프랑스 민족학은 간접적인 인식이었다. 왜냐하면 프랑스 민족학은 신대륙 발견 이후 이국세계를 섭렵한 여행자들과 선교사들이 가져온 서류나 자료를 모은 백과사전식 독서를 기반으로 해서 확립된 것이기 때문이다. 이러한 교류에 대한 조사는 면밀하고 방대한 양의 색인표를 가능하게 하였는데, 여기에서 출발하여 학자들은 세계의 모든 야만족의 인상착의를 설정하였다. 하지만 이들은 자기 작업실에서 빠져나오는 수고를 하지도 않았으며, 영화에서 말고는 자신들이 그렇게 방대한 책을 바친 원주민들 중 단 한 사람도 직접 눈으로 보지 못했다. 선교사로서의 임무를 마친 모리스 레나르트는 뤼시앵 레비 브륄이 거리에서 마주친 뼈와 살을 지닌 첫번째 야만인이었다. 원시인의 정신세계에 대한 수많은 저술을 남긴 박식한 저자는 자신의 실증적인 편견을 정복시켜 버리는 이와 같은 계시에 매우 심한 충격을 받았다. 사람들은 야만인이 될 수도, 야만인처럼 생각할 수도 있지만, 그렇다고 해서 정신적으로 덜 발달한 사람이 되지 않을 수도, 논리적인 몽매주의라는 암흑세계에 빠지지 않을 수도 있는 것이었다. 심지어 그는 원시인의 지혜가 무엇으로도 환원될 수 없는 진리라는 자산을 포함하고 있다는 점을 인정해야만 했다. 소위 문명인

29) Marcel Mauss(1873~1950): 프랑스의 사회학자, 민족학자.

도 자신의 밑바닥에는 통찰력 있는 인간의 방향을 잡아주는 땅의 의미에 관한 존재론적인 추로서 이러한 진리를 지니고 있다. 레비 브륄은 위대한 정신의 소유자였으며 정직한 사람이었다. 그는 충실하게도 자신이 처음에 취했던 개념들의 부족함을 인정했다. 그가 죽고 난 후 모리스 레나르트는 죽은 친구의 유고집을 출판하는 일을 맡았다.

그 동안 이 전직 선교사는 공식적인 교육 기관에 일자리를 얻었다. 그는 카나카 원주민에 대한 문헌과 민족학에 대한 학술적인 업적을 발표했다. "너무 많은 것을 하려는 사람은 별로 많은 것을 하지 못한다"는 슬로건을 건 프랑스 학파 설립자들의 능력처럼, 사실 그의 능력이 모든 시대, 모든 국가의 원시인들에게까지 확장되었다고 주장할 수는 없다. 레나르트는 25년 동안 선교활동을 하면서 카나카인밖에는 알지 못했다. 하지만 그는 그들을 잘 알고 있었으며, 그의 포괄적인 인식론의 도구가 기독교의 자비였던만큼 더욱더 그들을 잘 알고 있었다. 이에 반해, 레비스트로스와 같은 학자의 놀랄 만큼 추상적인 지식과 대수학적 계산 뒤에는 무신론의 냉혹한 유린이 감지되고 있다.[1] 모리스 레나르트는 『도 카모, 멜라네시아 세계의 인간과 신화 *Do Kamo, La Personne et le mythe dans le monde mélanésien*』라는 제목으로 1947년에 출간된 책에서 원시 존재에 대한 자신의 경험을 요약하고 있다. 이렇게 해서 영예를 누리게 된 이 원주민의 어휘 형식은 인간 존재의 진솔함을 나타내주고 있다. 사실 그가 문제삼은 것은 인간 개인성individualité의 특징을 정의하는 데 기여하는 온갖 요소들을 모은 카나카 인류학에 관한 시론이다. 원주민 공동체의 정신질서는 형이상학에 관한 논문의 형태로 재구성되어 있는데, 거기서 문제시되고 있는 것은 삶과 죽음, 공간, 시간, 말의 문제이다. 그에게는 다행스러운 일이었는데, 레나르트는 인간이란 거짓

---

1. 졸고 「모리스 레나르트의 상황, 혹은 레비 브륄에서 레비스트로스까지의 프랑스 민족학 Situation de Maurice Leenhardt, ou l'Ethnologie française de Lévy-Brühl à Lévi-Strauss」(1964) 참조. 『인간에 관한 과학이 인문과학이다*Les sciences de l'homme sont des sciences humaines*』, Ophrys, 1967에 수록.

관념에 불과하며, 과거에는 저능아로 평가되던 야생의 사고가 지금은 아주 재능 있는 사람에게 인공두뇌 구실을 하는 계산기 역할로 축소되었음을 알지 못했다.

나는 거기서 세계 내적 존재의 신화적인 토대와 그 인간성 속에서 사유의 존재론적인 균형을 보증하는 초이성적인 우주를 발견했다. 나는 레나르트가 카나카 산림 지대의 어떤 마을에서 열렸던 7월 14일 축하행사에 관해 이야기한 것을 기억하고 있다. 자신의 발전에 대해 자랑스럽게 생각하는 교양인인 학교 선생은 무대로 사용되던 숲속의 빈터에 2+2=4라는 공화적이고 비종교적인 자랑스런 공식을 과시하는 개선문을 세워 뒤떨어진 자국민들을 계몽하고자 했다. 종족의 취학아동들의 학업 발달을 지켜보던 마을의 늙은 추장은 옆에 있던 선교사에게 "아이들이 학교에 들어간 후로는 더이상 아무것도 모릅니다"라고 속마음을 털어놓았다. 다시 말하자면, 그들은 더 이상 전통을 모른다는 것이다. 전통과 단절된 채 자신들의 친근한 세계에서조차 이방인이 되도록 만든 이론적인 지식에 입문한 그들은, 표면적으로는 가장 초보적인 형태로나마 서구 문명이 가져온 온갖 형태의 소외 양상에 몸을 맡기게 된 셈이었다. 『도 카모』라는 독특한 경우에서 보는 것처럼 신화의 세계는 하나의 안보체계이자 공동체의 유지 원칙이다. 이 체계는 그 공동체에 존재이유뿐 아니라, 우주의 힘과 조화롭게 일치할 수 있는 가능성을 보장해주는 것이다.

『신화와 형이상학』의 기원이 된 사상은 『도 카모』와 동일한 맥락에 놓여 있다. 그 영향은 독일인 루돌프 오토Roudolf Otto, 네덜란드인 반 데르 레위Van der Leeuw, 루마니아인 미르체아 엘리아데에서 비롯한 종교현상학 연구에 대한 독서를 통해 보완되고 견고해졌다. 나는 내가 지적 전통의 영향권에 갇혀 있는 프랑스 대학의 선생보다는 직업 철학자가 아니었던 이 사람들에게 보다 더 가까이 가 있음을 느꼈다. 나는 탈출을 꿈꾸었다. 나는 형이상학의 영역 확장을 꿈꾸었는데, 이를 통해 형이상학자가 어디서든지, 다시 말해 인간이 사는 땅에서의 인간 존재에 대한 증언 전체에서 자산을 다시 취할 수 있을 거라고 본다. 철학은 자신이 설정한 전제와 부합하지 않는다는 구실로 현실의 어떤 양상이라도 배제할 권리를 가지고 있지 않다. 철학적 성찰은 아무것도 배제시키지 않은 채 체험된 경험의 전 영역에 적용되어야 한다. 그것은 그 영역을 정신적 계산의 전형으로 축소시키기 위해서가 아니라, 가능한 한 그 영역의 함축적인 의미 작용과 잠재적인 명료함을 규명하려는 의도 속에서 이루어져야 한다.

『신화와 형이상학』을 출간한 15년 후, 나는 1968년 플레야드 백과사전의 '일반 민족학' 속에 「민족학과 형이상학」이라는 제목으로 발표한 논문에서 이 주제를 다시 다룰 기회를 갖게 되었다. "인간의 통일성은 기원으로부터 역사가 진행되어오는 동안 지구상의 모든 사람들에게 공통적인 소명의 통일성으로 나타난다. (……) 세계 내에서의 인간의 계획과 운명의 의미를 밝히는 것이 철학의 몫이다. (……) 진선미에 대한 추상적인 사유와는 매우 다르며, 구체의 형이상학을 지향하는 형이상학의 의무는 이렇게 정의된다. (……) 인간적인 것에 대한 체계적인 탐구는 근본적 의무 사항에 대한 일종의 예산을 드러내기에 이르렀다. 지구상의 어느 곳에 인간을 정착시키는 데에는 각각의, 또는 모든 사람의 실존이 안전하게 흘러갈 수 있는 생명공간에 대한 한정이 선결조건이다. 모든 사회적 · 개인적인 구조들은 이러한 안전보장에 대한 필요로 정돈되며, 합리적인 보장과 마찬가지로 반성적 사유 그 자체는 그것이 나타날 때면, 결코 완전한 극복이라고 주장할 수야 없겠지만 의식의 조작 가능성은 이러한 원초적인 필요성을 대신하게 된다."(앞의 책, p.1813)

서구의 위대한 합리주의적 전통은, 소크라테스적인 혁명과 헬레니즘의 주지주의의 토대인 뮈토스muthos에서 로고스logos로의 전이 이후에, 세계 내적 인간의 토대인 고대의 힘에서 벗어날 수 있으리라 믿었다. 신화적인 영역은 사고가 유치해지는 순간과 일치한다고 해서 거부당했다. 이러한 신화적 사고는 상상력의 의심스러운 쾌락에 빠져 있게 되는데, 이러한 상상력이 발휘되더라도 그 속에는 진실에 대한 어떠한 가치도 포함될 수 없다. 명확한 진리는 사변적인 엄격함과 정밀과학과 같은 신조를 표방한다. 그리하여 철학은 다가올 모든 실증주의의 길로 접어들게 된다. 하지만 수에 대한 플라톤의 이론에서부터 드러난 운동은 종교적인 계시의 회귀에 의해 보충되었다. 신화적인 전통은, 갈릴레이적인 혁명이 엄격한 사고와 성서의 메시지 사이에서 육체와 선의 분리를 초래한 순간에 이르기까지 유대-그리스도적인 영역에서 형이상학적인 사고를 짓누르고 있다. 외적인 모든 권위에서 해방된 과학과 철학은 새로운 연합을 모색하고 있다. 그런데 그러한 연합은 유일하게 분명한 진보를 가져올 수 있는 정밀의식의 승리에 이르게 될 것이며, 그렇게 함으로써 모든 특수한 내용을 박탈당한 형이상학을 초래하게 될 것이다. 갈릴레이의 고귀한 작품들의 처단자인 동시에 그의 복수자인 뉴턴은 물리-수학적인 명료함에 토대를 둔 진리의 패러다임을 강요했다. 뉴턴의 혁혁한 성공에 매혹된 계몽주의 시대는 경험적 실증주의를 발전시키게 되었는데, 이러한 경험적 실증주의의 세대가 생 시몽과 오귀스트 콩트의 최초의 종합에서부터 마르슬랭 베르틀로[30]의 과학주의적 예언에 이르기까지 19세기 동안 차츰차츰 승리하게 된 것이다.

새로운 시대의 '말'로서의 '과학'은 자기 자신의 철학이다. 즉 과학은 신화학이 자신의 퇴행적인 단계에서 작성하고 있는 감정적이고 상상적인 차원의 찌꺼기와 쓰레기를 일소함으로써 인류의 영역 내에서 유효한 의미의 충만을 스스로 보장할 수 있게 되었다. 레비 브륄, 브룅슈비크, 피아제는 각자 자기 방식대로 야만인, 어린이, 정신병자와 시인에게서 꽃피는 정신박약에서 해방된 성인의 오성(悟性)의 승리를 축하했다.

빈 학파의 신실증주의는 실증주의의 불가능성에 대하여 귀류법적으로 증명한다. '과학'은 새로운 시대의 '말'이 아니다. 왜냐하면 새로운 '말'이

30) Marcelin Berthelot(1827~1907): 프랑스의 화학자, 정치가. 『화학적 역학론』 등의 저서를 남겼다.

라는 개념은 더이상 예전의 '말'들의 개념과 같은 의미를 지니고 있지 않기 때문이다. '말'이라는 단어를 사용하는 양식은 이제 검증할 수 있는 과학적인 명제가 아니다. 레비 브륄이 결코 진짜 야만인을 만나지 못한 것과 마찬가지로 피아제 역시 진짜 어린아이를 상대로 한 적이 없다는 것을 덧붙일 수 있겠다. 이론가는 경험에 대해 이야기하는 것이 아니라 다만 추상적인 사물을 상상할 뿐이다.

고전철학의 오류는 제한된 영역이라든가 의식적이고 조직화된 합리성이라는 말을 의식 속에 고립시킨 것이었는데, 이렇게 해서 인간 현실의 나머지 부분은 인식의 쓰레기통에 처박혀버렸다. 신화적인 영역은 사물의 질서와 인간 속의 질서를 동일한 존재론적 시각 속에 보듬고 있는데, 어떠한 것도 배제하거나 버리지 않고 현실적인 것에 의미와 가치를 부여하려는 의도를 통하여 사물과 인간을 한꺼번에 떠맡는다. 신화는 삶과 죽음, 언어, 의복, 양식, 가족관계와 문화적·도덕적·사회적인 세계의 내적 구조와 관련되어 있다. 세계를 잘 돌아가게 하는 제의적 질서를 축성함으로써 신화는 인간의 정체성을 해석해주며, 그 토대를 정당화시키는가 하면, 존경을 부과하며, 인간공동체를 더 나은 힘의 보호 아래 둔다. 신화학은 신인동형론적(神人同形論的)이고 우주형상적이며 신본형태적인 진실을 문제삼는다. 실증주의자의 주장대로 이러한 계수들은 진리에 이르는 장애물이 아니라, 반대로 우리가 주장할 수 있는 유일한 단계인 인간적 차원에서 진리를 구성하고 있다.

과학의 혁혁한 승리는 비인간적인 진리만을 생산했다. 오늘날 사람들은 이러한 비인간적인 진리가 기술적인 것에 적용됨으로써 인류에 대재앙을 초래할 위험요소를 지니고 있음을 알고 있다. 그럼에도 불구하고 물질 구조와 원자 분해과정의 조절에 대한 정확한 지식들은 과학정신의 주된 승리 중 하나를 확실히 보여주고 있다. 이러한 전망의 끝에는 종말론적인 불꽃놀이가 예고되어 있는데, 그 불꽃놀이의 마술에 의해 문명 최고의 폭발이 실현될지도 모른다. 이것은 공상과학소설 속의 이야기가 아니다. 학자와 기술자는 언제 어느 때라도 이러한 결과를 초래할 수 있다. 현대사에서 몇 사람이 정말로 그랬던 것처럼, 이 미친 사람들 중 한 사람이 언제라도 단추를 누를 수 있는 것이다.

이제는 철학을 과학의 양심으로 보기 어렵게 되었다. 과학은 양심을 가지고 있지 않기 때문이다. 과학이 양심이란 것을 가지고 있었다면, 최초로 원자탄을 발명한 사람들은 자신들의 발명품을 파괴해버렸거나 보다 안전을 기하기 위해서 자살이라도 했을 것이다. 인류는 과학적인 진리의 세계에서 살고 있는 것이 아니라, 가치의 세계, 다시 말해 그 방향과 윤곽이 개인의 존재에 따라서 구체적으로 조직화되는 곳에서 살고 있다. 사람들은, 기계역학과 동역학, 전기역학, 기하광학, 유체역학, 열역학, 원자물리학 등의 법칙의 도움으로 세력의 각축장으로 분석되는 현실에 대한 물리적인 묘사를 확립할 수 있다. 사람들은 또한 지구라는 행성을 화학적이거나 생물학적인 명료함의 전형으로 축소시킬 수도 있다. 하지만 이러한 추상적인 도식은, 그것이 때로는 아무리 유용하다고 할지라도, 이들이 인간 존재의 구체적인 세계 속으로 개입한다는 조건 아래에서만 그 의미와 가치를 지니게 된다.

신화적 기능의 속성은 합리주의적인 전통으로부터 명예를 부여받은 물리학이라는 형이상학에 인간 현실이라는 존재론을 대립시키는 것이다. 물론 신화는 단어로 받아들여지는 것이 아니다. 상상력의 막대한 산물은 역사적으로 정의할 수 있는 실제 현실을 제시하고 있지 않기 때문이다. 신화학은 환상적인 양식에 기초해서 세계 내 존재의 시도와 실수를 보여준다. 그곳에서는 의식이 무의식과 뒤섞이며 욕망과 고뇌가 꿈이라는 자연스런 표현을 따라 서로 자유롭게 투사된다. 해석은 이미지 뒤에 감춰진 의미를 드러내듯 글자 그대로를 판독하는 양식을 채용할 수는 없다. 신화를 해석하는 열쇠는 일대일로 대응하는 어휘집이나 잔류하는 지성주의의 표현인 산출 체계가 아니다. 신화는 단어가 아니라 의미로 받아들여져야 한다. 신화적 산물의 잠재적인 내용은 인간적인 층위에서 가치의 일반적인 유사함을 드러내고 있다.

노발리스는, "인체의 부분들이 인간 생명에 의해 유지되듯, 인간세계는 인간에 의해 유지되고 있다"고 말했다. 신화는 인류의 표징이다. 신화는 파롤parole, 정신적인 감수성, 그리고 상상적인 산물에 내재해 있는 구조에 근거해서 존재의 세계를 밑받침하고 있다. 파롤, 정신적 감수성, 상상적 산물은 그 전체가 모여서 지구상의 어딘가에 확립되어 있는 각각의 공동체에 고유한 존재의 제의적인 풍경을 이루고 있다. 어떤 집단이든지 지구상의 어느 한 지점에 터를 잡고 살아가다 보면 자연적인 구획과 물리적인 지리를 인간적인 장소로 변형시키게 된다. 그 집단은 물질적인 현실에 자신에게 합당한 공간과 시간을 포개어놓는데, 공간과 시간의 한가운데서 익숙한 행위들이 펼쳐지게 된다. 삶의 안정에 필수적인, 세계와 인간 사이의 최초의 결합인 인간 존재의 이 존재론적인 토대는 공동체적 실존이 갖는 리듬을 정당화시키는 신화의 형태로 드러난다. 신화적인 자료체는 매우 다양한 형태를 띠고 있지만, 신화적인 기능은 어디서나 동일하다. 신화적 기능은 공동체 질서의 보존 원칙으로 개입한다.

원주민 사회의 융합을 보장해주는 신화적인 명료함은 기술적인 효율성에 기초한 합리성으로 대치되었다. 억압당한 신화적 기능은 지성의 보편성에 그 영역을 넘겨주고 말았으며, 세계 내적 존재의 기본적인 힘을 수치스럽게 만들어버린 저해 요인에서 출발하여 철학적인 사고가 펼쳐지고 있다. 하지만 사변적이고 과학적이며 기술적인 이성의 승리에 대한 대가로, 뿌리가 잘리고 점점 더 자기 땅에서 이방인이 되어가고 있으며, 세계나 자신과의 관계에서 점점 소외되어가는 인류의 와해를 지불하게 되었다. 자연의 변질은 인간의 비인간화 현상과 짝을 이루고 있다. 결국 개인의 객관적인 진리를 생화학의 방정식이나 속인들은 해독할 수도 없는 유전학적인 공식으로 분석하는 것도 가능해졌다. 그 자체로만 축소된 그러한 '진리'는 미쳐버린 진리이며, 그러한 진리는 말하자면 처형장에서 희생자의 뼈로 비누를 만들어내던 나치 학살자의 행동을 환기시킨다. 그 비누 역시 인간의 진리이다. 그토록 무시무시한 경험을 겪고 난 우리는 인간에 관한 한 오직 하나의 인간적인 진리만이 존재한다는 사실을 의심하기 시작했다.

엄밀한 과학의 진보는 인간상의 와해로 가차없이 이어진다. 아주 다양한 형태로 나타나는 신화적 기능은 의미의 융합을 지키려고 노력한다. 신화적인 기능은 존재의 총체적인 풍경 속에서 인간의 필연적인 통합을 유지한다. 그 기능은 사실의 언어를 이야기하지 않는다. 그것은 실제 여건에 존재의 친숙함에서 생겨난 더 우월한 원칙을 부과하고 있다. 현대세계는 존재론적인 쇠퇴의 길에 놓여 있다. 의미는 와해되고 있는 듯이 보인다. 하지만 각각의 의미는, 인간의 얼굴을 한 진리의 전체 구도에 합쳐질 수 없는 상황에서 자신이 가지고 있는 정보의 부분을 지키고 있다. 기술적이거나 합리적인 명료함은, 유일하게 존재를 정당화시킬 수 있는 가치가 드러나게 될, 더 나은 차원의 명료함이 도래하는 것을 가로막고 있다. 현실 속에서 작동하는 결정론의 총체는 그것 없이는 우주가 혼돈으로 되돌아가버리는 의미의 종말론에 따름으로써만 인간적인 질서를 구축한다.

그런데 오늘날 혼돈이나 부조리는 추상적인 가능성을 제시해주지 않는다. 그것들은 합리성이 부족해서가 아니라 논리나 기술, 단편적인 지성의 과잉과 지나침으로 해서 여전히 우주의 여기저기를 돌아다니고 있다. 그런데 이 우주에서는 엄청난 양으로 축적된 대립적인 세부사항들이 인간적인 질서를 은폐하거나 심지어 파괴하기도 한다. 신화적 기능에 대한 의뢰는 하나의 원천으로, 즉 기술적 합리주의의 진행과정에 따라 증대하는 사물의 질서에 대한 지나친 믿음 속에서 잊혀지거나 부정된 인간적인 의미 작용의 기본 영역으로의 귀환 의지로 나타나고 있다. 신은 죽어버렸고 역사는 미쳐버렸으며 인간도 죽어버렸다. 이런 상황에서 그토록 많은 절망적인 양식들이 의미 부재에 대한 지각과 유감을 표하고 있다.

키에르케고르는 코펜하겐의 거리를 산책하면서 빌보케[31] 놀이를 하고 있는 사람을 볼 수 있다고 말한다. 그 사람은 받침대 위에 나무 공을 얹는 데

31) 손잡이에 공받이와 공이 매달린 장난감.

성공할 때마다, "와! 지구는 둥글단 말이야"라고 소리치고 있었다. 키에르케고르는 계속해서 말한다. "지구가 둥근 것은 사실이다. 그렇다고 해서 그것이 그 사람이 미쳤다는 것을 부정하지는 않는다." 매우 순종적이며 합리주의적이고 실증주의적인 철학자는 정밀과학의 전문가들에게서 빌려온 명제들만을 표명하면서 자신이 가장 엄격한 진리 속에 머물러 있다고 확신한다. 그렇다면 그것은 다음 두 가지 중 하나다. 우선 철학자들은 단순히 학자들이 말한 것에 아무것도 덧붙이지 않고 그것을 반복하고 있을 따름인데, 이러한 메아리 같은 반복은 새로운 것을 전혀 가져다주지 않는다. 혹은 철학자들은 기존의 것에 자신의 것을 놓는데, 이러한 의미 작용의 과잉 적재는 정당화될 수 없다. 이러한 과잉 적재가 학자들의 논의로부터 어떤 신빙성을 빌려오고 있다고 생각하지만, 이렇게 함으로써 그들은 신뢰의 남용이라는 우를 범하고 있는 셈이다.

물리학의 형이상학과 과학적 자료에 기초한 철학은 공(空)의 철학이다. 이것들은 명료함이라는 완전한 투명함이 지배하도록 인간의 영역으로부터 감각적인 특질과 존재의 구체적인 윤곽을 박멸했다. 이러한 조망의 끄트머리에 의미의 상실이라는 현대적인 허무주의가 확인된다. 비우주적이고 비인간적인 공의 철학과 인간의 형상을 지닌 철학 사이의 선택 이외에는 다른 탈출구가 없다. 인간의 형상을 지닌 철학이란 개인생활과 공동체생활 속에서 드러나는 대로의 '인간'과 '세계'와 '신'의 근본적인 윤곽을 명확히 하려는 철학이다. 신화는 실존의 차원에서 이러한 진리를 드러내고 있으며, 각자로 하여금 '존재'의 친숙한 풍경 속에다 매일 자신들의 존재를 새겨넣도록 하는 기본적인 방향 설정을 나타내고 있다. 과학의 세계는 가치들의 사막이다. 인간 현실은 개인의 성장에 따라서 확장되고 정제되는 공리학이라는 요람 속에서 펼쳐진다. 신화체계는, 문화의 국지적인 지시에 따라서 공동체생활의 프로그램을 발전시키고 있다. 그래서 개인은 신화체계 속에서 기존의 사회질서를 구성하고 있는 실존의 발전된 공식들을 발견하게 된다. 모든 교육학은 기존의 전통과 조화를 이루면서, 존재 속에서 자신의 끈기를 보장받으려는 경향이 있는 사회의 서원(誓願)에 따른 정신적인 풍경이라는 신화학의 지지대를 확보하려고 한다.

현대세계의 위기는 학자들의 기하학적인 분할 방식과 공학기술의 기계적인 결정론이 가치의 세계를 일소해버렸다는 사실과 관련되어 있다. 과학은 자신이 행사하고 있는 막대한 힘을 통해서 지혜를 대체하게 되었으며, 형이상학자는 그 권위가 절대적인 타당성을 부여받은 것처럼 보이는 학자의 흔적을 따르는 우를 범했다. 그때부터 그들은 얼굴 없는 진리를 주장하게 되었는데, 다양한 형태로 나타나고 있는 현대의 허무주의는 이러한 얼굴 없는 진리의 궁극적인 결말에 불과하다. 의미 소멸의 옹호자에 마주하여 오늘날의 형이상학자는 의미의 예고자가 되는 것을 자신의 임무로 삼아야 한다. 『신화와 형이상학』은 신화적인 기능의 복권을 주장하면서 의식의 재분출로 초대한다. 전통 영역으로의 귀환은 세계와 신, 심지어 자신과의 관계 속에서도 소외된 오늘날의 인간이 겪는 위치 상실을 치유할 수 있다. 신화는 선대의 그림자, 꿈, 환각의 왕국으로 우리를 되돌려놓는다. 신화는 극단적인 것의 힘을 불러일으키기 때문에 신화가 우리에게 마법을 걸도록 내버려두는 것은 아무런 문제가 되지 않는다. 하지만 신화에 계속 질문을 던져야 하며, 신화를 통하여 잊혀져버린 인류의 질서에 대한 요청에 귀기울여야 한다. 자신의 그림자를 상실한 인간은 이 지상을 유랑하는 방랑자에 불과하다. 그처럼 이러한 군중은 어디든 도달하겠다는 희망도, 심지어 그러겠다는 의지도 없이 고속도로 위로 몰려오는 휴가철 인파와도 같다. 그들에게 어마어마한 콘크리트 위의 모든 지점은 대등하며 무관하고, 의식하지는 못하지만 그 지점 자체가 그들이 추구하는 목표이며, 결코 도달하지 못할 것이라 확신하고 있는 유일한 대상이기 때문이다. 그들이 미친 듯이 앞으로만 도망치고자 하는 실제적인 동기가 스스로 용납할 수 없는 것이며 자신들에게 진정한 의문을 제기할 수 없는 것이기 때문이기도 하다.

나는 언젠가 외국에서 프랑스 철학의 현황에 대한 질문을 받은 적이 있다. 나는 만족스러운 대답을 할 수 없다. 프랑스에는 철학적인 영역도, 대립적인 관점 속에서나마 사고의 통합을 확고히 해줄 어떤 통합적인 언어도 존재하지 않는 듯하다. 어디를 둘러봐도 대화는 존재하지 않으며, 다만 서로 칭찬해주고 있는 소가족들이나 소당파들만을 찾아볼 수 있다. 이러한 소그룹 안에서는 지엽적인 문제에만 한정되어 그 관심사가 그룹의 일원이 아닌 사람에게는 분명치 않은 불가사의한 탐구가 끝도 없이 이어지고 있다. 게다가 사용되고 있는 언어의 불분명함이 이들의 사유를 만일의 호기심으로부터 보호해주고 있다. 언어학은 열렬한 지지자를 거느리고 있으며, 성(性) 또한 마찬가지이다. 그래서 사람들은 생물학과 수학의 토대 속에 빠져들어 몇몇 음모자들의 도움을 얻어 참을성 있게 자신만의 비밀 낙원을 가꾸어나가고 있다. 또한 사람들은 학술대회라는 대향연을 기다리고 있는데, 사실 이 대향연은 지구상의 몇몇 지점들에서 속 편하게 속인들에게는 은폐되어 있는 재능을 쉽게 서로 인정하려는 열댓 명 혹은 스무 명 정도 되는 문제의 비의(秘義) 동맹자들의 모임이다.

중세의 암흑기에, 모든 지평의 야만인들이 제국의 위대한 유산을 파괴한 후 헬레니즘 문화의 영역을 잠식해버렸다. 전반적인 황폐화 현상은 높은 산중 계곡 깊은 곳에서, 사라진 유산의 온갖 조각을 부여잡고 있는 몇몇 동아리가 존속할 수 있게 했다. 세상의 나머지 부분과 단절되어 있는 이들 공동체들은, 탐욕스럽게도, 사라져버린 진리의 부스러기를 간직하며, 더 좋은 시대가 와서 복권될 수 있으리라는 기대 속에서 남아 있는 얼마 안 되는 것을 그럭저럭 지켜나가려 하고 있다. 사실 이들 성직자들의 열정적인 근면성은 헛된 것이 아니다. 그들의 부지런함으로 인해서, 와해된 의미의 파편들이 인류의 구도라는 통일성 속에 다시 모이게 될 미래의 르네상스가 가능하기 때문이다. 아마도 오늘날과 같은 철학의 암흑기 속에도 그들의 성실성을 언젠가는 보상해줄 의미의 옹호자들인 참된 철학자들이 존속하고 있을 것이다.

1983년 봄 내가 이 글을 쓰고 있는 지금 파리에는 국제 테니스 챔피언 선발전이 열리고 있다. 어떤 경기 해설자는 놀라운 사건이 일어났다고 말하고 있다. 모든 사람들의 예상과는 반대로 여자부의 올해 최대 유망주가 겨우 17세 된 무명 선수에게 무너진 것이다. 세계 랭킹 1위에 올라 있는 그 유망주가 모든 가능성을 다 바쳐 준비를 해왔던만큼 패배는 더욱 놀라운 일이었을 것이다. 그녀는 성 전환자인 코치의 식견 있는 충고를 받았으며 컴퓨터의 도움을 받아 경기를 운영했다. 나는 코치의 성이나 심지어 컴퓨터의 성이 테니스 경기와 도대체 무슨 관계가 있는지 모르겠다. 다만 나는 승리는 가장 강하며 가장 훌륭하고 가장 사기가 높은 선수에게 돌아가야 한다고 믿고 있다.

내가 보기에 해설자의 말은 현시대의 정신적인 혼란을 드러내주고 있는 것 같다. 오늘날 우리는 성에 대한 사변을 늘어놓는 철학자들과 컴퓨터와 경기하는 철학자들을 가지고 있다. 인간 담론의 모든 액세서리들은 채택하기에 좋다. 왜 마침표의 철학, 쉼표의 철학, 세미콜론의 철학은 안 되는가? 언젠가 나는 그리스에서, 측면에 '메타포라이 Metaphorai' 라고 쓴 트럭이 지나가는 것을 본 적이 있다. 나는 그때 인류 역사상 최초의 이삿짐 트럭이라고 볼 수 있는 노아의 방주에서 출발해서 '이사의 은유' 와 '은유의 이동' 에 대한 거대한 논문을 한 편 구상하기 시작했다. 그것은 엄청난 탑재능력을 가졌으며, 수륙양용의 절대 가라앉을 염려가 없는 트럭이다. 나는 이 주제를 나보다 더 천재적인 사람에게 맡기고자 한다.

내가 『신화와 형이상학』을 쓰던 시기에도 그랬고 오늘날도 여전히 그렇게 생각하고 있는 대로, 철학자란 의미를 제공하는 사람이다. 철학자의 임무는 동시대인을 무의미의 미로나 세심하게 선택된 이러저러한 방향 상실에 빠져들게 하는 사람이 아니라, 철학자 자신의 방법에 따라 그들이 전반적인 혼란 속에서도 방향을 잡을 수 있도록 돕는 것이다. 문화의 변동을 통해서도 여러 가지 문제들이 남겨져 있는데, 그 문제에서부터 출발하여 특유의 정체성을 정의하는 것은 각자의 몫이다. 그것은 바로 서구 신화의 기원에서 오이디푸스에게 던져진 질문이며, 인간에 대한 질문이다. 또한 그것은 세계에 대한 질문인 동시에 신에 대한 질문이기도 하다.

서문
(1953년)

철학적 사고는 합리성으로 나아가려는 노력으로 논리적인 명료함이라는 규범에 따라 자신의 모든 단언들을 정당화시킨다. 그래서 모든 교의는 공간과 시간 밖에서도 타당한, 추상적인 진리체로 모습을 드러낸다. 각각의 체계는 자신의 의도대로 이성을 다시 기획하기 시작하며, 게다가 여전히 자신을 위해서 그 기획을 완성하고자 한다. 그 체계는 현실 전체에다 절대적인 관점을 제공한다.

여기에 일종의 역설이 있다. 철학적인 사유는—비록 자신이 역사로부터 독립되어 있거나, 가령 헤겔이나 마르크스의 경우처럼 역사의 열쇠를 주는 비밀의 주인이라고 자임하지만—역사의 움직임 속에서 나타난다. 아무리 혁신적인 사고라 하더라도, 때로는 자신이 인정하는 것뿐만 아니라 뒤늦게 발견하게 되는 더욱 놀라운 다른 것을 포함한 선행 사례를 갖고 있게 마련이다. 데카르트에게는 토마스 아퀴나스주의가 있고 베르그송에게는 지성주의가 있다. 다른 한편으로는, 스스로의 주장과는 달리 사고는 역사를 멈추게 하지 않는다. 사고는 역사의 한순간이다. 또한 항상 새로운 철학이 나타나고 있다는 사실은 모든 교의가 어떤 지평 속에서 가치를 지니고 있다는 점을 잘 보여준다. 시간과 더불어 여건과 상황이 변화함에 따라 사상에서의 새로운 정당화가 필요하게 되고, 그에 따라 새로운 교의가 생겨난다. 어떠한 철학도 철학에 종언을 고할 수는 없는 법이다. 하지만 그것이 바로 모든 철학의 비밀스런 서원이기도 하다.

그러므로 모든 철학은, 그 영역들이 자신의 현실을 억누르고 있는 과거와 미래를 동시에 가지고 있다. 비록 아주 현실적이라 하더라도 미래의 극성(極性)은 신비로운 것으로 남게 되며, 훗날 미래의 역사가에게는 회고적인 형태로밖에 나타나지 않는다. 반대로 과거의 영향은 암암리에 모든 새로운 교의의 메시지 속에서 읽힌다. 사고에 대해서 우리는 과거를 탐색하는 데 익숙해져 있다. 그런데 일반적으로 이러한 탐구는 앞선 시대의 어떤 한 세대에서 생겨나는데, 모든 명료한 계통이 멈춰버리거나 사고의 주제나 구조가 더이상 공통의 척도를 제시하지 않는 것처럼 보이는 순간, 이러한 탐구도 멈추어버리게 되는 것이다.

하지만 사람들은 어떤 개별 철학의 기원을 넘어서서 철학 자체의 기원에 관심을 가지게 되는 더 일반적인 유형의 탐구를 구상할 수 있다. 달리 말해, 어떤 교의를 표방하는 사고의 전개는 자기 스스로의 선례를 가지고 있다. 역사 이전에는 선사시대가 있다. 사람들은 커다란 과오를 범하지 않고도, 추리하는 이성의 움직임은 어떤 방식으로든 전(前) 이성적인 유전적 특징을 지니고 있다고 인정할 수 있다. 우리는 여기서 반성적 사고의 기원에 대한 검토에 착수하고자 한다. 그러므로 우리의 작업은 존재론에 딸린 서론으로 나타난다. 우리는 어떻게 해서 전통철학의 여러 문제들이, 담론의 세계가 사물의 현실에 여전히 가담하고 있는 세계에 대한 최초의 전체주의적인 이해에서 차츰차츰 벗어나게 되었는지를 드러내 보이고자 한다. 철학적인 의식은 신화적 의식에서 나왔다. 전자는 이제는 영원히 사라져버린 조화가 손상된 채 존재하는, 균형의 단절을 통해 후자로부터 천천히 빠져나온 것이다. 게다가 철학은 자신의 기원에 대한 향수를 지니게 될 것이다. 철학은 최초의 질서를 복원하는 것을 목표로 한다. 신화적 의식은 억압되었을망정 죽어버린 것은 아니다. 그것은 철학자들 자신 속에서도 확인되고 있으며, 아마도 그 비밀스런 집요함은 자신이 가진 최선 속에서 철학자들의 계획에 생기를 부여하게 될 것이다. 그러므로 우리에게 중요한 것은 단순한 이성의 고고학이 아니다. 여기서 과거에 대한 관심은 현재적인 것에 대한 각별한 관념의 한 형태에 불과하다.

사실, 이렇게 해서 이 책은 인류가 계속적으로 신학의 단계에서 형이상학의 단계를 거쳐 결국 실증의 단계에 이르게 된다는 오귀스트 콩트의 3단계 법칙에 대한 비판으로 이루어져 있다. 이러한 정신의 철학은 이미 출판된 레비 브륄의 작품의 많은 부분과 레옹 브룅슈비크의 『지성의 시대*Ages de l'Intelligence*』의 교의에서 재발견된다. 민족학과 실존적인 사고가 일구어낸 최근의 발전에 따라 이 작업의 목적은 이 도식의 불충분함을 드러내고, 인간 사고의 진보에 대한 불연속적인 독서 대신 연속적인 독서를 제안하는 데 있다.

Mythe와 Métaphysique

제1부

신화적 의식

1. 세계 내적 존재 구조로서의 신화적 의식

철학의 선사시대에 해당하는 신화시대는, 전적으로 신화가 지배하는 시대라 신화가 신화로서 인식되지 않았던 시대이다. 인간의 의식은 그 기원에서부터 우주의 구조로 입증된다. 그렇기 때문에, 만약 우리가 신화의 의미에 좀더 가까이 접근하기를 원한다면, 단순한 수집이나 백과사전적인 작업에서 출발하는 것이 어설픈 일이 될지도 모른다. 사실 신화학은 체험된 맥락에서 벗어나, 다시 말해 탈자연화된 모든 시대와 그 기원의 신화를 한데 모은 것이다. 신화학에 대한 시도 자체는 후대에 와서 이루어진 일이다. 그러한 기획은 반성적 주도권을 표현하고 있으며 신화시대의 인간이 여전히 낯설어하고 있는 체계화의 욕망을 나타내고 있다. 신화시대의 인간에게 신화는 신화가 아니라 진리 자체이다.

신화는 인간이 자신과 자신의 주변환경에서 획득한 최초의 인식과 연결되어 있다. 더 나아가 신화는 바로 이러한 인식의 구조이다. 원시인에게는 하나는 '객관적'이고 '현실적'이며 다른 하나는 '신화적'인 것이라는 식으로, 세계에 대한 두 가지 인식이 존재하는 것이 아니라 풍경에 대한 하나의 독서만이 존재하고 있는 것이다. 인간은 현실적인 것에 대한 새로운 영역, 의식의 출현에 의해 드러난 새로운 질서를 확인함으로써 자신의 존재를 확인하게 된다.

인간은 자연을 극복하고 모든 것에 대해 의문을 제기하는 존재로서 자연 속으로 끼어들고 있다. 식물과 야수는 다소 긴밀하게 세상과 밀착해 있다. 그들은 세상의 일부분을 이루고 있는 것이다. 이와 반대로 인간의 경우 그러한 밀착관계는 무한한 가능성들의 유연함에 의해 이완되곤 한다. 물질적인 탈피는 섭렵과 기억이 가능함에 따라 증대된다. 아무리 불충분하다고 하더라도 사고라는 것은 인간에게 보다 효율적인 행동방식을 제시해준다. 사고라는 것은 예측이 가능하게 해주며, 또한 기법을 야기한다. 지금까지 아무런 의미를 지니지 못했던 세계가 의미를 갖게 되는 것이다. 신화적 의식은 인간과 세계 사이의 이러한 거리두기와 놀이의 구조이다. 그러므로 신화적 의식은 인간에 의한 이러한 새로운 세계 창조의 순간에 아주 중요한 기능에 대답하고 있다. 단지 인간적인 지리학에 따른 조치를 취하거나 공평무사한 우주론을 형태화시키는 것이 중요하지 않다. 문제는 인간을 자연 속에 뿌리내리도록 하는 것이며, 계속해서 반복되어 나타나는 불안과 고통과 죽음에 노출된 인간의 실존을 보증해주는 것이다.

문명인이 보기에 단순함 속에서 드러나는 원시적인 삶은 기술적으로 복잡하고 부조리한 새로운 세계로 아직 변화시키지 못한 주변의 자연과 인간의 친화력이라는 모습으로 잘못 나타난다. 루소와 디드로에서부터 멜빌과 로렌스에 이르기까지, 선한 원시인은 우주라는 모성의 품으로의 회귀를 갈망하도록 했다. 사실 인간의 기원에서부터 이미 조화는 무너져버렸다. 인류의 출생증명서는 즉각적인 지평과의 단절에 부합하고 있다. 인간은 결코 균열 없는 무구한 삶을 살아본 적이 없다. 존재의 원죄만이 있을 뿐이다.

신화는 사라져버린 완전함을 향한 지향과 일종의 복원의 의도라는 의미를 항상 지니게 될 것이다. 중요한 문제를 해결해야 한다. 예를 들어 좋은 계절과 나쁜 계절, 좋은 날씨와 나쁜 날씨를 일치시킴으로써 계절에 따른 생존을 보장받아야 하며, 악천후, 맹수, 경쟁관계에 있는 다른 그룹이나 적으로부터 인간 집단이 보호받아야 한다. 존재의 유지는 조그만 단절에도 엄청난 처벌이 부과되는, 부서지기 쉽고 위협받는 균형의 추구를 요구한다. 마치 인간 생명 자체가 자연질서의 위반과 연결되는 것처럼, 고뇌를 일으키는 존재론적 불안이 있게 된다. 세상의 먹이가 되고 있는 최초의 삶의 한가운데에서 신화는 질서로의 회귀라는 행동으로 나타난다. 신화는 우주의 균형잡기의 원형이나 재통합의 공식처럼 개입하는 것이다.

동물은 결코 과오를 범하는 법이 없다. 동물은 자신이 존재하는 곳에 존재한다. 세계 속에서 동물의 존재는 물질적인 지평에 제한되어 있다. 동물의 생사체제 자체는 자연의 리듬과 일치한다. 인간의식에 의한 무한한 가능성의 열림은, 동물의 경우에는, 거의 일치하는 가능성의 세계와 현실의 세계 사이의 분리를 초래한다. 인간에게는 가능성의 세계가 현실세계에 선행한다. 가능성의 세계는 풍경을 무한히 확장시키면서 존재의 더 나은 팽창을 지지한다. 이렇게 해서 자연적 지평의 변모가 영구적으로 실현된다. 인간의 환경은 정신의 형태를 취한다. 신화적 의식은, 인간이 우주 속의 자기 자리를 발견하게 되는 그 내부에서 보호막을 구축하도록 허용한다.

삶에 대한 보장, 삶 속에서의 보장, 고뇌와 죽음의 공모라고 하는 신화의 중요한 의미 작용은 감정적인 선명한 색채로 자신의 현실을 설명하고 있다. 아마도 신화적 의식은 재현과 기술적인 방법 속에서 전개될 것이다. 하지만 신화적 의식은 우선 감정의 분위기로서, 인간의 기본 욕구가 요구하는 만족의 추구에 부합한다. 여기서 명령권을 지닌 것은 생존 본능, 식욕, 성적 본능 등과 같은 본능들이다. 신화 구조는 여전히 세계 내적 존재를 이루고 있는 생물학적 차원에 집착하는 가치의 최초 상태를 나타내고 있다. 아마도 그것이 전개됨으로써 문명을 탄생시키는 최초의 승화가 이미 막연하게나마 시작되고 있는 것이다. 하지만 그것은 여전히 기본 골격이자 윤곽이며, 미래에 대한 아득한 약속에 불과하다.

이렇게 해서 전통적 해석의 기본적인 오류가 단번에 드러난다. 전통적 해석에 따르면 신화는 일종의 전설이자 우화적 사건에 대한 이야기이며, 게다가 자기 내부에 다소간의 초보적인 교의를 드러내고 있다. 사실 연구실에 갇힌 학자가 신화에 접근할 수 있는 방법은, 현대의 탐험가나 고대의 연대기 학자가 전하는 구전 증언이라는 형태밖에 없다. 신화는 필연적으로 사고로 나타나게 되는데, 그 사고의 의도는 어떤 인간 집단의 생활과 연관되어 있다. 이러한 사고 기능 자체는 집단의 신학이나 거친 단계의 철학과 동등한 가치를 지니고 있다. 그래서 사람들은 명료함에 대한 다양한 조망들에 따라 이러한 원시적인 설명 유형의 기원을 찾아왔다. 이와 같은 각각의 조망은 신화를 통일성으로 축소시키고, 신화의 비밀을 해독할 수 있게 한다. 이러한 해석 중에서도 가장 오래된 신화실재설 évhémérisme[1)]은 신화를 고대의 사건들과 역사적 인물들을 우화적으로 전사(轉寫)한 것으로 보고 있다. 막스 뮐러[1]가 탁월하게 옹호하고 있는 자연주의적인 신화 이론은 "신화학은 자연과 가장 두드러진 자연 현상에 대한, 시적인 동시에 철학적인 이해에서 생겨났다"고 인정했다. 한때 대단히 유행한 적이 있는 태양신화체계는 모든 신화체계 속에서 태양의 매일의 운항과 연간의 운항에 대한 해석을 재발견한다. 나중에 와서 사람들은 신화학을 농업과 결부시켰으며, 신화 속에서 농경활동의 리듬에 대한 표현과 정당화를 이해하게 된 것이다.

하지만 항상 명확한 예에 입각해서 행해지는 이러한 해석 모두는 결국 다양한 사실들을 전부 수용할 능력이 없다는 사실이 확인되었다. 놀랄 만한 학식을 갖춘 프레이저[2]는 다양한 이론들을 인정하면서도 거기서 빠져나오려 했다. 그는 다음과 같이 쓰고 있다. "신화체계 속의 모든 경이로운 이야

1) 신화적인 이야기는 실제로 일어난 사건에 대한 이야기이며, 실재했던 등장인물이 나중에 신화적인 인물이 되었다는 학설로 신화의 기원에 관한 가장 오래된 이론이다.

1. Max Müller, 『신화학에 대한 새로운 연구 *Nouvelles Etudes de Mytholodie*』, 죱Job 역, Alcan, 1898, p. 39.

2. J. G. Frazer, 『인간, 신, 불멸성 *L'Homme Dieu Immortalité*』, 세인Sayn 역, Geuthner, 1928, p. 202.

기에 나타나는 인물은 신화실재론자가 주장하는 대로 실재 인간일 수도 있었다. 하지만 동시에 신화실재론자들에 반대하는 사람들이 주장하는 것처럼 그는 자연물이나 자연 현상의 의인화일 수도 있다." 그러나 이 두 가지 불완전한 이론을 합치더라도 진짜 이론 한 개를 만들어내는 데는 충분치 못하다. 아마도 오류는 바로, 하나의 이론에 도달하고자 했으며 논쟁적인 사고가 중용하지 않는 영역에서 관념 속의 통일성을 실현하고자 한 것이다.

막스 뮐러 자신도 모든 체계적인 신화학은 기본적인 반대 의미를 가정하고 있다는 점을 아주 잘 이해하고 있었다. 그는 1897년 다음과 같이 지적하고 있다. "전통에 의해 시대에서 시대로 전해내려온 어마어마한 신화적인 토대를 풀려고 노력하는 과정에서, 사람들은 종종 그 토대를 하나의 체계 혹은 예상된 차원에서 모든 조각들로 이루어진, 질서 잡히고 조직화된 전체로 보려는 중대한 실수를 범했다. 그런데 신화체계란 분자들의 모임, 혹은 개념들의 집합체로서, 이들은 어느 정도 조화로운 형태로 결정화하기 이전에는 거의 부조화 상태로 모든 방향에서 충돌하고 있었다."[3] 사실, 신화를 통합적 사고의 결과로 보려는 이론가조차 이런 생각이 전체적인 조망에서 완전히 벗어나고 있는 것처럼 보인다는 사실을 인정할 수밖에 없었다.

우리가 보기에 원시적 사고의 유동적이고 일관성 없는 양상에 놀란 뤼시앙 레비 브륄은, 1910년부터 출간되기 시작한 원시인의 정신세계에 대한 연구에서 이러한 성격을 '신비적' 이라는 단어로 지칭하고 있다. 사람들은, 이러한 사유가 레비 브륄에게는 본래 전(前) 논리적이며, 그 본질적 구조 때문에 오늘날의 인간 사고와는 다른 것으로 보였다는 것을 알고 있다. '신비적' 이라는 형용사는 아직도 실증과학의 원리에 의해 밝혀진 이성의 통제되지 않는 표상체계를 지칭한다. 아마도 그것은 하나의 진보이며 신화적 의식의 근본적인 독창성에 대한 인식이라 할 수 있을 것이다. 이 점에 대해 사람들은, 앞으로는 어떠한 지적인 규명으로도 완전히 투명하게 밝혀주지 못할

3. 막스 뮐러, 『신화학에 대한 새로운 연구』, p. 76.

것이라는 점을 인정해야 한다. 하지만 신화는 여전히 본래 하나의 사고로 남아 있으며, 논쟁적 인식의 차원에서 펼쳐진다. 1910년에 출간된 저서에서 레비 브륄은, 신화는 "원시적인 정신의 산물로서, 그 정신이 더이상 즉각적으로 느껴지지 않는 참여를 실현하려 할 때, 그리고 그것이 매개적인 것과 체험되지 않은 공동생활을 가능하게 해주는 전달 수단에 의뢰하게 될 때 나타난다"[4]는 가정을 제기하고 있다. 그러므로 관찰자에 의해 수집된, 있는 그대로의 신화는 이야기와 실제로 체험된 현실 사이의 간극을 가정한다. 중요한 것은, 레비 브륄이 이미 지적한 대로, 말해지지 않는다. "원시인의 주의를 끌고 감정을 불러일으키는 것은 신화의 실증적인 내용을 감싸고 있는 신비적인 요소이다."[5] 결국, "우리는 이러한 요소들이 일단 날아가버린 상태에서 잔존하는 뼈대들을 신화라고 부른다."[6]

신화체계의 구성요소인 콩트나, 전설과 유사한 신화-이야기는 살아 있고 효험 있는 신화의 뒤늦은, 퇴화되고 화석화되기까지 한 형태에 지나지 않는다고 말하는 것이 더 나을지도 모른다. 그렇기 때문에 신화에 대한 이후의 탐구는 발생 상태에 있는 신화의 현황을 다시 포착하려는 노력으로 이루어질 것이다. 다소 탈자연화된 부산물로부터 그것이 자신의 먼 기원을 끄집어내는 활동으로 거슬러올라가면서 이루어진 최근의 연구 동향은 이와 같았다. 연구의 전개는 내용이나 서술 또는 이론으로서의 신화 개념으로부터 형태나 실존 구조로서의 신화 개념으로 넘어갔다. 단어의 어원 자체(파롤parole을 의미하는 뮈토스)는 그리스 지성이 이미 원시적인 정신 상태를 축소시켜버렸던 시대의 표징을 지니고 있다. 사실 만약 신화라는 것이 언어의 차원에서 설명될 수 있는 것이라면, 반 데르 레위의 말처럼 신화는 우선 "사건을 한정하고, 그 사건을 고정시키는 언어"[7]이고 "기본적 방향 제시의

4. 레비 브륄, 『하위사회에서의 정신적 기능*Les Fonctions mentales dans les sociétés inférieures*』, Alcan, 제9판, 1928, p. 434.
5. 같은 책, p. 435.
6. 같은 책, p. 436.

형태이자 사고의 형태, 더 나아가 삶의 형태"[8]이다. 레나르트는 '신화 행위' 라는 개념을 강조한다. 그에 따르면, 신화는 "정신세계의 원시적이고 구조적인 요소"[9]이다. 그리고 레나르트는 이렇게 이전 탐구에 잔재해 있던 지성주의를 거부하면서, "신화는 지적으로 파악되고 공식화되기 이전에 느껴지고 체험되는 것이다. 신화는 고정된 이야기이기 이전에 어린아이처럼 감정적인 인간의 마음속에서 사건의 경계를 결정하는 파롤, 형상, 행동이다"[10]라고 덧붙인다.

그러므로 체험의 맥락 속에서 재발견되는 신화는 세계 내적 존재의 자발적인 형태로 드러난다. 이론이나 교의가 아니라 사물과 존재와 자신에 대한 포착이자 행동이며 태도일 뿐만 아니라, 현실 속으로의 인간의 개입이기도 하다. 간단한 예를 하나 들자면, 카나카인은 자신이 어떤 사물을 원할 때, "이 사물이 나를 끌어당긴다"고 말한다. 게다가 이런 상황에서 카나카인은 자기가 부딪힌 사물을 두들겨패야 할 상황에서도 예스러운 행동을 재발견하는 어린아이처럼 행동한다. 어린아이의 행위는 자발적으로 "이 사물이 나를 아프게 한다"라는 단언을 실행시킨다. 어린아이와 원시인 사이에서 볼 수 있는 동일한 태도는, 카나카인들 사이에서 다소 지적인 형태로 교의가 이루어졌다고 가정하는 것이 그릇되었음을 잘 보여준다. 가구를 두들겨패는 어린아이는 이론 때문에 행동하는 것이 아니다. 그에게 중요한 것은 현실을 표현하는 방식이며 그에 대처하는 방식이다. 신화적 의식은 자연의 암호를 직접적으로 보여주며, 풍경을 그 가장 즉각적인 현전속에 그린다. 레나르트는 세상에 대한 이러한 신화적 독서의 집요함을 우리 언어의 몇 가지 용어로 기발하게 바꿔놓았다. 산악 지방의 어휘체계만이 "머리, 왕관, 치

---

7. 반 데르 레위, 『원시인과 종교*L'Homme primitif et la Religion*』, 불역판, Alcan, 1940, p.131.
8. 같은 책, p. 134.
9. 모리스 레나르트, 『도 카모』, N.R.F., 1947, p. 247.
10. 같은 책, pp. 248~249.

아, 목, 유두, 허리, 옆구리, 등, 궁둥이, 밑구멍, 발, 뼈대 등"[11]과 같은 단어들을 우리에게 보여준다. 우리는 더이상 산을 거인으로 보지 않는다. 하지만 우리의 단어들은 무의식중에 사라져버렸거나 직접적인 힘을 빼앗겨 단지 알레고리로 변해버린 세계관의 화석화된 잔해를 다시 부여잡고 있다.

원시인에게 산은 알레고리가 아닌 살아 있는 존재로 나타난다. 통일성의 비전은 우주 전체에 인간 형상을 부여한다. 그렇다고 해서 사람들은 여기서 우화화 현상이나 자발적인 신인동형론에 대해서 말할 수는 없다. 원시인은 자신을 둘러싼 환경에 자신에게 부여하고 있는 것과 똑같은 현실성을 인정하고 있다. 그의 경험은 살아 있는 대치이다. 현대철학은 원시적인 것을 자신의 기준으로 상상함으로써 원시적인 것에다 체계적인 태도와 거친 상태의 철학 같은 것을 부여하고 있다. 사물에 의해 '끌어당겨진' 카나카인은 참여의 법칙에 따른다고 말할 수 있다. 그리고 사람들은 다음과 같은 사실로 특징지어지는 참여의 논리를 상상할 수도 있다. 즉 참여의 논리는 그것을 작동시키는 사람들 사이에서조차 무의식적이다. 게다가 그것은 우리가 '논리'라고 말했을 때 의미하는 모든 것의 완전한 부재 상태이다. 전에는 사람들이 동일한 경험을 다양한 종류의 애니미즘(정령숭배) 교의하에서 체계화하고자 했다. 즉 참여의 논리는 하나의 우주론과 하나의 형이상학을 가정한다는 것이다. 이 논리는 우주를 통하여 돌, 나무, 별, 동물에게 생기를 부여하는 비인간적인 힘을 확산시키며, 그렇게 함으로써 산재된 힘을 포착하고 그것들이 우호적인 것이 되도록 하는 마술 기법을 제공한다. 이와 마찬가지로 인간을 어떤 식물이나 동물과 연관짓는 토테미즘은 원시인에 의한 최초의 세계 포착에 형태를 부여한다.

참여, 애니미즘, 토테미즘 등은 아주 다양한 차원에서 구체적인 경험에 대한 묘사나 이해의 시도로 정당화된다. 하지만 경쟁관계에 있는 이러한 해

11. 레나르트, 「현대의 고대 종족들의 종교La Religion des peuples archaïques actuels」, 『일반종교사*Histoire générale des Religions*』, Quillet, 제1권, p.114.

석들은 이들이 가리키고 있는 삶의 순간의 환원과 규명이고자 하는 것이 모두 잘못되었음을 보여준다. 사물에 의해 '끌어당겨진' 카나카인의 행동 속에는 철학이론 이상의 것과 이하의 것이 있다. 또한 신화적 의식이 모든 지적 이상주의에 대립되는 단순한 욕망의 사실주의에 따라 작동하는 것도 아니다. 신화 속에서 체험된 존재론은 어떠한 분해 현상보다 먼저 온다. 진화된 현대인은 알기 위해서 해체시켜온 오랜 전통의 후계자인 것이다. 우리의 정신 속에서는, 객관성 속에서 제시되는 삼인칭은 이인칭 · 일인칭과 대립된다. 우리는 인간 자체 안에서 사고체제와 삶의 체제를 분간해낼 줄 안다. 이 과정에서 지성은 본능과 감성으로부터 유리되었으며, 도구적 인간homo faber은 통합적 인간homo œconomicus과 종교적 인간, 정치적 인간과의 대립을 통해 자신의 위치를 설정하게 되었다. 또한 합리적 주체와 사회적 개인은 구체적 인간과 거리를 유지하게 되었다.

이렇게 구조화된 우리의 사고에서 보자면, 신화적 의식은 모든 질서를 뒤흔들어버린다. 이런 점에서, 참여라는 관념 자체는 아마도 이러한 일반화된 혼란에 대한 문명인의 반응에 불과한 것일지도 모른다. 원시인이 인식의 유희를 올바르게 행하지 않는다는 인상에서 벗어나기는 힘들어 보인다. 그것은 마치 어른들이 '유치하다' '어린아이 장난 같다' 고 하거나 약간 경멸조로 어린아이의 생각이나 행동이라고 판단할 수 있는 것이다. 이런 상황에서 자기중심주의적인 태도를 보여주는 사람은 바로 우리다. 그러나 반대로, 신화적 인식을 전체주의적인 확언으로 받아들여야만 한다. 만약 신화가 하나의 범주라고 한다면, 그에 합당한 유일한 범주는 구체적인 전체성이라는 범주 혹은 근본적인 정체성이나 존재론적인 통일성이라는 범주가 될 것이다. 모든 현실은 유일한 질서 속에 각인되며, 현실은 그 속에서 생명과 명료함의 순환으로 각인되는 공동의 역학에 따라 전개된다. 신화적 의식은 명료하지 않은 상태의 세계를 최초의 융합과 유착을 통해 입증해주고 있다. 언어와 기법, 사상의 분절은 대중에게 아무런 타격을 가하지 않는다. 이러한 분절은 분석하기보다는 차라리 그 충만함이 간직되어 있는 세계에 대한 최초의 이미지를 가리킨다. 이런 상황에서 본다면, 세상에 대한 장악력을 더 많이 지니고 있는 것은 사고가 아니다. 반대로 매개 작용이 드러나자마자 사고는 현실과 직결되어 나타나는 것이다.

2. 반복 전례(典禮)로서의 신화적 경험

인간에 대한 최초의 확인이 인간을 세계와 분리시킨 것이라면, 신화적 의식의 기능은 인간을 세계와 다시 통합시키는 것이다. 존재Ex-sistence는 분리를 의미한다.[2] 하지만 신화적 의식은 현실에 인간적인 의미를 부여하면서 재통합시키는 결과를 가져온다. 신화는 인간의 최초의 기준에 맞춰서 세계의 이미지를 그려낸다. 신화가 그리고 있는 것은 인간의 기준이지 기준 이탈 상태가 아니다. 19세기의 전통 속에서 실증주의의 이름으로 신화를 비판하고 배척했던 프레이저나 루아지[3] 같은 몇몇 학자들의 오류는 바로 여기에 기인한 것이다. 신화는 삶을 가능하게 해주는 것을 그 기능으로 삼고 있다. 신화는 인간사회에 기준을 제공하며 인간사회가 지속할 수 있도록 해준다. 삶의 유지와 양립할 수 없는 신화적 총체는 스스로를 단죄하게 될 것

2) existence의 동사형인 exister의 어원은 라틴어 exsistere인데, 이는 ex+sistere로 나누어진다.

3) Alfred Loisy(1857~1940): 프랑스의 가톨릭 철학자.

이다. 다시 말해, 가령 희생제의를 포함하는 멕시코인들 혹은 아프리카나 오세아니아 식인종의 신화적 체계처럼, 우리 눈에 표면적으로는 가장 비인간적인 것으로 보이는 신화적 체계가 여전히 인도주의적인 관점으로 물들어 있는 회고적인 탐구로는 발견하지 못할 실존의 가능성과 삶의 비밀 같은 것을 간직하고 있는 것이다.

더욱이 신화가 꿈이나 시의 사고와 유사한, 우화화시켰거나 무상적인 사고에 대한 순수하고도 단순한 포기가 아니라는 사실을 인정해야 한다. 신화는 현실 밖에 존재하지 않는다. 신화는 현실 안에서의 자리잡기라는 형태로 나타나기 때문이다. 신화는 사고와 행위에 대한 정확한 규범의 총체를 양식화하고 있다. 현대의 관찰자가 신화 속에서 종종 어리둥절해한다면, 토착민은 그 속에서 방향을 잘 잡아나가며 아주 수월하게 살아갈 수 있다. 한편 이와는 반대로 서구의 과학기술이 만들어내는 새로운 상황은 그들에게 영원한 추문의 대상이다.

신화는 현실감이라곤 전혀 없는 것이기는커녕, 사물과 인간의 동화과정에서 인간 행동의 양식이나 문체를 이루고 있다. 철학은 세상을 배가시키려고 노력한다. 그리고 철학은 관념 속에 세상을 구축한다. 신화는 실존과 거의 동일한 차원에 거주하고 있다. 신화란 본래 사물과 따로 떨어져 있지 않은 사고이며 반쯤 육화된 사고이다. 단어는 사물과 유착되어 있으며, 그리하여 이름은 사물을 지칭하는 데서 그치는 것이 아니라 존재 그 자체이다. 이처럼 신화는 자족적인 것도 아니며, 자기폐쇄적인 것도 아니다. 신화는 항상 실존적인 맥락과 연관되어 있으며, 자신이 그 자리를 잡아주는 기능을 하고 있는 풍경에 긴밀하게 의지할 뿐만 아니라 그 풍경과 합치되어 있다. 그렇기 때문에 이러한 사고 체제는 자율적인 영역을 발견하기를 기대한다. 하지만 곧 정보 속에서의 간극과 몽매함과 대립하여 거기서 종종 망설임만을 발견하게 된다고 믿는 관찰자를 당혹스럽게 한다. 그런데 사실 꼬리를 감추어버리는 것은 질문을 받고 있는 원시인이 아니라, 그 구성상 원시인의 대답을 기록하기 위해서 준비된 틀 속으로 들어가기를 거부하는 조사의 소재 자체이다.

지성을 통한 신화 다루기와 신화에 대한 반성적 전사(傳寫)는 신화를 상황으로부터 분리한다. 그리고 그렇게 함으로써 신화에 탈자연화시키는 사고의 자율성을 부여하게 되면서 근본적인 것을 빠져나가게 하고 만다. 신화적 의식은 사람들이 왜곡시키지 않고는 끌어낼 수 없는 참여의 사유pensée engagée를 촉발시킨다. 오늘날 우리는 사고를 위한 사고에 대한 감각을 지니고 있는데, 이에 대해 원시인은 완전히 낯선 상태에 존재한다. 그러므로 너무나 자주 용인되고 있는 관점을 역전시켜버림으로써, 반성적 사고는 현실감이 전혀 없는 것인 반면 신화적 사유는 탁월하게 육화된 사유라고 말할 수도 있을 것이다. 심지어 과학의 발전은 점점 더 자연의 현실과 가능성의 관계를 단절시켜버리게 된다. 그렇게 함으로써 우리는 문명이 일종의 기술적인 혼란으로 고통스러워하고 있다고 평가할 수 있다. 인간 조건과 인간의 기술적인 힘 사이의 간극은 점점 커지고 있다. 이 힘은 결국 너무 제한적이었던 세계로부터 우리를 추방시키게 될 것이다. 그것은 마치 학자의 연구와 기술자의 발명품이 우리로 하여금 인간적인 기준을 상실하게 만들어버린 것과도 같다.

사람들은 진정한 물질적 상상활동에 대해 이야기할 수 있을 것이다. 힘의 메커니즘은 모든 통제로부터 거의 해방되었으며, 인류를 전쟁과 전체주의 국가와 강제수용소 체제라는 환영에 열중하게 했다.

게다가 신화의 특징인 현실 유착은 신화 속에서, 어느 정도 치환이나 알레고리, 가령 자연적인 힘의 의인화라든가 세계체계에 대한 우화를 보지 못하도록 한다. 사실 알레고리는 의식의 이중적인 놀이의 가능성과 우주에 대한 이중적인 독서의 가능성 같은 것을 전제로 하고 있다. 퐁트넬[4]은 인간을 무지 속에 가두어두려는 데 관심을 가졌던 사제들이 만들어낸 인위적인 장치라며 신화를 거부했다. 19세기의 신화학자들은 신화를 의식적으로 탐구

4) Bernard Le Bovier, Sieur de Fontenelle(1657~1757): 프랑스의 철학자, 시인.

된 세계 이해에 대한 표현이라고 본다. 이러한 해석들은 모두 '객관적인 현실'과, 사물의 있는 그대로의 현실에 덧붙여진 것으로 보이는 신화적인 초현실 사이의 분리를 조작할 수 있는 원시인을 가정한다. 그런데 신화적 경험의 본질적인 성격은 분리시킬 수 없는 현실을 작동시키고 있다. 자연과 초자연 사이의 대립이란 존재하지 않는다. 이러한 입장은 신화에 대한 자연주의적인 해석을 단죄하는 것이다. 엘리아데는 이렇게 말한다. "어떤 경우에든 신화가 단지 '자연적인' 사건에 대한 환상적인 투사로 간주되어서는 안 된다. 주술-종교적 경험이라는 측면에서 볼 때 자연은 결코 '자연적인' 것이 아니다."[12] 그런데 신화가 상징이 되는 것은 진리와 알레고리가 분리된 채로 존재하는 시인과 사상가의 시대가 왔을 때에만 가능하다. 이 시대에 와서는 놀이의 의도가 신화 속으로 들어온다. 사유 속에서 인간은 스스로에게 세계를 다시 주게 되며 우화적 기능은 현실과의 관계에서 볼 때 분리된 것처럼 존재한다. 반대로 원시인의 경우, 신화적 의식은 최소한의 모호함도 없는 상태에서 체험된 현실에 자신의 의미를 직접 새겨넣는다.

그러므로 신화적 이미지 체계는 신화적 의식이 약화된 결과이다. 그리스 종교 전문가인 마리 델쿠르는 이 점을 아주 명확히 지적하고 있다. "대중의 미신 속에서 확신이 감소함에 따라 우화적인 활동은 증가한다. 정신이 스스로에 대해 의문을 제기하고 자신이 설명을 필요로 하게 된다는 것을 깨달을 정도로 충분히 해방되는 순간부터, 사람들은 이야기를 통해 실천을 정당화시킨다. 그때부터 사람들은 여전히 그 일화는 기억하게 되겠지만 실천 자체가 사라져버리게 될 날이 올 것이라고 기대할 수 있다."[13] 그런데 우연히 어떤 위대한 시인이 그 일화를 소재로 시라도 짓게 된다면, 그 사이에 그것은 불사의 생명을 획득하게 될 것이다.

게다가 셸링[5)]은 이미 신화 속에서의 기본은 직접적인 의미라는 것을 아

12. 엘리아데, 『종교형태론 *Traité d'Histoire des Religions*』, Payot, 1949, p. 363.

13. Marie Delcourt, 『그리스의 영웅 전설과 예배 *Légendes et Cultes de héros en Grèce*』, P.U.F., 1942, p. 4.

주 분명하게 느끼고 있었다. 그는 다음과 같이 쓰고 있다. "신화적인 표상은 발명되지도 자유롭게 수용되지도 않는다. 사유나 의지에 예속되어 있지 않은 과정의 산물인 신화적 표상은 그것을 감시하는 의식에 관해서는 논박하거나 거부할 수 없는 현실의 형태를 띤다. 민중과 개인은, 자신의 지평을 넘어서고 이해하지도 못한 채 봉사하고 있는 이러한 과정의 도구들에 불과하다."[14] 그러므로 셸링은 이미 신화 연구에서 이미지가 의미로 귀착하는 것을 권장하고 있다. 그는 다음과 같이 분명히 말한다. "신화체계의 의미 작용은 거기서부터 신화가 생겨나는 과정의 의미 작용일 수밖에 없다."[15] 이와 같이 그는 신화체계에 대한 '문자적인 해석'의 필요성을 주장하고 있다. "마치 다른 어떤 것도 함축되어 있지 않고 자신이 말하고 있는 것만을 의미하는 것처럼, 신화체계란 표현되어 있는 그대로 이해되어야만 한다."[16] 그러므로 셸링은 현대인의 우의적allégorique 사고에다 동일시적 tautégorique 사고를 대립시키고 있다. 후자는 바로 자신 이외의 것으로는 환원되지 않으며 사고의 해방에 따라 육체와 분리된 사고가 반영되고 증가되는 거울놀이와는 상관없는 사유이다. 동일시하는 사고는 이미 자신 안에 시작뿐 아니라 종말 또한 지니고 있기 때문에 다른 정당화를 필요로 하지 않는다.

이 낭만주의 철학자의 천재적인 직관은 여기서 신화적 의식의 실존적인 성격을 완벽하게 정의하고 있다. 그것은 자기에의 현존présence à soi과 세계에의 현존présence au monde의 분리 불가능이며 의식과 세계 본래의 통일성이다. 이는 풍요로워지기 이전의 양분(兩分)이라고 하는 '반성'의 분리보다 앞서는 것이다. 셸링의 통찰력 있는 시각은 아주 정당한 것으로 보

5) Friedrich Wilhelm Joseph von Schelling(1775~1854): 독일의 철학자.

14. 셸링, 『신화철학서론*Introduction à la Philosophie de la Mythologie*』 제8강의, 얀켈레비치Jankélévitch 역, Aubier, 1945, 제1권, p. 235, p. 239 참조: "최초의 현실 인식은 이미 있는 그대로의 신화적인 의식이다."

15. 같은 책, p. 236.

16. 같은 책, pp. 237~238.

인다. 이러한 관점은 오늘날 이 문제의 마지막 단계의 문제를 제시한다.[17]

신화적 의식은 단호하게 정의되는 지평의 변화에 따라 인간 행동의 방향을 잡아준다. 레나르트는 다음과 같이 쓰고 있다. "오세아니아 사람이 세계를 포착하는 것은 신화를 통해서이다."[18] 그러므로 신화와 세계는 분리될 수 없는 것이라고 할 수 있다. 게다가 문제는 단순한 풍경 읽기나 관조적 태도에 있는 것이 아니다. 인간은 이러한 신화적인 풍경 속에서 스스로를 이해한다. 인간은 그 속에서 자신의 역할을 수행한다. 재현 형태인 신화는 행동 체제이다.

사실 사람들은 오래 전부터 신화가 종교적인 행위와 제의(祭儀)에 연결되어 있다는 점에서 단순한 이야기나 전설과는 다르다는 것을 알았다. 반 데르 레위의 정의에 따르면 제의는 "행동으로 나타난 신화이다".[19] 제의 행위, 단어, 태도는 연민의 자동장치처럼 간주되어서는 안 된다. 제의는 신화의 배후에 각인되어 있는 전면에 드러난 현상이다. 제의는 신화를 비준한다. 심지어 사람들은 제의가 신화를 촉발시키는, 혹은 적어도 그것을 재확인하는 힘을 지니고 있다고 말할 수 있을 것이다. 제의는 단순히 이야기가 아닌 육체와 손으로 이야기를 말하는 방법이며, 이야기 속에서 합체되어 인간의 땅에 그 이야기를 재육화하는 방법이다. 기독교 신자들에게 십자가라는 기호는 그리스도의 이야기와 희생을 연장하고 현실화시킨다.

이와 동시에 제의는 신자로 하여금 신화적 이야기의 권위와 효율성을 이

---

17. 『사이스의 제자들 *Disciples de Saïs*』(1798)이라는 소품 속에서 노발리스는 셸링의 신화 해석을 미리 보여주는 듯한 해석을 남기고 있다. "우리는 자연적인 사물에 대한 우리 조상의 견해를 이 시대에 있어서 지상의 자연 상태의 필연적인 산물이나 직접적인 반영으로 간주할 수 있다. 우리가 확신을 가지고 우주의 기본적인 관계 ─ 즉 우주와 그 주민, 그 주민과 우주의 관계 ─ 를 추론해낼 수 있는 것은, 우주의 관찰에 가장 적합한 도구의 도움으로 이루어지는 것처럼, 우리 조상에 따르기 때문이다"(노발리스, 『소품들 *Petits Ecrits*』, 비앙키 Bianquis 역, Aubier, 1947, pp. 189~191). 여기서 신화는 세계 내적 존재의 확립양식으로 이해된다.

18. 모리스 레나르트, 『오세아니아의 예술 *Arts de l'Océanie*』, Ed. du Chêne, 1947, p. 129.

19. 반 데르 레위, 『원시인과 종교』, 불역판, Alcan, 1940, p. 120.

용하도록 해준다. 제의는 의도적으로 신화를 현재에 반복하기 때문이다. 역사가의 예수는 이미 오래 전에 죽었지만, 신자의 예수는 여전히 성스러운 기호를 만들어내는 손이 닿는 곳에, 신자와 아주 가까운 곳에 있다. 그러므로 제의적인 행동은 실제로 체험된 초월성을 즉각적으로 활성화시킨다. 이렇게 해서 일상적 개인은 자신을 변형시키고 삶의 틀을 변화시키는 초현실에 도달하게 된다. 제의는 속된 것으로 하여금 성스러운 것을 참조하게 함으로써 근본적이고 본질적인 의미를 취한다. 하지만 현재의 인간은 암암리에 탈성화된 일상세계와 종교적인 초현실 사이의 차이점을 인식하고 있다. 그와는 반대로 신화적 의식은 배가 현상보다 앞선 곳에 자리하고 있어서 끊임없이 현실과 진실의 통일과 일치를 실현한다. 이리하여 전적으로 신화의 통제 아래 놓여 있는 원시인의 행위는 제의의 연속으로 보인다. 반 데르 레위는 "일어나는 모든 일은 신화적인 것이다"[20]라고 힘주어 말한다.

바로 여기에 신화적 의식의 본질적인 성격이 있다. 문명인의 범주적 행동은 그 자신의 총체적인 현실을 분해한다. 그렇게 함으로써 그 행동은 현실을 더욱 다루기 쉽게 해주는 틀 안에서 현실을 분배할 수 있도록 한다. 이러한 형태화는 실존의 전문화를 가능하게 한다. 이러한 전문화 현상은 과거, 현재, 미래, 혹은 가까운 곳과 먼 곳, 성스러운 것과 속된 것, 실증적인 것과 환상적인 것, 현실과 희망 등을 구분하고 있다. 거의 분해할 수 없는 현실의 한가운데에 자리하고 있는 원시인의 경우에는 사정이 다르다. 원시인은 적당한 추상적 구조가 없어서 자신이 거리를 유지할 수도 세부사항에 접근할 수도 없는 전체성과 주어진 무한에 따라 끊임없이 행동해야 한다.

레비 브륄은 예지에 대한 이러한 원시인의 태도를 특기하고 있다. 이 예지는 제의적 행동과 자발적 체험 안에서 기대되는 혜택을 나란히 둠으로써 자신이 기대하는 결과를 실질적으로 예측한다. 원시인들에게는 성스러운 힘에서 나온 행동은 "단어의 가장 폭넓은 의미에서 직접적이다. 그 행동은

---

20. 같은 책, p. 105.

어떠한 매개도 없이 즉각적으로 실행되며, 그러한 행동에 의해 생겨나게 될 미래의 사건은 현재로 체험된다." 이리하여 우리의 눈에는 원시적인 자발성의 통합 상태는 일시적인 관점들을 혼동하고 있는 것처럼 보인다. 레비브륄은 계속해서 다음과 같이 지적하고 있다. "사건이 미래에 속해 있는지 과거에 속해 있는지는 중요하지 않다. 원시인의 정신세계에서 신비한 힘의 활동 영역은 사건이 필연적으로 우리 안에 자리잡게 되는 시간과 공간의 힘을 지배하는 현실적인 범주 같은 것을 이루고 있는 것처럼 보인다." 원시인의 경험은 우리의 경험보다 더 엄격한 틀을 지니고 있다. "그것이 우리가 자연과 초자연, 간단히 말해 이승과 저승이라고 부르는 가시적인 것과 불가시적인 것을 동일한 현실 속에 자리잡도록 해준다."[21]

원시인의 경험과 우리의 경험을 대립시키는 것은 현실이라는 개념 자체이다. 신화는 그 구조들이 역사적인 것은 아니지만, 존재론적으로 영속적인 타당성을 지니고 있다는 사실에 의해 특징지어진 존재 체제를 가리킨다. 그러므로, 신화가 시간의 암흑 속으로 사라져버리는 고대의 사건이 기억을 영속화시킨다고 말하는 것으로는 충분치 못하다. 신화를 시간 속에 위치시킨다는 것은 신화로부터 실존적인 양상을 박탈하는 것이다. "신화의 사건이라는 것은 시간 밖에서, 혹은 같은 뜻이지만 시간의 전(全) 범위에서 벌어진다"는 위베르와 모스의 지적은 아주 타당하다.[22] 그러므로 여기서 문제는 시간을 초월하며 시간의 전 범위에 대한 권위를 지닌 시간이다. 그것은 완전한 현존의 시간이다.

그러므로 신화적 의식을 이해하는 데 중요한 사실은 존재론적인 구조로서의 신화는 주어진 현실을 영속화시킨다는 것이다. 중요한 것은 이미 거기에 존재한다. 그러므로 그것을 발명할 필요가 없고, 그것을 자신의 것으로

---

21. 레비 브륄, 『원시인의 정신세계 *La Mentalité primitive*』, Alcan, 1922, pp. 225~226.
22. 위베르와 모스Hubert et Mauss, 「종교와 주술 속에 나타난 시간의 재현에 대한 개론적 연구Etude sommaire sur la Représentation du Temps dans la Religion et la Magie」, 『종교사론집 *Mélanges d'Histore des Religions*』, Alcan, 1909, p. 192.

다시 취해야 하며 그것으로 족하다. 신화는 모든 행위에 대해 의무적인 상징을 제공한다. 반 데르 레위에 의하면, "신화는 반복되어야 할 사실이다."[23] 이러한 중요한 사실을 강조했던 엘리아데는 원시적인 형이상학의 원칙을 다음과 같이 말하고 있다. "하나의 대상이나 행위가 현실적이 되는 것은 그것이 어떤 원형을 모방하고 반복하기 때문이다. 이와 같이 현실이란 단지 반복과 참여를 통해 획득되는 것이다. 모범적인 모델을 갖지 않는 모든 것은 '의미가 없다'. 다시 말해 현실성이 결여되어 있다는 뜻이다."[24]

그리하여 엘리아데는 원시적인 존재론은 플라톤적인 구조를 제시한다고 덧붙인다. 이러한 표현은, 사실 중요한 것은 플라톤의 교의에서보다 훨씬 더 근본적인 전 반성적 존재론이라는 점을 망각하지 않는다는 조건 아래에서만 정당하다. 철학체계는 일상생활에 여분의 자리를 남겨놓는다. 어쨌든 현자들만이 그 계시를 알고 있다. 동굴 속에 거주하는 일반 대중은, 어렴풋한 기억의 교의가 규명해주는 현실에 대한 진실의 법적 우선권을 의심하지 않고 살다가 죽어갈 수 있다. 『메논』의 어린 종은 안다는 것은 다시 기억해내는 활동이라는 것을 배워 알지만, 모든 사람들이 그처럼 소크라테스를 만날 기회를 갖게 되는 것은 아니다. 반대로 원시인의 존재론은 개인에 의해 즉각적으로 행동화되는 존재론이다. 사상의 교의는 일상적인 환상을 넘어선 현자의 사회의 통일성을 만든다. 반복에 대한 원시인의 경험은 만장일치의 원시공동체의 기초가 되고 있는 것이다. 그 경험은 매순간 각자의 실존을 정당화한다.

신화만이 현실 원칙이다. 신화만이 유일하게 존재를 인정하고 존재를 준

23. 『원시인과 종교』, p. 105.

24. 엘리아데, 『영원회귀의 신화*Le Mythe de l'Eternel Retour*』, N.R.F., 1949, p. 63. 『종교형태론』, Payot, 1949, p. 355 참조: "'신화' 라는 개념을 '파롤' 이나 '우화' 라는 개념과 분리시킴으로써 (……) 그것을 '성스러운 행동' 이나 '의미 있는 제스처,' '태초의 사건' 이라는 개념에 접근시켜야 한다. 사람들이 실제로 벌어졌던 어떤 사건과 '태초에' 살았던 인물에 대해서 말하는 모든 것뿐만 아니라 그러한 태초의 사건과 인물과 직간접으로 관련되어 있는 모든 것들도 신화적인 것이다."

다. 레비 브륄은 『원시 신화체계』라는 책 속에서 그 점을 타당하게 강조하고 있다. "심지어 온갖 인간적인 관심사 밖에서도 우리가 살아가고 있는 실제 세계에서 일어나는 사건들. 그 속에서 살아가는 존재들과 우리가 무생물이라고 부르는 돌, 바위, 강, 바다 등과 같은 것들이 지닌 물리적이고 정신적인 성격들, 이들의 경향, 이들의 '태도', 이들의 습관적인 행위 양식, 요컨대 일상적인 경험을 이루고 있는 모든 것들은 있는 그대로의 존재를 신화시대의 사건들과 존재들과의 참여에서 끌어오고 있다."[25] 신화는 단호하게 모든 세계 내적 존재들의 완전한 모델들을 결정적으로 양식화시켜주었다. 그리하여 인간의 몫은 신화적 영웅의 모범적인 행동을 재연하는 데 있다.

레비 브륄은 윌리엄스Williams를 따라 파푸아 만에 사는 종족인 엘레마스Elemas 족의 예를 들고 있다. 그들의 많은 신화들은 "완벽하게 잘 끝난 오랜 바다여행을 주제로 하고 있으며, 그것은 현재의 항해자들에게 모델을 제공한다. 그들 역시, 신화에 따라 조상들이 행했던 것을 모방하기 때문에 다행히도 무사히 항구에 이르게 될 것이다."[26] 신화들은 단지 항해에 관한 것뿐만 아니라 수렵, 전쟁, 사랑 등의 행동들에까지도 유효한 행동 지침을 제공해주고 있다. 공동체사회의 삶 전체는 태초의 신화의 '상연mise en scène' (레비 브륄의 표현이다) 같은 것을 이루고 있는데, 이 신화는 잘 조정된 사회적 기능 작용의 수단과 방법을 단호하게 고정시켜주었다. 해상 원정에서 선장은 "신화적 영웅이 입었던 옷과 장식을 하고 그가 썼던 모자를 쓰고, 그의 행위를 모방함으로써 당분간 스스로가 신화적 영웅이 되는 것이다. 이렇게 그를 '모방' 함으로써 그는 더이상 신화적인 영웅과 구분되지 않는다. 그가 아오리Aori이다. 그가 이 영웅의 이름, 다시 말해 신화 그 자체처럼 비밀스럽고 강력한 힘을 가진 이름을 지니게 되는 만큼 더욱더 완전한 동화가 이루어지게 된다."[27] 어떤 여자의 환심을 사고자 하는 남자는 그녀

25. 『원시 신화체계 *La Mythologie primitive*』, Alcan, 1935, p. 166.
26. 같은 책, p. 162.
27. 같은 책, p. 163.

를 정복하기 위해서 그 이름이 유혹자의 모범이 되고 있는 달의 역할과 이름을 취한다. 활을 가진 어부는 이러한 행동의 본보기가 되는 신화적 영웅이다.

여기에서 사람들은 어떤 의미에서 신화가 인간 삶의 현실 원칙이 되는지 잘 알 수 있다. 반 데르 레위의 지적대로, 신화는 "원시적인 삶 그 자체이다. 원시적인 삶은 재현하는 삶이다. 원시적으로 행동한다는 것은 원초적인 행위를 다시 실행하는 것이다."[28] 요컨대, 신화적 본질은 원시인의 실존에 앞서며 신화적 본질만이 원시인의 실존을 유효하게 만든다. 사회 집단 전체는 반복의 제의를 실현시키는 데 몰두한다. 모든 존재의 매순간은 태초의 시간에 단호하게 고정된 제의에 의도적으로 부합하고 있다.

이것이 바로 인류의 신화시대, 즉 신화만이 전적으로 지배하던 시대가 반복의 시대로 보이게 되는 이유이다. 여기에서 반복이라는 단어는 엘리아데가 이 문제에 대한 자신의 탁월한 연구 속에서 제안하고 있는 '영원회귀 éternel retour' 라는 말보다 더 적합해 보인다. 영원회귀라는 관념은 시간의 순환적인 생성, 교체가 시대의 연속을 지배하는 시기의 연속을 암시해준다. 영원회귀는 시간을 전제로 한다. 원시인의 사유는 아직 시간을 의식하지 못하고 있는데, 마치 시간을 뛰어넘은 것처럼 보인다. 반복은 동일자Même의 재확증을 의미한다. 영원회귀는 타자Autre의 초보적인 분산 사이에서 동일자의 정체성을 지향할 수밖에 없다. 따라서 거기서는 이미 통일성이 위협받고 있다. 게다가 역사적으로 보자면, 영원회귀의 사유는 동양 제국과 더 나아가 그리스인들 사이에서 철학적인 체계화로 나타나고 있다. 그런데 그러한 체계화는 신화시대의 선사적인 정신세계가 이미 극복되어버린 시대와 문명의 특징이다.

28. 반 데르 레위, 『원시인과 종교』, p.124.

3. 반복의 존재론적인 함축성

그러므로 원시인의 행동은 태초의 신화를 활성화시키는 일련의 거대한 제의로 실현된다. 이리하여 원시인의 자발적인 태도는 몇몇 형이상학적인 암시를 전제로 하고 있다. 우선, 반복의 세계는 지속된 창조의 세계라는 점을 지적하는 것이 급선무이다. 반복은 인간의 시간을 태초의 시간 속에 재통합하는 것을 보장해준다. 다시 말해 현재의 시간은 항상 '최초의 시간'이자, 모든 것이 새롭게 보이는 종말론적인 시간이다. 원시인은 우주 창조이며 동시대인이다. 원시인은 우주 창조를 재연하며, 신화적 존재에 참여함으로써 그것을 실행하는 데 기여한다. 제의의 정확한 실행만이 우주의 기원과 이미 시작된 활동의 순조로운 흐름을 매순간 보장해준다. 반 데르 레위의 말에 의하면, 원시인은 "밤이 오게 하기 위해 산책한다. 그리고 그의 산책은 최초의 산책자가 언젠가 신화적 시간에 했던 최초의 산책에 대한 모방이다."[29] 엘리아데는 다음과 같이 지적하고 있다. "식물의 출현과 소멸은, 주술-종교적인 경험의 조망 속에서 항상 우주의 주기적인 창조의 기호처럼 느껴졌다."[30]

최초의 대시간Grand Temps과 다른 시간은 존재하지 않는다. 특히 희생제의는 우주의 위험한 신화적 창조에 참여한다고 하는 심오한 의도를 드러내고 있다. 제의적 행위가 갖는 우주 창조론적인 목표는 인간 행동에 모호한 성격을 부여한다. 그것은 우리가 이해하고 있는 의미에서 완전히 능동적이지도 그렇다고 완전히 수동적이지도 않다. 사실 원시인은 신화적인 창조에 자신이 만들어낸 그 어떤 것도 덧붙일 수 없다. 세상은 형성되어 있으며 완벽한 것이다. 기술 자체도 신의 선물이며, 새로운 발명에 대한 여지를 남겨주지 않는다. 사람들은 신화적인 존재에 의해 결정적으로 단 한 번 행해진 것을 다시 행할 따름이다. 하지만 이러한 완전한 수동성은 여전히 실질적인 효율성을 갖는다. 인간은 필연적인 참여를 통해 우주적인 제의와 연결되어 있다. 만약 제의가 정확히 행해지지 않는다면, 달도 뜨지 않을 것이며, 봄도 찾아오지 않을 것이며, 수확도 망치게 될 것이며, 사냥도 제대로 되지 않음은 물론이고, 기근과 질병이 인간을 죽일 것이고, 여자들은 아이를 낳지 못할 것이다. 원시인은 아무것도 시작할 수 없다. 하지만, 그에게 모든 것은 항상 다시 시작되고 있다. 그는 진정으로 우주 창조의 무게를 나누어 갖는다. 레비 브륄이 인용하고 있는 예에 따르자면 뉴기니의 마린드 아님Marind Anim 종족의 "신화에 따르면, 야자나무는 마조majo라고 불리는 의식에서 기원한다. 그렇기 때문에 오늘날 마조 의식이 종려나무의 풍부한 생산성을 가져다주는 것이다. 만약 마조 의식을 거행하지 않는다면, 데마Dema가 화를 낼 것이고, 종려나무나 다른 과실나무들은 열매를 맺지 못할 것이며, 인간은 병들어 죽게 될 것이다."[31]

---

29. 같은 곳.
30. 엘리아데, 『종교형태론』, p. 363.
31. 레비 브륄, 『원시 신화체계』, p. 160. 같은 책, p. 166 참조: 담배 문화가 캘리포니아의 카룩스Karuks 족에게 성공적으로 파고들기 위해서는 카룩스 족이 "그와 관련된 신화를 소유하고 있어야 하며, 그는 똑같은 공식을 말하는 조상이나 영웅이 했던 것을 모방해야만 한다."

그러므로 신화는 인간 고유의 생산성의 원형을 제공한다. 그것은 기술적인 동시에 정신적인 본보기가 되는 인과율에 부합한다. 반 데르 레위가 아주 정확히 언급한 대로, 원시인의 정신체계는 문화와 자연을 분리시키지 않는다. 원시인의 정신체계는, 현실이 있는 그대로 우리에게 부여된 객관적인 영역과 인간의 창의력이 더 자유롭게 드러날 수 있는 영역을 분리시키지 않는다. 원시인의 총체적인 경험 속의 일출이나 월출은 전투의 예측할 수 없는 결과와 배〔船〕나 가옥의 기술적인 성공과 같은 차원의 사건들이다. 문명인에게 문화라는 것은 자연에 덧붙여져 있는 인간을 말한다. 그러므로 인간은 우주를 재장악할 수 있는 권리를 행사하며 자신의 입지를 더 확고하게 하기 위해 자신의 이미지에 따라 자연을 다듬어나간다. 행한다는 것이 항상 다시 행하는 것이 되는 신화 속의 인간은 근본적인 주도권을 지니고 있지 않으며, 그 속에서 자연과 초자연이 긴밀하게 연관되어 있는 전체적인 현실만을 경험하게 된다.

또한 우리는 신화란 우리가 전문화된 사고 양식들로 나누어놓은 기능들을 한꺼번에 보장해준다고 말할 수 있을 것이다. 신화가 자연과 문화를 구분하지 않는 것은 그것이 인간 정신의 선사시대와 부합하기 때문이다. 대공간Grand Espace과 대시간 속에서 살아가는 사회는 역사와는 무관한 사회이다. 왜냐하면 이 사회는 사건이나 새로운 것, 또는 드러나지 않은 것에 관심을 두는 게 아니라 항상 반복되는 것에 자신의 관심을 고정시키기 때문이다. 신화적 의식은 분석체계를 통해서만 현실에 접근한다. 즉 그것은 안정적인 것과 우연한 사건을 동시에 받아들일 수 없다. 반대로 더 진화된 사고는 자신의 경험을 형태화시키는 데 필요한 몇 가지 응축된 도식을 지니고 있다. 그 사유는 동일한 것이나, 항상 시간을 통하여 확증되는 것이나, 변화하는 것으로 관심을 이끌어갈 수 있다. 개략적으로 말해, 유사성과 불변성의 결정은 과학정신의 원칙을 따른다. 반대로 인간과 사건에 나타나는 차이점에 대한 관심은 자연과 대립되어 문화의 고유 영역 속에서 이루어지는 인류 역사정신의 기호이다.

그런데 우리의 사고는 자신의 불변성을 고정시키는 정도에 따라서만 역사적인 것이 된다. 변화의 원리인 역사의 기능은, 필요불가결한 인간성을 고정시키면서 지평을 보장하는 과학적인 기능과 어느 정도 보완관계에 있다. 이와 같이 생성에 대한 인식은 존재에 대한 인식과 유대관계에 놓여 있다. 그러므로 역사와 과학은 둘 다 동시에 전개되는 원초적인 재현의 두 가지 다른 형태이다. 반대로 신화적 의식은 과학과 역사의 분리되지 않은 영역을 포괄한다. 게다가 최초의 비역사적인 지식이 하나의 안정화 기능으로 제시되는 것은 당연한 일이다. 생성에 대한 인식으로서의 역사는 우리에게 열린 지평, 다시 말해 불안정한 지평을 제시한다. 그러나 인간은 본능적으로 어떠한 사건과 그들의 위협에 직면하여 자신을 보장해줄 수 있는 닫힌 구조를 탐구한다. 엉뚱한 것이 신화를 통하여 관습적인 것이 된다. 즉 항상 같은 것이 일어나게 된다. 다시 말하자면 아무 일도 일어나지 않는다. 단어의 모든 의미에서 신화는 인간 집단의 보존 원칙이 되는데, 이 인간 집단은 가능한 모든 경험을 거대한 기시 현상으로 이끌어간다. 마이어슨의 도식을 따르자면, 중요한 것은 시간에 적용되어 있으며 모든 경우에 역사적 타자 Autre historique에 대한 존재론적인 동일자 Même ontologique의 우월성을 보장해주는 정체성의 원칙이라고 말할 수 있을 것이다.

이렇게 정의해놓고 볼 때, 신화적 정신세계는 용어의 기술적 측면에서 선사의 틀을 아주 폭넓게 넘어선다. 신화적 정신세계는 거의 우리 시대에 이르기까지 전 우주를 지배하고 있으며, 아직까지도 서구정신에 대립하며 광범위한 인류의 경험을 지배하고 있다. 『회교도의 도덕과 관습 *Mœurs et Coutumes des Musulmans*』이라는 책에서 고티에 E-F. Gautier는 이러한 대립의 훌륭한 예를 보여주고 있다. 보나파르트의 선전 담당관들은 이집트에서 개발이 덜 된 나라의 국민을 놀라게 하고자 열기구 한 개를 띄우려고 생각했다. 당시의 몇몇 아랍권 연대기 학자들은 그렇게 해서 얻어진 효과는 거의 없었음을 알려준다. 그들의 보고에 따르면, 사람들은 이방의 악마들이 하늘에 일종의 괴물을 띄웠는데, 얼마 지나지 않아 무참하게 다시 떨어져버릴 거라고 생각했다. 신화적 의식이 엉뚱한 사건을 손쉽게 중화시켜버린 것이다. 사람들은 여기서 미국식으로 미지의 세계와 기발한 것을 바라는 현대인의 정신 상태와, 모든 새로운 것을 불신하며, 그것을 호의적이지 못한 가치를 지닌 것으로 판단하는 원시인의 태도가 대립되는 것을 아주 잘 볼 수 있게 된다.

과학과 역사는 조금씩 신화를 잠식하면서 발전해왔으며, 인간이 우주 속에서 새로운 양상으로 자리잡을 수 있게 했다. 하지만 신화는 이미 최초의 타당한 해결책을 제시해주었는데, 그것은 그러한 해결책이 인간으로 하여금 수천 년 동안 존속할 수 있게 해주었기 때문이다. 신화는 실존에 대한 정당화이다. 즉 신화는 비시간적인 것 위에 시간적인 것을 확립하고, 존재론적인 우위와 여전히 가치를 지닌 과거의 진리에 의뢰함으로써 만족스러운 명료함의 원칙을 이루고 있다. 사람들이 우리의 범주를 하나의 절대라고 한다면 우리는 끊임없이 원시인의 정신세계를 잘못 파악할 수밖에 없다. 레비브륄은 초기작에 영감을 제공했던 실증주의적인 편견을 비판하면서 만년에 이르러서는 감동적인 자기 성찰을 하게 되었다. 이러한 그의 입장은 사후에 간행된 『비망록』에 잘 드러나 있다. 이러한 자기 비판의 출발점은 "우리에게는 그것이 아무리 사실로 보이지 않는다 하더라도, '원시인' 에게 신화는 진정한 역사로 간주되었다"[32]라는 사실 속에 존재한다. 그리고 레비브륄은, "우리가 보기에는 너무나 당혹스럽게도 사실임직하지도 않을 뿐더러 터무니없으며, 실제로 도저히 불가능한 현실을 인정하는" 것을 보고 놀라고 있다.[33]

여기서 우리는 뛰어난 정신을 소유한 레비 브륄이 느낀 놀람에 놀라지 않을 수 없다. 그는 아주 집요하게 다음과 같이 자문하고 있다. "어떻게 사람이 페르시아인일 수 있을까?" 그는 아주 감동적이면서도 충실하게 다음과

---

32. 뤼시앵 레비 브륄, 『비망록 *Carnets*』, 모리스 레나르트에 의해 출판됨, P.U.F., 1949, p.193.

33. 같은 책, p.197.

같은 사실을 인정하고 있다. 즉 "나는 '원시적인' 관점에서 '진실하다'는 것은 우리의 관점에서도 동일한 의미를 갖는 것이 아닐까 하는 물음을 간과했다."[34] 그는 우리가 이해하고 있는 '통상적'인 의미에서, '현실적'이며 동시에 '신비적'인 원시인의 정신세계가 보여주는 이중적이면서도 '단일한 bi-univoque' 본질을 확인함으로써 이 질문에 답하고 있다. 이렇게 해서 원시인 사고의 이중적인 태도는 자신의 부조리함을 설명할 것이다. 사실 원시인의 진리 속에는 그들이 사건에 대한 '신비적인' 포착을 통해 이차적으로 왜곡하게 될, 객관적 경험에 대한 일종의 즉자(卽自)가 존재하게 될 것이다. 원시인의 경험은 "자기 생산적이기 위해서 자기 내부에서 살아가는 전통적인 믿음 전체를 전제로 하고 있다."[35]

하지만 사실 우리에게도 역사적 진실이라는 관념은 복잡한 해석체계이며, 시간을 통해서 아주 천천히 발전해온 다양한 방법론과 비평 규칙들이다. 사람들이 자주 그렇게 하는 것처럼, 원시인이 '경험을 이해하지 못한다'고 주장하는 것은 터무니없는 것이다. 경험이라는 것은 절대적이지 않다. 그것은 관념과 가치 판단 전체의 표현이다. 뒤앙[6)]의 유명한 비평이 보여주고 있는 것처럼, 이 분야에서는 과학적인 차원에서보다 많은 '있는 그대로의' 사실이란 없다. 우리는 우리가 지닌 진실을 검증할 수 있기 때문에 객관적인 것이라고 생각한다. 하지만 검증이라는 것도 한정된 체계의 틀 안에서 이루어지게 된다. 원시인에게도 자신의 체계 안에서의 검증은 엄연히 존재한다. 신화적인 해석은 언제나 사건에 의해 검증된다. 가령, 레나르트는 전염병에 시달리는 태평양의 한 작은 섬의 역사에 관해 이야기하고 있다. 사람들은 언젠가 그 병이 뾰족한 바위 위에 좌초한 한 척의 오래된 카누에서 온다는 것을 발견하게 된다. 그 배가 어떤 신의 치아를 자극했기 때문이다. "그 카누를 치우자 전염병이 사그라들었다"[36]고 레나르트는 적고 있다. 항상

34. 같은 책, p. 193.
35. 같은 책, p. 198.
6) Pierre Duhem(1861~1916): 프랑스의 물리학자, 철학자.

이런 식이다. 즉 고려되고 있는 신화체계의 내부에서 제의가 유효한 것이다. 게다가, 사람들은 아무리 '원시적'이라 하더라도 아무런 소용도 없다는 것을 분명히 알고 있는 행위를 달성하고자 고집하는 주민들을 상상할 수 없다. 원시인의 의술은 실제로 환자를 다루고 병을 정당화시킨다. 금기에 대한 위반은 실제로 그 위반자의 죽음을 초래한다.[37]

이와 마찬가지로 삼천(三天) 기도Rogations[7)]의 과정이 오늘날에도 여전히 행해지고 있기 때문에, 가뭄이 휩쓸고 간 들녘에 그것이 어떤 '객관적인' 성과 없이 존재하는 것이 아니라는 사실을 믿어야 한다. 마찬가지로, 객관성에 관한 한 여기서 우리는 중세부터 17세기까지 그렇게도 빈번했던 마녀 재판에 대해 한 번쯤 생각해보아야 할 것이다. 우리가 아무리 그것을 받아들일 수 없는 것으로 치부한다고 해도 이 재판은 완전히 객관적이었다. 피고측이건 원고측이건 모든 사람들, 다시 말해 여론은 그 질문의 토대에 대해 의견 일치를 보였으며, 판결은 법률에 따라 이루어졌다. 신화적 현실의 고유한 진리는 사건에 대한 역사적인 확인 이전에 이미 정신세계 속에 주어져 있다. 사실은 어떤 구조의 연장 속에 각인되며, 진위 판별은 이러한 구조에 따라 이루어진다. 오늘날 우리가 역사적 진리에 대해 이야기할 때에도 우리는 암암리에 원시인에게는 알려져 있지 않았던 어떤 구분을 행한다. 하지만 문제의 토대는 여전히 동일하다. 가령 잔 다르크의 경우를 보자. 모든 사람들은 분명히 그녀가 신의 목소리를 들었다는 역사적인 사실에 동의할 것이다. 우리는 심판자들과 마찬가지로 더이상 그녀를 거짓말쟁이라고 말할 수는 없다. 하지만 일단 그녀의 훌륭한 신앙을 인정하고 나서 각자는 그 사건에 대한 자신의 해석을 갖게 된다. 어떤 사람에게 성녀의 진실성은

---

36. 모리스 레나르트, 「현대의 고대 종족들의 종교」, p.115.

37. 이 점에 대해서는 마르셀 모스의 「집단에 의해 암시된 죽음의 관념이 개인에게 미치는 물리적 영향Effet physique chez l'individu de l'idée de mort suggérée par la collectivité」, 『사회학과 인류학*Sociologie et Anthropologie*』, P.U.F., 1950, p.313 이하 참조.

7) 예수 승천축일 전의 3일간의 기도.

객관적인 현실과 부합하고 있었다. 즉 천사들이 실제로 그녀에게 이야기한 것이다. 그런데 다른 사람에게 그것은 영웅적인 계시를 받은 자에 관한 것으로 그에 대한 확인은 환각의 무의식적인 메커니즘에 의해 설명된다. 문제는 여전히 완전한 채로 남아 있으며 그에 함축된 전제조건에 의해서만 해결될 수 있는 것이다.

그러므로 신화적 의식은 오늘날의 인간이 누리고 있는 것보다 더 근본적인 명료함의 영역을 제공한다. 심지어 너무 근본적인 나머지 너무 완벽한 성공은 오히려 지성의 진보를 막을 정도이다. 신화는 문제가 제기되기도 전에 모든 문제에 대한 해답을 마련해놓고 있다. 신화는 문제가 제기되는 것을 막고 있다. 신화의 모범적인 성격은 사실에 합법적인 보증을 제공한다. 이처럼 신화에 의해 확보된 보장의 혜택을 누리는 관습은 영원히 부동의 것으로 존재한다. 이렇게 해서 실존의 고정적인 구조가 우세해진다. 게다가 이러한 구조는, 자연적인 환경에 대한 인간 집단의 집착에 의해 확인된다. 그런데 현대인이 살아가고 있는 새로운 환경을 창조하는 기술적인 발명품이나 외부와의 접촉도 인간 집단의 자연환경을 전복시킬 수는 없다. 이러한 형이상학적인 보수주의가 자신에게만 몰두하는 원시 문명의 정체 현상을 설명해주고 있는 것은 분명하다. 아프리카의 피그미 족이나 오스트레일리아 원주민의 생활양식은 서구 세계의 최초의 주민이었던 선사시대 인간의 실존을 오늘날까지 영속화시키고 있는 것처럼 보인다.

원시적인 우주의 존재론적인 견고함은 분명 신화가 세계 내적 존재의 주된 요구 사항을 직접적으로 투사하고 있으며, 그것들을 인간적인 항목으로 역사화시키고 있다는 사실에 기인한다. 이렇게 접합된 인간 현실의 광물적인 성격은 어디에서 나오는 것일까. 마르셀 그리올[8)]은 예술의 기원이 세계의 이미지를 더욱 양식화하고 그것을 결정적으로 고정시키려는 욕망과 관련되어 있다는 사실을 아주 잘 간파했다. "가면, 조각상, 암각화는 신화적인

8) Marcel Griaule(1898~1956): 도곤 족Dogons을 연구한 프랑스의 민족학자.

응결이다. 그런데 신화는 원초적인 동시에 영원불변하며 현실적인 시간 속에서 움직인다. 그것은 한편으로 신앙의 대상이 되기도 한다. 바로 이 때문에 조각이나 회화가 적어도 이론적으로는 변화하지 않은 채 남아 있게 된 것이다. 이러한 특질은 보존의 방향, 즉 보수주의의 방향 속에서 작용한다. 이용자의 시각에서 보자면, 종교적인 재료의 미학적인 가치는 주로 그 불변성에서 온다."[38] 그리올에 따르면, 원시 예술이란 인간 형상의 발전과 죽음을 극복하고 그것을 통해 부정하기 위한 수단이다. "불멸의 신화세계 속에서는 형태들이 영원하기 때문에 그것들을 재생산할 필요성을 느낄 수 없다. 반대로 죽음이 출현하자마자 소멸되지 않는 형상을 조각하는 것이 급선무가 되었다." 그러므로 원시 예술은, 반복의 규범에 의해 지배되는 의식의 요구에 따라, '형태들의 소멸에 대항하는 투쟁'이다.[39] 그러므로 예술은 보존이라고 하는 존재론적인 원칙의 승리를 확고히 하면서 죽음의 경험을 무화시키도록 해준다.

그러므로, 사람들이 원시 예술이라고 부르는 것 — 조각상, 가면상, 의복, 제의 도구뿐만 아니라 여기에 덧붙여 오늘날의 발레 예술의 원시적인 형태인 음악, 춤을 포함해서 — 은 신화의 초월성을 물질적으로 실현시키기 위한 시도이다. 하지만 여기서 문제가 되는 것은 우리가 이해하는 의미대로의 예술, 다시 말해 삶과 구분되며 관조적이고 무관심한 영역을 이루고 있는 예술은 아닌 것 같다. 원시 예술은 실존과 더불어 육체를 취하게 된다. 원시 예술은 실존의 기본 구조와 조직화를 해석해낸다. 원시 예술은 공동의 삶을 신화에 따라 양식화시키며, 그렇게 함으로써 그 삶에 안정성과 초시간성을 새겨넣는다. 미학적 형태화는 반복이라는 상징 자체로 개입한다.

---

38. 마르셀 그리올, 『흑인 아프리카 예술*Arts de l'Afrique noire*』, Ed. du Chêne, 1947, p. 108.

39. 같은 책, p. 118. 테오필 고티에Théophile Gautier의 시 「예술」 참조:
모든 것은 지나가되, 강건한 예술만이/영존하는도다 Tout passe. L'Art robuste/Seul à l'éternité…

자연·역사·기술·종교·초자연·실증적 인식·미학적 재현 등과 같이 현실을 더욱더 잘 지배할 수 있게 하기 위해 현실을 분해하도록 하는 모든 차원의 간극은 원시사회에서는 문자 그대로 아무런 의미도 없다. 이러한 기능이 전문화되기 위해서는 신화적 의식이 부과되기를 멈추고, 그것들 모두를 동시에 확인해주기를 멈추어야만 했다. 이와 같이 원시세계의 균형은 모든 인간 활동이 결정적으로 조정된 동일한 규정을 따른다는 사실 위에 기초한다. 그 반면, 온갖 통제에서 벗어나고 전체의 균형을 파괴할 위험을 무릅쓰고 발전해가는 현대세계는 각각의 전문 기능에서 자유로워져야만 그 성격을 규정할 수 있었던 것처럼 보인다. 신화의 보수주의는 집단 전체의 실존을 보호하는 일종의 방어벽을 제공하게 된다. 이렇게 함으로써 인간 집단은 죽음의 고뇌를 이겨나갈 수 있게 된다.

이와 같이 신화적 의식은 삶이라는 장르 전체에 진정으로 존재론적인 타당성을 부여한다. 신화적 의식은 삶의 전체적인 영속성을 보장해준다. 그리하여 바라냑이 최근의 저서[40]에서 지적하고 있는 것처럼, 전통적인 농촌 문명이 선사시대의 관습과 제의를 19세기 유럽의 한가운데까지 연장시킬 수 있었던 것이다. 자연적인 리듬과 밀접하게 연관되어 있는 이러한 천년 문명은 그 구조를 어떤 영역에 뿌리내리게 하는 다양한 민속들을 넘어서 하나의 변함없는 신화 구조를 나타낸다.

이렇게 해서 삶은 자신이 통일성을 보장해주는 전통의 보관소로 나타난다. 여기서 신화적인 문명의 특징인 경직 현상이 나타나게 된다. 바라냑은 다음과 같이 말하고 있다. "인간에게 지적이고 논리적이고 과학적인 도구가 도래하기 전까지, 전통은 명료함을 보증하고 최초의 골격을 재현한다. 그러므로 사람들은 전통이란 더 오래된 것일수록, 더 엄격하게 보존된 것일수록 더 많은 가치를 지닌다는 사실을 이해하게 된다. 전통은 자본, 보존된

---

40. M. Varagnac, 『전통 문명과 삶의 종류*Civilisation traditionnelle et Genres de vie*』, Albin Michel, 1948.

자산의 최초 형태이다. 문명의 모든 노력은 오랫동안 아주 강하고 지속적으로 작동하는 변질의 원인에도 불구하고 이러한 보존을 향하여 나아가게 될 것이다."[41]

그러므로, 삶의 신화적 의식과 '객관적 종합' 사이에는 상호관련성이 있다. 신화는 사회생활의 기준으로 이해될 수 있을 뿐만 아니라 아마도 인간 현실 속에서 존재를 구성하고 있는 요청의 승화되고 무의식적인 투사로 이해될 수도 있다. 신화는 반복을 통하여 삶에 영원성을 부여한다. 산업혁명의 영향력이 시골에까지 미치게 되었을 때에야 그곳의 매력은 손상될 것이다. 이처럼 충만함 속에서 드러나는 신화적 의식은 사회적인 기능 작용에 대한 일종의 추상화를 제공한다. 인도-유럽 문명 구조의 도식을 규정하는데 각별한 관심을 기울였던 조르주 뒤메질은 그 구성 단위를 다음과 같이 정의하고 있다. "인간 집단의 종교체계는 여러 차원에서 동시에 나타난다. 우선, 그것은 다소 명시적인 개념 구조 속에서 드러난다. 그것은 종종 거의 무의식적이기는 하지만 항상 존재하는 것으로서, 나머지 모든 것들이 배치되고 방향을 잡게 되는 자장과도 같은 것이다. 다음으로, 그것은 신화의 차원과 더 나아가 제의의 차원에서 드러나게 된다. 신화는 이러한 기본적인 개념관계를 형상화하고 드러내며, 제의는 동일한 관계를 활성화시키고 동원하고 사용한다. 마지막으로, 그것은 종종 사회조직이나 사회노동의 배분 속에서, 혹은 개념, 신화, 제의를 다루는 사제단 속에서 드러난다."[42]

뒤메질이 말하고 있는 종교 '체계'는 신화적 의식의 더 진전되고 진화된 순간과 일치한다. 하지만, 종교적 체계는 그것을 모든 문명의 열쇠로 만들어주는 시사성과 막 생겨나는 통일성 속에서 이 의식의 표현을 드러낸다. 아마도 이 의식의 본질적인 특성은 인간을 절대 속에 위치시키고 그 속에서 방향을 설정한다는 것이다. 오늘날의 서구인은 날마다 역사 속에서, 다시

41. 같은 책, p. 355.

42. Georges Dumézil, 『로마에서의 인도-유럽의 유산 *L'Héritage indo-européen à Rome*』, N.R.F., 1949, p. 37.

말해 진리를 분산시키는 시간 속에서 살아가고 있다. 칸트는 이미 우리에게 정신적인 시간이 인간의 불충분함을 드러내는 여러 영역들 중 하나라는 사실을 가르쳐주었다. 역사성에 대한 우리의 이러한 의식은 칸트 이후 증가하기만 했다. 반대로 원시인, 다시 말해 선사시대의 인간은 여전히 사라지지 않은 통일성의 인간이다. 즉 모든 지평이 그의 손이 닿는 곳에 있다. 사고와 자유의 모험에 문을 열어준 현실과 진실의 분리는 아직 일어나지 않고 있었다.

4. 마나

현대 서구인이 원시적인 존재론에 대해 명확한 개념을 갖기란 아주 어려운 일이다. 우리의 철학적 전통을 통해 우리에게 친근한 분할이라는 것은 원시인의 존재론 속에는 존재하지 않는다. 사실 형이상학은 하나의 물리학을 전제로 한다. 그런데 원시인의 물리학은 완전히 형이상학적이었다. 그것은 마치 형이상학이 즉각적으로 물리학의 형태로 확인되는 것과 마찬가지이다. 주체와 객체는 거의 서로 대립되지 않으며, 내재성과 초월성은 영원히 뒤섞여 있게 된다. 만약 우리의 반성적 사고가 현재 상태에서 기준으로 간주된다면, 신화적 의식이 재빨리 체계적인 착란 상태에 있는 것으로 드러나게 된다는 것은 분명한 사실이다.

하지만 존재론이라는 개념은, 인간의 실존 자체가 그것에 따라 구성되고 접합되는 존재 최초의 확신을 가리킨다. 철학적인 훈련을 위한 일종의 프로그램이 된 의식적인 존재론에 앞서 체험된 존재론이 있다. 그것은 인간 행위 차원에서 펼쳐지며, 각자의 상세한 태도와 행동과 말 속에서 끊임없이 주조된다. 인간활동이 착지(着地)하도록 해주며, 다양한 존재들과 사물들 사이에서 방향을 잡도록 하는 것은 반성적인 것이든 아니든 이러한 가치에 대한 요구이다. 거기에는 현실에 대한 최초의 의미 같은 것이 있다. 그것이 없다면, 인간은 세계 속에서 이방인으로 존재하게 될 것이고, 물질적이고 정신적인 온갖 무게를 상실하게 될 것이며, 그리하여 결국 어떤 기준을 발견하지 못하게 될 것이다.

이런 점에서 보자면, 이론의 여지 없이 자신의 기준에 따라 우주 속에서 자신의 입지를 확립하는 데 성공했던 원시인은, 그 우주의 일관성과 자기 행위의 통일성을 만들어내는 최초의 형이상학을 지니고 있다. 우리는 이제 바로 이러한 존재론의 개요를 도출하고자 한다. 이를 위해 우리는 서구철학의 중심이 되고 있는 분할을 탐구의 길잡이로 삼고자 한다. 서구철학은 전통적으로 자아, 세계, 신 이 세 가지를 중요한 관심사로 삼아왔다. 원시적 의식은 자신의 고유 영역에서 가까이서든 멀리서든 이러한 구분을 경험하지 못했다. 그럼에도 불구하고, 우리는 형이상학의 선사(先史)에 대한 묘사를 시도하고자 한다. 이를 위해 우리는, 전(前) 반성적인 속성을 띠는 구체적인 재현 속에서 고전철학의 세 개의 커다란 목표와 비슷하게 보일 수 있는 요소들을 규명하고자 한다. 우리는 우선, 멜라네시아어로 마나mana라고 지칭되는 성스러운 것에 대한 연구에서 시작하고자 한다. 우리가 보기에, 이는 세계에 대한 종교적인 포착의 먼 기원에 자리하고 있는 것 같다.

우리의 우선적인 관심은 전통철학 세 요소의 다른 항목에 대하여 특수하게 확증되는 신의 개념과는 완전히 다른 것이다. 마나라고 하는 원시적 개념은 명확하고 뚜렷한 개념에 부합한다기보다는 차라리 원시인의 사고 전체의 일종의 일반적인 동인이라고 할 수 있다. 그것은 반성적인 경험이며 함축적인 확신일 뿐 어떠한 수준에서도 개념이라고는 할 수 없다. 여기서 서구적인 용어를 사용하다가는 잘못을 초래할 소지가 있다. 서구인의 단어는 어떤 담론의 우주 속에서 상황에 따라 확립되기 때문이다. 우리의 단어는 하나의 방향과 정신적인 태도를 특징짓고 있는 대립을 가져다주는 것으로서 신화적 의식과는 무관하다.

이 개념을 사용한 선교사 코드링턴Codrington은 1891년에 출간된 멜라네시아인에 관한 책에서 마나라는 개념을 "인간의 일상적인 힘을 넘어서며 자연의 공동 과정 밖에 존재하는 모든 것을 실행하기 위해 작동하는 초자연적인 힘이나 영향력"이라고 정의했다. 유사한 '힘'이란 북미의 인디언, 오스트레일리아의 원주민, 피그미 족과 다른 종족 사이에서 여러 가지 다른 이름으로 불렸다. 그러므로 이것은 신화적 의식의 기본 양상에 관한 것이다. 하지만 코드링턴의 묘사는 자연과 초자연의 구분, 다시 말해 사람들이 그러한 구분이 원시인에게 의미를 지닐 수 있을지 자문해볼 수 있는 구분에 기초하고 있다. 이러한 배가 현상은 단지 존재하는 것에 불과한 실증적 현실과 초월적인 영향력이 작동하는 신비세계 사이의 분리를 전제로 하고 있다. 우리가 보기에, 레비 브륄이 『원시인의 정신세계에 나타난 초자연과 자연*Le Surnaturel et la Nature dans la mentalité primitive*』에서 제안하고 있는 '초자연의 감정적 범주'라는 표현에 대해서도 마찬가지 유보를 달아야 할 것 같다. 또한 루돌프 오토가 드러낸 성스러운 것이라는 단어의 용법은 성스러운 것과 세속적인 것 사이의 대립을 전제로 한다. 이러한 대립은 체계적인 종교에서 발전한 것이다. 하지만, 엄밀한 의미에서 보자면 자연스러운 것도 세속적인 것도 없는 원시인의 의식에서와 마찬가지로 제시되는 것은 아니다. 결국 과학과 종교가 대립될 커다란 분리가 이루어지는 것은 요원한 일이다.

신화적 의식은 어떤 긴장과 내밀한 극성을 잘 알고 있지만 본질적으로 통일성을 지향하는 의식이다. 우리의 인식은 접합되어 있다. 우리는 끊임없이 이중, 삼중, 사중의 유희를 하고 있다. 즉 동일한 인간이 학자로서 실증적으로 현실을 지각할 수도 있으며, 신자로서 종교적으로 현실을 지각할 수도 있다. 원시인은 하나의 목표만을 가질 뿐이다. 그리고 마나라는 단어는 우주 앞에서의, 아니 차라리 우주 안에서의 인간의 통합적인 태도를 가리킨다. 카시러Cassirer가 말하는 대로, 그것은 인식 내용이 아니라 인식 형태이자 인식 구조이다. 마나는 그 자발성 속에서 포착된 실존에 내재하지만, 그것은 대상 쪽에서뿐만 아니라 주체 쪽에서도 만날 수 있다. 더 정확히 말하자면, 마나는 인간과 주위 현실의 대치로서, 처음에는 원시인의 삶을 특징지어주는 세계 내적 존재로 주어진다. 마나의 의도는 특별히 엄밀한 의미에서의 '종교적인' 상황만을 가리키는 것은 아니다. 마나의 의도는 전체적인 실존의 어떤 극화를 가리킨다. 그러한 극화는 아무리 모호한 것이라 하더라도 '신' 이나 심지어 '정신' 을 전혀 참조하지 않은 상태에서 이루어진다.

실제로, 마나를 우주의 의미로 분명히 간주해야 한다. 선사시대 인간에게 현실은 다양한 요소들이 분산된 상태로 나란히 드러나는 자기 앞에 놓인 하나의 그림으로 주어지지 않는다. 반 데르 레위의 정당한 지적대로, "원시세계는 각자가 자신의 자리를 차지하고 있으며, 그리하여 서로 배척하며(*aut*~*aut*), 드러내기 위해서 셈부터 해야 하는(*et-et*) 일련의 존재들로 이루어져 있는 것이 아니다. 이 세계는 서로 참여하며 서로 침투하는(*in*) 존재들로 이루어져 있다."[43] 세계에 대한 최초의 비전은 상호침투의 전체주의적인 성격을 지니며, 마나라는 개념은 이러한 포괄적인 파악 양식에 따라 파악되어야 한다.

우리가 참여라는 개념을 명확히 하게 된 것은 레비 브륄의 덕이다. 그는 우선 참여의 개념을 논리 구조로서, 즉 원시적 재현에 고유한 '법' 으로 제시했다. 그런데, 그의 사후에 편찬된 『비망록』에서 보는 것처럼, 그가 만년에는 참여의 개념을 지적인 개념이 아니라 실존주의적인 개념으로 이해했다는 사실을 지적하는 것이 중요하다. 사실 1938년 레비 브륄은 과거의 저서로 돌아가서 다음과 같이 언급하고 있다. "참여에 대해서 이야기하는 것은 정당하다. 나는 그 반박할 수 없는 예들(소속, 상징, 개인과 사회 집단의 관계 등)을 제공했다. 그렇다고 해서 참여의 법에 대해서 말하는 것은 정당하지 못하다. 고백하건대 그 법이란 말하자면 나 자신이 그에 대한 정확한,

43. 반 데르 레위, 『원시인과 종교』, 불역판, P.U.F., 1940, p. 45.

혹은 거의 만족스러운 진술을 할 능력이 없는 법이다. 존속하는 것은, 원시인이 빈번하게 자신과 접촉하고 있거나 접촉하게 되는 이런저런 자연과 초자연의 존재나 대상 사이에서 참여의 느낌을 갖게 되며, 그가 그에 못지않게 이러한 존재와 대상 사이에서도 이와 유사한 참여를 상상하게 된다는 사실(법이 아니라)이다."[44] 말하자면 체험되는 참여는 명료함을 향한 우리의 시도를 초월한다. 그러한 참여는 경험에 대한 사후의 정당화가 아니라, 경험 그 자체를 이루고 있는 표징이다. 아마도 그러한 참여는 재현의 형태로 우리에게 나타날 것이다. 하지만 레비 브륄의 말대로, "참여는 이러한 재현 뒤에 오는 것이 아니며, 그 표상을 미리 전제로 하고 있는 것도 아니다. 참여는 재현보다 먼저 존재하거나 적어도 동시에 존재한다. 결국 먼저 주어지는 것이 참여이다."[45]

그러므로 참여는 즉각적으로 '주어진다'. 아니 차라리 그것은 증여자, 다시 말해 우주와 인간 자신의 증여자이다. 왜냐하면 레비 브륄의 지적대로 결국 "존재한다는 것은 참여한다는 것"[46]이기 때문이다. 우리는 여기서 원시적인 존재론의 원칙에 있게 된다. 즉 실존과 인식의 토대로서의 존재 정립은 전반적이고 전체적인 성격을 띠게 된다. 개별적인 것, 다시 말해 요소는 따로 포착되는 것이 아니라 체험된 총체 속에서 상황에 맞추어 포착된다. 그러므로 마나는 그 요구들이 감정의 차원에서 표현되는 유효한 인식이 될 것이다. 이러한 인식은 그에 따라 전체적인 현실 속에서 인간의 입지가 실현되는 포함하는 자englobant의 의식이다. 원시인은 엄격하게 지리학적인 지평 속에 위치해 있다고 느끼지 않는다. 원시인의 현재 장소는 항상 불가분하게도 존재론적인 장소이다. 그것은 긍정적이든 부정적이든 마나라고 하는 지침이 표현하는 현실에 대한 유효한 의미를 가지는 직관에 의해 축성

44. 레비 브륄, 『비망록』, P.U.F., 1949, pp. 77~78(1938년 7월). p. 206 참조: "사고되는 것이 아니라 느껴지는 참여", 그 밖의 여러 곳.

45. 같은 책, p. 3.

46. 같은 책, p. XXI.

된다.

그 순간부터 사람들은 별다른 어려움 없이, 성스러운 것에 대한 경험을 더 원시적인 원칙으로 되돌리려는 모든 환원적인 노력의 덧없음을 깨닫게 된다. 일단 마나의 현실성이 인식되자마자, 이론가는 아주 빈번하게 한층 더 높은 차원에서 이러한 여건을 납득하려고 애썼다. 자연주의, 애니미즘, 분트[9]의 민족심리학Völkerpsychologie, 뒤르켕 학파의 사회주의 등이 각자의 방식대로 이러한 노력을 기울여왔다. 최초의 직관을 직관의 체계적인 형이상학으로 바꾸어놓는다는 것은 터무니없는 노릇이다. 사람들은 성스러운 것이 영혼의 관념, 자연이나 사회적 권위의 힘이라는 관념의 일반화라고 단언했다. 그렇다고 해도 사람들은 신화적 의식을 이해하는 데는 어떠한 새로운 요소도 가져다주지 않았다. 왜냐하면 원시인은 일반적인 육체와 질료와는 다른 영혼에 대한 어떠한 특별한 표상도 지니고 있지 않으며, 자연이나 초자연의 힘이라는 개념을 전혀 지니고 있지 않기 때문이다. 그 힘의 역동성은 사실 즉각적인 현실과 독립적으로 시니피에와 구분되는 시니피앙처럼 확증될 것이다. 마찬가지로, 원시인의 의식에서 사회적 존재는 어떤 특수 현실도 가리키지 않는다. 뒤르켕은 신화적 의식 속에서 모든 것은 사회적 본질을 갖는다고 지적함으로써 별 어려움 없이 승리했다. 하지만 모든 것이 사회적인 것이라고 말한다는 것은 아무것도 사회적인 것이 아니라고 말하는 것이며, 그리하여 전혀 아무 말도 하지 않는 것이다.

게다가 프랑스 학파의 작업을 물려받은 레비스트로스는 자기 나름대로 이러한 형이상학을 거부하였다. 그리하여 그는 마나에 대한 인식론적 이해를 향해 나아가면서 문제의 범위를 더욱 넓혀놓았다. 사실 마나의 직관은 지적인 발전의 어느 한순간에 동시에 세계에 대한 인식이 되는 세계 내에서의 균형 탐구에 부합하고 있다. 지식 수단과 행동 가능성에 따라 매순간 우주

9) Wilhelm Wundt(1832~1920): 독일의 심리학자, 철학자. 『생리심리학의 제 요소』 등의 저서를 남겼다.

에 의미를 부여하는 것은 바로 인간이다. 그런데 원시인은 끊임없이 자신이 실제로 알고 있는 것을 예상하기 때문에 그 첫번째 인식은 매우 거친 상태로 남아 있다. 그러므로 오랫동안—아니 심지어 다소간 항상—지식의 형태와 질료 사이에, 그리고 인간의 기대와 그에 대한 만족 가능성 사이에 불일치가 존재해왔다. 마나라는 개념은 이러한 간극을 터득함으로써 탄생하게 되는데, 그 개념은 그 간극을 보상하려 하게 된다.

레비스트로스에 의하면, "우주는 사람들이 그것이 무엇을 의미하고 있는지를 알기 전에도 의미했다. (……) 우주는 처음부터 인류가 그것에 대해 알고자 했던 것 전체를 의미했다." 여기서 다음과 같은 사실이 생겨난다. 즉 선사시대에 "인간은 처음부터 알려지지 않은 채 있는 그대로 주어지는 시니피에에 정당한 몫을 부여하기 위해 자신이 무척이나 당혹스러워하는 시니피앙 전체를 마음대로 사용한다."[47] 그리하여 인간은 상처입은 분절적인 인식에 어느 정도 과중한 의미를 부과하게 될, 잠정적으로 소용되지는 않을 '여분의 의미 작용'을 지니게 될 것이다. 다시 한번 레비스트로스에 따르면, "마나는 지각되지 않는 전체의 요구에 대한 주관적인 반성에 불과하다."[48] 이는 용어의 과학적인 의미에서뿐만 아니라 종말론적인 의미에서의 인식의 미래에 대한 어음이다. 마나는 충만함에 대한 향수일 뿐만 아니라, 인식하는 주체와 인식 대상 사이의 완벽한 일치라는 충만함의 상징적인 현실화이자 통합과 재통합의 의도이다. 여기서 바로 이러한 개념이 띨 수 있는 의미의 복수성과 심지어 대립성까지도 생겨나게 된다. 레비스트로스의 지적에 의하면, 그것은 "힘과 행동, 자질과 상태, 실사이자 형용사이자 동사이며, 추상적인 것이자 구체적인 것이며, 편재하는 것이자 국지적인 것이다."[49] 사람들이 마나가 "모든 유한한 사고의 종속성이라고 하는 떠돌아다니는 시니피앙"[50]

---

47. 레비스트로스, 모스의 『사회학과 인류학』 서문, P.U.F., 1950, pp. XLVIII~XLIX.
48. 같은 책, p. XLVI.
49. 같은 책, p. L.
50. 같은 책, p. XLIX.

이라는 본질을 알아보게 되면서부터 이 모든 것이 가능해진다.

여기서 마나를 즉자적인 현실, 다시 말해 특별한 직관의 대상으로 보지 말아야 한다. 뿐만 아니라 우리가 본질적으로 선범주적인 것이라고 이야기했던 사고를 조직화시키기 위해 개입하는 '범주'로 보지 않도록 주의해야 한다. 성스러운 것의 의미는 전반적인 인식 체제라든가 세계 내적 존재의 원초적인 성향을 가리킨다. 각각의 태도와 행동은 성스러운 것을 목표로 하고 있지만, 그렇다고 해서 그것을 가리키는 것은 아니다. 그러므로 성스러운 것은 순수한 내용이나 순수한 형태가 아니라 차라리 의미 작용의 저장소이다. 이러한 예상은 단순히 이론적인 차원을 벗어나는 충만함을 목표로 한다. 마나는 객관적인 확장 속에서가 아니라 가치를 부여하려는 의도 속에서의 우주에 대한 사전 확증이다. 그런데 실증적 인식의 발전도 그러한 사전 확증의 요구를 소멸시키지 못할 것이다. 과학적인 탐구를 넘어서서 유효한 저장소가 지탱되며, 종교적이거나 반종교적인 확증의 형태로 전문화된 성스러운 것의 의미는 모든 인간적 가치의 충만이라는 야망을 영속화한다.

바로 이 때문에 성스러운 것은 기본적인 인식 구조로서, 아주 대립적인 모든 가능한 의미의 최초의 한정되지 않은 모태 같은 것으로 남아 있게 된다. 모든 단계의 정신적인 전개에서 가치에 대한 존재론적 인식이 인간을 지탱하게 된다. 그런데 그러한 지탱은, 종말론적인 달성이라는 야망과 우리의 세계 내적 존재를 이루고 있는 제한 사이의 제거할 수 없는 여백의 표현인 최후의 불만족 속에서 이루어진다. 그러므로 여기서 성스러운 것의 의미는 형이상학의 기원 자체에 나타나게 된다. 그것은 형이상학이 세계 내에 던져진 인간 현실에서 출발하고 있으며, 각각의 존재가 그 영향을 받고 있는 존재론적 결함을 정당화시키고 그 결함을 채우는 한에서 그러하다.

그러므로 성스러운 것을 언제나 불충분한 이해를 위한 지평, 영원한 극복의 원칙, 힘의 원천, 질서에의 호소로 간주해야 한다. 가장 좋은 묘사는 가장 덜 체계적일 것이다. 성스러운 것이 신화를 발생시키는 원동력을 가리키게 된다. 그에 따라, 신화가 신적인 현실을 드러내려 하자마자, 성스러운 것은 신화의 논리를 초월하고 모순적인 성격의 원칙에 속하게 된다. 엘리아데의 다음과 같은 관찰은 합당하다. "신성이 어떤 형태로 드러나든지 그것은 궁극적인 현실이며 궁극적인 힘이다. 그리고 이러한 현실과 힘은 어떤 종류의 속성이나 자질(좋다, 나쁘다, 남성적이다, 여성적이다 등등)에 의해서도 제한되지 않는다."[51] 신화는, 성스러운 것의 성격을 규정하고 루돌프 오토에 의해 종교생활 속에서 신령한 요소를 유혹하는 동시에 거부하는 것으로 정의되면서 이미 지적한 '대립적인 것에 대한 일치coïncidentia oppositorum'를 직접 반영한다. 이제는 고전이 된 이러한 부분은 일반화될 수 있다. 성스러운 것의 표현은 모두 양극적인 것으로 나타난다. 수천 년을 지내오면서 부정(否定) 신학[10] 전통에서 볼 수 있듯 이러한 구분은 자기 부정을 함축하고 있다. 하지만 야코프 뵈메,[11] 에크하르트,[12] 플로티노스[13]의 사변은 인간의식의 기원으로까지 거슬러올라가는 조망 속에 자리한다. 엘리아데는 다음과 같이 쓰고 있다. "신화는 피상적인 논리적 경험으로 도달할 수 없는 존재론적 영역을 발견한다. 바루나Varuna[14]의 신화는 신성의 한가운데에서 신적인 이중 단일성bi-unité, 대립적인 것의 일치, 속성의 전체화를 드러내게 된다."[52] 그리고 엘리아데는 합당하게도, 성스러운 것 한가운데에 존재하는 대립적인 것의 상호보완성을 영속화하는 양성구유신(兩性具有神)Androgyne의 신화를 강조하고 있다. 여기서 헤라클레이토스의 다음과 같은 말은 그 의미를 발견하게 된다. 즉 "신이란 낮과 밤이며, 겨울이자 여름, 전쟁이자 평화, 포만함이자 굶주림이다. 즉 모든 대립적인 것이 그의 내

---

51. 엘리아데, 『종교형태론』, Payot, 1949, p. 360.

10) 부정적 서술을 통해서만 하느님을 말할 수 있다고 주장하는 기독교 신학.

11) Jakob Böhme(1575~1624): 17세기 독일의 기독교 사상가. 혁신적이면서도 신비주의적인 신학이론을 주장했다.

12) Eckhart(1260~1327?): 독일의 도미니크 파 신비주의 신학자.

13) Plotinos(205~270): 그리스의 신플라톤 학파의 철학자.

52. 같은 책, p. 357.

14) 그리스 신화의 우라노스에 해당하는 베다의 신들 중 하나.

부에 있다."[53]

대립적인 것의 화해는 초월을 상징한다. 하지만 초월 자체는 성스러운 것의 비인간적인 면에 이르기까지 위험한 특징을 설명한다. 인간은 대립의 풍토 속에서, 즉 대립적인 것 사이의 중간 통로인 인간 현실이 폐지되고 증발되어버린 것처럼 적대적인 속성의 대립이 긴장을 유지하고 있는 세력 다툼의 장에서는 살아갈 수 없다. 모든 가능성과 한계possibilités-limites가 동시에 활성화되다 보면 위험을 무릅쓰고 어떤 일을 감행하는 자가 파괴되는 결과가 생기게 될 것이다. 이와 같이 한꺼번에 주어지는 가치들은 있는 그대로의 상태에서 그 자체만으로 서로를 폐지시켜버릴 위험에 처하게 될지도 모르며, 그들의 공통적인 무질서는 결국 허무와 닮게 될 것이다.

바로 이렇게 해서 부유하는 최초의 질료와 유효한 의미 작용의 원천으로 성스러운 것을 확증하는 것은, 아주 빨리 도식화되어 어떤 존재와 대상 위에 고정되려는 경향을 띠게 된다. 모든 한정은 부정이다. 성스러운 것에 하나의 정확한 영역을 고정하는 것과 성스러운 것을 위해 어떤 강요된 통과 지점을 지정하는 것은 전부를 잃지 않기 위해 일부를 희생함으로써, 특별히 성스러운 것에 주어진 영역 밖에서 그 영향을 무력화시켜버리는 것이다. 세계 내에서 인간의 입지는 카오스 상태에서 코스모스 상태로의 이동에 대한 요구를 포함하고 있다. 아무리 초보적인 것이라 하더라도 모든 종교활동이라는 것은 제의 전체의 구성과 예배의 양식화를 전제로 하고 있다. 다양한 금지 항목, 금기사항, 제의 규정은 성스러운 것과 관련해서 의무사항을 한정한다. 그리하여 존재론적인 영향이 인간을 위해 작동하는 최소한의 긴장 영역을 도출시킨다. 이러한 조직화된 형태 아래에서 성스러운 것은, 앙리 위베르의 말대로, "희생의 출입 제의에서 사람들이 들어가고 나오는 배경에 대한 관념이 된다. 그것은 또한 유효한 힘이 생겨나는 자질에 대한 관념이다. 성스러운 것의 장벽 뒤에는 믿음의 대상인 신화, 정령, 힘, 형이상학

53. 같은 곳.

적인 전능성의 세계가 도사리고 있다. 마찬가지로 제의라는 유효한 행동이 달성되는 것은 성스러움, 즉 성스러운 시간과 공간 속에서이다."[54]

종교생활의 기본 문제 — 즉 원시인에게 실존 전체의 문제 — 는 그때부터 성스러운 것을 시간과 공간 속에 재분배하는 문제와 부합하고 있다. 어떤 의미에서 보자면, 성스러운 것은 분명 도처에 있다. 순수함과 불순함 사이의 한계는 바로 인간 내부에, 인간 속에서 일어나는 위반의 가능성과 인간의 생기를 북돋우는 나쁜 힘들 속에 존재하고 있다. 만약 그 한계를 넘어서게 되고, 흠 때문에 속죄 제의가 효력이 없다는 것이 입증되고 나면, 인간은 축성(祝聖)될 것이고 신적인 것의 탐욕스런 요구에 아무런 제한 없이 헌신하게 될 것이다. 인간 자신이 가해자인 동시에 피해자인 위반에 의해 인간을 통해서 위협받고 있는 공동체는 전염을 피하기 위해 외과수술을 행하듯 엄격하게 인간 스스로를 포기하거나 파문해버리게 된다. 그럼에도 불구하고 이 경우 개인적인 위반은 어떤 금지사항의 위반에 의해 객관적으로 한정되어 나타난다. 죄인이란 의도적이건 아니건 행동을 통해 집단의 종교적인 균형이 토대로 하고 있는 영향의 복잡한 체계를 망가뜨리는 사람이다.

그러므로 이러한 균형은 위태로워 보인다. 단 한 사람의 흠만으로도 그 균형이 깨질 위험을 지니고 있기 때문이다. 대립적인 힘의 적대관계는 매순간 공간과 시간 속에서 재구성된다. 위반을 피하기 위해서뿐만 아니라, 날마다 그에 걸맞은 제의를 통해 공동생활에 리듬을 부여하는 성스러운 영향의 화해를 용이하게 하기 위해서라도 끊임없이 인간이 개입해야 한다. 이것이 바로 마나가 세계의 역동성이라는 의미를 지닌 채 우리에게 드러나는 이유이다. 더 깊이 이야기하자면, 마나라는 것은 인간이 고유한 균형추와 효력을 지닌 채 책임의식을 가지고 위치해 있는 일종의 우주적 제의를 이루고 있다. 로제 카유아[15)]에 따르면,[55] 성스러운 것이란 융합시키는 힘인 동시에

54. 앙리 위베르, 『종교학개론 *Manuel d'Histoire des Religions*』(Chantepie de la Saussaye 저)의 불역판 서문, Colin, 1904, p. XLVI.

와해시키는 힘이다. 원시인의 삶 속에서 인간의 역할은 융합시키는 힘이 와해시키는 힘을 언제나 이길 수 있도록 돕는 것이라고 할 수 있다. 개인의 구원뿐만 아니라 무엇보다도 공동체의 구원과 우주 전체의 보존은, 사회생활이 해소되는 만장일치의 축성예배 속에서 각자가 자신의 역할을 얼마나 충실하게 해내느냐에 달려 있다. 이를 통해 실존의 초월적인 닻내리기가 보장되는 것이다. 성스러운 것의 힘은, 자신이 매순간 보호하는 환경 같은 것으로 감싸고 있는 인간 현실을 위해서 행사된다.

동시에 인간의 체류지는 존재론적인 장소이며 최선의 아니 유일한 장소로서, 그곳에서 삶은 인간에게 확실하고 관대해진다. 거기서 가치는 매순간 현실을 용인하고 축성해준다. 사람들은 원시인 삶의 드문 성공에 대한 기억이 이후의 진화 단계에서 영원히 혁신되는 황금기에 대한 향수로서 인간 기억을 끈질기게 항상 따라다닌다는 것을 이해하게 된다. 사고와 예술이 주는 만족과 기술의 모든 정복은, 신화적 의식의 특권인 인간과 현실 전체의 이러한 독특한 조화를 회복하지 못할 것이다.

15) Roger Caillois(1913~1978): 프랑스의 에세이스트. 『신화와 인간』, 『인간과 성』 등의 저서를 남겼다.
55. 로제 카유아, 『인간과 성*L'Homme et le Sacré*』, Leroux, p. 47 이하 참조.

5. 신화적 우주

신화적 의식은 최초의 인간세계의 윤곽을 그린다.

피아제는 원시인의 우주와 어린아이의 우주 사이의 유사성을 강조한 적이 있다. 사실, 개체 발생은 계통 발생을 정확하게 재생산하는 것처럼 보인다. 사람들은 두 가지 경우에서 모두 애니미즘적인 유형을 띤 동일한 궁극목적론, 동일한 자아중심주의, 동일한 현상론을 발견하게 된다. 피아제에 따르면, "외양과 현실, 징표나 기호와 의미화된 사물 사이에는 본질적인 구분이 존재하지 않는다. 모든 것은 직접적으로 포착된 현실이며, 심지어 가시적인 표상을 통해 부단히 드러나는 은폐된 세계이다. 그리고 절대라는 것은 어떤 지적 상대성도 없이 이런 완벽한 현실과 혼동된다."[56] 그럼에도 불구하고 어린아이의 세계가 거의 체계화되어 있지 않으며 무상의 것으로 보

56. Piaget, 『발생론적 인식론에 대한 서문*Introduction à l'Epistémologie génétique*』, 제2권, P.U.F., 1950, p. 75.

이는 개인적인 기획 상태에 머물러 있다는 점에서 약간의 차이가 존재한다. 성인의 섭리에 따라 욕구가 만족되는 어린아이는 행위의 필연성의 원칙과 통제를 따르지 않는다. 이와 반대로 원시인은 실존을 유지하기 위해 끊임없이 투쟁해야 한다. 그러므로 원시인의 세계상은 효율성의 성격을 제시해야 하며 정확하게 현실에 실마리를 제공해야 한다. 다른 한편으로 보자면, 공동생활과 협동이 위급하기 때문에 집단적인 결정과 주변세계의 주된 구도에 대해 일치된 견해를 요구하게 된다. 그러므로 원시인의 우주론은 상호합의에 의해 실현된다. 그 우주론은 집단 구성원 개개인에게 권위 있게 부과된다. 각각의 구성원은 자신이 의식적인 삶을 살아가게 된 순간부터 이미 완결된 상태의 우주론을 발견하게 된다.

이와 같이 세계상은 공동체적 풍경에 대한 객관적인 규정으로 확증된다. 또한 우리가 앞으로 언급하겠지만 이러한 풍경은 단지 지리적이거나 물리적인 의미 작용만을 갖는 것이 아니다. 이 단어들이 원시인의 의식에도 사용될 수 있는 한, 그 풍경은 전체적으로 도덕적이고 정신적인 의도를 동시에 지니게 된다. 인간의 모든 시선은 감각적인 형태를 넘어 그 형태가 감싸고 있으며 그것을 통해 전달되는 성스러운 것으로까지 파고든다. 전체적으로 우주 전례(典禮)의 원초적인 리듬과 소통하지 않는 지각이란 존재하지 않는다. 철학자의 직관은 천상에서의 별의 운행과 인간의 가슴속에서 벌어지고 있는 정신적인 삶의 요구 사이에서 동일한 의미를 발견하게 된다. 하지만 그것은 단지 수천 년간의 문명을 넘어 물리적인 것과 형이상학적인 것 사이의 온갖 구분에서 완전히 벗어나 있는 원시인의 원초적인 시선을 재발견하는 것에 불과하다.

이런 맥락에서 레나르트는 뉴칼레도니아의 카나카 족에 대해 다음과 같이 기술하고 있다. "평온한 체류 전체는 자신의 구도를 최대한 눈에 띄게 하는 낮으로부터 밝아온다. 그것은 이제 더이상 개간된 땅에 드리워진 나무의 실루엣처럼 나타나지 않는다. 그것은 살아 있는 전체이다. 왜냐하면 각각의 나무, 언덕, 시내가 생명에 참여하고 있기 때문이며, 풍경은 연속적으로 일어나는 자연적인 계획에 의해 형성되는 것이 아니라 바로 살아 있는 계획이 주어진 질서 속에서 병렬되는 것이기 때문이다. 이러한 질서가 카나카인의 두뇌 속에 뒤얽혀 있으며, 그의 두뇌를 형성하고 있는 것이다. 망막에 와 닿는 이미지, 고막 속에서 울리는 소리, 감정을 뒤흔드는 환상들은 유한하고 일시적이며 실질적인 영역 밖에서, 문명인들은 침투하기 어려우며 신화에서 생겨나는 현실을 향하여 동일하게 굴절된다."[57.]

그러므로 우주에 의미를 부여하는 것은 신화의 몫이다.

A) 신화적 공간

우주라는 관념은 후천적인 개념이다. 이 관념은 자신의 내부에 연속적인 결정과 직접적인 명증의 차원으로 올라선 발견과 발명으로 이루어진 아주 오랜 문화유산을 요약하고 있다. 한 시대의 이론이 다음 시대에는 사실이 된다는 휴얼Whewell의 지적은 여기서 폭넓게 적용된다. 가령 오늘날 서구의 성인들이 움직이고 있는 공간은 르네상스 시대 이탈리아 화가들의 작업 이후 사물이 기하학적인 조망의 법칙에 자발적으로 복종하는 영역이다. 과학의 표징은 그 공간에 깊은 표시를 남겼다. 라뇨[16)], 브룅슈비크, 알랭[17)]과 같이, 사고란 본래 '계량기'라고 여기는 주지주의 철학자들은 지각을 합리적인 과학에 의해 미리 예시되어 있는 자연기하학의 작품이라고 본다. 물론 우리도 이러한 필연성 속에 어느 정도 자의적인 부분이 있으리라는 것을 잘 알고 있다. 프랑스인은 거리를 잴 때 미터나 킬로미터로 인식하지만 영국인은 야드나 마일로 표시한다. 또한 우리는 자동차, 비행기 등과 같은 새로운 이동 수단이 수많은 거리를 단축시키고, 예전에는 아주 멀리 떨어져 있던 장소들을 아주 가까이 접근시킴으로써 우리의 공간감각을 변화시켰다는

57. 레나르트, 『대지의 사람들 *Gens de la Grande Terre*』, N.R.F., 1937, p. 48.
16) Jules Lagneau(1851~1894): 프랑스의 철학자.
17) Alain(1868~1951): 프랑스의 철학자.

점을 기꺼이 인정할 수 있다. 그러므로 세계상에 대한 어느 정도의 유연성과 상대성은 존재한다. 하지만, 그것이 우리를 지나치게 성가시게 하지는 않는다. 그 세계상은 현실을 장악함으로써 이루어진 진보에 부합하기 때문이다. 기술은 기하학의 지배와 사물에 대한 이성의 지배를 연장시키고 그것을 실행하게 할 따름이다.

그러므로 세계의 영역과 사고의 영역으로서의 공간은 세계에 대한 추상화나 정신의 발명과 같은 우리 인간의 범주적 행위의 주된 기능 중 하나를 확인해주고 있다. 어쨌든 이러한 행위는 현실을 조절하기 위한 특권 받은 규범으로 심지어 우리가 그 규범을 물질화시키고, 그것을 사물의 지지대로 삼으려는 생각을 할 정도로 특권 받은 규범이며, 담아내는 방식이자 공통분모이며, 질서와 분류의 요소이다. 요컨대, 그 위에 현상들이 개입하고 사건들이 이어지는 보편적인 기하학적 캔버스인 것이다. 게다가 이와 동시에 이렇게 해서 이성적인 관점과 결부된 공간은 사물의 다양성에 대한 합리화 요소의 역할을 수행한다. 공간은 그 내부에서 확증되는 모든 것을 명료하게 하는 한 요소이다. 그 공간적인 좌표에 따라 하나의 사실을 자리잡게 한다는 것과 그 영역의 정확한 기준을 제공하는 것은, 이미 상당 부분 그것을 이해하고 있는 것이며 그것이 가질 수 있는 엉뚱한 면을 축소시키는 것을 의미한다.

신화적 공간은 우리의 사고와 행동이 위치해 있는 공허하고 형태적인 공간과 광범위하게 대립되어 있다. 원시인의 공간은 단순한 용기(容器)가 아니라 절대적인 장소이다. 신화적 공간은 단지 합리적이고 기능적인 공간이나 정신의 조망 같은 것이 아니라, 각각의 장소 속에 분명하고 구체적인 수식을 지니고 있는 구조의 공간인 것이다.[58] 분산의 영역과 순수하고 단순한 외면성의 영역이 아니라, 그 반대인 유사성과 전체성의 원칙이자 용기와 내

58. 우리는 이 구분을 기능영역(Funktionsraum)과 구조영역(Strukturraum)에 대한 카시러의 구분(『상징적 형태의 철학 *Philosophie der symbolischen Formen*』, 제2권, Cassirer Verlag, Berlin, 1925, p. 113)에서 빌려오고 있다.

용물 사이의 연루 원칙인 것이다. 구조의 공간 속에서 개별적인 공간은 자기 내부에 전체성의 서명을 지니고 있다. 위치를 설정한다는 것은 단순한 숫자놀음이나 달리 표시하지 않은 채 외부 대상을 표시하게 될 계수(係數)가 아니다. 그것은 사물이나 사건의 구축적이고 본질적인 요소, 다시 말해 윤곽을 가리킨다.

우주와의 접촉은 무엇보다도 포괄적인 것의 분산된 경험이다. 그것은 또한 공감적이거나 적대적이지만 결코 진정으로 중립적이지 않은 인간적인 문채(文彩)나 의도를 띠고 있는 현실이 보여주는 가변적인 의미이다. 그러므로 신화적 공간은 성스러움에 대한 양식화로 나타나거나, 인간 현실에 대한 최초 확증의 기본적 요구에 따른 세상에 대한 환기로 나타난다.

이렇게 해서 풍경이 외부에서 한정되는 것 이상으로 내부로부터 환기되는 것이다. 그것은 팽창하는 힘이지 사람들이 글자 그대로의 내용을 재생산하려고 노력하게 될 주어진 현실에 대한 객관적 인식이 아니다. 레나르트는 신화적 공간화의 최초의 움직임에 대한 흥미있는 소묘를 남겼다. 처음에는 조상으로부터 후손에게 투사되면서 세대간의 통합을 보장해주는 토템의 역동성이 확증된다. 외숙과 생질, 할아버지와 손자는 이렇게 해서 가계의 신화적 질서에 따라 토템의 구현이 현실 속에서 반영되는 사슬의 고리를 이루고 있는 것이다. 사회 전체가 전반적으로 융합되는 것은, 신화적 연합에 따라 개인을 통합하는 이러한 고리의 겹침을 통해서이다. 하지만 인간들 사이의 관계가 추상적으로 실현되는 것은 아니다. 그것은 현실에 발을 붙이고 있어야 하며, 자신이 그 의미를 동시에 드러내는 풍경 속에 뿌리내리고 있어야 한다. 레나르트는 다음과 같이 덧붙이고 있다. 친족관계의 축에 따른 토템의 투사는 "주거환경에 도달하게 되며, 새장과 제단을 같은 선 안에서 통합한다."[59] 원시인의 생존 공간은 토템 숭배가 발붙이고 있는 제단에 의해 축성된 장소 주위에서 조직화된다. 제단은 "사회적인 세계와 공간적인

59. 모리스 레나르트, 『도 카모』, N.R.F., 1947, p. 137.

세계의 지지점이기 때문에 원시인 사유에 대한 진정한 지지점이다. 카나카인이 자신을 찾는 것도 제단에서이며, 사회가 집중되고 배열을 유지하는 것도 제단 주위에서이다."[60]

이와 같이 가시적인 지평을 넘어서 펼쳐지는 무한한 공간이라는 관념은 원시인의 경험에 전혀 부합하지 않는다. 원시인에게 공간이라는 것은 가까운 주변환경으로 축소된다. 다시 레나르트의 지적을 빌린다면, "원시인의 공간은 육체적인 현존에 의해 그 실존이 경험되는 장소의 이질적인 총체로 나타나며, 물리적인 환경의 저항 앞에서 이러한 감수성의 반응이 없는 곳에서는 공간이 존재하지 않는다."[61] 우리는 이처럼 현실을 근접해 있는 실존 영역으로 제한하는 것은 상상하기 힘들다. 단기적인 안목에서의 공간이란 영역과 동일시된다. "촌락 자체는 텅 빈 공간도 아니며 모든 장소에서 실존을 지니고 있는 것도 아니다. 촌락은 최초의 씨족과 관련이 있는 인간 집단이 사는 장소에만 존재한다. 촌락은 이 집단의 거주가 멎는 곳에서 끝나버리는 것이다. 주변에서 풍경은 신화적인 세계가 띠고 있는 희미함 속으로 사라져버린다."[62]

그러므로 여기서 사람들은 인간 집단의 기준에 따라 인류학적인 공간에 대해 말할 수도 있을 것이다. 그 공간은 인간 집단의 가치 기준 중 하나이다. 공간이란 가능한 실존의 틀이 아니라 그 실존에 의미를 부여하는 현실적인 실존의 장소이다. 그 지평을 넘어서면 삶의 장르와 밀접하게 연관된 사고는 더이상 펼쳐질 수 없다. 그 사고는 공허만을 마주하게 된다. 기하학적 현실이란 인간 현실과는 독립되어 그 자체로 존재하는 것이 아니다. 우주라는 개념은 일종의 정신 유희에 부합하는 것이 아니라 임박해 있고 생생한 의미 작용 전체를 포괄하고 있다. 왜냐하면 자연은, 초자연과 함께 존재를 그 전체성 속에서 펼치기 때문이다. 살아 있는 인간, 대지, 사물, 존재와 심지어

60. 같은 책, p. 139.
61. 같은 책, p. 64.
62. 같은 책, p. 138.

자신들이 살았던 장소를 계속해서 맴돌고 있는 죽은 자들 사이의 기본적인 참여관계를 통해, 자연은 공동체의 존재론적인 확립을 공고히 해준다. 다정하고 실존적인 기하학은 단지 인간을 객관적인 영역 속에 위치시켜줄 뿐 아니라 세계 내적 존재의 초월적인 닻내리기를 허락해준다.

그러므로 원시인의 공간은 적대적이고 생소한 광대한 세계 한가운데에서 공동체의 신화에 의해 개척되고 조직된 일종의 빈터로 나타난다. 그 공간은 존재의 기본적인 연합과 마나라는 최고의 보증에 의해 삶이 보호되고 있는 유일한 영역이다. 레비 브륄은 신화적인 공간이 지닌 이러한 중요한 성격을 아주 잘 느끼고 있었다. 즉 그는 『원시인의 정신세계』에서 다음과 같이 지적한다. "공간의 여러 지역들은 인식되는 것도, 엄밀한 의미에서 재현되는 것도 아니다. 그보다는 차라리 복잡한 총체성 속에서 느껴지는 것으로서, 거기서 각각의 지역은 그것을 점하고 있는 곳으로부터 분리될 수 없다. 각각의 지역은 거기서 살아가는 실제적이거나 신화적인 동물, 거기서 싹을 틔우는 식물들, 거기서 살아가는 종족들, 거기서 발생하는 바람과 폭풍들과 마찬가지 성질을 띤다."[63] 중요한 공간이란 실존이 안전을 보장받을 수 있는 유일한 곳이다. 레비 브륄은 계속해서 다음과 같이 지적하고 있다. "사회집단과 그 집단의 고장 사이의 참여는 단지 땅과 거기서 살아가고 있는 사냥감에게만 펼쳐지는 것은 아니다. 거기에 자리잡고 있는 모든 신비한 힘들, 정령들, 다소 분명하게 상상된 힘이 그 집단과 동일하게 내밀한 관계를 갖는다. 그 집단의 구성원은 그 힘이 자신에 대해서 갖는 의미와 자신이 이 힘에 대해서 갖는 의미가 무엇인지 느끼고 있다. 거기서 그는 어떤 신비적인 위험이 그것을 위협하고 있으며, 자신이 어떤 신비적인 버팀목에 기대를 걸 수 있는지도 느끼고 있다. 그 지역을 떠나서는 더이상 그를 위한 버팀목이 존재하지 않는다. 알려지지 않은, 그런만큼 두려움의 대상이 되는 함정들이 도처에서 그를 위협하고 있다. 그가 숨 쉬는 것도 더이상 자신의 공

63. 레비 브륄, 『원시인의 정신세계』, Alcan, 1922, p. 232.

기가 아니며, 그가 마시는 것도 자신의 물이 아니며, 그가 따거나 먹는 것도 자신의 과일이 아니며, 그를 둘러싸고 있는 것도 자신의 산이 아니며, 그가 걷는 것도 자신의 길이 아니다. 자신이 느끼도록 길들여져 있는 참여가 그에게는 결핍되어 있기 때문에 모든 것은 그에 대해 적대적이다."[64]

그러므로 원시인의 공간은 후견해주는 존재에 의해 축성된, 인간 고유의 장소이다. 레나르트는 그 이유를 설명해준다. "신들은 카나카인의 손이 닿지 않는 체류지로, 다시 말해 자신이 움직이는 고유한 장소 밖으로 떠나버리지 않는다. 망자는 여전히 거기에 있으며, 신들은 살아 있는 사람과 섞여 있으며, 신의 공간과 살아 있는 사람의 공간이 뚜렷하게 구분되어 있지 않다."[65] 사람들은 그때부터 인간은 심지어 생각만으로라도 자신의 생활 공간에서 멀어질 수 없음을 알게 된다. 다른 곳이란 없다. 왜냐하면 다른 곳에서는 존재가 모든 의미를 상실해버리기 때문이다. 그러므로 공동체로부터 거부당한다는 것은 생존을 가능하게 해주는 모든 존재론적인 추를 빼앗기는 것이다. 그러므로 추방은 전적으로 소통 박탈을 의미하며, 시민사회로부터의 추방은 현대사회에서보다 훨씬 더 심각한 것으로 사형과도 맞먹는 형벌이다. 왜냐하면 그것은 물질적인 동시에 정신적인 죽음이기 때문이다. 그 형벌은 심지어 육체적인 죽음 이후에도 선고받은 자의 남은 존재에 대해서까지 행사된다.

그러므로 인간과 환경 사이에는 원초적인 유착이 존재한다. 풍경에 의미를 부여하는 것은 인간이지만, 동시에 풍경만이 인간의 완전한 현실을 보장한다. 인간 현실은 직접적으로 아주 정확하게 구획된 세계에서의 현존과 그에 대한 집착으로 체험된다. 이처럼 범주적 행위의 부재, 다시 말해 추상적이고 구조적인 태도에 대한 가능성의 부재는 그 즉각적인 맥락에서 벗어날 수 없는 실존 자체의 층위에서 느껴진다. 공동의 성스러움이 확산됨으로써

64. 같은 책, p. 236.
65. 레나르트, 『도 카모』, p. 65.

나눌 수 없는 공간을 탄생시키는데, 그 공간은 우선 마나라는 국지적인 존재로 드러나고 그 다음에는 일종의 초월적인 실용주의 철학이 개입하게 된다. 존재론적인 힘의 분배는 강렬하고 역동적인 공간에서 성화된 힘의 더 엄격한 구조에 부합하는 제의 공간으로의 이동을 가능하게 해준다. 일상적인 업무를 행하는 인간 활동의 장소와 성스러운 것이 모이고 집중되어 주변으로 확산되는 장소 사이의 분할이 다소 명료하게 일어난다. 이러한 특권 받은 입지에서, 즉 마나의 영향을 위해 강요된 이동 지점에서 인간은 세계의 적절한 운행에 필연적인 제의, 기도, 희생과 속죄를 달성하게 될 것이다. 이와 같이 성스러운 장소라는 개념은 인간 거주지의 상대적인 탈신성화(脫神性化)에 부합한다. 공동의 주거 한가운데에서 탁월한 부분을 신(神)들의 몫으로 나눠주면서 인간은, 끊임없이 인간생활을 누르는 초자연적인 저당을 거의 면제받은 거주 가능성을 획득한다.

그러므로, 원시인에게서뿐만 아니라 심지어 위대한 고대문명에서도 볼 수 있는 축성된 입지는 전체에 대해 가치를 지니도록 되어 있는 우주 일부분의 형상적인 발전이다. 인간 현실 속에서 두드러져 보이는 한 조각의 공간은 전적으로 신에게 봉사하기 위한 공간으로 기능한다. 거기서 문제는 응축된 우주, 소우주이며, 이 우주는 언덕, 숲, 샘, 바위, 요컨대 제의적인 가치를 지니고 있으며 전통적인 예배가 펼쳐지는 풍경 전체를 포괄한다. 사실 프르지뤼스키Przyluski에 따르면 "나무, 언덕, 돌은 사람들이 때때로 샘, 연못, 도랑을 발견하게 되는 원시적인 성소에 포함되는 것 같다. 이미 오스트레일리아에서는 우리가 알고 있는 가장 오래된 유적emplacement이 될 토템적 중심이 종종 한 무리의 고무나무나 바윗덩어리 하나, 또는 하나의 동굴에 의해 특징지어진다."[66] 그러한 사실의 일반성은 탁월하다. 우리는 그 사실을 중국과 인도차이나 그리고 인도 불교의 스투파stupa에서뿐만 아니라, 성스러운 숲이나 샘이 원시시대의 울타리가 쳐진 땅에 대한 기억을 아

66. Jean Przyluski, 『참여 *La Participation*』, P.U.F., 1940, p. 41.

주 늦게까지 영속시키는 고대시대에서도 찾아볼 수 있다. 칼데아의 오래된 층탑들이나, 지구라트나 바빌론 지역의 '하늘산' 등은 이러한 상징적인 풍경들 중 하나를 높은 테라스로 가져가는데, 그것은 '하늘'의 신들에 대한 선물로 주어진 것이다.[67]

게다가 성스러운 장소는 인간이 선택한 것이 아니라 특별한 계시를 통해 거기에 자신의 존재를 드러낸 신성에 의해 지정된 것이다. 중세의 이야기들 속에는 종종 수도원이나 교회를 건축할 때, 신이나 천사, 성자들이 나타난 것으로 되어 있다. 그러므로 축성된 유적은 인간과 신적인 것의 만남이 이루어지는 탁월한 장소이다. 문화적인 건축이나 교회가 그 다음에 오게 될 것들이다. 하지만 가령 로마시대의 사원templum은 우선 "전조들의 의미를 묻기 위하여 지상과 하늘에 경계지어진 공간의 파편이다. (……) 지상에 위치한 관찰자는 자신을 둘러싸고 있는 일정량의 영역을 이런 식으로 축성하고 난 다음에야 관찰에 착수할 수 있었다."[68] 건축물로서의 사원은 울타리가 쳐진 성스러운 공간(그리스어의 temenos)을 물질화시키고 영속화시키기만 한다. 하지만 성소는 건물 없이도 완전할 수 있다. 한 아프리카 여행자는 다카르에서 멀지 않은 곳에서 "단지 쓰러진 나무 줄기와 울타리 안의 멍석으로만 경계를 표시한 유적으로 이루어진 쿰펜툼Koumpentoum 회교사원"[69]을 묘사하고 있다. 그리고 결국 매일 예배드리기 위해 바닥에 펼쳐놓고 동쪽을 향하도록 되어 있는 회교 여행자의 기도 방석은 휴대하기 쉽고 가장 단순한 형태로 축소된 유적이다.

이와 같이 제의적 공간은 인류학적 공간의 특수화로 나타난다. 성스러운 것은 주변환경에서보다 더 강한 힘을 지닌 채 거기에 집중되어 나타난다.

---

67. 르네 베르틀로René Berthelot, 『아시아의 사고와 우주생물학*La Pensée de l'Asie et l'Astrobiologie*』, Payot, 1949, p. 116.

68. 『신화와 고대 그리스-로마시대의 삽화가 든 사전*Dictionnaire illustré de la Mythologie et Antiquités grecques et romaines*』, Templum 항, Hachette, p. 925.

69. 미셸 레리스Michel Leiris, 『아프리카의 환상*L'Afrique fantôme*』, N.R.F., 성스러운 공간의 개념에 대해서는 엘리아데, 『종교형태론』, Payot, 1949, ch. X., p. 315 이하 참조.

하지만 응축과정은 훨씬 더 멀리까지 나아갈 수 있게 한다. 중대한 힘이 과잉 상태로 존재하는 성스러운 지역에서는 어느 정도 어떤 사물에 훨씬 더 탁월한 미덕으로 덧입힌 채 침전이 일어날 수 있다. 그러므로 성스러운 공간이 구체화된 것인 성스러운 대상은 신적인 힘의 이동 장소를 점점 더 압축시키는 변증법의 귀결로 고도의 효율성을 지닌 마나를 재현한다. 복잡한 예배 중심지인 성스러운 대상의 존재는 오스트레일리아 원주민의 돌이나 숲의 추링가Churinga[18)]로부터 엘레우시스Eleusis[19)]의 신비 속에서 입문자에게 제시되는 대상에 이르기까지 대다수 문명의 성격을 드러내고 있다. 이러한 대상들은 여러 가지 형태를 띨 수 있다. 가장 빈번한 형태 중 하나는 성화된 돌이다. 이는 아주 다양한 문화적 맥락 속에서, 다시 말해 성서의 신석, 켈트 족의 입석, 돌멘, 멘힐, 이집트의 오벨리스크, 그리스의 헤르메스 상, 메카의 카바 신전에 상감되어 있는 이슬람 이전(以前) 유적인 유명한 검은 돌 속에 나타나고 있다. 과거 인도 여행자는 다음과 같은 사실을 특기하고 있다. "영국 당국은 길에 세운 아름다운 이정표들을 보호하기 위해 많은 신경을 써야 했다. 힌두교도들은 밤이면 그 돌을 뽑아서 사원에 갖다 놓고 사람들은 제의 도중에 기름칠을 했다."[70]

게다가 성스러운 돌은 마찬가지로 성스러운 것이 물질화된 것인 다른 제의적 대상과 같은 부류에 속한다. 특히 제단은 예배 공간의 극을 지칭하는 돌과 같은 모습을 나타낸다. 제단에서는 신적인 것과 인간적인 것 사이의 연결이 즉각적으로 확립된다. 사람들이 성스러운 돌과 제단 등과 같은 몇 가지 대응품을 발견했던 델포이[20)]의 옴팔로스는 세상의 '배꼽'과 동일시된다. 이와 같이 제단은 모든 초월적인 방향 설정의 원천인 중심의 상징과 연

18) 오스트레일리아 원주민들이 연주하던 딸랑거리는 악기.
19) 엘레우시스 신비의식의 장소로 유명한 고대 그리스 도시.
70. 한스 헬프리츠Hans Helfritz, 『그림자 없는 국가*Le Pays sans ombre*』, 다델센Dadelsen 역, Grasset, 1937, p. 97.
20) 아폴론 신전이 자리하고 있는 고대 그리스 도시.

관되어 있다. 희생 행위는 제단 위에서 이루어져야 하며, 예배의 제의들은 제단 주위에서 거행된다. 그러므로 사람들은 제단이 신화적 공간의 시발점이라고 할 수 있다.

어떤 해석에 따르면, 성스러운 돌은 또한 원주와 기둥의 기원이었을 것이다.[71] 어쨌든 성스러운 돌은 신적인 것의 도식화 이후 단계에서 조각상을 탄생시킨 것 같다. 입석이나 고대 그리스의 거친 조우넌xoanon[21)], 나무조각 등은 우선 성스러운 사물로서 예배의 대상이다. 나중에 종교적 경험이 진보함에 따라 사람들은 거기서 성스러운 것의 직접적인 현전이 아니라, 신성이나 신격화된 인간의 형상화를 보게 되었는데, 이집트의 조각술이 그 좋은 예이다. 이보다 축소된 형태로는 부적, 성유물, 보석 등이 이와 마찬가지로 성스러운 것을 공간 속에 한정짓고 있다. 엘리아데는 다음과 같이 지적하고 있다. "부적이나 비취, 몸에 지니고 다니는 보석은 그것을 지니고 있는 사람을 항구적으로 그것을 통해 재현된(다시 말해 상징화된) 성스러운 지역으로 투사한다."[72] 그러므로 보석이나 성유물 등은 매순간 주변환경을 성화시킬 수 있는 휴대 가능한 성스러움을 실현한다. 우리는 여기서 공간 속에 성스러운 것이 구현됨으로써 생기는 결말들 중 하나에 도달했다. 성스러운 것은 자연적인 맥락에서 추상적으로 보이며, 가능한 한 모든 새로운 맥락에 적응할 수 있는 것으로 나타난다. 사람들이 몸에 지니고 다니는 이러한 성스러운 것과는 반대로, 순례 행위는 정해진 장소에 뿌리내리고 있어서 현장으로 찾으러 가야 하는 성스러움을 나타낸다. 성스러운 장소라는 개념은, 원시공동체의 틀을 깨뜨리고 전세계 곳곳으로 흩어져 먼 곳으로 확산된 종교 속에

---

71. 성스러운 돌은 또한 신의 지지나, 옥좌라고 하는 왕권의 상징과 연결되어 있는데, 이 상징은 자신 속에 권력의 성스러운 미덕을 집중화하고 있다(J. Auboyer, 『고대 인도의 왕좌와 그 상징체계 *Le Trône et son symbolisme dans l'Inde ancienne*』, P.U.F., 1950 참조). 스콘의 성스러운 돌이나 웨스트민스터 사원의 왕좌에 끼여 있던 왕관 장식판의 재난들은 우리 현대인들 사이에서 어떤 양상의 신화적인 의식이 보여주는 집요함을 폭넓게 밝혀주었다.

21) 고대 그리스의 원시적 목조 신상(木彫神像).

72. 엘리아데, 『종교형태론』, p. 381.

서 특별히 이러한 의미를 띠고 나타난다. 신자는 신이 내린 최초의 계시가 지속적으로 지탱하고 있는 미덕의 혜택을 입기 위해 최초의 원천으로 돌아오게 된다. 회교도가 메카로 향하거나 힌두교도가 갠지스 강으로 향하는 것처럼, 기독교도는 예루살렘으로 향한다. 멀리서 그것을 찾으러 온 모든 사람들에게 접촉을 통해 효능이 전달되는 그토록 많은 탁월한 성스러운 유적이 존재하게 된다. 제의적인 공간은 전 대륙에 걸쳐서 펼쳐질 수 있었으며, 그럼에도 여전히 특수한 지리와 중심을 지니고 있다.

이와 같이 제의적인 공간은 인류학적인 공간의 한가운데에서 성스러움이 응축되어 있는 지대로 두드러지고 전문화된다. 물론 성스러운 유적은 그 힘을 주변으로 전파하지만, 그것은 대립과 배제를 통하여 구축된다. 응축의 리듬에 확산이라는 반대의 리듬이 대립되어 나타나는 것이다. 사실 성스러운 것과 세속적인 것, 순수와 불순의 범주는 너무 급작스런 이분법을 실현한다. 신화적 의식은 자신이 담당하고 있는 범위의 전반적인 재현을 필요로 한다. 인간 현실 전체를 공간 속에서 나누고 분류해야 하며, 공동체의 모든 것을 어느 정도 공간 속에 각인시켜야 한다. 바로 여기서 우주 창조론적인 자연이라는 새로운 확장 공간이 생기는 것이다. 인간 집단은 그 속에서 자신의 세계 내적 존재의 총체적인 의미를 해독하게 된다.

여기서 드러나는 필연성은 인간 현실 전체를 배열하기 위한 것이다. 추상적인 구조가 불가능한 사고의 경우, 사물 속에 연루되어 있고, 사물 자체와 일치하는 명료함만이 존재할 수 있다. 지성의 최초 영역은 글자 그대로 풍경의 영역이며, 최초의 변증법은 최초의 우주 창조론이다. 우리는 여기서 성스러움이라는 것이 우주의 모든 가능한 의미의 원천이라는 생각을 재발견하게 된다. 이렇게 해서 제의적인 공간은 세속적인 것 밖에서 신성의 분리를 축성하는 것이 아니다. 또한 공동체의 생활 공간은 전체적으로 예배의 영역으로 나타난다. 성스러운 유적이라는 개념은 희생의 장소로 한정되는 것이 아니다. 또한 반 데르 레위가 지적하는 것처럼, 그러한 유적은 "넓은 세계 속에 존재하는 정지점"을 가리키고 있다. 달리 말하자면, "일반적으로 공간의 한 부분은 진정한 '부분'이나 파편이 아니라 하나의 장소이며, 인간이 거기에 자리잡고 거기에 집착한다는 사실로 인해 유적이 되는 것이다."[73] 그런데 인간의 현존은 항상 성스러운 것의 현존과 존재론적인 호칭을 지니고 있다. 반 데르 레위의 정확한 지적에 따르면, "힘의 영향이 인간에 의해 재생산되고 새로워질 때 유적이 되는 장소는 성스러운 공간이다. 그것은 예배의 유적이다. 이러한 유적이 집이 되든, 사원이 되든 그것은 중요하지 않다. 왜냐하면 가정생활이란 노동, 식사, 정화 등과 같은 규칙적인 흐름 속에서 항상 반복되는 기념이기 때문이다."[74] 게다가 사람들은 고대에 가정에서 행해지던 예배의 중요성을 알고 있는데, 그러한 예배를 통해 가정생활 전체가 기념의 형상을 취하고 있었던 것이다.

이처럼 우리가 공동체적 예배 장소라고 규정한 제의적 공간은 무한히 증가한다. 각각의 가정은 제단이나 예배의 중심으로 나타난다. 그렇기 때문에 인간 환경은 다소간 서로 독자적으로 존재하며 각각 자신의 고유한 특성을 갖게 되는 자그마한 제의적 공간의 병렬된 세포조직으로 이루어져 있는 것처럼 보인다. 하지만 병렬되어 나타나는 이러한 영역들은 전체의 리듬을 따른다. 이 영역들은 자신들이 다소 광범위한 규모로 구현해내는 우주 구조 자체 내에서 공동의 척도를 갖는다. 엘리아데에 따르면, "모든 도시와 주거지는 '우주의 중심'에 위치한다. 그러므로 모든 건축은 세속적인 시간과 공간을 폐지하고 성스러운 시간과 공간을 설립함으로써만 가능하다. 도시가 항상 세계상imago mundi인 것처럼 집 또한 소우주이다. 문턱은 두 개의 공간을 분리한다. 난로는 세계의 중심과 동일시된다." 이와 같이 엘리아데는 원시인의 집 구조 자체에서 집을 '우주의 대응물'[75]로 만드는 이러한 특성을 재발견하게 된다.

---

73. 반 데르 레위, 『종교의 본질과 표현 *La Religion dans son essence et ses manifestations*』, p. 384.
74. 같은 곳.
75. 엘리아데, 『종교형태론』, p. 324.

하지만 이런 조건 속에서 사회적인 주거 형태 자체, 다시 말해 마을, 도시는 성벽이나 울타리, 정문의 문턱, 난로, 제단을 지닌 확장된 집을 형상화하고 있다. 이렇게 해서 일종의 형상적인 상응관계가 설정되는데, 그것은 소우주 전체로 확산된다. 우주는 서로 겹쳐 있지만 그 구조는 항상 동일한 동심원적 지평의 연속으로 나타난다. 구조의 동일함은 그 의도가 항상 동일하게 인간 현실의 확산을 보장하는 데 머물러 있기 때문이다. 도시의 형상화 자체는 훨씬 더 광대한 형상화 속에, 다시 말해 우주를 비롯한 모든 사유의 폭 자체의 경계를 결정하는 궁극적인 지평 속에 나타난다.

뒤르켕과 모스는 원시인에게 고유한 존재론적 지리학이라는 개념을 강조하고 있다. 그들은 「몇몇 원시적인 분류 형태에 대하여」(1903)라는 논문에서 사회 집단의 구조와 조화로운 관계 속에서 현실 전체를 분배하는 예를 보여주었다. 커싱[21]이 연구한 멕시코의 주니 족Zuñis에게 "태양, 달, 별, 하늘, 대지, 바다와 이들을 이루고 있는 모든 요소인 식물, 동물, 인간뿐만 아니라 무생물은 분류되어 있으며, 명칭이 부여되어 어떤 한정된 위치에 할당되어 있다. 이들은 모두 하나의 체계 속에 들어가 있는데, 그 체계는 독특한 연대관계를 지니고 있으며, 그 모든 부분들이 유사관계에 따라 정돈되어 있고 서로 주종관계를 형성하고 있다."[76] 세상의 폭, 그 다양한 방향, 거기에 포함된 존재와 사물은 일곱 개의 지역으로 나뉘어 있는데, 이 지역들 자체는 각 부족의 무리와 부합한다. 그러므로 인간의 무리짓기는 자연에 대한 지식의 총체와 그 철학을 표현한다. 뒤르켕과 모스는 여기서 섭리에 의한 사회적 인위주의의 결과를 보려는 경향이 있다. 그들에게 집단의식은 초월적인 의식의 차원으로까지 올라간다. 실존적인 것에서 사회적인 것으로의 환원은 매우 가설적인 것처럼 보인다. 정치 구조의 우월함이 전혀 부과되지 않는 것 같다. 우리가 확인할 수 있는 것은, 구조들 간의 상응과 그 구조들

---

21) Harvey Williams Cushing(1869~1939): 미국의 신경외과 의사.

76. 뒤르켕과 모스, 「몇몇 원시적인 분류 형태에 대하여De quelques formes primitives de classification」, 『사회학지*Année sociologique*』, VI, Alcan, 1903, p. 35.

모두에게 생기를 불어넣는 동일한 전체적 의도이다. 뒤르켐이 말한 것과 같은 사실들 또는 그와 유사한 사실들을 다시 취하면서 자크 수텔이 말하는 바와 같이, "멕시코인의 우주론적인 사고를 특징짓는 것은 바로 전통적인 방식으로 결합된 이미지들의 지속적인 연합이다. 세계는 서로를 반영하는 상징체계이다. 색채, 시간, 방향이 설정된 공간, 별, 신, 역사적인 현상들은 서로 소통한다. 우리는 '이성의 기나긴 고리' 앞에 있는 것이 아니라, 매순간 모든 것들의 상호연루 상태 앞에 존재한다." 하지만 이러한 이미지의 총체 속에는 내적인 통일성이 존재한다. "그러한 이미지들의 총체를 공들여 만들어낸 국민들의 전통적인 태도들의 융합이 이루어진다. 그 태도들이란 경험에 기초한 합리적인 반성이 아니라, 신화와 제의 속에 코드화되어 있는 감성적이고 다정스런 태도들이다. 우주에 대한 멕시코인의 이미지는 멕시코 국민과 조화를 이루고 있다. 즉 세계의 이미지가 반영하는 것은 세계가 아니라 멕시코 국민이다."[77] 전혀 다른 문화적 맥락 속에서, 또는 거대한 제국의 기준에서 중국인의 사고 ― 마르셀 그라네[22)]는 이에 대한 훌륭한 연구를 남겼다 ― 는 인간 현실을 전체적으로 철저히 규명하려는 분배 질서에 따라 공간과 시간, 수, 어휘, 존재와 사물의 융합을 제공한다.[78]

그러므로 이러한 우주론적인 조망 속에서 생활 공간과 정신 공간 사이의 일치가 이루어지게 된다. 있는 그대로의 보편성이란 즉각적인 우주의 기준으로 환원된다. 나머지는 의미가 없기 때문에 비존재로 치부된다. 세계 내에서의 인간 최초의 입지는 여전히 육체적이고 정신적인 가능성을 따른다.

이 점에 대해서, 원시공동체가 지니고 있는 속성, 다시 말해 자신의 우주를 가지고 다닐 수 있으며 비록 자리를 옮긴다고 해도 자신의 시간과 공간을 다른 곳에 위치시킬 수 있다는 속성보다 더 의미심장한 것은 없다. 뒤르

77. Jacques Soustelle, 『고대 멕시코인의 우주론적인 사유*La Pensée cosmologique des anciens Mexicains*』, Hermann, 1940, p. 9.

22) Marcel Granet(1775~1849): 프랑스의 중국학자.

78. 마르셀 그라네, 『중국인의 사고*La Pensée chinoise*』, Renaissance du Livre, 1934 참조.

켕과 모스가 보여주고 있는 것처럼 수 오마하 족Sioux Omahas의 숙영지는 환형(環形)으로 나타난다. 각각의 부족과 무리는 환형 속에서 자신의 자리를 차지하게 된다. 그 방향 설정은 중심과의 관련 속에서 정해지며, 공간의 분배는 각각의 방향에 고유한 우주론적인 소속 분할을 포함한다. 이와 같이 모든 것은 종족과 더불어 이동하며, 숙영지를 바꿀 때마다 그 자격을 새롭게 부여하는 새로운 영역 위에 나타나게 된다. "원시인에게 자신의 부족이 전 인류인 것과 마찬가지로, (……) 숙영지라는 관념은 세계라는 관념과 혼동되고 있다. 숙영지는 우주의 중심이며, 전 우주가 그 숙영지에 축소되어 있다."[79] 원시인의 우주에서 중심은 인간이 자신의 초월성을 확인하는 모든 곳에 존재하며, 주변 지역은 어느 곳에도 없다. 집이나 도시나 국가의 모든 토대 확립은 현실을 카오스 상태에서 코스모스 상태로 나아가게 하는 신적인 행동의 반복이다.[80] 고대의 식민지 개발은 우리를 새로운 땅에 인간 의도를 투여하는 행위에 참석시킨다. 식민지 개척자들은 자신의 공간을 다른 곳에 끼워넣고, 새롭게 만들어진 풍경 속에서 조국을 재발견하고 그것을 불러일으키기 위해 자신의 공간을 가져오는 것이다. 이와 마찬가지로 엄격하게 규정된 구조와 제단, 성화된 유적과 공간의 제의적 분할을 보여주는 로마 군단의 숙영지는, 우주의 한쪽 끝에서 다른쪽 끝에 이르기까지, 소아시아에서 모로코까지, 이집트에서 영국이나 독일에 이르기까지, 군대가 주둔하는 곳마다 다시 창조된 도시 풍경을 우리에게 보여준다. 숙영지는 자주 새로운 도시나 새로운 라틴 문화권의 실질적인 통치 중심지가 되는 것이다.

그러므로 신화적 공간은 마나의 지리학적인 투자로 정의될 수 있을 것이다. 인간의 발이 닿는 곳에는 우주적인 전례로 펼쳐지는 활동의 초월적 지평을 이루는 성스러운 것의 뿌리내리기를 통해 세계 창조가 이루어진다. 인간은 우주의 계획을 지니고 다니는데, 이러한 계획에 따라 인간은 환경을

79. 뒤르켕과 모스, 앞의 논문, p. 64.
80. 엘리아데, 『영원회귀의 신화』, N.R.F., 1949, p. 27.

해독하게 된다. 이 계획은 완전하고도 솔직하게 세계 내적 존재의 가능한 의미의 구현으로 정의된다. 현대인의 우주는 적어도 역사학, 지리학, 천문학, 생리학, 물리학의 몇몇 토대를 알고 있는 의식이 행하는 다소 대립적인 징표에 따라 팽창되었다. 신화적 의식은, 훨씬 더 단순하게 그리고 딴 생각 없이, 우주에 대한 의식이며 현실 전체에 대한 인간적인 징표이다. 신화적 의식에서 세계 전체는 존재론적인 '대공간Grand Espace'으로 드러나는데, 모든 개별적인 유적, 모든 공간의 정당화와 인정이 그 공간으로 향하게 된다. 그것은 신화의 대공간으로 존재 내에서의 방향 설정의 원칙이다. 그 공간은 의미와 가치가 팽창하는 의식에 정확히 비례하여 확립되기 때문이다.

B) 신화적 시간

세계 내에 존재한다는 것은 시간 속에 존재한다는 것이다. 우리에게 시간은 과거와 미래의 지평 사이에 존재하는 '현재'의 연속으로 드러난다. 이처럼 시간의식은 인간적 모험의 전개와 연결되어 나타나는데, 이 시간의식은 인간적 모험의 의미, 진보나 실패를 포착하도록 해준다. 현대인의 사유는 시간의 징표 아래서 인간 존재의 자기 일치를 규명하고, 더 독창적으로 보이는 데 많은 관심을 기울이고 있다. 베르그송은 동질성과 논쟁적 명료함의 요소인 과학정신의 오염을 통해 공간화된 시간에 대항해왔다. 그리고 현상학 또한 끈기 있게 이러한 시도를 해왔다. 이러한 반응과 시도는 우리에게 '사물 그 자체'로의 귀환, 또는 수백 년간의 나쁜 습관에 의해 변형된 가장 천진난만한 경험으로의 귀환으로 나타난다.

그러므로 원시인의 경험은 반증과 검증 구실을 할 수 있었다. 원시인의 시간은 과학과 축적된 문화를 변형시키는 개입 이전에 우리에게 나타난다. 그 어떤 것도 시간이 우리에게 원초적인 현실의 비밀을 드러내는 것을 가로막지 못한다. 그런데, 여기서는 사실들이 예상을 부인하는 것처럼 보인다. 가령 사람들은 피에르 자네[23]가 시간감각의 형성을 사회에서의 실존 탓으로 돌리고 있다는 것을 알고 있다. 자네의 가정에 따르면, 보초를 서는 원시인은 부족의 다른 사람들에게 자신이 관찰한 것을 보고해야 한다. 이처럼 보고서나 이야기는 기억의 원천에 존재하고 있다.[81] 오늘날 우리는 피에르 자네의 약간은 공중에 뜬 '사고 경험'과, 레나르트가 『도 카모』에서 제시하는 대로 카나카인의 시간의식의 구체적인 현상학을 비교할 수 있다.

그런데 레나르트에 따르면, 시간에 대한 원시인의 의식을 특징짓는 것은 본래 시간의 결핍과 빈약함, 거의 전적인 유연성 부족이다. 자네가 상상했던 예를 재발견하면서, 레나르트는 원주민이 자신의 역사를 이야기할 때 처하게 되는 극단적인 어려움을 강조하고 있다. 이야기는 극복할 수 없는 어려움을 제시한다. "왜냐하면 원주민은 정신을 청중 앞에 두고는 그 이야기를 말할 수 없기 때문이다. 언어에서도, 그는 이야기가 실제로 펼쳐지고 있는 장소 자체로 이동해야 한다. 그는 저 먼 곳에 있는 중심에 위치한다."[82] 이야기는 여기와 저기, 현재와 과거 사이의 일종의 배가 현상을 함축한다. 이야기는 이중의 지속적인 지시 대상을 요구하는데, 카나카인은 그 복잡성 때문에 아주 당혹스러워한다. "카나카인은 스스로 부정확함을 느끼며, 이야기가 진행되는 지리적인 영역 속에서 실제로 방향을 상실해버린다. 그는 전설이 움직이고 있는 공간으로 이동할 수도 없고, 하물며 자신의 청중들을 데리고 가지도 못하며, 그에게는 더이상 전설이 존재하지 않는다. 전설상의 아주 사소한 이야기라도 진정한 정신훈련을 요한다."[83]

민족학의 분석은 시간을 거슬러올라가는 기계이며 세계 내적 현존을 증대시키는 수단인 기억의 역설을 매우 인상적인 방법으로 밝혀주고 있다. 하지만 여전히 거친 상태에 있는 원시인의 정신 구조는 원시인으로 하여금 이

23) Pierre Janet(1859~1947): 프랑스의 신경학자, 심리학자.

81. 피에르 자네, 『기억의 진화와 시간의 개념 *L'Evolution de la Mémoire et la Notion de Temps*』, 1928, p. 349.

82. 레나르트, 『도 카모. 멜라네시아 세계에서의 인간과 신화』, N.R.F., 1937. p. 109.

83. 같은 책, p. 110.

러한 편재성의 선물을 누리도록 해주지 않는다. 원시인에게 세계 내적 현존은 분리될 수 없다. 그 결과 원시인은 육체적으로 한 장소에 현존할 수 없으며, 자신의 정신과 사고조차 다른 장소로 옮겨갈 수 없다. 그 장소 또한 자신의 완전한 존재를 요구하기 때문이다.

바로 이것이 카나카인의 시간 영역이 아주 제한된 지평을 제시하는 이유이다. "그들이 움직이고 있는 시간은, 자신들이 경험하고 인식할 수 있는 지평을 넘어서지 않는다."[84] 그러므로 우리는 여기서 심층적인 배열 없이 단기간의 시간과 관련된다. 가령 증조부가 여전히 살아서 자신의 증손자의 형으로 간주된다.[85] 여기서 인간 존재의 정상적인 시간은 극복되기 때문에 원시인은 더이상 합당한 표현을 찾아낼 수 없으며, 외모의 차이에도 불구하고 어린아이와 노인을 나란히 세워놓고 어떻게 보면 원점으로 다시 돌아가게 된다.

이처럼 유한성과 원시적 시공간의 만곡 같은 것은 지속의 연장에 부과된 한계 속에서 드러나고 있다. 사실, 역사적인 사건들은 심지어 아주 최근 것조차도 재빨리 잊혀져버린다. 역사적인 사건들은 사람들이 더이상 전설과 역사를 분간하지 못하게 되는 신화적 지평의 안개 속에서 용해되는 것이다. 뉴칼레도니아 지역에 백인이 발을 들여놓은 지 150년 후 원주민은 섬생활에 그토록 결정적인 변화를 가져왔던 사건을 기억하지 못하고 있다. "이러한 사건은 현재의 인간 경험에 속한 것이 아니다. 그것은 다른 사람과 다른 시대와 관련되어 있다." 이런 맥락에서 레나르트는 다음과 같이 밝히고 있다. "백인이 섬으로 들어온 것과 같은 중대한 사건에 대해서, 나는 엄밀한 의미에서의 역사적 자료는 전혀 수집하지 못했으며 다만 전설만을 수집할 수 있었다."[86]

그러므로 이러한 시간의식의 구조는 알갱이 형태로 나타난다. 즉 전체적

84. 같은 책, p. 113.
85. 같은 책, p. 114.
86. 같은 책, pp. 114~115.

인 시간은 존재하지 않고 단지 개별적인 시간들만이 존재할 뿐이다. "사건과 원주민 사이의 각각의 관계에 특별한 지속이 대응한다. 그리하여 원주민이 거쳐가는 각각의 사건은 자기 고유의 시간을 갖는다. (……) 이러한 시간들은 직선의 연속에서처럼 서로 이어져 있지 않다. 그 시간들은 병렬되어 있으며, 원주민은 어떤 시간, 혹은 다른 시간에, 혹은 한꺼번에 여러 곳에 존재한다."[87] 시간의 영역은 마치 세포조직과도 같이 전체적인 조직화가 연결시키지 않은 작은 '공간적이고 신화적인' 영역들의 축적으로 구성되어 나타난다. 공통분모를 통해 명료성이라는 규범이 전체적인 체험 속에 부과되는 시간의 질서란 존재하지 않는다. 시간을 헤아리는 지적 수단은 기술적 수단만큼이나 투박하다. 시계도 없고 양을 나타내는 언어도 없다. 지속은 가령 눈 깜박거림이나 번개, 횃불이 다 타버리는 데 걸리는 시간과 같은 이미지들에 의해 상징적으로 가늠된다. 레나르트의 지적에 따르면, 가령 달은 해가 지고 난 뒤 두세 개의 횃불이 타고 난 다음에 뜬다라는 식이다.[88]

그러므로 이러한 사고와 행동 양식의 총체는 모든 추상적인 조작이 불가능하다는 사실을 증명해주고 있다. 어떤 지표로서의 시간은 연대기적인 지시 대상에 의해 표시된 시간과 구분되지 않는다. 날짜는 현실과 한몸을 이루고 있다. 반 데르 레위가 말하고 있는 것처럼 "호라hora라는 단어는 처음에는 천문학적인 시간을 가리키는 것이 아니라 살아 있는 인간, 손에 과일과 꽃을 쥐고 와서 풍부한 수확을 선사한 여신을 가리켰다." 게다가 우호적인 순간, 현실의 어떤 양상에 고유한 시간을 지칭하는 그리스어의 Καιρός라는 개념의 의미 또한 이러하다. 반 데르 레위는 다음과 같이 덧붙이고 있다. "원시적 의미에서 시간이라는 단어는 그 흐름이 가장 강력한 곳에서의 사건들의 흐름이다."[89]

그러므로 원시인의 시간 인식은, 현상학자가 범주적 행동이라고 부르는

87. 같은 책, p. 116.
88. 같은 책, p. 106.
89. 반 데르 레위, 『원시인과 종교』, p. 99.

것의 비실존, 다시 말해 추상적인 방향 설정의 가능성을 드러낸다. 시간의 이러한 구체적 구조는 사건과 유착되어 있어 개성의 유사 구조와 대응한다. 사실 시간의 이미지에서 이러한 개성의 유사 구조는 영원히 자기 자신에게서 벗어나 있거나 탈중심화된 것으로 나타난다. 그 구조는 도처에 주변을 지니고 있지만, 어디에도 중심을 지니고 있지 못하다. 그것은 자신을 제외한 모든 것에 집착하며, 분산 상태로 드러난다.

여기서 거의 통합되어 있지 않으면서 본질적인 가능성 속에 마비된 채 드러나고 있는 개성의 실질적인 실존이 어떻게 가능한가라는 의문이 제기된다. 사실 시간의 조직화가 있기는 하지만, 그것은 고립된 개인의 차원에서 실현되지 않는다. 원시적 실존 속에서 시간의 조직화는 계산 단위가 아니다. 시간은 어떤 유일자나 개인의 것이 아닌 만인의 시간이다. 원시인의 삶은 일체적인 삶이다. 그 삶이 충만하게 실현되는 것은 집단의 공유 속에서이다. 레나르트에 따르면, 이렇게 해서 날짜를 헤아리기 위해 다섯 손가락을 사용하게 되었다. "카나카인의 정신 속에서 다섯 손가락으로 헤아려지는 이러한 묶음은 하나의 덩어리를 이루는데, 이 덩어리는 두 개의 조작 사이에 고정되어 있다. 즉 5일 묶음의 시작에 사제는 희생제의를 드리고, 5일 묶음이 끝날 무렵이면 부족민은 춤을 추거나 목욕을 한다." [90]

이 텍스트는 공동체적 실존을 구획지으면서 객관적인 시간의 현실성을 분명히 밝혀주고 있다. 더 정확히 말하자면, 이것은 집단적인 표명의 프로그램이 새겨질 공허한 틀의 문제가 아니다. 시간은 사회적인 생성 그 자체와 동일시된다. 이렇게 해서 레나르트는 "카나카인이 시간을 포착할 수 없다는 사실" [91]을 드러내고 있다. 그와 동시에 그는 아무런 모순 없이, 다른 한편으로 "멜라네시아 사람들에게 시간 관념과 존재 관념은 서로 구분되어 나타나지 않는다" [92]는 사실을 강조할 수 있었다. 두 개의 단언은 상호보완

90. 『도 카모』, p. 106.
91. 같은 책, p. 111.
92. 같은 책, p. 118.

관계에 있다. 추상적이고 범주적인 시간의 빈곤함은 신화의 존재론적 현실에 기초한 실존의 초월적인 닻내리기에 의해 보완된다. 원시인이 시간 속에서 방향을 잡지 못하고 있다고 말할 것이 아니라 차라리 초월적 방향 설정, 혹은 절대적인 방향 설정이라고 말해야 할 것이다. 개인적 시간은 존재하지 않거나 태아 상태 혹은 일관성 없는 상태로 남아 있다. 하지만 작은 개인적 시간은, 날짜 흐름의 토대 확립과 정당화라고 하는 신화적 대시간Grand Temps 속에 통합되고 흡수된다.

이처럼 시간이 현실성을 띠게 되는 것은 공동체적 차원에서뿐이다. 하지만 전체적으로 볼 때, 대시간은 시간 측정과 연대기의 추상적인 원칙으로 드러나는 것은 아니다. 그 시간은 글자 그대로 현실의 의미로, 다시 말해 현실이 전개되는 영역인 동시에 그 실체로 나타나고 있다. 마나는 전체적인 의도이며 전체성의 형태이다. 공간과 마찬가지로 시간도 분산 요소를 도입한다. 성스러운 것의 통일성과 실존의 분산 사이에 존재하는 일종의 중개, 혹은 도식화의 필연성이 나오게 되는 것은 바로 여기서이다.

시간 속에 팽창되어 나타나는 성스러운 것을 온갖 형태로 제시하는 달력의 기능이 이런 것이다. 위베르와 모스에 따르면, 달력체계의 보편적인 존재는 "종교적인 행동이 시간 속으로 분산되는 것을 주도하는 특수한 리듬의 필요성을 증명해준다."[93] 그러므로 달력의 매개 기능은 적어도 이중적이다. 즉 그것은 성스러움에 대한 표현 수단이기도 하지만, 일종의 예방적인 기능을 지니고 있다. 그리하여 그것은 불길한 영향에 대항해서뿐만 아니라, 성스러운 것 자체에 대항해서 인간적인 질서의 유지를 보장해준다. 달력은 일종의 변압기로서 마나가 지닌 과도한 긴장을 인간적인 가능성의 차원으로 환원해준다. 이렇게 해서 "나눌 수 있는 시간과 시간 속에 연이어 나타나는 공동의 성스러운 것의 대립"[94]이 해결되는 것이다. 퓌스텔 드 쿨랑주[24)]는,

---

93. 위베르와 모스, 「종교와 주술 속에 나타난 시간의 재현에 관한 개론적 연구」, 『종교사론집』, Alcan, 1909, p. 195.
94. 같은 책, p. 196.

예의 그 통찰력으로 로마시대 달력의 의미를 다음과 같이 명확히 해주고 있다. "달력이란 종교적인 축제의 연속에 다름아니다. 달력은 사제에 의해 확립되었다. 로마에서는 오래도록 그것을 문자로 기록하지 않고 지냈다. 즉 매달 초하룻날 주교는 희생제의를 드린 후 사람들을 소집해서 그 달에 어떤 축제가 벌어질지 말해주었다. 이러한 소집을 칼라티오Calatio라고 불렀는데, 여기서 사람들이 이날에 부여하는 칼렌데스Calendes라는 말이 생겼다. 달력은 달의 흐름에 의해 조절되는 것도, 태양의 분명한 흐름에 의해 조절되는 것도 아니었다. 그것은 다만 종교적인 법칙, 즉 사제만이 아는 신비한 법칙에 의해서만 조절되었다. 때때로 종교적인 이유 때문에 일 년이 단축되기도 했으며 길어지기도 했다. (……) 어떤 도시의 달력이 이웃한 다른 도시의 달력과 전혀 맞지 않을 때도 있었다. 그것은 그들 사이의 종교나 신이 서로 달라서 그들을 위해 여는 축제가 달랐기 때문이다. (……)"[95]

신화적인 시간의 여러 가지 특성은 여기에 기인한다. 그것은 단지 인간적인 가능성에 주어진 텅 빈 틀이 아니다. 대시간이란 사물들의 전개에 부과되는 초월적인 징표이다. 신화적인 시간은 불가분하게도 용어의 조절적이고 명령적인 의미에서 질서의 가치를 지니고 있다. 신화적인 시간은 인간에게 성스러운 것에 대한 일련의 의무, 우호적이거나 그렇지 못한 시간의 연속적인 개입, 허락과 금지를 의미한다. 축제, 기념식, 희생제의는 많은 열림들로서 '대시간'은 그것을 통하여 인간 현실 속으로 들어와 그 현실을 변모시킨다. 달력은 제의와 규칙의 연속과 한몸을 이루고 있다. 그러므로 우리가 알고 있는 다소 동질적이고 양으로 표현된 시간과 대립되는 신화적인 시간은 질적인 시간, 다시 말해 위베르와 모스가 말한 대로, "시간의 특성에 관한 코드"이다. 이들은 아주 적절하게 다음과 같은 사실을 지적하고 있다. 즉 "최초의 달력은 날마다 주술적이고 종교적인 예측과 처방을 기록하는 연

24) Fustel de Coulanges(1830~1889): 프랑스의 역사가. 그리스와 로마를 비교 연구하는 『고대 도시』를 저술했다.

95. 『고대 도시*La Cité antique*』, Flammarion, coll. Champs, p. 185.

감이다."[96] 이와 같이 시간은 구체적이고 충만한 시대의 불연속적인 지속으로 나타나게 되는데, 선험적으로 확립된 일종의 조화에 의해 개입하도록 부름받은 사건과 한몸을 이루고 있으며, 결정적으로 주어진 존재론적인 요청에 따라 끊임없이 인간의 일과 모험을 조절하고 있다.

제의적인 시간은 어떤 정해진 질서에 따라 동일한 연속적 시대를 가져다주는 성격을 띤다. 그 순간들은 선조적인 축을 따라 연속적으로 이어지는 것이 아니다. 달력은 주기적인, 다시 말해 순환적인 구조를 지니고 있다. 그것은 부단히 자기 자신으로 되돌아오며, 달력에 예시되어 있는 제의적인 사건은 이미 이루어졌거나 다시 일어나게 된다. 신화적인 세계는 무한한 지평을 가진다. 다시 말해 일단 그 가능성이 고갈된다고 해도 그와 유사한 내용을 가진 채 다시 나타나게 된다. 여기서 존재론은 우주의 리듬 자체 속에서 자신의 상징을 발견하게 된다. 그러나 여기서는 별의 순환로나 식물 생장주기 등과 같은 경험적인 현상이 결정적인 역할을 하지 않는 듯하고, 시간 인식을 외부에서 규정짓는 것 같지는 않다. 그것보다는 차라리 세계 내적 존재가 원초적으로 원시인이 그것을 매개로 해서 모든 인간 현실의 굴곡을 포착하게 되는 순환 구조를 제시한 것으로 보인다.

사실 존재의 순환적인 형태는 단지 다양성의 요소만은 아니다. 그것은 동시에, 그리고 그보다 훨씬 더 나아가 통일성의 요소이다. 시간이란 순환적인 것이고 닫힌 것으로서 '하나l'un'의 기준과 의도를 '여럿le multiple' 속에서 확인하는 것이다. 존재론적인 일원론은 재현의 경험론에 앞선다. 인식의 온갖 노력은 단지 외적인 정보만을 기록하는 대신에 외양을 부정하는 것을 목표로 하고 있는 것처럼 보인다. 이러한 외양들은 특히 존재와 시간의 흐름과 모든 사물들의 노화를 보여준다. 그러나 신화적인 시간은 소멸의 시간이 아니다. 반대로 그 시간은 보존하고 반복한다. 결국 인간적 시간이 그 속에 다시 삽입되는 대시간은 경험의 부인에도 불구하고 존재론적인 충만

96. 위베르와 모스, 앞의 논문, p. 29.

함을 보호한다.

연대기 속의 매년은 고유한 연도를 지니고 있어서 역사 속에서 독특한 계수로서 그 연대기와 관계를 맺고 있다. 이와 반대로 신화적인 시간은 동일한 사건과 유사한 계절에 따른 동일한 축제의 연속이다. 기독교력의 성스러운 시간은 대림절, 성탄절, 수난절, 성령강림절 등과 같은 움직일 수 없는 질서에 따라 신자의 실존을 양식화한다. 그 안에 인간의 역사가 그 돌연함과 위험과 더불어 축소되어 있다. 아니 차라리 달력은 그 접합을 재생산하고 있는 초월적인 역사에 따라 승화된 것이다.

그러므로 모든 달력은 자신이 각인되어 있는 신화적이고 문화적인 맥락과 분리되어 나타나는 제의적 가치를 지니고 있다. 신의 죽음과 부활, 도시의 설립, 전설과 전통은 일 년 중 어떤 날을 신화적인 요청에 따라 위치시키며, '대시간'과의 관련 속에서 그 방향을 설정한다. 결국 이렇게 해서 신화적인 시간은 인간 존재의 다양성을 환원시키는 거대한 정체성의 원칙 역할을 하고 있다. 인도 문명이나 기독교 문명과 같은 고등문화 속에서는 유사한 환원의 놀이가 더 멀리까지 나아갈 수 있다. 기독교력의 부활절은 그리스도의 희생과 부활을 기념한다. 그런데 매주 '주일'은 동일한 추도의 기능을 한다. "'주일'과 '부활절'의 관계는 일 주일과 한 해의 관계와 같으며, 한 해가 시간의 흐름 전체를 재현하는 것과 마찬가지로 일 주일 역시 그러하다.[97] 성스러운 예배는 심지어 사람들이 24시간으로 나뉜 드라마를 끊임없이 재현했던 고대 이집트의 오시리스 제의 속으로 축소될 수 있다.[98]

결국 '하나'의 상징체계가 전체의 현존과 서명을 부분 속에서 부단히 재현한다. 위베르와 모스는 이성의 도식과 신기할 정도의 유사성을 보여주고 있는 동질성의 논리를 힘주어 표현하고 있다. 이에 대해 마이어슨[25)]은 다음

---

97. 같은 논문, p. 206.
98. 뒤메질, 「시간과 신화Temps et Mythes」, 『철학적 탐구*Recherches philosophiques*』, V, 1935~1936, p. 238.
25) Emile Meyerson(1859~1933): 폴란드 출신의 프랑스 철학자.

과 같이 정의하고 있다. "가능한 한 모든 등가성이 문제될 경우, 시간은 결국 일련의 동일한 가치를 지닌 점들로 제시된다. 그런데 이 점들은 이들을 분리시키고 있는 간격들과 동일한 가치를 지니는데, 이 간격들 또한 서로 동일한 가치를 지닌다. 또한 시간은 똑같이 위대한 것이 아닌 부분들의 연속으로 제시된다. 이 부분들은 서로 감싸고 있으며 마찬가지로 동일한 가치를 지니는 것으로 각각의 시점과 시대는 전체를 위해서 서로 가치를 지닌다. 그래서 종교적이고 주술적인 행위들은 완전히 끝나버리지 않고도 멈출 수 있으며 변화하지 않은 채 반복될 수 있다. 그리고 여전히 동일한 모습으로, 일련의 정체성에 불과한 시간 속에서 그리고 그 시간을 넘어서 증가한다."[99]

이처럼 시간 체제는 팽창 리듬과 그에 반대되는 집중 리듬의 교체로 특징지어져 나타난다. 추론적인 명료함이 지배하는 시간 속에 각 시대의 종말과 시작의 연속적인 제의, 나쁜 힘들의 순화와 추방의 제의, 새로운 시대의 도래를 기념하는 제의가 존재한다. 반대로, 이에 대립된 양식은 강렬한 명료함과 '하나'로의 귀환, 인간 현실의 초월적인 봉쇄를 추구한다. 그 역학은 '대시간'이 희생제의와 축제의 충만함 속에서 드러나게 한다. 주기성 자체는 반복의 유연하고 확장된 형태를 재현한다. 하지만 여기서 중요한 사실은 예배의 시간이란 응축되어 있든 이완되어 있든 우주론적인 '대시간' 앞에서 역사적인 현실의 소멸을 축성한다는 점이다.

사실 현재의 시간을 원초적인 시간과 관련짓는 통일성으로의 귀환은, 가장 현실적인 시대, 다시 말해 바로 이러한 사실에 의해 중대한 존재론적인 의미 작용을 하는 시대, 요컨대 최고의 힘에 의해 인간세계가 창조되었던 시대에 관심을 기울인다는 것을 의미한다. 사실 신화적 시간이란 항상 최초의 시간이자 시작의 시간으로, 그 속에서는 일종의 초월적인 봉쇄를 통해 현실이 최상의 가치를 띠게 된다. 그래서 모든 예배는 세계 창조를 기념하

99. 위베르와 모스. 앞의 논문, pp. 206~207.

는 것뿐만 아니라, 심지어 새로이 세계 창조를 실현하려는 의도를 지니고 있다. 엘리아데는 다음과 같이 지적하고 있다. 모든 예배는 "새로운 창조, 다시 말해 우주 창조 행위의 반복"[100]이다. 그는 계속해서 다음과 같이 지적하고 있다. "모든 '신년'은 시간을 그 시초에서 포착하는 것, 다시 말해 우주 창조의 반복이다."[101] 제의와 관련된 많은 것들은, 창조라는 최초의 결정적인 반복 행위인 동시에 용어의 연극적 의미에서의 행위의 '재연'이기도 한 재현을 실현하려는 인간의 의지를 나타내고 있다. 성스러운 이야기가 작동시키는 초월적인 에너지에 참여하기 위해서는 성스러운 이야기를 다시 활성화시켜야 한다.

요컨대, 신화적 시간은 재현의 단순한 형태가 아니다. 원시인의 모든 경험을 변형시키려는 의도를 지닌 신화의 '대시간'은 구체적인 초월성을 확고히 하는데, 그러한 초월성을 통해 일상적인 것은 아무런 노력 없이도 존재론적인 것에 의해 확고해진다. 이와 같이 원시인의 상황은 매순간 종말론적인 확신에 따라 방향이 설정된 절대적 상황이다.

C) 축제

신화적인 경험의 시간과 공간은 그 경험 속에서 드러나는 현실의 의미와 일치하며, 그리하여 일종의 존재론적인 타당성을 제시한다. 이처럼 각각이 존재의 충만함을 향한 목표를 지니고 있기 때문에, 시간과 공간을 서로 무관한 가변적 요소로, 혹은 상호관련이 없는 두 개의 축으로 볼 수 없다. 그들의 체제는 계속적인 연루의 체제이다. 수텔에 따르면, "멕시코인의 우주론적 사고는 시간과 공간을 근본적으로 구분하지 않는다. 특히 이들은 지속 durée의 전개를 공간으로부터 독립적인, 중립적이고 동질적인 환경으로 인

100. 『영원회귀의 신화』, N.R.F., 1949, p. 86.
101. 같은 책, p. 89.

식하기를 거부한다. 이들의 사고는 이질적이고 독특한 환경 속에서 움직이고 있는데, 그 독특한 특징들은 어떤 한정된 리듬을 따라 순환적으로 연속되어 나타난다. 이들의 사고에서는 하나의 시간 혹은 하나의 공간이 존재하는 것이 아니라 자연 현상과 인간 행동이 모든 장소와 순간에 합당한 자질을 지닌 채 잠겨 있는 공간-시간espaces-temps이 존재할 따름이다. 장소와 사건의 복합체인 각각의 '장소-순간lieu-instant'은 거역할 수 없고 예견 가능한 방식으로 거기에 놓여 있는 모든 것을 한정한다."[102]

하지만 이러한 충만의 체제 속에는 세계 내 성스러운 것의 어떤 연속이, 다시 말해 성스러운 현존의 펼침이 존재한다. 우리는 어떻게 해서 달력에 의해 정해진 예배체계가, 일상생활과 그 실제적인 배려를 가능하게 하려는 의도를 지니게 되는지를 보았다. 이를 위해 예배체계는 입지의 분배가 공간 속에서 성스러움을 참작하는 것과 마찬가지로 인간의 시간 속에 나타나는 성스러움을 고려한다. 하지만 존재론적인 것의 침해로부터 경험적인 것을 보호하는 문제는 여전히 복잡할 뿐만 아니라 해결 불능으로 남아 있다. 초월성은 모든 권리를 지니고 있다. 아무리 주의하더라도 초월성은 잘못된 인식의 무게와 사라져버린 전체성에 대한 회한으로 매일의 세속적이고 세속화된 삶을 짓눌러버릴 위험이 있다.

예배의 리듬이 완화되어 나타나는 공동체적 실존에 이따금씩 충만한 제의적 엄격함을 다시 주어야 할 필요성이 바로 여기에 있다. 그러므로 중요한 것은 잠재적인 것을 주위의 성스러운 것으로 재충전시키고 '대공간'과 '대시간'의 총체적 현존을 인간의 현실 속에 새겨넣음으로써, 우주 전체를 다시 활성화시키고, 거기에 활기를 불어넣는 것이다. 이것이 바로 축제의 기능이며, 그 중요성은 원시사회의 삶에서 아주 큰 것이었다. 뒤메질에 따르

102. 자크 수텔, 『고대 멕시코인의 우주론적 사유』, Hermann, 1940, p. 85. p. 58 참조: "공간이 아니라 공간들이 존재하는 것과 마찬가지로 시간이 아니라 시간들이 존재한다. 게다가 각각의 공간은 시간 혹은 시간들과 연결되어 있다. 이와 같이 멕시코인들의 정신세계는 추상적인 공간과 시간이 아니라, 장소들과 사건들을 경험한다."

면, 축제란 사실 "그것을 통해서 '대시간'과 일상의 시간이 소통하는 순간이며 그 방법이다. '대시간'은 축제 도중 그 내용의 일부나마 일상의 시간 속에서 그 의미를 비우게 되고, 이러한 상호침투 현상을 통해 인간은 '대시간'을 채우고 있는 존재, 힘, 사건들 위에서 행동할 수 있게 된다."[103]

뒤메질의 말에 따르면, 축제는 '대시간으로의 열림'을 실현한다. 이렇게 해서 그것이 이루고 있는 소멸의 위협과 더불어 성스러운 것과 인간세계 사이에서 확립될 가능성이 있는 불연속성은 배제된다. 다시 확립된 존재와 가치의 소통은 다시금 세계를 정당화시킨다. 성스러운 것은 인간 현실을 다시 떠맡고 그것을 재생시킨다. 상위의 힘과의 이러한 만남은 상호인과론의 놀이를 통해 인간으로 하여금 그 힘을 얻게 해주는데, 그것은 인간의 삶을 유지하는 데 필연적이다. 다시 한번 하늘이 땅의 주인이 된다. 우주 전체가 이러한 지위 격상의 혜택을 입는다. 이러한 전체주의적인 성격은 세속적이고 관습적인 사회생활의 맥락 속에 연루되어 있는 정상적 제의로부터 축제활동을 구분지어주고 있다. 축제는 전반적인 예배와 전체적인 현상으로 드러난다. 축제는 전 구성원이 공감하는 사회로 만들며, 그 기회를 통해 사회 융합이 다시 확인되는 것이다. 이러한 절정의 분위기 속에서 공동체는 합일 상태에 도달하게 되어 전체적인 실존이 변형되어 나타난다.

그러므로 축제의 구조는 일상적인 예배의 확대로 나타난다. 앙리 위베르가 강조하듯이, "시간은 축성되고, 제의적인 것은 대중적이고 긍정적인 것이 된다. 축제의 제의는 일상적인 제의보다 더 복잡하거나 더 엄숙하거나 더 중요하거나 더 특별한 것이며, 더 많은 신자들의 흥미를 이끌어내고 이들을 통합하며, 더 많은 사람들을 연루시킨다."[104] 일상적인 제의의 기념이

---

103. 뒤메질, 『시간과 신화, 철학적 탐구』, 제5권, 1935~1936, p. 243. 앙리 위베르, 크자르노프스키Czarnowski의 『영웅 예배와 그 사회적 조건들*Le culte des héroos et ses conditions sociales*』 서문, Alcan, 1919, p. LXIII 참조: "축제날은 특별한 성질을 통해 다른 날과 분리된 시간의 요소이다. 이러한 성질은 그 본질상 성스러운 것이 세속적인 것의 한가운데에서 일어날 수 있게 한다. 영원한 것이 일시적인 것과 접촉하는 것이다."
104. 앙리 위베르, 같은 책, p. LVIII.

몇몇 전문가들이나 주술사, 예언가, 사제들의 것으로 남아 있는 반면, 축제 때에는 집단 전체가 제의를 집행한다. 성스러운 것이 사회적인 노동 분업에 의해 몇몇 사람들에게 전가되는 것이 아니라, 각자와 만인의 몫이 되는 것이다. 공동체적 시간의 흐름 위에서 축제는 일종의 매듭으로, 성스러운 것이 확산되는 순간으로 나타난다. 이러한 지속의 증대는, 일시적으로 실존적인 시간을 떠맡게 되는 '대시간' 으로의 귀환에 부합한다. 달리 말하자면 축제의 시간은 신화적인 시간이며 최초의 시간으로, 축제의 예배는 그 시간을 환기시키고 기념하는 데서 그치는 것이 아니라 그것을 실제로 재창조한다.

사실 축제의 제의적인 풍경을 이루고 있는 것은 신화이다. 축제의 시간뿐만 아니라 공간을 정의하는 것도 바로 신화이다. 축제의 공간은 단순히 습관화된 실존의 생활 공간과 부합하는 것은 아니다. 보통 신화가 은거해 있는 성소와 제단을 넘어 인간의 체류지 전체를 껴안기까지 하면서 그 주위에서 빛을 발하는 것은 신화의 원형적인 공간이다. 사람들이 모여드는 공공 광장은 유효한 의미 작용을 하게 되며, 이와 마찬가지로 축제 행사를 위하여 각각의 집은 '대공간' 의 구현이 된다. 그리스의 희곡, 그라네가 다루고 있는 중국인의 쾌락이나 말리노프스키[26]와 레나르트가 묘사하는 오세아니아 지역 축제의 울타리와 같은 대형 무대는 시간에 대하여 성소들로 나타난다. 이 공간들은 실제로 성스러운 행동의 장소가 되기 때문이다.

그러므로 축제는 그 완전한 현실성 속에서의 신화의 재연, 다시 말해 사회 전체가 향유하는 신화의 거대한 놀이로 정의될 수 있다. 이처럼 축제는 원시적 실존의 특징이 되는 반복의 존재론을 특권적인 형태로 드러내고 있다. 앙리 위베르는 이 점을 완벽히 이해하고 있었다. "축제의 종교적인 재현은 배우로서의 인간이 이상적이거나 이상화된 인물에 의해 형상화되는 이상적인 장면이다. 그러한 재현은 한정되지 않은 시간 속에서, 시간의 시초에, 다시 말해 시간의 밖에서 이루어지지만, 무한히 반복되는 것으로 간주된다.

26) Bronislaw Kasper Malinowski(1884~1942): 폴란드에서 출생한 영국의 인류학자.

장소의 문제에 관해서도 그것은 인간적인 축제의 장소와 동일하기도 하며, 다르기도 하다. 즉 장소는 사람들이 의도적으로 현실 공간의 어떤 선택된 지점과 일치시킬 수 있는 신화적 공간 속에 아니 차라리 공간 밖에 존재한다."[105] 축제란 초월성의 거대한 사회적 놀이이며, 존재론의 재현이라기보다는 차라리 존재론의 현재화라고 해야 할 '위대한 시작Grand Commencement'의 재시작이다.

그러므로 인간 현실은 축제의 제의적인 풍경 속에서 자신의 젊음과 총체성을 재발견한다. 우주는 탄생하고 있는 중이며, 성스러운 것의 창조적인 힘이 드러나는 바로 그 순간, 우주의 탄생은 인간적인 것에 사라져버린 무한한 가능성들을 복원시킨다. 로제 카유아가 말하는 것처럼, "축제란 우주와 태고, 모든 사물들과 모든 존재들, 모든 제도들이 전통적이고 결정적인 형태 속에서 고정되었던 원초적인 창조 시기의 최초의 시간들의 활성화로 드러난다."[106] 축제는, 질서가 무질서에서 나오고 카오스와 코스모스가 여전히 이웃해 있는 한계 상황을 확립한다.[107] 보통 공동생활의 명령에 의해 압축되고 양식화된 생명의 힘들은 충만한 요구 속에서 이완될 수도 있고 그 속에서 드러날 수도 있다.

제의적인 풍경은 무질서와 불일치 속에서 축제활동의 성격들을 설명하고 있다. 때때로 축제는 반대 방향에서의 세계의 제시로 나타나는데, 고대의 사투르누스 축제나 중세의 바보 축제 등에서 그 예를 볼 수 있다. 하지만 모든 경우에서 축제는 인간활동의 확대와 착란을 현실로 간주한다. 프로이트의 표현을 따르자면, "축제란 허용되고 정돈된 과도함이며, 엄숙한 금기 위반이다. 인간이 지나친 행동을 범하는 것은 그들이 예정대로 유쾌하게 배열되어 나타나기 때문이 아니다. 과도함은 축제의 본질 자체이다."[108] 여기

105. 앙리 위베르, 『종교학 개론』(Chantepie de la Saussaye 저)의 불역판 서문, Colin, 1904, p. XLIII.
106. 로제 카유아, 『인간과 성』, p. 96.
107. 같은 책, p. 107 참조: "축제는 재발견되고 다시 다루어진 카오스이다."

서 위반이라는 개념은 인간 속의 그리고 인간에 의한 성스러운 것의 활성화의 표현이며, 이렇게 해서 상처를 입는 더 나은 실존의 표현이다. 온갖 힘의 과잉은 통음난무와 갖가지 대향연 속에서 소진된다. 많은 공동체적 절정이 이루어지는데, 이들은 유쾌한 날들의 새로운 순환을 구축하려는 의도에서 이루어진다. 카유아가 말하는 '성스러운 것에 대한 의뢰'는 일시적인 불균형을 통해 존재와 사물의 유익한 질서의 재확립을 목표로 한다. 왜냐하면 축제라는 것은 그 용어의 모든 의미에서, 긴장 완화뿐만 아니라 특히 우주 창조론적인 의미에서의 재창조re-création이기 때문이다. 페루의 잉카 제국에서 아흐레 동안 계속되던 '태양' 축제는 제국과 제국의 아버지인 별-신 astre-dieu의 통합을 확인하는 것이다.

축제가 공동체의 전체 현상을 제시하게 됨에 따라, 사람들은 축제의 제의에 대한 규명이 항상 불충분한 것으로 남아 있다는 것을 이해하게 된다. 축제활동은 어떤 종류의 것이든 인위적인 장치로 환원되지 않는다. 그 의미는 항상 의도적인 제도를 넘어선다. 그 활동은 결국 자신의 존재론적인 목표를 간직하고 있다. 바로 이런 이유로 축제의 경험적인 표현은 여전히 다양하고 '다기능적인' 것으로 남게 된다. 이것은 바라냑의 표현인데, 그는 우리에게서 아주 가깝기도 하고 아주 멀기도 한 원시인 삶의 체제의 직접적인 흔적들이라고 할 수 있는 서구 전통 문명의 축제에 관심을 기울였다. 그런데 민속예술에 의해 영속화된 축제는 일의(一義)적인 것이 아니다. 바라냑은 다음과 같이 지적하고 있다. "공동체의 신념 전체에 부합하는 전통적인 의식은 사람들이 기대하는 효과를 통해 모든 사람들의 흥미와 관심을 불러일으킨다." 바라냑은 특히 성 요한의 불을 연구했다. 그에 따르면, "그 불은 정화와 마법 풀기의 가치를 지니게 된다. 게다가 그것은 생산성을 증대시키거나 비옥하게 하는 가치의 부정적인 면에 불과한데, 마술사나 다른 사악한 행위자들의 주된 임무는 생명의 번식에 대립된다."[109] 마찬가지로 사육제의 순환

---

108. 『토템과 터부 *Totem et Tabou*』, 불역판, Payot. 1924, p. 194.

도 "비옥하게 하는 사자(死者) 군대의 이승 방문, 마법사의 온갖 힘에 의한 거처의 정화, 가정생활에서의 평화와 젊은이들의 의무적인 약혼생활의 강요"[110] 등과 같은 이질적인 다양한 주제에 따라 그 방향이 설정된다.

원시인의 축제는 있는 그대로의 공동체를 확인하는 하나의 방식이며, 그 정확한 의미와 통일성은 거기에 연루되어 있는 사람들 각자를 벗어나는 한계 표현이다.

사실 원시인의 축제를 현재의 우리가 벌이는 축제와 유사한 것으로 생각해서는 안 된다. 우리의 축제는 차라리 원초적인 통일성이 와해되고 난 다음에도 존속하는 조각들을 재현하기 위한 것이다. 우리는 종교적인 축제, 시민적인 축제, 국가적이고 가족적이며 동업조합적이며 상업적인 축제를 즐기고 있다. 우리는 결혼에 축제적 성격을 부여하고 있으며, 각자의 특별한 '축제'를 바란다. 시장의 개장은 마치 건국 기념일 축하와도 같은 축제이다. 성탄절이니 부활절이니 성모승천일이니 하는 것은 불신자(不信者)에게 아무런 의미가 없지만, 불신자의 달력도 여전히 예배력에 나타나는 종교적인 축제를 준수하고 있다. 원시인의 축제는 이 모든 축제의 관점들의 축적으로 나타나는데, 우리는 이에 대해서 더이상 자세하게 다루지 않을 것이다. 원시인들의 축제는 손상되지 않는 힘을 지닌 채 모든 축제를 동시에 작동시킨다.

역동적인 관점에서 보자면, 축제의 도식은 무한히 증가된 순환, 다시 말해 물질적 자산뿐만 아니라 감정의 순환, 각 개인에게서 개인으로의 열림과 관대함과 교환의 은총을 통하여 생기를 부여받은 순환에 부합하고 있다. 여기서 움직임은 육체와 영혼과 관련된 것이다.

사람들은 바치고 또 헌신한다. 사람들은 상업적인 관계의 차원에서뿐만 아니라 성적 관계의 차원에서도 주는 만큼 받는다. 동일한 혼란이 사람들을

---

109. 바라냑, 『전통 문명과 삶의 종류』, Albin Michel, 1948, p. 76.
110. 같은 책, p. 84.

모두 이러한 재통합의 노력 속으로 이끌어가는데, 그러한 노력의 과정 속에서 심지어 개인들은 서로간의 거리감을 상실하고 뒤섞이는 경향이 있다. 축제의 예배들은 전체적인 표현 속에서 행진과 노래와 춤이라는 형태로 펼쳐진다. 우리는 여기서 극, 발레, 음악과 심지어 문학의 기원을 만나게 된다.

원시적인 축제에 그 충만한 의미를 주기 위해서는, 가령 말리노프스키가 묘사한 트로브리안드 섬의 쿨라kula 축제나, 보아스가 논문에서 다룬 영국령 콜롬비아의 포틀래치potlatch 축제 등에서 보는 것처럼, 원시사회의 실존에 이정표를 세우는 이러한 몇몇 축제의 계절에 관심을 가져야 한다. 그러나 뉴칼레도니아의 필루pilou나 오스트레일리아의 코로보레corroborees, 마르셀 그라네가 『중국 문명』에서 언급하는 중국 농부들의 계절제, 그리스의 농사 예배의 전통적인 축제들은 모두 공통적인 전체 구조를 드러낸다. 강력하고 광적인 열광과 평상시에는 현명하게 쌓아두던 비축물의 낭비 등과 같은 풍토는 똑같다. 호사스런 축제를 거행하다가 부족이 파산하는 경우도 일어난다. 그것은 축제가 사회생활 속에서 보조적인 시간, 혹은 여분의 시간 같은 것이 아님을 보여준다. 축제는 공동체적 실존의 최고봉이며, 최고의 존재이유들이 확인되는 종말론적인 순간이다.

레나르트는 필루라고 하는 카나카인의 대축제를 상기시키면서 축제의식의 강렬한 의미 작용을 강조하고 있다. 그는 다음과 같이 기록하고 있다. "필루는 사회를 최고봉에 이르게 하는 의식이며, 사회 계약이 갱신되고, 교환이 이루어지고, 빚이 탕감되고, 부계사회의 힘의 위엄이 확인되는 의식이다. 온갖 창의력과 재능과 에너지를 다시 획득하게 되는 이러한 주기적인 재현이 없다면 존재는 서글프고 아무런 목적도 지니지 못하게 될 것이다. 필루 축제는 사회로 하여금 자기 자신을 의식하게 하며, 어떠한 식민 침탈도 원시적인 삶을 뒤흔들지 못했던 시대에 축제는 사회활동의 가장 영광스러운 자극제였다. (……) 커다란 필루 축제를 준비하는 데는 3, 4년간의 노력이 요구된다. 중요한 것은 수백 명에 달하게 될 손님을 맞기 위한 충분한 음식물이었다. (……) 축제는 몇 주일간 계속될 수도 있다. 축제의 모든 부분은 사흘에서 닷새 단위로 나뉘어 있었는데, 그 동안 사제들은 제단에서 문화의 속죄와 백성의 안위를 빌었지만, 일반인들은 휴식하거나 자거나 먹기만 했다.[111]

사람들은 축제를 공동체가 통합되어 나타나는 유일한 시기를 실현한다고 말할 수도 있을 것이다. 레나르트는 카나카인의 예를 들면서 이 점을 분명히 지적하고 있다. "카나카 사회의 정상은 계급상 최상위에 있는 사람이나 추장이 아닌 필루 그 자체이다. 필루는 연합한 부족들이 합체되는 순간으로, 이들 부족들은 다 함께 열렬한 연설과 춤 속에서 삶의 원천이자 힘의 받침대이며 심지어 사회 자체의 조건인 조상과 토템 및 불가시적인 것들을 찬양한다. 필루 축제가 벌어지지 못하게 되면, 사회는 그 관계를 상실해버리고 와해되어버린다. 그런 일은 실제로 벌어졌다. 식민지화 과정에서 필루 축제는 아주 힘든 일이 되어버렸으며, 알코올에 의해 지속되는 야간 무도회는 그들의 고뇌를 한층 더 격화시켰다. 그리고 사회는 죽어가는 것처럼 보였다."[112]

축제의 삶은 전형적인 삶이며, 일상생활에 의미를 부여하는 모범적인 삶이다. 이런 관점에서 볼 때, 의식(儀式)은 삶의 한 양식으로 제시된다. 축제 행위는 아주 정확한 전통의 코드에 의해 정의된 제의 행위이다. 그러므로 축제의 시간은 절대적 규범의 적용을 다시 획득하게 한다. 사람들은 더 정성들여 옷을 차려입는다. 사람들은 일상어가 아니라 특수한 주문을 함축하고 있는 언어를 사용한다. 사람들은 정해진 음식을 먹는다. 사람들은 산책을 하고 정해진 놀이나 정해진 춤에 참여한다. 사람들은 또 정해진 종교의식에 참석한다. 감정 표현, 혹은 이러한 감정 자체의 현실은 환경으로서의 사회의 전반적인 행동인 의식의 의미 자체에 의해 외부로부터 주어진다.

그러므로 이렇게 해서 공동체의 존재론적인 격상으로서의 축제는 각 개

---

111. 레나르트, 『대지의 사람들』, N.R.F., 1937, pp. 162~163.
112. 같은 책, p. 170.

인의 유사한 격상에 부합한다. 만약 축제가 신화의 사회적 놀이를 재연한다면, 그것은 참여자들 각자에게 신화적 영웅의 역할을 부여하게 되는 것이다. 달리 말하면, 축제는 보통의 개인을 상황에 따라 제의의 성좌 속에 자리한 사람으로 대체시킨다. 게다가 놀이의 개념이 일종의 속임수를 부과하는 것은 아니다. 축제는 새로운 성실성에 호소한다. 축제는 손대지 않은 가능성을 펼친다. 축제는 인간으로 하여금 축제가 자신에게 부과한 가면이라는 수단 자체를 통해 스스로를 발견하도록 도와준다. 자신에게 부여된 인물의 역할을 행하는 인간은 사회적인 전체 속에서 자신의 기능을 의식함으로써 세계 내적 존재로서의 자신의 새로운 의미에 도달하게 된다. 여기서는 어느 누구도 자족하지 않으며, 각자는 타인과의 협력을 통해서 그 존재가 확인된다. 이런 점에서 볼 때, 축제는 관객 없는 연극 상연과도 같은 것이다. 만인이 만인을 위해서 연기하는 것이다. 연극은 축제로부터 생겨난 것으로서 관객과 배우를 분리시킨다. 연극은 아무도 신화적인 행위에서 벗어나지 않은 채 각자가 만인과 함께 연기했던 최초의 일체감을 상실해버렸으며, 계속해서 재발견하기를 멈추지 않는다. 원시인의 축제는 문명인이 꿈꾸는 유토피아이기는 하지만, 그 유토피아는 인간의 땅 위에 거주하며 신화의 실제적 은총을 통한 공동체의 타협과 화해 속에서 현실이 된다.

그러므로 축제는 결국 원시적인 존재론의 한계 상황으로 정의될 수 있을 것이다. 여기서 존재론이란 실존적인 현실, 존재의 경험으로 이해되는 것이지 단지 사고의 움직임으로만 이해되는 것이 아니다. 지적인 범주에 따른 반성이 보통 사유와 대상을 구분시키는 반면에, 충만한 통일성은 축제 속에서 각자의 기쁨을 위해 현실과 이상, 사실과 가치의 일치 상태로 남게 된다. 그런데 일단 그러한 일치 상태의 와해가 현실화되거나 느껴지게 되면, 잘못된 인식과 더불어 향수의 길인 철학의 길이 열리게 될 것이다. 축제는 인간의 기쁨과 세상의 젊음, 세상의 기쁨과 인간의 젊음을 찬양한다. 현실적인 것은 가능한 것과 화해하게 되며, 가능한 것이 현실적인 것의 척도가 된다. 그리고 인간 사이의 우정, 사물과 존재 사이의 우정 자체는 신의 우정의 표시에 다름아니다. 그러므로 축제는 진정한 의미에서 인식과 존재의 공동 선언 속에서 원시적인 우주의 결정판을 확정짓는다. 축제는 행동으로 나타난 초월성이다.

6. 카모

모든 존재론적 의미 작용의 모태인 마나의 현실성에서 출발한 신화적 의식에 관한 우리의 연구는, 존재에 대한 최초의 직관이 어떻게 해서 공간과 시간에 대한 신화적인 조망 속에 각인된 풍경의 의미로 포착되는지 보여주었다. 우리에게 남은 것은 이러한 세상과 유대관계에 있는 인간의 형상을 연구하는 문제이다. 우리는 신화시대의 인간을 카모Kamo라고 지칭하고자 한다. 레나르트의 작업[113]에서 빌려온 이 말은 뉴칼레도니아의 후아일루어에서는 '살아 있는 자qui vivant', 다시 말해 인간 존재라는 뜻으로 사용된다.

게다가 원시적인 인류학은 우주 창조론과 동일한 일반 성격을 보여주고 있다. 범주적 사고 이전의 인간은 사물과 자신 사이에 거리를 두지 않았다. 더 정확히 말하자면, 인간이 그와 대면해서 그 변화에 따라 자신을 확인하게 되는 세상은 존재하지 않았다는 것이다. 모든 현실은 각자에게 동일한

113. 『도 카모』, p. 198 참조.

위상을 부여하는 함축의 체제에 따라 서로 유착되어 있다. 달리 말하자면, 인류학과 우주 창조론 사이의 분할은 현대의 관찰자에게만 그 의미를 갖는다. 자아의 개념은 뒤늦게 생겨난 것이다. 상당히 많은 인류가 자아 개념 없이도 살아갈 수 있었으며, 또 여전히 실제로 그렇게 살아가고 있다.[114] 범주적 사고 이전의 인간은 스스로에 대해서 고립적이고 파편적인 이러한 의식을 가지고 있지 않았다. 그의 의식은 자신과 타인의 공유 상태에서, 사유와 세계의 유대관계 속에서 진짜 인식이 된다. 그러므로 그것은 자아중심적인 의식이 아니라, 끊임없이 밖으로 향하려는 의식이다. 게다가 더 일반적으로 말해, 신인동형적인 것이 아니라 레나르트의 표현에 따르면 '우주형태론적인'[115] 것이다. 인간의 궁극적인 목적은 세계의 전체주의적인 리듬과 대립될 정도로 전체 현실 속에서 충분하게 서로 분리되어 있지 않다.

원시적인 실존은 공간 속에서도 시간 속에서도 포착되지 않는다. 우선 공간 속에서의 범주적인 개인성은 최초의 개인적 공간이며, 실존의 장소 자체인 육체의 형태로 두드러져 보인다. 우리는 너무 자주 자신을 육체와 동일화시킨 결과, 육체를 존재 가늠의 척도 자체로 보게 되었다. 반대로 원시인에게 고유한 육체는 신화적 공간 속에서의 입지, 혹은 차라리 육체에 딸린 구멍, 손톱, 모발, 성기 등과 같이 성스러운 것을 유입하는 결정성에 의해 한정되는 입지들을 지닌 신화적 영역으로 포착된다. 인체 구조를 이루고 있는 이러한 요소들은 각각 성스러운 것으로 통하게 되는데, 합당한 방법을 통하여 그 각각의 요소를 거쳐 성스러운 것에 도달할 수 있다. 이와 같이 육체는 제의적 현실의 조망과 요구사항에 따라 흩어지게 되며 그렇기 때문에 어떠한 물질적인 자율성이나 유기적인 의미 작용을 소유하고 있지 않다. 레

---

114. 「인격의 개념La Notion de Personne」이라는 연구 속에서 모스는 '자아의 범주' '자아의 숭배' (자아의 이탈)라는 말이 얼마나 최근에 생성된 것인지, 자아 존중, 특히 타인의 자아에 대한 존중이 얼마나 최근에 생긴 개념인지 보여주려 했다. 『사회학과 인류학』, P.U.F., 1950, p. 335.

115. 『도 카모』, p. 31.

나르트의 지적에 의하면, "원시인은 육체와 자신을 연결하는 끈을 잡고 있지 않은 인간이며, 그렇기 때문에 자신을 특별히 눈에 띄게 할 수 없는 상태에 머물러 있었다."[116]

게다가 인체의 해부학적 비현실성은, 어떤 외적인 현실성의 형태로 투사된 개인의 실존을 발견하기 위해 그 실존을 중심에서 벗어나게 하는 참여라는 무한한 놀이를 이해하도록 해준다. 그리하여 인간은 토템적인 재현을 통해서 정의되는 동물이나 식물과 동일시된다. 신화적으로 자신과 연결된 어떤 개인과 동일한 존재, 동일한 삶을 확인시켜주는 외적인 현실성의 기준 아래에서 새로운 자아 발견이 이루어지는 것은 바로 여기서이다. 레나르트는 카나카인의 '인간 실존의 참마igname[27)]로의 투사'를 특기하며 다음과 같이 지적하고 있다. "인간은 자신의 실존을 모르며, 그것을 포착할 수도 없다. 하지만 인간은 그림자 연극의 스크린에서처럼 참마로 파악되는 이미지를 통해 자신의 존재를 분간해낸다. 자신의 실존은 참마의 실존과 동일하다. 카나카인이 자신과 자연의 동일화 현상에 대해서 느끼는 심오한 감정은 이러한 사이클이 현실에 부합하고 있다는 것을 그에게 확인시켜준다. 카나카인은 자신이 양식화시키거나 포착한 것이 아니라 자신이 살아가고 있는 신화를 통해 동일화 현상을 포착한다고 말할 수 있을 것이다. 하지만 체험된 것이고, 아직은 양식화와는 거리가 있는 이러한 신화는 카나카인이 자기 자신의 실존의 전개에 대해서 갖는 경험을 자신 속에 확정하는 것을 가로막고 있다."[117]

그러므로 세계 내적 존재는 정확한 주거지 설정이나 그 절대적인 한계를 고정시키게 될 육체에 대한 의무적인 내속관계가 없이도 실제로 '세계 내적 존재'로 체험된다. 열린 실존은 공존으로 드러나며, 범주적 시대의 특징인 자아로의 후퇴를 모른다. 이 때문에 살아 있는 인간 존재를 가리키는 카모라

116. 같은 책, p. 34.
27) 열대산 식물의 하나.
117. 『도 카모』, p. 84.

는 개념은 그 용법에서 인간 현실로만 제한되지 않는다. 레나르트에 따르면, "카모란 삶을 지시하는 술어에 부합한다. 하지만 이 술어는 어떤 윤곽도 자연도 암시하고 있지 않다. 동물, 식물, 신화적 주체는, 어떤 상황에 의해 인성을 띠게 되면 인간과 마찬가지로 카모로 간주될 수 있다."[118] 그리고 레나르트는 그 개념의 확장을 뒷받침하기 위해 하나의 예를 들고 있다. 유럽 학교의 학생의 경우가 그것인데, 그는 가정에서 길들여져 인간과 연결되어 있는 일하는 소 역시 카모로 파악한다. 사실, "카모는 살아 있는 인물로서 그 인간적인 윤곽보다는 그 형태로 인식된다. (……) 이와 같이 인간적인 것은 인간의 모든 물리적인 재현을 넘어서게 된다. 그것은 객관적으로 인식되지 않고 느껴진다."[119] 카모라는 개념은 하나의 진정성을 함축하고 있는데, 그것은 비인간적이거나 초인간적으로 행동하며, 모자라거나 지나친 모습으로 살아 있는 인간 존재에 내재한 이러한 척도를 벗어나는 것을 배제한다.

자아를 공간 속에 확정할 수 없다는 사실은 시간 속에서도 그와 유사한 무한정성에 부합하고 있다. 게다가 참여의 놀이를 통해 남자-늑대, 여자-하이에나의 연결을 가능하게 하는 공간적 알리바이는 이미 물리적인 실존의 한계를 넘어 시간적 알리바이를 실현시킨다. 남자-늑대는 죽은 뒤에 늑대로 되돌아온다. 더 일반적으로 말해, 개인적인 존재는 죽음과 탄생을 분리시키는 지속 속에 정확하고 철저하게 새겨지는 것은 아니다. 이 점에 대해 레나르트는 다음과 같이 지적하고 있다. "가장 먼저 주목해야 할 관찰은 카나카인들 사이에서는 죽음의 재현이 나타나지 않는다는 점이다. 반대로 그들은 영속적 삶의 재현만을 지니고 있다."[120] 다시 말해 산 자는 죽은 자와 대립되어 있지 않다. 죽음이란 살아 있음의 다른 상태, 혹은 다른 단계에 불과하다. "우리가 삶의 지속과 균열을 보는 곳에서 카나카인은 영속성을 본다."[121]

---

118. 같은 책, p. 36.
119. 같은 책, p. 37.
120. 레나르트, 『일반 종교사』, 제1권, p. 123.

게다가 죽음에 대한 감각의 부재는 고유한 육체에 대한 느낌의 부재와 관련하여 쉽사리 이해된다. 만약 육체가 주변환경 속에서 잘 부각되지 않거나 각각의 삶이 주변환경과의 참여 속에서 여전히 떠도는 것으로 남아 있다면, 시체의 유기적인 부패는 실존의 한계를 지칭하는 데 충분하지 못하다.[122] 산 자와 죽은 자, 토템, '신' 과 조상은 동일한 생활 현실을 갖는데, 카나카인은 바오bao라는 말로 지칭한다. 이 점에 대해 레나르트는 아주 통찰력 있는 연구를 남겨놓고 있다. "바오는 영혼이나 육체의 복제를 재현하지 않는데, 그것은 있는 그대로의 육체란 존재하지 않기 때문이다." 바오는 마지막 숨을 거두는 순간에 자신의 실존을 시작하는 것이 아니다. 그것은 이미 산 자와 공존하고 있다. (……) 위엄 있는 사람, 이방인, 노인, 사람들은 이들을 바오라고 한다."[123] 이와 같이 바오라는 개념은 우리가 이해하는 그대로의 삶과 죽음의 관계를 만들어낸다. 또한 그 개념은 단절을 없애버리며, 그렇게 해서 카나카인에게 '죽음 속으로의 소멸이라는 관념' 이란 존재하지 않으며, 죽음은 그들에게 '실존의 다른 형태'[124]를 실현한다는 사실을 설명한다. 게다가 이러한 실존의 다른 형태는 가령 꿈이라든지 유령의 출현 등에서 산 자의 세계에서의 존재 형태를 포함한다.

애니미즘은 인간 존재에 투사된 존재 양식을 모든 자연 현실과 결부시킴으로써 신화적인 재현을 설명하고 있다. 그것은 생생한 역동성, 혹은 다소 개인적인 일종의 마나의 육화로 이해된다. 원시인의 경험이 육체의 개념보다 더 많이 영혼의 개념을 가정하지 않기 때문에, 지금의 우리에게 그러한

121. 같은 책, p. 124.
122. 『도 카모』, p. 44 참조: 시체는 "카나카인이 보기에, 우리의 경우와 같은 중요성을 지니고 있지 않다. 그것은 스스로 분해될 것이며, 사람들은 그 분해를 돕는다. 모든 멜라네시아 사람들에게 약품 처리를 통한 분해 촉진이나 화장, 미라 처리 등과 같은 초기의 모든 장례의식은 시체의 현존이라고 하는 어려운 시기를 단축하기 위한 수단에 불과하다. 그러므로 시체는 조심성 있게 다루어지지 않으며, 시체를 지칭하는 어떠한 특수 용어도 없다."
123. 『도 카모』, p. 45.
124. 『도 카모』, p. 50.

이해의 부정확함이 드러난다. 반 데르 레위가 아주 정확히 지적하고 있는 것처럼, "영혼이라는 개념은 원시인에게는 알려져 있지 않았으며, 진화의 첫 단계에서 사람들이 이론을 만들어내기 시작했을 무렵에도 일반적으로 사람들은 여전히 영혼이라는 개념에 도달하지 못했다."

사실 우리가 알고 있는 영혼이라는 개념의 근본적인 성격은 분명히 그것의 비물질성이다. 그런데 그 인식이 사물과 유착되어 있는 원시인은 사물이 아닌 어떠한 현실도 인정할 수 없었다. 원시인은 특질을 실체화시킨다. 반 데르 레위에 따르면, 원시인은 "아마도 우리가 순전히 개인적이고 '심리적인' 것으로 간주하는 것이 인간 속에 존재하고 있음을 알고 있었을 것이다. 하지만, 그는 그것을 인간보다 더 높고 어쨌든 인간과 구분되는 것으로 간주했다. 어떤 인디언이, 그가 용기에 대해 품고 있는 생각뿐만 아니라 우리가 용기에 대해 알고 있는 생각에 비추어볼 때에도 매우 용감할 수 있다. 하지만 만약 그가 전사적인 치료법을 소유하고 있지 않다면, 다시 말해 그가 전쟁에서 이길 수 있도록 하는 축적된 어떤 힘이 없다면, 용감하다는 사실도 그에게는 아무런 소용이 없다. 그러므로 용기는 인간적인 능력이 아니라 주술적인 힘이다."[125] 게다가 원시인의 어휘체계는 초월성으로 인식되는 이러한 특질이 물리적인 현실성을 지니고 있다는 사실을 보여주고 있다. 그런데 이것은 그 특징들에 영향을 미칠 수 있도록 해주거나 그것을 약화시키고, 합당한 기법을 통해 그러한 특질들을 획득하도록 해준다.

그러므로 원시적인 애니미즘에 대해 말하는 것은 정확하지 못한 처사이다. 사실 원시인의 사고는 범(汎)정신주의뿐만 아니라 범물질주의에 대한 대답이다. 혹은 이러한 유형의 세계 내적 현존은 범정신주의적인 것도 범물질주의적인 것도 아니며, 더욱이 그 둘 모두도 아니다. 개인의 실존은 특별한 콤플렉스 속에 연결되어 있는데, 이는 주체가 지적으로 조직화시키기 위해 지배할 수 없다. 이렇게 해서 일련의 세계 내적 현존들 속에서 확대된 인

---

125. 반 데르 레위, 앞의 책, p. 20.

간은 전적으로 그 현존들 각각에 집착할 뿐이지, 결코 자기 자신에게 집착하지 않는다. 만약 개성이 개인적인 영역을 이루는 통합 기능으로 정의될 수 있다면, 사람들은 원시인에게는 개성이 없다고 말할 수도 있다.

그러므로 범주적 사고 이전의 인간은 반성적 사고 이전의 인간이다. 그는 자신에게나 타인에게 대상일 뿐이지 주체는 아니다. 그는 결코 기원이나 시작, 또는 정지 지점으로 나타나지 않는다. 그는 결코 말 본래의 뜻으로써 계산 단위로 입증되지 않는다. 존재하는 그대로의 인간의 특수성이란 없다. 하지만 그럼에도 불구하고 원시인의 기본적인 확증 자체는 개별화의 원칙을 가정하고 있다. 어떤 방식으로든 개인적인 균형이 실현되어 각각의 개인과 모든 사람들의 존속을 가능하게 한다.

우리가 항상 자연과 대면하고 있는 인간의 모습을 상상하는 것처럼, 우리는 인간이 사회와 대면하고 있으며 마치 그에 대립하고 있는 것처럼 생각한다. 그런데 그 경험이 세계로부터 벗어나지 못하고 자신에게로 닫히게 되는 원시인은 공동체와의 내적이거나 외적인 분리에 의해서가 아니라, 공동체 내에서 그리고 공동체에 의해 확증된다. 심지어 우리는 일반적으로 원시인을 이러한 거리 감각을 지니지 못하며 그 균형마저도 스스로에게 집중하지 못하는 인간으로 정의할 수 있다.[126]

자아는 전체보다 나중에 확증되며, 개인적인 인식은 종족 전체의 일체감

126. 에른스트 르낭Ernest Renan이 청년기에 작성한 이상한 문서는 원시인의 개성 부재 시기에 대한 거의 예언적이라 할 만한 이해를 드러내고 있다(『속 청년수첩 *Nouveaux Cahiers de Jeunesse*』, 1846, Calmann-Lévy, 1929, p. 196): "야만인들 중에서 어떤 이들은 자신의 개성을 거의 느끼지 못한 채 종족 속에 파묻혀 있다. 어떤 민족에게는 개인의 이름도 개인적인 허영심도 없고, 그들은 잡거 상태에 있으며 우리가 가지고 있는 것만큼 많은 이기심(문명에 따라 뿌리내리게 된 자아 감정)도 없다. 사람들은 다만 종족 속에서 놀고 춤추고 먹는다. 이와 마찬가지로, 그들의 패권도 어떠한 선험적인 권위 의식이나 이러한 권위의 필요성에 대한 느낌이나 정복에 의해서가 아니라 막연한 관념에 의해 이루어진다. 맙소사! 내 정신은 어쩔 수 없이 이쪽으로 향한다. 그렇다. 나는 그들이 곧 죽어버리기 전에 그들을 연구하리라. 왜냐하면 그들이 곧 사라져버리게 될 것이기 때문이다. 사람들이 예전에 그들의 심리를 고정시켜놓지 않았다는 것은 얼마나 큰 불행인가!"

에 대한 경험 이후에 온다. 서구 사고가 결국 도덕적인 가치 기준으로 만들어놓은 개인의 자율성은 의식의 기본 조건이 아니다. "존재하고 실존하는 것은 참여하는 것이다"[127]라고 레비 브륄은 힘주어 말하고 있다. 그런데 참여라는 것은 초월되거나 심지어 부정된 것처럼 보이는 개인성이다. 레비 브륄은 그의 마지막 저술에서 이 점을 아주 분명히 지적하고 있다. "원시인이 자신의 개성에 대해서 갖게 되는 의식은 어떤 복합체 속에서 은폐된다. 그 복합체 속에서 지배적인 요인은 개인이 진정한 개성인 집단에 '속해 있다'는 느낌으로 나타나며, 또한 이 요인은 다른 구성원들에게서와 마찬가지로 개인이 단지 말의 충만한 의미에서 사회체의 요소가 된다는 느낌으로 나타난다. 그러므로 이러한 느낌은 참여의 느낌이다. 원시인이 스스로에 대해 지니고 있는 의식은 즉자적인 완전한 개인에 대한 인식이 아니라, 그 존재 이유와 근본적인 존재 조건이, 자신이 포함되어 있으며 그것 없이는 자신도 존재할 수 없게 될 집단 속에 존재하는 인간에 대한 인식이다."[128]

그러므로 최초의 개인의식은 공동체적인 대중 속에서 파악되며 그 공동체 속에 잠겨든다. 하지만 이러한 참여적이고 상대적인 의식은 의식의 부재로 나타나지 않는다. 그것은 상황 속에서의 의식으로서, 내재적이지 않고 외적이다. 그러므로 개인성이라는 것은 사회관계의 복잡한 조직 속의 매듭으로 나타난다. 자아는 타인을 위해서 자신을 입증한다. 다시 말해 자아는 인격personne이 아니라, 인물personnage이다. 레나르트의 말대로, '살아 있는 존재'를 의미하는 카나카인의 카모는 우리말로 표현하자면 정확히 '인물'에 해당한다. 사실 카모의 육체는 타인이 보기에 인물의 '치장revêtement'으로 나타난다. 그리고 인간이 "자신을 인식하게 되는 것은 그가 타인과 맺고 있는 관계에 의해서만 가능하다. 또 인간은 이러한 관계의 놀이 속에서 자신

---

127. 레비 브륄, 『비망록』, P.U.F., 1949, p. 20.

128. 같은 책, p. 100. 여기서 우리는, 민족학자의 분석과 의식 구조로서 '나je' 보다는 '우리nous'의 우위를 드러내고자 했던 현상학 사이의 일치를 지적할 수 있다(막스 셸러, 『공감*La Sympathie*』, 불역판, Payot, 1971).

의 역할을 행하기 때문에 존재한다. 그는 관계에 의해서만 자신의 위치를 정립한다." 레나르트는 멜라네시아인의 개성에 대한 하나의 도식을 제안하는데, 그것은 하나의 텅 빈 공간 속에 존재한다. 그 공간 주위에는 당사자와 그의 아버지, 삼촌, 아내, 부족의 관계를 나타내는 여러 가지 특징들이 빛나고 있다. "텅 빈 장소가 그이며, 바로 그 자신이 이름을 가진다."[129] 이처럼 사회적인 다양한 예배는 공동체를 이루고 있는 각각의 구성원에게 그 행동이 전통에 의해 양식화되는 제의적 개인성을 부여한다. 공간적이고 신화적인 영역의 한가운데에서 입지들은 결코 엄격하게 포개질 수 없다. 그렇기 때문에, 각 개인은 자신을 규정하고 있는 관계의 특수한 윤곽에 기인하는 어떤 독창성을 지니고 있다. 하지만 인간을 정의하고 있는 사회 조직 밖에서 자기 자신으로만 환원된 인간은 소멸해버린 인간이다. 그 인간은 자신의 존재론적인 장소와 자신에게 형상과 균형을 부여하는 지시 대상들을 상실했다. 또한 레나르트는 카나카인에게 죽음이라는 관념은 사회관계의 정지라는 관념으로 대체되어 나타난다는 사실에 주목했다. 죽은 사람, 우리가 말하는 대로라면 고인은 공동체에 대한 자신의 의무를 면제받은, 그렇기 때문에 자신이 마음대로 할 수 있는 사람이다. 허무는 오직 '사회적인 부정(否定)'[130]에 불과할 따름이다.

각자가 스스로에게 사회 속에서 하나의 역할을 부여하는 것은 공동체적 삶의 구조인 신화에 의해서이다. 어느 정도 행위의 기준을 제공하는, 미리 만들어져 있는 가면과 마찬가지로 그의 정체성은 외부로부터 주어진다. 게다가 사람들은 비밀 단체에서 가면이 얼마나 중요한 기능을 하는지 알고 있다. 의심할 것도 없이 바로 여기서부터 고대 연극의 가면과 동양의 탈춤놀이와 이탈리아 희극의 가면이 등장하게 된다. 그런데 오늘날 인격이라는 개념의 어원은, 마치 인격이 연극놀이에서의 역할, 즉 인물이었던 것처럼, 우

129. 『도 카모』, pp. 198~199.
130. 같은 책, p. 50.

리를 마스크(persona)라는 관념으로 되돌려놓는다.[131] 개인생활을 이루고 있는 사회적 참여는 신화적인 인물의 채택과 동일한 가치를 지닌다. 사회적 기능 전체는 신화의 거대한 놀이를 위한 엄청난 역할 분담 작업으로 간주될 수 있다. 드라마의 인물은 제한된 수로 이루어진다. 신화적인 실존을 지배하는 반복의 원칙에 따르면 되돌아오는 것은 항상 동일하다. 레나르트는 카나카인에 대해서 이 점을 강조하고 있다. "각각의 부족에게는 주어진 수의 조상이나 신화적인 인물이 있는데, 그들의 이름은 현존을 활성화시키며 그 사회 부족의 조직이 근거해 있는 주요한 희곡과도 같다. 이름은 주기적으로 되돌아와서, 마치 우리의 성인(聖人) 달력에 나타나는 권위 있는 이름처럼 집단의 힘인 최초의 개성들의 리듬을 표시하고 있다."[132]

게다가 마르셀 모스는 인격의 개념Notion de Personne에 대한 중요한 연구에서 극적인 신화체계의 동일한 현상을 강조하고 있는데, 그는 영국령 콜롬비아에 사는 원주민의 포틀래치 체계와 주니족의 푸에블로 인디언의 경우를 통해 아주 매력적인 예를 보여주고 있다. 뉴칼레도니아의 원주민처럼 푸에블로 족에게 부족은 사회적인 역할을 가리키는 이름의 총체로 이루어져 있는 듯하다. 어린 시절부터 그리고 토템과의 관련 속에서 주어진 이름은 공동체 내부에서 개인의 계급과 활동을 고정시킨다. 마찬가지로 포틀래치 체계는 권리, 감정, 재산, 춤, 특권, 지위의 거대하고 복잡한 교환으로 이루어진다. 모스의 지적에 의하면, "사람들은 거기서 인간적인 인격들personnes humaines이 계급과 지위에 따라 어떻게 배치되며, 드라마 속 배우의 행동이 이에 따라 어떻게 배치되는지 아주 분명하게 보게 된다. 이론적으로 보자면 배우는 모두 자유로운 인간이다. 하지만 이 경우 드라마는 미학적인 것 이상이다. 그것은 종교적인 동시에 우주론적이며 신화적이고 사회적이며 개인적인 것이다. (……)" 모스는 계속해서 다음과 같이 덧붙인

131. 모리스 네동셀Maurice Nédoncelle, 「고대의 프로소폰과 페르소나Prosopon et Persona dans l'Antiquité classique」, 『종교학지 *Revue des Sciences religieuses*』, 1948.
132. 『도 카모』, p. 204.

다. "심지어 전쟁이나 싸움 등과 같은 모든 행위들은 이러한 영혼을 구현함으로써 세습적인 명칭을 지니는 사람들 사이에서만 이루어진다."[133] 이렇게 해서 사회생활이란, 각자가 전통에 의해 지정된 자신의 역할을 발견하는 '거대한 가면무도회' 나 '드라마', '발레' 등의 성격을 띤다.

신화는 풍경의 주된 특징들을 초월적으로 정의하는 것과 마찬가지로, 각각의 개성에 대한 존재론적인 결정을 제공한다. 참여는 단지 수평적인 영역에 따라 각자로부터 다른 사람과 세계로 나아가면서 실현되는 것이 아니다. 참여는 우선 수직적인 지시 대상이나 원형적이고 원초적인 존재와 현실에 대한 인간의 참여라는 형태로 개입한다.

우리는 이미 일상적인 시간과 통상적인 공간이 신화의 '대공간' 과 '대시간' 속으로 흡수되는 것을 보았다. '대공간' 과 '대시간' 은 이들을 확인하고 변형시킨다. 마찬가지로 인간도 이러한 예시적인 격상의 혜택을 입고 있다. 사실 신화라고 하는 사회적인 놀이 속에서 특정한 개인은 그가 그 가면을 쓰고 있는 신화적인 인물과 동일시된다. 인간은 자신이 형상화하고 있는 영웅의 개성을 지니게 되는 것이다. '대시간' 이 시간을 앞서가면서 그 정당성을 드러내주고 있는 것처럼, 신화적인 '대인격 Grande Personne' 은 인간을 앞서가면서 그를 정당화시킨다. 신화의 우수함은 일상생활을 종말론적인 의미로 은폐하는 것이다. 신화가 보여주는 이러한 충만함은 축제 속에서 그 절정에 달하게 된다. 축제를 통해 '대공간' 과 '대시간', 그리고 영웅적인 인격이 위대한 날들의 고양 속에서 서로 만난다. 인간의 실존은 축제 속에서 최대한 드러난다.

결국 원시인에게 개성은 없다고 말할 수 있다. 하지만 또한 개성은 원시인에게 더 탁월하게 드러난다고 말할 수도 있다. 더 정확히 말하자면, 다르게 나타나는 것은 세계 내적 현존의 의미 자체로서 그것이 바로 세계의 척도이자 인간의 척도이다. 원시인은 이러한 편차, 존재론과 현실 사이의 이

---

133. 모스, 『사회학과 인류학』, P.U.F., 1950, p. 341.

러한 단절, 세속적인 현실과 명료한 것 속으로 쫓겨난 가치세계 사이의 단절을 알지 못한다. 원시인은 화해와 조정의 인간이며 충만한 인간이다. 자신의 진리를 잡기 위해 서로 대립할 필요도 없으며, 타인에게 인정을 받기 위해 투쟁할 필요도 없다. 원시인의 우주는 기술에 의해 탈자연화되어 있지도 않다. 그는 자연의 주인이나 소유자가 되기를 꿈꾸지도 않는다. 그는 진보 따위에는 관심도 없다. 이런 이유로 그는 자신의 존재론적인 장소를 잃어버리고 항상 그것을 찾아 헤매는 현대인의 불안정을 경험하지 않는다. 그는 자기 아닌 다른 사람이 되기 위해 자신을 의식하지 않고 자신의 자리에, 다시 말해 현실의 한가운데에 존재한다고 느낀다. 초월적인 뿌리내림을 상실한 현대인은 종교, 철학, 정치 등을 만들어냄으로써 잃어버린 안전을 회복하려 할 것이다. 그래서 그는 어떻게 해서든 원시인들이 신화 속에서 아무런 어려움 없이 발견한, 현실과 가치의 일치를 확보하기 위해 온갖 노력을 기울일 것이다. 하지만 일단 이루어진 단절은 결코 잊혀질 수 없다. 이렇게 해서 신화의 우정에 의해 변형된 원시인의 삶은 여전히 시인과 사상가의 상상력에 대해 향수 어린 꿈으로 남게 될 것이다. 그 꿈이란 바로 오해가 생겨나기 전의 황금시대의 꿈이며, 전쟁이 일어나기 전의 평화의 꿈이며, 문명과 그것의 결코 해결되지 않을 문제들 이전의 소박한 자연의 꿈이다.

Mythe의 Métaphysique

제2부

지적 의식

1. 인간 지배의 해방

신화시대의 종말과 역사의 시작은 인류의 발전과정의 결정적인 전기 중 하나이다. 여기서 중요한 것은 역사상의 날짜라기보다는 진화의 순간이다. 왜냐하면 역사의 시작은 여전히 역사 밖에 존재하기 때문이다. 또한 사건이 단번에 결정적으로 일어나는 것도 아니다. 변화된 것은 의식의 구조 자체이며, 그와 동시에 인류의 삶의 양식이 변화한 것이다. 여기서 생각해야 할 것은 모든 연대기적인 표시 밖에서 인류라는 생명체 속에서 이루어진 느리고도 점진적인 일종의 변화이다.

선사가 역사에 자리를 넘겨주었다고 말하는 것으로는 충분하지 않다. 그러므로 우리가 연구하고자 하는 것은 이러한 변화가 보여주는 여러 양상들 중 하나에 불과하다. 그러나 그것은 매우 근본적인 것이다. 신화의 지배가 끝났을 때 신화가 남긴 유산은 전문화되고 동일한 역할을 수용하도록 예정된 여러 기능들 사이에 나뉘어 있었다. 이처럼 역사의 도래는 이성의 출현과 연관되어 있다. 이성은 안정시키는 신화의 역할을 다시 취하며, 동일화의 원칙으로서 신화의 뒤를 잇는다. 이처럼 합리적인 불변성을 보장받은 역사는 생성의 세계를 명료하게 해주는 것을 임무로 하고 있다. 신화적인 반복은, 사실상으로는 아니라고 하더라도 적어도 가치상으로나 권리상으로는 그 움직임이 부정될 정도의 권위에 의해 우주의 불변성을 보장해준다. 존재론적인 관심은 선험적으로 새로운 것을 가져옴으로써 진리를 풍부하게 할 수 없는 것으로 간주된 사건들로부터 멀어진다.

신화적인 이미지체계로부터 떨어져나온 이성은 존재의 지속적인 구조를 결정한다. 마찬가지로 이러한 보강에 대한 보장은 초월적인 속박에서 벗어나는 지성으로 하여금 시간 영역에 따라 표현되는 인간 현실의 자율성을 발견하도록 해준다. 환속된 동일한 지성은 시간 속의 인간이 아닌 공간 속의 사물에 적용되는 것으로서 객관적 인식을 유발시키며 이렇게 함으로써 과학의 점진적인 구축을 자유롭게 활성화시킨다. 이렇게 해서 사람들은, 신화의 독단적인 잠 속에 매몰된 채 간직되어오다가 신화가 해체되면서 해방되는 풍부한 가능성을 보게 된다. 그리고 이러한 지식의 형태들에 문학의 영역을 덧붙여야 한다. 존재론적인 영역을 상실한 원시인의 허구화가 전례나 제의에서 떨어져나와 인간적인 표현과 미학적인 만족이라는 욕망에만 복종하게 될 때, 문학 영역은 원시인의 허구화를 대치하게 된다. 그럼에도 불구하고 성스러움 그 자체의 의미는 사라지지 않는다. 하지만 성스러움은 세계 내적 존재의 전체성 사이로 확산되지 않고 종교의 형태로 체계화되는 전문적인 활동의 원칙이 된다.

우리는 이러한 문화적인 형태 각각의 개화에 관심을 기울여야 하는데, 문화적인 형태 속에서 신화적 의식에 의해 한꺼번에 확인되는 여러 가지 기능들이 마치 논리적 분석에 의한 것처럼 나뉘게 된다. 하지만 만일 우리가 우선 도래한 이 사건을 일괄적으로 고려한다면, 이 경우 중요한 것은 순전히 지적이기만 한 진화가 아니라는 사실을 지적해야 한다. 사실 신화가 보여주는 직접적인 진리로부터 이성과 역사에 의해 매개된 진리로 넘어가는 것은, 인간적인 풍경에 전적인 변화와 더불어 나타난다. 범주적 행동은 인간에 의한 세계의 재의식, 상황과의 관련 속에서 인간의 주도권을 증명한다. 그것은 세계 내의 인간 존재 자체에 대한 변화이며, 세계 내의 어떤 존재로부터 새로운 세계의 다른 존재로의 이동이다.

우선, 인간적인 재현의 정복은 효율성의 증대라는 매우 실천적인 의미 작용을 하게 된다. 동물은 자신을 둘러싸고 있는 통합적인 형태에 갇혀 있다. 원숭이와 같은 고등동물은 추상적인데다 여전히 물질로 덮여 있는 어떤 구조들을 도출시킬 수 있다. 인간만이 유일하게 구조 중의 구조인 상징적인 형태를 포착할 수 있다. 상징적인 형태들은 현실적인 현존과 사물들의 속박이라는 사고를 도출시키며 반대로 이러한 거리두기 덕분에 현실에 유용한 고착, 다시 말해 더이상 수동적이지 않고 능동적인 유효한 고착을 증가시키게 된다. 거기서 멀어지게 됨에 따라, 인간은 다시 외양을 다룰 수 있게 되었으며, 주어진 세계의 형상화를 변화시킬 수 있게 되었을 뿐만 아니라 별의 움직임과 식물의 발아에도 어떤 의미를 부여할 수 있게 되었다. 인간은 자연적인 힘의 놀이를 수동적으로 감수하는 것이 아니라, 자연의 다양한 영향력을 최대한으로 이용하는 법을 배우는 것이다.

이성의 도래는 이와 같은 인간 해방을 전제로 한다. 이렇게 해서 인간은 자연계의 노예 상태로 있지 않고, 이제부터는 기술, 인식, 정치 등의 개선된 환경으로 이러한 거친 환경을 대신할 수 있게 된다. 신화의 세계는 기성의 형태들이 여전히 집요하고 명령적인 힘을 지닌 또다른 속박이다. 행동, 기술, 주술, 사고 등의 방책을 결정적으로 제한하는 기성의 형태들의 지배는 인간으로 하여금 문제의 상태를 제대로 파악하지 못하도록 한다. 즉 관습에 의해 확립된 기성의 해결책에 만족하는 대신 제기된 문제가 타당하게 해결되기까지는 모든 잠정적인 것의 불만족, 고통, 수고 속에 머물 것을 받아들이는 불안감을 느끼게 되는 것이다.

게다가 아직 잠정적 상태로 남은 최초의 균형인 어떤 타협이 신화의 차원에서 자연과 인간 사이에서 실현된다. 신화적 의식이 보여주는 존재론적인 구조는 반복의 놀이를 통해 현상을 유지하는 기능을 한다. 이성의 도래는 각 개인에게 가입 계약으로 부과되었던 집단 계약을 파기한다. 유연성과 타협을 가능하게 해주는 상대주의적이고 실용적인 지성이 신화체계의 절대적인 엄격함을 대신할 것이다. 이러한 새로운 요청과 가능성에 대한 인식은 새로운 세계 창조, 다시 말해 인간을 점점 더 자연의 주인이자 소유자로 만들어나가는 창조와 동시에 이루어진다. 이성은 이러한 새로운 권력 구축을 축성하는데, 이 권력은 인간의 질서를 사물의 질서 위에 각인시키기 위해 세계를 지워버림으로써 인간적인 지리학과 물리적인 지리학을 겹쳐놓게 된다.

그러므로 원시공동체와 자연을 연결하는 협약의 단절은 인류에게 전례 없는 하나의 혁명으로 등장한다. 역사가 기억하고 있는 커다란 정치·사회적 혁명들은 이 혁명에 비하면 아무것도 아닐 정도로 그 중요성이 미미하다. 역사 속으로의 입장은, 가령 문자나 연대기 편찬과 같은 어떤 특별한 기법의 발명과 일치하지 않는다. 물론 글로 쓰이고 날짜가 기재된 서류들은 인간으로 하여금 역사가의 역사 속으로 들어갈 수 있도록 해준다. 하지만 이렇게 이해된 역사는 사건들에 대한 복고적인 관점에 불과한 것으로, 그것은 단지 서구 인류의 고유한 집단적 표상의 특징일 따름이다. 이런 의미에서 보자면, 역사 속으로의 입장은 어떤 탐구 상태에 달려 있다. 그러한 탐구는 20세기에 들어와 지중해 지역의 동방에서 일어난 것처럼, 때때로 획득된 지식에 새로운 지역을 결합시킬 수 있다. 반대로 인류학적 영역으로서의 역사는 경험에 대한 새로운 인식에 부합하고 있는데, 문자와 연대기 편찬이 항상 그러한 경험에 대한 충분한 기호인 것은 아니다. 가령 오래 전부터 문자를 알고 있었던 중국과 인도는 용어의 인류학적 의미에서 보자면 오늘날까지도 '역사 속으로 들어오지' 않고 있다. 오늘날 이런 나라들이 겪고 있는 가늠할 수 없을 정도의 전복과 혁명은 아마도 거기에 살고 있는 사람들이 존재론적 구조에 대한 인식에서 역사적 구조에 대한 인식으로 이동하게 된 것과 일치한다.

역사에 대한 의식과 역사에 대한 인식은 일치하지 않는다. 과거와 미래

사이에서 긴장하고 있는 인간 조건의 역사성은, 어떠한 종말론적 사유도 그 비밀을 누설하지 못할 미지의 목표를 향해 여전히 나아가고 있으며 인간 생성의 자율성을 표현하고 있다. 각각의 개인이 스스로 참여하고 있다고 느끼는 인류의 모험은, 마치 세포 분열 계획처럼, 완전한 현실의 더미 속에서 열린다. 물론 높은 관점에서 보자면, 우주의 표면에서의 이러한 영역은 매우 부차적이고 유약해 보인다. 그 영역은 우주 표면 중에서 인간의 체류에 아주 유리한 부분을 정복하기는 했지만, 여전히 불모의 사막, 극지의 고독, 대양들과 같은 더 넓은 지역들은 거기서 벗어나 있다. 한 에세이 작가는 다음과 같이 썼다. "'역사'라는 것, 우리가 전통적으로 역사라고 부르는 것, 정복자들과 철학자들의 목록, 종교의 역사와 발견의 역사, 장관들과 예술가들, 우리의 사랑스럽고 전통적인 '역사'는 일련의 피상적인 사건들에 불과하다. 그 사건들은 특권 받은 장소의 차별화를 동반하고 있으며, 유럽인에게 수면 위로 드러난 대부분의 육지에 대한 지배권을 보장해주었다."[1]

아마도 역사의 장은 지구라는 행성의 이러한 피상적인 곰팡이에 불과한 것인지도 모른다. 기온이나 풍토상의 가벼운 변화만으로도 지구를 영원히 소멸시킬 수도 있을 것이다. 하지만 역사라는 것은 서구인의 조국이 되었으며, 물질적이고 신화적인 속박에서 벗어나 자연과 초자연에 대하여 완만하고 어렵게 획득한 인간 지배가 되었다.

역사 속의 인간은 격리된 채 존재하는 불안정한 영역 속에서 신화적인 존재론에서 벗어남으로써 스스로 정복당한 이후에 자신의 이미지에 부합하는 하나의 세계를 만들게 될 것이다. 역사는 인간의 작품을 고려하게 될 것이고, 그가 자신의 세계 정복을 공고히 하기 위해 수세기에 걸쳐서 달성한 것에 대한 기억을 그에게 제공하게 될 것이다. 바로 이런 까닭으로 역사라는 말은 어원적으로 보자면 일종의 설문조사, 사실들을 향해 나아가는 추

---

1. 샤를 모라제 Charles Morazé, 『서구 문명론 *Essai sur la Civilisation d'Occident*』, 제1권, Colin, 1950, p. 36.

리, 경험론, 너무 일찍 타당함을 인정받은 것에 대한 두려움 등을 의미하게 된다. 신화와 종교는 미리 옳다고 인정되었다. 그런데 이것이 사고를 고갈시키고 끈기 있는 탐구를 불필요하게 만들어버린다. 반대로 역사적 정신은 아무런 전제가 없는 연구, 다시 말해 인간 여건의 복원을 위한 정신의 자유를 의미한다. 자연의 역사가 묘사와 사실에 대한 종속을 요구하는 것과 마찬가지로 인간의 역사는 객관적인 인식의 차원에서 펼쳐진다. 역사는 인간 서사시의 흔적을 뒤쫓고 있다. 이를 위해 역사는 신화가 친근한 풍경 속에 뿌리내리려 노력했던 정령, 악마, 신들을 지상으로부터 추방해버린 다음 자신이 그 소유자가 된 지상에서의 생존권을 획득한다. 그 위치는 분명하다. 이제부터 대지의 얼굴 위에 새겨지는 것은 인간의 표시이다.

2. 선사에서 역사로

원시적 삶은 인간과 인간 환경에서 한 번 발견된 규형을 확고히 해준다. 신화가 보여주는 초월적인 뿌리내림은 한 번 실현된 자리잡기를 영원히 공고히 해준다. 반복이라는 존재론적인 근거는 기성 질서에 교의적 가치를 부여한다. 그러므로 개인적이거나 사회적인 실존을 조절하는 역동적 보존 원칙인 신화의 리듬에 의해 확고부동하게 예견된 의미를 따르지 않는다면, 변화마저도 불가능해진다.

선사시대를 신화시대라고 규정하는 것은 습관적 정의에서 그다지 멀지 않다. 선사문화는 문자 이전의 문화이며, 형상화된 문서에 관해서는 아주 빈약하다. 그러므로 선사문화는 문헌학적 방법의 적용을 허락하지 않으며, 지나가버린 시대의 인간 흔적을 간직하고 있는 기술적 요소나 장비나 파편에 대한 연구라는 간접적인 인식 수단에 의뢰하게 된다.

원칙적으로 선사시대는 역사가의 포착을 벗어난다. 선사시대는 모두 외재적 방법들인 지질학, 고생물학, 인류학과 같은 수단에 의지한다. 그것은 결국 선사시대의 인간이 자신에 대한 증인이 되지 못함을 의미한다. 역사시대의 인간이 보기에 선사시대의 인간은 시대를 거치면서 인간세계와 인간의 삶을 쇄신하는 시간의 특징을 의식하고 있지 않다. 모든 것이 항상 비슷하게 드러나는 신화적 반복의 세계에서는 민중의 '연보'란 존재할 수 없을 것이다. 새로운 것에 정열을 바치고 새로움 자체가 바로 가치가 되는 현대인은 역사적인 순간들을 살아가고, 역사적인 단어를 듣고 모으며, 역사적인 인물들이 지나는 길 위로 몰려든다. 여기서 역사란 어떤 정신적인 태도로 나타난다.

그러므로 선사라는 개념은 단지 우리가 인류의 어떤 시대나 어떤 부분의 역사를 기록할 수 없음을 의미하는 것만은 아니다. 그 개념은 또한 그리고 무엇보다도 역사적 원칙이 여기서 적용되지 않는다면 그것은 질료 자체가 빠져나가기 때문이라는 것을 의미한다. 역사적 의식은 인간에 대한 어떤 의미, 사건의 척도, 존재들과 사물들을 즉각적으로 느낄 수 있는 방식을 가정하는 반면, 신화적 인간은 이 점에 대해서 완전히 문외한이다. 선사시대의 인간이 자신의 삶에 대한 역사나 연대기를 남겨놓지 않은 것은 단지 문자가 없었기 때문만은 아니다. 그들이 기록할 줄 몰랐던 것은 바로 자신들의 시대에 대한 증언을 고정시킬 필요성을 느끼지 못했기 때문이라고 말할 수 있을 것이다. 그들은 절대성 속에서 살았다. 그렇기 때문에, 항상 자신과 동일한 현실을 굳이 잡아둘 필요가 없었던 것이다. 선사적préhistorique나 전(前) 범주적précatégorial, 전 반성적préréfléchi이라는 개념들이 만나게 되는 것은 바로 여기서이다.

사실, 역사적 정신세계란 현대 서구의 고유한 특징이다. 대다수의 인간들은 시간과 공간 속에서 이방인으로 머물러 있다. 가령 아프리카 흑인들에게는 역사가 존재하지 않으며, 유럽인들 자신에게조차 이러한 역사는 거의 실현 불가능한 것이다. 오세아니아 세계에도 역사란 더이상 존재하지 않는다. 더 나아가 문자 기술과 풍부하고도 정확한 예술적 재현을 마음대로 사용했던 아시아의 대문명들도 그들의 고유한 문화를 역사적으로 체험하고, 미래

세대들이 이용할 역사적 문서를 만들기 위해 역사적 정신을 이용하지 않았다. 그러므로 역설적으로 보일지도 모르지만, 중국세계나 힌두세계의 역사란 존재하지 않는다. 이러한 문명들의 전개과정은 전통과 전설을 통해서만 알려져 있다. 그런데 그것마저도 체계적인 방법이 없거나 너무 미묘한 나머지 전문가들조차 잘 분간할 수 없다. 거의 오늘날에 이르기까지 이 분야에서 서구 학자들이 마음대로 이용할 수 있는 가장 확실한 수단은 이와 같은 먼 지역과 유럽 여행자들의 접촉으로 한정된다. 그러나 그것은 확실하고 연속적인 역사를 복원하기에는 턱없이 부족한 기준일 따름이다.

그러므로 인식론적인 의미에서뿐만 아니라 인간적인 의미로 이해되는 선사의 영역을 확장할 필요가 있다. 글자 그대로의 의미로 보자면, 선사가 오늘날에 이르기까지 대부분의 인간의 진화를 포괄하는 것이라고 해도 좋다. 가령 진취적이면서도 생동감이 넘치는 이집트 역사는 프랑스 학자들, 다시 말해 보나파르트가 데리고 간 전문가들의 후계자들의 창의력이다. 이와 마찬가지로 역사의식이란 현대세계에 대한 서구의 선물이라고 단정지어도 좋을 것이다. 사람들은 그 선물에 대해서 수많은 수혜자들에게 그 가치와 기회에 시의적절함의 문제를 제기할 수도 있을 것이다.

그러므로 신화적 세계나 선사적 세계가 어떻게 사라질 수 있었는지를 이해하려면, 우선 역사적 시간의 의미부터 규명하려 해야 할 것이다. 시간은 다른 모든 것들을 연장하고 완성시키는 4차원의 세계로서 실존에 개입한다. 심지어 시간만이 다른 차원들을 가능하게 해주고 그들에게 완전한 효과를 준다고 말할 수도 있을 것이다. 이처럼 시간은 인간 경험의 영역 속에서 가장 풍부한 의미를 띤다.

사실 광물은 시간이란 것을 지니고 있지 않다. 우리는 다만 — 광물에게는 현실성이 없지만 — 우리에게만 현실성을 갖는 시간이라는 말을 외적인 표식으로 광물에 부여할 수 있을 따름이다. 사실 지질학의 시간은 인간의 시간이다. 이것이 바로 광물이 3차원의 세계에 갇혀 있는 이유이며, 전적인 부동성 속에 고착되어 있는 이유이기도 하다. 광물은 침식 작용, 즉 물리적이고 화학적인 변화를 수동적으로 겪게 되는데, 광물은 그러한 변화의 주체가 아닌 변화의 장소이다.

식물végétal은 4차원의 세계에 도달한다. 식물은 발아에서 시작하여 죽음에 이르기까지 자연적인 리듬에 따른 고유한 전개과정을 거친다. 하지만 식물plante은 자신이 처한 환경과 결합한다. 즉 식물은 자신의 필요를 위해 최대한으로 이용하고자 하는 주변환경의 일부분을 이루고 있는데, 현실을 장악할 수 있는 주도권과 권리는 아주 좁은 한계를 넘어설 수 없다. 하지만 습득된 경험은 어떤 역할을 할 수 있다. 습득된 경험은 적응과 진화라는 모습으로 나타나는데, 그것들은 전개과정에서 돌출하며 게다가 어느 정도 유전 놀이에 의해 전달될 수 있는 변화를 비축할 수단의 역할을 한다.

동물에게는 행위 구조로서의 시간의 두 가지 보완적인 양상이 존재하는데, 세상에 대한 주도권과 습득된 경험의 각인이 그것들이다. 하지만 동물이 자신의 주변환경에 뿌리내리는 것은 식물plante의 그것보다 훨씬 더 많은 유희를 인정한다. 동물은 많은 행동의 자유를 누리고 있기 때문에 자신이 처한 환경과 어느 정도 거리를 둘 수 있다. 먹이 구하기, 성행위, 짝짓기, 새끼 기르기 등은 종에 따라 가변적이기는 하겠지만 광대한 행동 반경 내에서 이루어진다. 회유성 동물은 공간을 마음대로 이용한다. 게다가 같은 무리와의 접촉과 생활양식에 의한 각 개체의 훈련은 습관 속에서 체계화되는데, 그러한 습관은 일종의 기억, 다시 말해 환경을 최대한 잘 이용하기 위해 개체에서 개체로 전해진 유전적인 기질을 제시한다. 그러므로 동물의 복잡한 행동은 풍부하게 체험된 시간에 부합하는 것이다.

하지만 선택의 가능성이 매우 한정되어 있기 때문에 동물의 경험은 제한적인 것으로 남아 있다. 각각의 종은 자신의 고유한 환경을 지니고 있기 때문에 거기서 벗어나 살아간다는 것은 대단히 힘든 일이다. 시간 자체도 제한된 조망만을 펼치게 해준다. 시간은 그 스스로 거대한 생물학적 리듬에 의해 지배되는 반사 구조에 의해 정의된다. 과거는 개인적이든 특수한 것이든 습관 속에서 조직화된다. 과거는 감각운동적인 조립에 불과한 것이지 사고가 아니다. 현재는 행동이라는 즉각적인 맥락 속에 각인된다. 미래는 직립하고자 하는 경향이나 본능의 놀이만을 그 지평으로 삼는다. 겨울을 대비하여 음식물을 비축하는 동물의 행위는 예상하거나 계산에 의한 것이 아니라 본능에 따른 것이다. 만약 그러한 행동이 계산에 의한 것이라면 모든 종이 그렇게 할 것이지만, 분명히 같은 종에 속하는 모든 개체들이 다 그렇게 하지는 않기 때문이다.

그러므로 동물의 시간은 본능과 유착되어 있으면서 그 일시적인 단절을 요구하는 응고된 시간이다. 이 시간은 항상 쉽게 개념화될 수 없는 것이다. 그렇기 때문에, 만약 동물이 자신의 실존 조건 속에서 어떤 유희의 혜택을 누리고자 하더라도, 어떤 경우에도 이러한 실존 조건 자체를 다시 문제삼을 수는 없다. 그 시간은 세상과 사물의 시간이며, 명령하지만 명령받지 않는 시간이다. 그러므로 본능의 통제가 갑자기 풀려버리면, 그것은 야수도 저항할 수 없을 정도의 강력한 에너지를 불러일으킨다. 4차원은 엄연히 존재한다. 하지만 4차원은 동물로 하여금 세상의 다른 영역들을 지배하고 그 영역들을 자기 마음대로 사용하기 위해 그 영역들을 재구성하도록 해주지는 않는다.

그러므로 시간이 완전히 독립적으로 우주를 장악할 수 있는 권리를 그것을 마음대로 이용할 수 있는 존재에게 부여하면서 자신의 존재를 명확히 드러내는 것은 오직 인간의 경험 속에서이다. 그러므로 시간이란 사물의 질서를 잡기 위한 새로운 자율적 영역의 열림이다. 시간은 더이상 현실에 내재하지 않게 되며 사건 속에 유착된 것처럼 보인다. 그렇기 때문에 시간은 사건의 기준이 되며, 시간을 조직하고 시간에 하나의 의미를 부여하기 위해 시간의 높낮이를 조절할 수 있는 가능성이 된다. 시간 속에서 실행되는 움직임만이 사물의 척도를 정하고, 사물을 공간 속에 위치시킬 수 있도록 해준다. 하지만 지각과 행동의 경험 속에 자리잡은 사물이 마찬가지로 담론의 우주 속에 자리잡게 될 때에야 비로소 이러한 최초의 감각운동적인 한정이 완성되는 것이다. 여기서 담론의 우주란 현실이 구체적이고 집단적인 의미 작용 속에서 형상화되는 것이 아니라 단지 '재현' 되는 우주, 다시 말해 그 현실을 사고의 질서 속에 위치시키기에 족한 단어로 지시되는 우주를 의미한다.

그러므로 인간적 시간의 도래가 경험의 정신화를 가능하게 한다. 담론의 세계는, 현실 전체에 대해 타당하며 그 속에서 사유로 방향을 잡아나갈 수 있는 의미 작용의 총체로 드러난다. 4차원은 다른 세 차원의 위급함으로부터 인간을 해방시켜주는 동시에 세계 내적 현존을 증가시킨다. 그 영역은 인간에게 동물은 결코 지니고 있지 못한 잠재적인 편재성을 부여한다. 시간은 현실을 한데 모음으로써 사고를 가능하게 한다. 시간은 공간 속의 분산을 현실적인 동시성으로 만든다. 이렇게 해서 시간은 인식의 차원인 동시에 조작의 차원, 즉 온갖 조절의 차원으로 나타나게 된다. 언어를 통해, 그리고 재현된 사물의 단순한 물리적 제시를 통해 배가 현상은 인간활동에 지연 효과를 제공한다. 그런데 그 지연 효과라는 것은 연기되어 있다는 바로 그 이유 때문에 그만큼 확대되어 나타나게 된다.

그러므로 시간은 매개적인 존재를 통해 즉각적인 영향을 약화시킬 수 있는 가능성으로 개입한다. 동물은 경험이라는 비축품을 이용하는데, 그 비축품은 습관이라고 하는 감각운동적인 조작이나 조립이라는 형태로 존재하며, 동물로 하여금 현재를 잘 이용하도록 하기 위해 과거의 경험에 대한 발췌와 축쇄 같은 것 등을 보존시켜준다. 여기서 과거는 온갖 우연에 대한 가능한 반응들의 비축으로 개입한다. 짐승에게 중요한 것은 거의 전적으로 조건반사적인 행동이라 생각할 수 있다. 반대로 인간에게 과거란 단지 조작 가능한 규칙들의 추상적인 형태로 유지되는 것이 아니다. 과거는 인간에게 개인화된 기억이라는 구체적인 모습으로 나타난다. 과거는 이미지나 사건의 총체인데, 그 유효성은 그들을 생겨나게 한 실제적인 사건들 밖에서 유지된다.

이와 같이 우리에게 시간은 매개적인 우주, 다시 말해 현실세계를 보강하고 또 그것을 포괄하는 가능성의 세계이자, 행동과 꿈의 원천이 되는 세계로 드러난다. 왜냐하면 만약 시간이 세계 내적 현존을 증가시키는 것이라면, 그것은 또한 우주와 그 위급함의 부재와 유보 및 비현실 속으로의 도피를 용인하는 것이기 때문이다. 인간의 시간이란 자신의 과거를 이야기할 수 있고, 자신의 미래에 대해 미리 생각해볼 수 있으며 또한 자신의 현재를 소설로 엮을 수 있는 가능성이다. 시간이란 세계 내적 존재의 가장 의미 있는 기준들 중 하나이다.

그런데 우리는 이미 신화의 인간은 선사의 인간이라고 말한 바 있다. 이 말은 인간의 시간이 인간적인 시간이지 역사적인 시간이 아니라는 것을 의미한다. 사실 인간 존재는 층으로 나뉜 것으로, 포개져 있는 현실의 층으로 이루어져 있는 것처럼 보인다. 우선, 유기적인 조직 속에 주어지고, 자신의 고유한 리듬에 종속된 인간이라는 생물학적인 존재가 있다. 이러한 첫째 토대 위에 둘째 토대가 겹쳐져 나타나는데, 그것은 인간이 사회적인 존재라는 것이다. 혹은 차라리 — 아주 거친 정신단계에 머물러 있으면서도 사회적인 성격을 보여주는 동물이 있기 때문에 — 인간은 문화적인 존재이기도 하다. 다시 말하자면 인간은 공동체의 확립과 존속을 위해 자연환경 속에서, 인간에 의해 창조된 새로운 환경 속에서 살아간다.

제1부의 분석은 문화적 존재로서의 원시인의 의미를 충분히 규명했다. 여기서 문화란 제2의 자연으로, 인간이 그 한가운데서는 자율적인 실존이라는 혜택을 누리지 못하는 공동의 현실로 주어진다. 어떤 의미에서 문화는 얼음 속에 갇혀 있는데, 그만큼 문화는 인간의 우주 전체와 한몸을 이루고 있는 것이다. 물론 4차원인 시간의 영역은 세 개의 다른 차원들과 중첩되어 있다. 하지만 이렇게 해서 열린 '재현'의 조망은 응고되어 있다. 즉 그것은 절대적인 관점으로, 특정 개인의 관점이 아니라 모든 사람의 관점이어야 한다. 또한 그 관점은 초월적인 관점으로, 그 교의적인 엄격함은 어떠한 환상도 용납하지 않는 단일 형태로 개인의 사고에 부과된다. 우리가 신화적 사고 안에서 드러내는 이러한 구조적인 경직은 바로 여기서 나온다.

그러므로 공동체에 대한 원시인의 참여는 유연성 없는 참여로 남아 있다.

시간과 공간 속에서의 각자의 자리잡기는 모든 사람으로 하여금 대략적인 만족을 주는 활동을 할 수 있도록 해주는 중간 지점에 결정적으로 고정된 범주적인 초점 맞추기에 종속된다. 여기서 사람들은 거의 모든 사람들에게 적합할 수 있도록 조절된 시각장치의 초점 맞추기를 환기할 수도 있을 것이다. 존재론적 권위에 의해 부과된 이러한 결정적인 조절은 다양한 신화 구조에 부합하고 있다. 개인은 스스로를 우주의 중심으로도, 가치의 원천으로 인식하지도 않는다. 모든 필연적이고 충분한 진리는 결정적으로 현실 속에 새겨진다. 절대라는 것은, 현실 속에 확립되어 있는 동시에 세계의 진리를 표현하고 있는 인간공동체의 구조 그 자체이다. 도덕, 법과 과학, 물리학과 정치학은 사회형태적인 절대 속에 포함되어 있는데, 각자는 그 절대의 한가운데서 자신의 진리와 삶의 의미를 발견한다.

그러므로 사람들은 어떤 의미에서 선사시대의 인간을 선범주적인 인간이라고 말할 수 있는지 알게 된다. 범주들이 존재하지 않는 것은 아니다. 최초의 담론세계는 단어와 신화를 매개로 이루어진다. 하지만 범주들의 주체가 아닌 개인은 자신이 발명하거나 다시 다룰 수 있는 권한을 지니지 못한 명료함을 완전히 만들어진 채로 받아들인다. 사고는 자연 속에 고정된 채로 존재하며, 단어는 존재와 유착되어 있다. 그런데 엄밀한 의미에서 사고의 도정을 열어주는 것은 단어와 존재의 괴리이다. 그것은 또한 개인으로 하여금 아무런 위험 없이 자신의 기회를 이용할 수 있도록 해주는 물질적인 세계와는 무관한 것으로 간주되는 담론세계의 고리 벗기기이다. 그런데 이러한 현상은, 사고가 자기 자신만을 고려하고 세계의 질서나 공동체의 구원을 위험에 빠뜨리지 않고도 자유로운 창의력이 마음껏 발휘될 수 있는 행동 영역 속에서 일어난다.

이처럼 최초의 담론세계는 공동체의 풍경과 일치한다. 사상의 펼침은, 그에 따라서 환경이 조직되는 신화적인 구조의 펼침과 밀접하게 연관되어 있다. 신화와 축제의 세계는 객관적 사고와, 인간이 사고를 사용하는 것 이상으로 인간을 사용하는 사고를 정의한다.

전 범주적 사고는 너무 주관적인 동시에 너무 객관적이다. 즉 그 사고는 신화적 모범주의의 차원에서 객관적으로 결정화시키는 과도한 주관주의의 표현이다. 우리가 보기에 부족한 것은 인간들 사이에 그리고 인간과 자기 자신 사이에 개입하는 비판과 조정의 관념이다. 사고는 결코 반성된 것이 아니다. 다시 말하자면, 사고는 기성의 용법과는 다른 원칙들에 비추어 검토하기 위한 원천으로 되돌려지지 않는다.

그러므로 역사적 의식은 신화적 의식의 경우와는 반대로 있는 그대로의 개인적인 주관성과 객관적인 보편성의 확립을 함께 가져오게 될 것이다. 신화적인 존재론은 동일한 절대적 인식 속에 자연과 문화의 지배를 동시에 포함하고 있다. 역사시대는 인간 현실의 발견, 다시 말해 시간성의 발견이다. 과거, 현재, 미래라는 역사적인 범주에 대한 인식은 특수한 인간 생성에 대한 인식을 전제로 하고 있을 뿐만 아니라, 생성의 모호함에 의해 형상화된 드라마와 내기라는 관념을 전제로 한다. 이러한 생성의 의미 자체는 원시공동체를 그 전통적인 균형 속에서 유지하려는 초월적인 닻내리기의 상실이다.

그러므로 정체 구조에 대한 의식에서 움직임에 대한 의식으로의 이동이 이루어진다. 이와 같이 현대 서구인은 생물학적 존재와 문화적 존재말고도 인간 본질의 마지막 결정적인 구성요소인 역사적 존재를 소유하게 된다. 왜냐하면 인간 본질은 심지어 개성의 다른 토대에 자신의 표시를 남기기 때문이다. 사실 인간의 역사성은 문화적 존재라는 토대 위에서, 또는 스스로 생성하는 문명의 어떤 의미의 토대 위에서 전개된다. 그리고 개인적인 생성보다 더 완만한 이러한 생성 역시 생물학적 존재의 층위에서 진화를 전제로 하고 있다. 그러므로 세계 내적 존재는 진정한 의미에서 동원된 상태로 나타난다. 그것은 시간 속에서의 존재이다.

주지하다시피, 오귀스트 콩트와 뒤르켕은 이러한 개인적인 차원을 인정하지 않았다. 그들에 의하면, 인간 존재는 생물학과 사회학으로 나뉘는데, 이 두 가지만으로도 인간의 전체적인 행동을 고려하는 데 충분하다. 그것은 적어도 뒤르켕이 의지의 자율성을 재발견할 때까지만 하더라도, 사회학적 인간은, 일종의 문화적 자연주의에 따라 외적으로 정의되는 선사적이거나 선범주적인 인간의 차원에 머물러 있기 때문이다. 반대로 구체적인 인간은, 문화적 현실의 전개에 대한 참여에 의해서뿐만 아니라 개인적 생성이 지니고 있는 역사성에 의해 역사 속의 어떤 상황을 통해 우리에게 나타난다.

사람들은 여기서 선사시대의 인류에게는 시대라는 개념이 없었다는 점을 지적할 수도 있다. 우리는 다만 지질학적인 표시 덕분에, 혹은 기술적인 기준에 따라 타제석기 시대, 마제석기 시대, 청동기시대, 철기시대와 같이 연속적인 몇 가지 단계로 구분하려 한다. 이것은 물론 불완전하며 커다란 연대기적인 부정확함을 드러내는 구분이다. 왜냐하면 원시시대는 진화에 대한 결정적인 영향을 통해 날짜를 고정할 수 있도록 해주는 어떤 역사적인 사건들을 우리에게 드러내주지 않기 때문이다. 사건들의 부재는 우리의 인식방법의 불완전에서 생겨나는 것이 아니다. 그것은 고려되는 인간 현실을 구성하고 있다. 마찬가지로 역사적 인물, 다시 말해 역사에 자신의 표시를 각인하는 인물은 존재하지 않는다. 선사시대는 비개성이 지배하던 시기였다. 그 시대에는 개인들이 무리로부터 드러나지 않았다. '나 je'라는 개념은 그것을 감싸고 있는 '사람들on'이라는 개념에 갇혀 있다.[1] 역사시대란 인간이 생성에 의미를 부여하는 시대이다. 선사시대에는 생성이 인간보다 더 중요시되었으며, 더군다나 항상 신의 선물로 제시되는 기술적인 발명 자체도 인간 창의력의 결과라기보다는 차라리 우연이나 물질적인 생성의 산물처럼 여겼다. 역사란, '사람들'의 통치에서 '나'의 통치 시대로 넘어가면서, 그리고 인간이 종으로서가 아니라 개인으로 등장하게 되면서부터 시작된다.

인류가 역사 속으로 들어오게 된 것은, 인간이 생성의 역사성이라는 기준으로 자신의 운명을 의식하게 되었을 때부터이다.

---

1) 불어에서 je는 일인칭 단수를 가리키며, on은 3인칭 단수로 일반인을 지칭하는 대명사이다.

3. 보편성의 발견 — 제국의 시대와 우주생물학

정신적인 관점에서 보자면, 선사시대에서 역사시대로의 이동은 두 개의 주된 획득 속에 요약될 수 있을 것이다. '범주적인' 인간으로서의 역사적 인간은 원시인에게는 생소한 개념인 보편성의 감각과 개인성의 감각을 동시에 소유하고 있다.

사실 신화적 의식은 편협한 지평과 관련되어 있다. 현실 전체는 어떤 초월적인 보장의 혜택을 누리고 있는 장소와 시간 속에 가로막혀 있다. 이 장소 밖에는 허무, 부재, 위협, 죽음이 있을 따름이다. 보편성이라는 개념, 다시 말해 모든 제한된 세계의 통합이라는 개념과 지역적인 특성을 넘어선 인간의 일반공동체라는 개념은 신화적 우주에는 존재하지 않았다. 신화적 우주 속에서 이방인이란, 용어의 물리적인 의미에서 항상 적(敵)이다. 그 적은 존재 자체만으로도 흠을 의미하며 세계 질서에 균형을 잃게 할 우려가 있다. 한편 팽창되지 않은 이러한 세계는 너무 치밀하게 짜인 고유한 조직을 가지고 있다. 그렇기 때문에, 공동체적인 덩어리 속에 완전히 포함된 개인은 공동의 실존이라는 좁은 영역 속에서 사유나 행동의 계산 단위가 되지 못한다.

보편적인 것에 대한 감각과 개인적인 것에 대한 감각은 서로 연대하여 신화적 사고의 붕괴로부터 떨어져나왔다. 신화의 초월적인 권위는 이성의 중재라는 관념으로 대체된다. 이러한 관념은 사실적으로는 아니라도 법적으로, 사회적인 것의 매개 없이도 보편적인 것에 대한 개인적인 것의 장악을 전제로 한다. 게다가 개인성의 인식과 자아의 발견은 주체가 스스로도 인식하지 못한 상태와 유사한 상태를 타인에게 부여하게 되었다. 인간 형태는 모든 인간에게 가치가 있다. 사회적인 경계는 더이상 사고 범주들의 팽창을 멈추게 하는 데 충분하지 않다.

분석의 편의상 우리는 보편성과 개성이라는 두 개의 동시적인 사건을 연속적으로 검토하게 될 것이다. 이러한 획득물 중 첫째인 보편성은 법의 개념이 형성되는 과정에서 밝혀지게 되는데, 그것은 우주생물학에 대한 고대의 신기한 이해에서 떨어져나온 것이다. 개성의 감각에 대해 말하자면, 그것은 소크라테스적인 혁명을 통해 두드러지게 된 서구의 철학적인 전통에 대하여 결정적인 순간에 우리에게 나타난다.

하지만 정신의 진화가 시간의 진화와 떨어져 있는 것은 아니다. 인류의 변화를 설명하기 위해 이미 오래 전에 행한 적이 있는 '그리스의 기적' 을 환기시키는 것만으로는 충분하지 않다. 사실 이미 기원전 5세기 이전에 그때까지 다소 정체되어 있던 인류가 뒤흔들리기 시작했다. 그것은 생각의 진보가 아니라 생각이 그 양상이나 기준에 불과한 문명의 전체적인 진보이다. 인간의 세계가 변화했다. 사고가 사물의 교훈을 받아들인 것이다. 사고가 새로운 세계의 척도가 되었으며, 세계의 의미를 읽어내게 되었다. 헤겔의 천재적인 직관에 따르면, 철학의 역사는 보편적인 역사의 움직임에 연결되어 있다.

보편성에 대한 감각의 출현은 사실의 보편성의 구축을 통하여 가능해졌다. 날아가버린 것은 신화적 의식뿐만이 아니라 원시공동체의 물질적 현실이다. 문명사에서 이러한 결정적인 사건은 대략 기원전 3000년경부터 시작되었는데, 이 시기에 사람들은 동양과 극동 지역과 상관없는 몇몇 지역에서 새로운 형태의 정치와 사회가 확립되는 것을 목도하게 된다. 이집트, 메소포타미아, 중국에서 자의든 타의든 이 유역의 최초 점령자들이라고 할 수 있는 기본적인 사회 형태의 응집과 연합에 의해 조금씩 거대한 제국들이 형성되었다. 기자 지방의 거대한 이집트 피라미드들은 기원전 2700년과 2600년 사이에 축조되었다. 수천 년의 세월을 견뎌온 이 기념물들은 현재에 와서도 그것을 건축하는 데 필요했을 기술의 완벽함과 솜씨의 어머어마함을 보여주고 있다. 우리는 이제 더이상 인간과 수단, 심지어 창의력도 부족했던 원시공동체의 수준에서 살고 있지 않다. 새로운 시대가 탄생한 것이다. 바로 그때부터 아카드와 수메르 지역의 메소포타미아 문명이 펼쳐지게 된다. 함무라비 제국은 대략 기원전 2000년경에 문명의 꽃을 피웠다.

인류의 전개과정 속에 나타나는 이러한 새로운 관점의 열림은 물론 그 창의력이 무(無)로부터 발전되었을 몇몇 뛰어난 개인에 의해 이루어지지는 않는다. 이런 형태의 인간 실존의 탄생은 환경에 의해 주어진 어떤 가능성의 활용과 관련되어 있다. 이미 아주 오래 전에 독일의 역사가 에두아르트 마이어가 지적한 것처럼 이집트, 바빌론, 중국의 대문명은 공통적인 특징을 보여주고 있다. "이러한 결과에 이르도록 협력한 외적 조건들은 세 지역 모두 비슷하다. 즉 이 세 지역은 정기적인 범람을 통해 아주 비옥해졌으며 해안과 인접해 있는 평야 지역을 끼고 있다. 이 지역은 강력한 문화를 발명함과 동시에 그것을 이끌어내며, 정치체계의 완벽한 형성을 요구한다."[2]

물론 지리적인 결정론만으로 문명의 탄생을 설명하는 것은 충분하지 않다. 나일 강, 티그리스 강, 유프라테스 강이나 황하는 행동으로 넘어가기 위해 인간 에너지의 발현을 기다리는 가능한 조건들에 불과하다. 이집트가 나

2. Eduard Meyer, 『고대의 역사 *Histoire de l'Antiquité*』(1884), 막심 다비드Maxime David 역, 제1권, Geuthner, 1912, p. 266.

일 강의 선물이 된 것은 인간과 환경의 상호교육을 통해서만 가능했다. 적어도 나일 강은 아주 유리한 기후 속에서 비옥화하는 정기적인 범람과 더불어 이집트의 인간 구조의 점진적인 구축을 위한 기준선과도 같은 역할을 했다. 그러한 영역의 소유에는 인간 자신에 의한 인간 인식이 연결되어 있다.

사실, 보편성은 정신 속에서 천천히 형성되는 동시에 사실 속에서 실현된다. 제국을 형성한다는 것은 지역적인 특수성을 매몰시켜버리는 실존의 정치적이고 사회적인 틀의 팽창을 초래한다. 유일 권력 아래 모이고 연합하게 된 분산된 여러 민중들이 계층을 이루어 나타나며, 자신들의 좁은 지평의 척도에 따라 집단적 재현을 거부하고 이제부터는 무한히 확장된 우주 속에 자리잡게 된다. 전적으로 지역적으로 대립되어 나타나는 대신, 인간은 동일한 권위의 신하로서 서로 유사한 존재임을 스스로 깨닫는다. 그러므로 세계 내적 존재는 새로운 차원에서 자기 위상을 확립하게 되는 것이다.

또한 제국의 정치적 보편주의는 몇몇 기술 수단 없이는 가능하지 않다. 매우 광대한 영역에 걸쳐 있는 거대한 인간 무리들이 서로 연계된 실존은 어떤 종류의 통합된 삶의 연대의식을 전제로 한다. 최고의 권위는 변화된 우주 속으로 확장된 완전히 새로운 인간공동체의 확립을 창조한다. 원시 집단의 불안정하고 일시적인 자리잡기는 농업, 축산업, 관개기술을 통하여 환경의 체계적인 쇄신에 자리를 넘겨준다. 도구도 완성된다. 금속의 사용은 인간 노력의 효율을 증대시켰다. 도시, 궁전, 기념물, 사원의 건설과 마찬가지로 토지의 보강이나 개량과 같은 거대한 작업들은 엄청난 양의 노예 노동의 집적을 필요로 한다. 새로운 문명은 전쟁포로와 약탈민을 노예화하는 행위를 전제로 하게 된다. 그런데 이러한 노예화 과정은 원시공동체에서는 아직 알려지지도 않았으며 심지어 생각조차 할 수 없는 것이었다. 이렇게 해서 새로운 사회는 주인, 노예, 귀족, 군인, 행정관, 상인, 농부를 대립시키는 노동 분업을 통해 여러 다른 계층으로 층을 이루어 존재한다. 원시공동체 사회는 권리와 의무의 대체적인 평등 속에서 인간의 신분만을 인정했다. 새로운 문명은 기능의 전문화를 전제로 한다.

그런데 새로운 기술체계와 함께 나타나는 이러한 전문화는 통일성 속의 다양성과 같은 보편성의 다른 양상을 실현한다. 사회적인 기능 작용은 조금씩 행동화된 이성과 진정한 담론세계라는 추상적인 형태로 정의된다. 그 우주가 순조롭게 운행되기 위해서는 원시적인 신화의식이라고 하는 엄격하고 상투적인 유일한 지적 장치와 더불어 분명히 불가능한 적용이 반드시 유연해져야 한다. 이런 의미에서 사람들은 절대권력의 행사에 필요한 제국의 중앙집권화된 행정이 진정한 범주적 행동, 다시 말해 공적인 삶의 정치적이고 사회적인 조합을 위한 구조의 구축과 동등한 가치를 지닌다고 말할 수도 있다. 통치 기법은 사물과 인간에게 부과된 객관적 이성의 특성을 보여준다. 경찰, 교량과 도로, 우체국, 법정, 조세제도, 군대제도, 상업과 통신, 심지어 종교와 교육, 요컨대 제국시대의 공동생활을 그토록 광범위한 단계에서 통제하는 데 필요불가결한 신경체계로 나타나는 모든 공공 서비스가 여기에 포함된다. 현실의 조작은 점점 더 간접적으로 이루어질 뿐 아니라 위임을 통해서도 이루어진다. 존재에서 재현 사이의 거리는 점점 더 멀어져만 간다.

게다가 새로운 기술은 지연 행동과 사물에 대한 인간의 상형적인 이해를 허락해준다. 말의 추상화이며 언어의 축적, 보존 및 시간과 공간 속에서의 증가를 가능하게 해주는 문자가 나타나는 것은 이때이다. 글쓰기는 담론세계를 응고시키며, 진정한 의미에서 그 세계를 독립된 영역 안에 구축한다. 문자 발명은 화폐의 발명과 겹쳐서 나타나고 있는데, 화폐는 다른 방식으로 사물을 해체하면서 문자와 나란한 차원에서 가치의 추상화를 형상화한다. 구리, 청동, 은, 동으로 주조된 화폐는 모든 사물, 심지어 인간과 노예건 자유인이건 그들이 줄 수 있는 서비스를 동일한 분모로 축소시킨다. 게다가 초기 형태의 수학은 화폐가치를 글로 표현할 수 있도록 했으며, 초기의 재정과 상업기술(은행, 대부, 왕실 재산이나 종교 재산의 관리) 또한 화폐 표시를 합리화했다.

이러한 아주 일반적인 표시들은 인간의 노동에 의한 자연의 '재창조'가

얼마나 중요한가를 충분히 느끼도록 해준다. 인간은 사물의 교육자가 되지만 이 때문에 인간은 자기 작품의 창조자가 되기도 한다. 다시 말하자면, 인간은 스스로 그 입문자가 되는 이러한 새로운 환경의 반작용을 감수하게 된다. 인간은 간신히 전쟁과 정치, 기술을 통하여 세계 속에 일반성을 실현했다. 신화 구조는 도처에서 무너져내렸다. 하지만 이러한 뿌리뽑기와 뿌리내리기는 만약 정신적 도구가 기술적 장치와 동시에 발전하지 않았다면 가능하지 않았을 것이다. 지적이고 정신적인 보편성은 지리적이고 행정적인 보편성과 짝을 이루어 나타난다. 또한 동일한 사고와 동일한 초자연적인 단언이 제국의 영역 속에 포함된 잡다한 인간들을 통합시켜야 한다. 종교적인 복종이 정치적인 복종과 나란히 나타나게 된다.

제국의 종교가 특징적으로 보여주는 보편주의적 경향의 예를 하나만 들어보자. 그것은 기원전 1415년에서 1380년까지 통치했던 아멘호테프 4세 아크나톤이 이집트에서 시도했던 개혁이다. 거대한 제국을 물려받은 젊은 파라오는 이집트 만신전의 으뜸가는 자리를 이집트에서 전통적으로 내려오는 아몬 라Amon Ra에 대한 예배에서 태양신인 아톤Aton에 대한 예배로 바꾸고자 했다. 새로운 종교의 교의와 전례들이 우리에게까지 전해오고 있다. 어떤 역사가에 따르면, "왕의 의도는 다음과 같았던 것으로 보인다. 즉 그것은 이집트인이 한 도시에만 국한되거나 배타적으로 국수주의적 성격을 띠는 지역적인 신이 아니라, 자연의 기본적인 힘을 구현하고 있으며, 그리하여 보편적인 찬미를 불러일으키는 신을 찬미하도록 하는 것이었다." 누비아인과 시리아인조차도 태양 앞에서는 모두 평등한 이집트인이다. 모레는 계속해서 다음과 같이 지적하고 있다. "처음으로 왕은 자신의 백성들 곁에서 공통의 시혜자를 숭배하기 위해 이방인들에게 호소한다. 처음으로 종교는 다른 종족, 다른 언어, 다른 색깔의 인간들을 연결하는 관계로 인식된다. (……) 옛날에 파라오는 자랑스럽게도 이집트를 세상에서 유례없는 경이로 보았다. 지금 이집트의 지평은 문명세계의 한계로까지 확장되었다. 이제 만인은 태양의 아들이며, 파라오의 아들이자 신민이다."[3]

물론 아크나톤의 개혁은 그의 사후까지 지속되지 않고 곧 전통적인 믿음의 새로운 공격에 의해 침몰해버렸다. 하지만 그러한 시도는 이미 이루어진 혁명과 인간에 대한 새로운 척도를 드러낸다. 선사시대의 종말은 인식과 가치의 새로운 탄생을 불러왔다. 제국시대에 문명의 도래는 유대의식과 인간 통합에 대한 의식에 부합했다. 제국의 창조자들은 동시에 문명의 기준에서 인간의 집단적인 책임을 발견한다. 훨씬 나중에 그리스 세계는 스스로를 각각의 특수성을 넘어 원시인 자신들에게 부과되어야 할 문화적인 가치의 위탁자로 느끼게 된다. 그리스의 한가운데에 위치한 아테네는 도시연합과 해양제국의 맹주로서, 항상 고귀한 인간적 가치의 모범이 되려고 한다. 아테네는 그 정치적인 권력이 몰락하고 난 다음에도 오랫동안 교육적 역할을 수행하게 된다. 보편제국이라는 관념을 떠맡고 그것을 더욱 발전시키려 했던 로마는 나중에 정신적 보편성이라는 관심사를 재발견하게 된다. 로마는 그것을 아주 위엄 있는 방식으로 작동시켰고 그 결과 로마의 성공에 대한 기억은 후세 문명을 줄기차게 따라다녔다. 기독교로 개종한 이후의 로마제국은 중세 기독교세계와 정신적 로마세계의 중심이 된다. 한편 신성 로마제국은 라틴의 황제들과 야만인 샤를마뉴의 정치적 유산을 서유럽세계에 모으려고 노력하게 된다. 하지만 비잔틴 제국은 천 년 동안이나, 심지어 이슬람 문명의 영향에 굴복하게 된 순간까지도 동방제국의 관념을 유지한다. 나중에 '제3의 로마' 라 불리는 모스크바가 세워짐으로써 비잔틴 제국의 뒤를 잇게 된다.

그러므로 선사시대의 종말을 초래했던 인간 정신의 변환은 하루아침에 이루어진 것이 아니다. 동방제국의 출현(BC 3000)과 소크라테스의 죽음(BC 399) 사이에는 25세기 이상의 시간이 흘렀다. 오늘날 우리가 이해하고 있는 세계사 흐름의 절반은 보편성에 대한 인식과 개성에 대한 서구의 인식

---

3. 모레와 다비 Moret et Davy, 『제국시대의 종족들 *Des clans aux Empires*』, Renaissance du Livre, 1923, pp. 345~347.

을 분리시키고 있다. 이토록 기나긴 시간에 새로운 양식의 사고는 혼란스럽고 모순된 모습으로 신화적 재현의 뒤를 계승해왔다. 물질적 현실의 재창조는 정신적 영역에 대한 조직화를 전제로 한다. 자아와 세계는 서로 연루되어 있다. 그러므로 변화된 것은 전체의 모습이다.

지적이고 정신적인 새시대는 사람들이 우주생물학이라고 부르는 재현과 믿음의 총체와 부합하고 있다. 우주생물학은 우주적인 차원에서 사고를 도입한다. 우주생물학은 외양을 더 잘 조립하기 위해 그것들을 연결하고 체계화시키며, 참여와 소속이라는 아주 느슨한 관계를 비개인적이고 지적인 통제로 대체한다. 이러한 양태의 사고가 지닌 기본 성격을 도출시켰던 르네 베르틀로는 그러한 사유를 "천문학적 법칙의 관념과 동물 또는 식물적 삶의 관념의 상호침투"로 정의하고 있다. "한편으로는 모든 것, 심지어 하늘과 별들마저도 살아 있으며, 다른 한편으로는 모든 것은 수의 법칙, 즉 필연성의 법칙인 동시에 조화와 안정의 법칙인 주기적인 법칙(천체의 주기적인 운동, 계절의 규칙적인 변화, 해마다 있는 식물의 재생산을 지배하는 법칙)에 예속된다."[4]

이와 같이 우주생물학은 우주적 영역과 살아 있는 질서를 포괄하는 진정으로 보편적인 첫째 사유이다. 우주생물학은 직접적인 신화 읽기를 간접적이고 그만큼 더 일반적인 해석으로 대체시킨다. 법loi이라는 관념은 반성적 사유를 통한, 현실에 대한 진정한 소유의 중요하고도 결정적인 획득이다.[5]

---

4. 르네 베르틀로, 『아시아의 사고와 우주생물학』, Payot, 1949, p. 8.

5. 여기서 개체발생은 계통발생을 재생산하는 듯하다. 사실 왈롱Wallon에 따르면, 법칙이라는 개념은 사춘기의 심리적 전환을 특징짓는 기본적인 획득 중 하나이다. 왈롱, 「심리학에서의 법칙La Loi en psychologie」, 『과학과 법칙*Science et Loi*』, Albin Michel, 1933, pp.151~152 참조 : "사춘기에 이르기 전의 어린이는 특수하고 실제적이거나 즉각적으로 실현할 수 있는 것으로서의 관계를 포착할 수 없으며, 유사한 관계들 앞에서 어린이는 성공적으로 그 유추관계를 재빨리 포착하고, 심지어 그 관계들을 배열할 수 있는 것처럼 보인다. 하지만 어린이는 법칙에는 관심을 보일 줄 모를 뿐만 아니라 그 법칙의 우연한 적용마저도 상상할 수 없으며, 그러한 관계들의 일반성마저도 파악할 줄 모르는 것 같다. 이와 반대로 사춘기 소년소녀들은 법칙이 지닌 다소 본질적인 풍요로움을 발견하게 된다. 사춘

이성은 초월과 재통합의 능력으로 나타난다. 관념들은 자기 안에서 스스로 질서를 잡게 되고, 이와 마찬가지로 국가들도 이해할 수 있는 방식으로 조직화되며, 또한 전통적 제의와 주술적 실천들도 일관된 종교 속에서 재편성된다. 우주생물학은 제국의 척도가 되는 사고이다. 르네 베르틀로는 "아시아에서 제국의 개념과 우주의 개념 사이의 역사적 관계"를 지적하고 있는데, "보편제국이라는 개념은 일단 하늘과 땅을 단 하나의 유기적인 전체 속에 포함하는 독특한 우주라는 우주생물학적인 개념이 생겨나자마자 중국과 많은 다른 아시아 국가에서 나타났다."[6]

우주생물학적인 교의의 세부사항 속으로 연루된다는 것이 우리에게 문제될 수는 없다. 우주생물학적인 교의는 문명세계 전체, 다시 말해 근동지역(바빌론 문명과 이집트 문명)과 극동지역(인도 문명과 중국 문명)을 지배했다. 고대 그리스 문명 또한 이러한 교의를 받아들였으며, 사람들은 심지어 이러한 교의의 몇몇 양상들은 르네상스 시대와 현대 과학정신의 형성에 이르기까지 서구의 사고 속에 살아남아 있었다고 단언할 수 있다. 그러므로 이러한 개념들이 우리의 철학사와 문화사에서 잊혀졌던 것은 기묘한 일탈에 의한 것이다.

대략적으로 말해 우주생물학은 우주의 종합적인 통일성에 대한 심오한 직감에 의해 생기를 부여받았다. 태동기의 천문학 기법을 통한 천체의 규칙적 움직임에 대한 관찰은 인간 사유에 완벽하게 명료한 타당성의 모범을 제시하게 되는데, 그 모범은 단순하고 완전한 수적인 관계에 의해 드러난다. 이것이 바로 모든 진리의 원천이자 모범인 하늘을 신들의 고향으로 간주하게 된 이유이다. 바빌로니아 사람과 중국 사람으로부터 피타고라스와 플라

기에는 그 법칙을 더 잘 인식하거나 적용하는 것을 배우게 되는 동시에, 그 법칙이 현재의 경우에만 한정되어 있지 않고 실제적인 경험이 일어나는 시간과 공간의 일시적인 한계를 넘어서는 효율성을 갖추고 있다는 생각에 열광한다." 그러므로 한 개인의 일생에서 보자면, 선사시대에서 우주생물학으로 넘어간다는 것은 유년기에서 사춘기로 넘어가는 것에 견줄 수 있다.

6. 르네 베르틀로, 앞의 책, p. 289.

톤, 심지어 기독교 문명에 이르기까지 하늘의 재현은 신들의 체류지와 연결되어 있었다. 존재와 사물의 생성을 주도하는 것은 별들과 동일시된 하늘의 신들이다. 그들의 순환적인 움직임은 달력이 천문학과 전례를 통해 거의 모든 곳에서 그 움직임을 회복시키고자 하는 생성의 원천이기도 하다. 계절의 순환은 별들의 순환에 달려 있으며, 이와 마찬가지로 인간의 노동과 날들, 인간의 시간과 불행도 전체적으로뿐만 아니라 세부사항에서까지도 별들의 순환에 종속되어 있다. 그러므로 종교는 우주의 생성과 밀접히 연결되어 나타나고 있다. 즉 종교는 인간이 세계의 움직임을 정당화시키는 초월적 힘에 복종하도록 하는 제의적 규칙을 정의하는 것이다.

이러한 사변과 신념의 총체는 그 특수한 행보에 의해 그것을 자기 식으로 다시 취하게 되는 민중의 정신에 따라, 가변적일 수 있는 세상에 대한 개념의 핵심을 이루고 있다. 하지만 종교적이고 신화적인 또는 정치적인 왜곡을 넘어서, 사람들은 동일한 정신 구조와 현실적인 것을 다시 다루면서 유연해진 이성의 유사한 훈련을 재발견하게 된다. 법이라는 최초의 개념은 그 적용 영역이 정치학과 도덕뿐만 아니라 물리학과 천문학까지 포괄하는 초월적 현실로서 개입하게 된다. 게다가 이러한 요구는 인간뿐만 아니라 신을 동일한 지배하에 재편성하려는 경향을 띤다. 베다에 따르면, 리타rita라는 힌두교적인 개념은 하늘의 신들이 지키고 있는 비인격적인 우주 질서를 가리킨다. 이와 마찬가지로, 신학적 상상력이 훨씬 더 제한적인 중국인의 사고 속에서 우주에 내재한 독자적이고 비인격적인 생생한 힘은 도(道)로 규정된다. 우리의 시대가 시작되기 수세기 전에 한 중국인 저술가는 다음과 같이 적었다. "하늘의 태양 속에서 드러나고 있는 도는 여전히 인간의 가슴 속에서도 드러나고 있다"[7] 사람들은 그리스인들 역시 자신들이 모이라Moira

7. 구안 츠Kouan Tse, 르네 베르틀로, 앞의 책, p. 111에서 재인용. 「시편」에서 히브리 종교 역시 신적 존재에 대해 이와 마찬가지의 통합적 의미를 보여주고 있다: "하늘은 신의 영광에 대해 말해주고 있다(……). 영원한 자의 법은 완전하며 영혼을 회복시킨다(「시편」 XIX, v. 2 et 8, 스공Segond 역). 이것은 이미 도덕적 법칙과 별이 빛나는 하늘 사이에서

라는 이름으로 부르고 있는 인간과 신에게 부과된 일종의 운명의 법칙을 인정했음을 안다. 이렇게 해서 전체적인 인과론의 원칙이 확립되는데, 그 확장 영역은 현실 전체와 일치한다. 수천 년 동안이나 정밀과학처럼 펼쳐지게 될 점성술은 우주의 근본적인 명료함이 보여주는 여러 가지 양상들 중 하나를 나타내는데, 인간적인 사건들도 물질적 생성과 동일한 규율에 예속된다.

그러므로 보편성에 대한 의식은 결국 전체적 현실의 상호연대와 상호침투의 확인으로 이어지는데, 연금술이라고 하는 또 하나의 원초적 과학은 이러한 연대와 침투를 기초로 하게 된다. 결국 새로운 우주는 충만하고 닫힌 전체로 드러나게 되는데, 그러한 전체는 그리스인들 사이에서 고정된 천체의 영역에 의해 제한된다. 그리하여 신화적 세계를 지탱하는 별이라는 존재론적이고 변하지 않는 반복의 인과론이 새로운 도식으로 대체된다. 이러한 관점을 체계화시킨 아리스토텔레스는 이 점에 대해 다음과 같이 분명하게 말하고 있다. "이 세계는 어느 정도 필연적으로 더 높은 세계의 국지적인 움직임과 연결되어 있다. 그래서 이 세상에 거주하는 온갖 힘은 이러한 움직임에 의해 지배된다. 그러므로 모든 천체들의 운행 원칙이 되는 이것을 사람들은 최초의 원인으로 간주해야 한다."[8]

그러므로 세상의 명료한 변천과 진리 속에서의 일종의 진보, 움직임의 정당화 현상이 존재하게 된다. 이것은 신화적 원형의 영속적인 재확인에 의해 그 자리에 응고된 선사적인 인식과의 단절을 확실히 하고 있다. 작동되기 시작하는 것은 인간 이성 그 자체로서 이것은 자신이 갇혀 있는 보수주의에서 벗어난다. 하지만 그렇다고 해서 우주생물학적인 인과론이 초월적인 지시 대상에서 벗어나 있는 것은 아니다. 모든 인과론의 신적 원천인 별들의 완벽하고 명료한 움직임이 순환적이기 때문에, 생성 전체는 동일한 리듬을 따르게 될 것이다. 신화시대의 반복은 어느 정도 동원된 상태이며 시간 속

칸트가 포착한 유명한 상응이다.

8. 아리스토텔레스, 『대기 현상 *Météores*』, 제1권, 제2장, 뒤엠Duhem, 『세상의 체계 *Le Système du monde*』, 제1권, Hermann, 1913, p. 164에서 재인용.

으로 팽창되어 있지만, 영원회귀라는 새로운 단언 속에는 여전히 무언가 존속하고 있다.

아리스토텔레스는 또한 다음과 같이 쓰고 있다. "세대는 필연적으로 순환한다. 그러므로 세대는 주기적으로 재생산될 필요가 있다. 만약 어떤 것이 이 순간에 있어야 한다면, 전에도 필요했던 것과 마찬가지로 이 순간에도 필요한 것이기 때문이다. 또한 어떤 것이 지금 존재한다면, 그것은 미래에도 반드시 재생산되어야 하며 이런 식으로 무한히 지속된다. 왜냐하면 동일한 것이 두 번에 걸쳐 되돌아오는 상황에 대해 우리는 아무런 차이 없이 무수한 귀환에 대해서도 똑같이 반복해서 말할 수 있기 때문이다. 그리고 이것은 이성에도 부합하는데, 천체의 운동과 같은 다른 운동은 우리에게 주기적이고 영원한 것으로 나타나기 때문이다. 그러므로 필연적으로 이 운동의 모든 특성과, 운동에 의해 생겨나는 모든 결과들은 똑같이 주기적이고 영원하다. 사실, 주기적이고 영원한 운동에 의해 작동되는 어떤 물체가 이제 다른 뭔가를 움직인다면 이러한 물체의 움직임 또한 주기적이어야 할 것이다."[9]

이 텍스트는 우주생물학적인 사고의 합리적 구조를 매우 정확히 규정하고 있다. 그후부터 우리는 신화적 의식에 관한 고유한 무상의 확인으로부터 아주 멀어져 있다. 명료함의 규범이 확립되었는데, 현대 사고에 대해 그 규범은 지나친 것으로 보인다. 별의 주기성이 보여주는 초월적 자발성은 현실 전체를 순환적인 생성 속으로 이끌어간다. 어떤 한 시기가 끝날 무렵 천체가 자신의 최초 형상을 재발견할 때, 모든 사물들 또한 정확히 자기 최초의 자리에 다시 있게 되는데, 그로써 동일한 존재와 동일한 상황이 되는 것이다. 그러므로 인간의 시간은 진정한 의미에서 존재론적인 통제를 벗어나지 않게 된다. 영원회귀라는 닫힌 시간 속에서 별의 예정론이 실현되는 것이다.

---

9. 『발생과 퇴화 *De Generatione et Corruptione*』, 제2권, 제11장, 뒤엠, 앞의 책, pp.164~165에서 재인용.

우주생물학적 의식 속에서 다양한 이름으로 지칭되는 '대년(大年)Grande Année' 의 지평은 유사한 혁명에 의해 분리되는 동일한 시대의 연속을 무한히 다시 가져오는데, '혁명' 이라는 단어 자체도 천문학적인 어휘에서 생겨난 것이다. 여러 가지 다양한 이름으로 불리는 이런 종류의 개념들은 거의 도처에서, 즉 바빌론 지역, 인도 지역, 심지어 멕시코 지역과 고대 그리스·로마 지역에서도 나타난다. 로마인이 다시 사용하게 된 '세기' 라고 하는 에트루리아어의 개념은 천문학적이고 우주생물학적인 기간을 가리키는 것이었다. 그런데 그 기간이 끝날 무렵, 모든 사물들은 아우구스티누스 황제가 복원시키고자 했던 세기적인 놀이와 제의 전체를 집행하고 난 다음에 다시 시작됐다.

그러므로 우주생물학은 종(種) 차원에서의 사고를 제국 차원에서의 사고로 대체시킨 것이다. 지적 차원에서 보자면, 우주생물학은 인간 현실의 정치적·사회적·경제적인 조직화 과정 속에서 일어나는 변화와 부합한다. 그것은 또한 인간 지식의 추상적인 구조로서 보편성과 합리성의 도래를 확고히 한다. '타자' 를 '동일자' 로 환원시키고 외양을 관념적인 것으로 환원시켜버린 현상은 천문학이 형성되는 가운데 최초의 승리를 구가한다. 그런데, 여기서 숫자는 신화적 재현의 우연과 환상을 제거해버린다. 피아제가 연구했던 어린이처럼 원시인은 달이 자기를 따라온다고 믿었다. 우주생물학의 시대에는 행성의 운항이 인간 욕망에 달려 있었던 것이 아니라, 인간 정신이 해독할 수 있는 것으로 드러난 어떤 규범에 달려 있었다. 최초 과학의 존재론적인 축성은 세계 질서에 대한 의식의 효율적 장악이라는 발견에 대한 놀라움을 반영하고 있다. 하늘의 별들이 묘사하는 수학적 관계가 누리는 교의상의 지위 격상이 생겨나는 것은 바로 여기서이다. 그 규범은 신격화되어 있다. 리타, 모이라, 도 등은 신화학적인 얼굴이 없는 이러한 법칙과, 신들 자체를 자신의 규칙에 예속시키고 비인격적인 합리성이 지닌 특권을 드러내주는 운명의 의미를 가리킨다.

그러므로 인간의 지적 영역은 무한히 확장되며, 사고 영역과 행동의 가능성은 선사시대에 그것들이 지니고 있던 것과는 비교할 수도 없게 된다. 서구의 전통에 입각해서 스토아 학파의 현자들이 주장하는 것처럼, 인간은 스스로를 세계 시민으로 인식한다. 하지만 존재론적인 해방이 완전히 이루어진 것은 아니다. 세계의 공간이 고정된 별들로 이루어진 궁륭에 의해 닫혀 있는 것처럼, 영원회귀는 시간의 지평을 한정한다. 결국 신화시대에 인간의 범주를 지배하던 초월적인 범주들은 여전히 존속하고 있다. '대공간'은 별들의 하늘이 되었으며, 여기서 바로 이승세계의 원인과 결과가 흘러나오는 완전한 창의력이 달성되는 것이다. 이와 마찬가지로 '대시간'은 인간적인 사건들의 순환적이고 영원한 원칙인 천체의 예정론 속으로 자리를 옮기게 된다.

그러므로 인간의 존재론적 위상은, 개인에게 일종의 소외를 초래할 위험이 있는 초월적 가정과 인간적인 결정의 공허함에 대한 숙명론적인 인식에 의해 조건지어지게 된다. 인간의 땅은 여전히 진리의 장이 아니다. 하늘의 철학을 땅으로 내려오게 하기 위해서는 새로운 발명품이 필요할 것이다. 그럼에도 불구하고 엄청난 진보는 이미 이루어졌다. 우주생물학이 역사에 대한 부정을 가정하고 있기는 하지만, 그것은 이미 최초 과학의 실현인 것이다. 우주생물학은 인간의 확실한 자율성을 인정한다. 인간활동은 인간이 점점 더 근본적으로 소유하게 된 대지의 얼굴을 개량하고 있다. 제국 설립자의 군사적일 뿐만 아니라 기술적인 위대한 활동들이 이러한 해방을 증명한다. 대지는 점점 더 그 위에서 자신들의 입지를 공고히 하고 있는 인간의 것이 되어가고 있다. 우주생물학의 새로운 과학과 예지는 그것이 구축되는 과정에서 새로운 인간의식과 더불어 나타난다. 제국시대가 거의 끝나갈 무렵, 물리적 법칙만큼이나 비개성적인 도덕 법칙이라는 관념, 즉 인간의 도덕적인 지향이라는 관념이 오늘날까지도 끊임없이 그 영향력을 파급하는 현자들에 의해 기원전 5, 6세기경에 거의 동시에 형성되었다. 석가, 공자, 소크라테스가 인류의 새로운 양식을 제공한 것이다. 곧이어 예수라는 인물이 나타나서 동서양의 정신성을 단 하나의 가치 속으로 통합하게 되는데, 그 가치는 2천 년간의 역사 속에 깊이 각인되어 오늘날 우주의 기본적인 요인들 중 하나로 남아 있다.

4. 개성의 발견—소크라테스의 혁명

제국의 탄생에 의해 특징지어지는 정치적·기술적·사회적 혁명은 우주 속에서 인간 최초의 입지를 단절시켰으며, 선사시대의 고정적이고 단편적인 삶의 양식을 문명이라는 거대하고 움직이는 지평으로 대체했다. 그와 동시에 신화적 의식의 특징인 단기적 사고는 추상적인 담론세계에 자리를 넘겨주게 되었다. 그 세계는 인간에 대해 구조들의 층위에서, 혹은 구조들의 구조의 층위에서 조작 가능성을 증가시켜주며 범주적인 행동을 가능하게 해주는 세계이다. 또한 그 세계는 존재와 사물에 대한 참여가 원시인들의 세계에서 유지하던 매몰 상태에서 벗어난 세계이다. 사람들은 일종의 실존 팽창과 일반화를 목도하게 된다. 법이라는 관념의 출현은 합리적 필연성의 새로운 의미를 가리킨다. 그것은 신화적 선례의 정당화될 수 없으며 감정적인 요구와 대체된다. 이와 같이 정치 권력의 확장과 관련된 법이라는 개념은 여전히 물리적·도덕적·정치적인 차원에서의 세계 내적 존재의 전체성에 신적인 절차를 부과하는 일종의 초월적인 독단론을 표현하고 있다. 가령 함무라비 법전이나 모세의 율법은 신에 의해 인간 입법자에게 주어진 것이다. 그렇지만 여전히 중요한 것은 문자로 씌어지고 공식적으로 공포되어 조상의 전통을 대신하게 된 법전이다. 새로운 법은 왕의 신하들이나 제국의 거류민들 각자의 사법적 조건을 규정하고 있다.

이와 같이 성문법에서 원시사회의 공동 구성원들은 타인과 구분되어 있으며 타인과의 관계가 보편 양식에 의해 체계화되어 나타나는 법적인 주체로 대체된다. 그러므로 일반성에 대한 표현으로서의 법은 개성을 창조하는 것이다. 보편성과 개성은 다 함께 제국시대의 인간에게 알맞은 새로운 구조로 나타난다. 게다가 이러한 유대관계는 사람들이 함무라비 법전이나 모세의 율법에 대해 이야기한다는 단순한 사실 속에서도 아주 분명하게 드러나고 있다. 입법자는 스스로 신의 대리인에 불과하다고 자임했지만, 그는 적어도 역사 속에 남아 있는 이름을 지니고 있다. 그는 신화적 영웅이 아니라 역사적 인물이다. 이집트에서도 마찬가지이다. 즉 이집트에서 피라미드를 건축한 사람들은 자신들의 작품 속에 하나의 이름을 남겨두었다. 그리고 아멘호테프 4세 아크나톤이라는 이름은 그가 시도했던 종교적인 재조직화 작업과 결코 분리될 수 없다. 그와는 반대로, 공유 상태의 선사시대는 우리로 하여금 인간의 집합만을 보도록 하는데, 그 집단 속의 어떤 개인도 고유한 자기 이름을 지니고 있지 않다. 우리가 개인화된 이름을 다시 포착하게 되는 과거의 순간 역사가 시작된 것이다.

그러므로 역사 속으로의 진입은 자아의식의 도래와 연결된다. 개인은 자신의 고유한 능력과 능률을 발견하게 된다. 신화라는 초월적인 뿌리내리기에서 떨어져나온 인간은 사물의 수준에서 무엇인가를 변화시킬 힘을 갖게 된다.

이것이 바로 역사적 인간이 자신에 대해서 증언하고 그 의미를 영속화시키기 위해 어느 정도 자신의 단언을 기록하고자 하는 새로운 욕망을 경험하게 되는 이유이다. 역사적 의도는 단지 과거의 주석에만 적용되는 것이 아니다. 그것은 역시 미래와도 연결되어 있다. 역사적 의도는 후세에 얼굴을 전달하려는 배려이다. 그런데 그 얼굴은 단지 신적인 조상의 얼굴을 반복하는 것만이 아니라, 사람들이 아직 본 적도 없고 앞으로도 보지 못할 뭔가를 그 안에 지니고 있다. 자신의 재능을 의식하고 있는 위대한 인물은 그 혜택을 물려주게 될 기념물이나 제도 속에서뿐만 아니라 자기 특징을 불사의 것으로 만들어주는 조각과 부조의 형태로 장차 다가올 세대에 자신을 바친다. 이렇게 해서 개인적인 존속을 위한 배려가 전개되는데, 그러한 배려는 장례식을 위해서뿐만 아니라, 오귀스트 콩트가 인류에게 혜택을 베푼 자들에게 약속한 주관적인 불멸의 의미 속에도 존재한다.

경험적 실존의 한계를 넘어선 이러한 자기 확인은 역사의 탄생과 부합하고 있다. 통치자는 사후의 영광을 바라면서 자신의 고귀한 업적에 관한 이야기를 편찬하게 한다. 고대 그리스·로마 시대에서 볼 수 있는 것처럼, 텍스트 자체가 기념물 속에 새겨지기도 한다. 자신에 의한 존재증명 이상으로, 그리고 동판, 돌판, 혹은 대리석판에 나타나는 서명 이상으로 역사적 인간의 고유한 특징인 모범이 되고자 하는 의식을 더 잘 표현하고 있는 것도 없다. 이처럼 자신의 말과 업적을 영속화시키고자 하는 사람과 후세를 위해 자신의 조상이나 흉상을 세우는 사람은 이미 자신을 다른 무리와 대립시키는 유일성을 느끼게 된다. 그는 자신을 독특한 존재로 인식하며, 다른 모든 사람들과 같지 않다는 사실을 영광스럽게 생각한다. 이러한 태도는 이미 수많은 익명의 무리 속에서 역사적인 기념물 위에 자신의 흔적을 남기려 하는 현대 여행자의 태도에서도 볼 수 있다. 이처럼 초라한 낙서 역시 황제들의 비문과 같은 자기 확인의 서원, 그와 동일한 지속의 욕망에 부합한다. 어쨌든 자기를 의식하게 된 인간은 역사의 벽에 자신의 이름을 남기려 한다.

역사적 인물은 문학가들처럼 사후에도 살아남기 위해 글을 쓴다. 그는 그 현실성이 신화적 인간에게는 실재하지 않았던 죽음의 존재를 알기 때문이다. 이 점에 대해서 고대 그리스·로마 시대의 위대한 역사서에 나타나는 다음과 같은 첫머리만큼 감동적인 것도 없다. 거기에는 이렇게 적혀 있다. 즉 "투리오이의 헤로도토스는 여기 다음과 같이 자신의 연구를 기록한다. 그것은 인간이 행한 것들이 시간과 더불어 기억 속에서 사라져버리지 않도록 하기 위함이다." "아테네의 투키디데스는 어떻게 해서 펠로폰네소스인들과 아테네인들이 전쟁을 벌이게 되었는지를 묘사했다. 그는 그 전쟁이 대단히 중요하다고 생각하고 그 기원부터 다시 되짚고 있다." 인간 행동에 의해 제시되는 흥미에 대한 인식은 기억의 불안정함에 대한 느낌과 연결되어 있어서 이러한 죽음은 일반적인 죽음을 넘어선다. 신화적인 반복의 비개성적 초월성 속에서가 아니라 사람들이 자신에 대해 가지는 증언의 존속 속에서, 삶을 넘어서는 삶을 위한 자기 확인의 필요성은 바로 여기서 생겨나게 된다. 결국 몽테뉴나 루소는 현대인의 선구자로서 아우구스티누스의 『고백론』을 비개성적으로 만드는 기독교적 독단론을 넘어서려 했다. 그들에 따르면 개인은 역사적 인물이라는 위상을 소유하게 되며 일상의 아주 세밀한 부분에 관해서도 자신의 입장을 확인할 가치가 있다. 개인은 모범적이며 힘있는 위인이다. 문학적이거나 예술적인 불사성은 왕들의 배타적이고 신적인 권리에 종말을 고한 운명의 민주화 과정 속에 나타나는 인권 중 하나이다.

오늘날 선사에서 역사로의 지적 이동은 정신세계 속에서 이러한 변화를 묘사할 수 있었던 증인들 앞에서 다시 이루어졌다. 물론 현대인의 관찰은 최초의 상황과는 다른 상황으로 나아가고 있다. 즉 현대인의 관찰을 통해 우리는 원시문화와 이미 구축되어 있는 서구문명 사이의 접촉을 볼 수 있다. 도착점이 미리 주어져 있지 않았을 때, 그리고 자신의 원천으로 환원된 선사시대의 인간이 더듬거리면서 새로운 세계를 향한 돌파구를 찾을 때, 진화는 훨씬 더 오래 걸렸으며 어려웠다. 하지만 최근의 관찰은 어떤 지표와 명료함의 요소를 제공할 수 있다.

레비 브륄이 원시인의 정신세계에 대한 뛰어난 목록을 작성하면서 무엇보다도 전(前) 논리적인 정신세계를 실증적인 사고에 대립시키려는 데 관심을 기울이고 있음을 확인하는 것은 아주 흥미롭다. 단절이 두드러지게 드러나고 있지만 하나의 '상태'에서 다른 상태로의 이동은 문제가 되지 않는다. 레비 브륄은 진보가 집단적인 것에서 개념적인 것으로 이루어져야 한다는 것을 지적하는 데서 만족하고 있다. 원시적인 정신세계가 물러나기 위해서는 "집단적인 재현이 개념적인 형태로 나아가야 하며, 또한 그것으로 족하다. (……) 어떤 신비적인 사전관계의 불합리가 느껴지고 부과되는 것은 존재와 사물에 대하여 충분히 정의된 개념들이 형성될 때이다. (……) 개념들이 스스로 한정되고 고정되고 분류될수록, 이러한 관계를 전혀 고려하지 않는 단언은 더욱 모순적으로 보인다. 이와 같이 정신의 논리적인 요구는 개념의 한정과 더불어 성장한다. 그러한 개념에 대한 한정 자체는 집단적 재현의 신비로운 사전관계가 약해지는 것을 조건으로 한다."[10]

여기서 논리적 과정에 대한 지적은 어떻게 해서, 그리고 어떤 이유로 신화의 구속 원칙이 수천 년 동안 침체되어 있다가 어느 날 갑자기 떠올랐는지를 짐작하도록 해주지 않는다. 그리고 이러한 지적은 왜 신화적 구속력이, 세상의 다른 지역은 오늘날까지도 독단론의 수면에 빠져 있는데도 불구하고, 전세계적인 범위에서가 아니라 지구의 특정 지역들에서만 이루어지게 되었는지에 대한 어떠한 실마리도 제공해주지 않는다. 선사시대가 모든 곳에서 동시에 끝나지 않았다는 단순한 사실에서 보는 것처럼, 문제는 인간 사고의 본질적인 변화가 아니라 어떤 하나의 우연한 사건이다. 이 우연한 사건은 어떤 특정한 역사적 순간에 어떤 상황들과의 만남에서 발생한다. 그것만이 유일하게 전통의 통제를 벗어남을 고려할 수 있으며 또한 그것을 통하여 신화적 반복이라는 사악한 순환에 갇혀 있던 인간 정신이 어느 날 몰래 빠져나와 인식의 모험으로 몸을 던질 수 있었다.

사실, 집단적 사전관계에서 개념으로의 이동은 새로운 권력의 확립에 부합하고 있다. 정치적인 측면에서 볼 때, 선사시대의 족장은 그 구조가 우주적 전례를 지배하는 신화의 권력을 구현하기만 하면 된다. 그와는 반대로 역사시대의 왕이나 황제는 확실한 개성과 창조적인 능력을 소유하고 있으며, 전통의 분산된 힘을 자신의 내부에 집중시키고 있다. 마찬가지로 사람

10. 레비 브륄, 『하위사회에서의 정신적 기능』, Alcan, 제9판, 1928, pp. 445~447.

들은 반성의 새로운 힘이 원시적 참여의 통합을 대신하게 된다고 말할 수도 있다. 혹은 개념의 도래는 사고의 질서 속에서 개인적 속성의 탄생에 메아리치게 되는데, 그 개인적 속성은 사회 구성원에 따라 땅의 윤곽을 한정한다. 지적(地籍)의 한정은 지적(知的) 한정과 동일한 정신연령을 지닌다.

이러한 새시대의 사고는 공동체에서 객관성으로의 이동을 확립한다. 진리의 의미 자체가 변화한 것이다. 즉 진리의 가치 기준을 상호동의, 전통에 입각한 무언의 일치에 두는 것이 아니라, 이제부터는 의식적 객관성과 비개성적 타당성이라는 의미를 취하게 되는 것이다. 그런데 에세르티에가 아주 정당하게 지적하고 있는 것처럼, 여기서 비개성과 개성은 짝을 이루고 있다. "어떤 제안에서 나타나는 진리 속에 연루된 비개성은, 그것을 발견했거나 그 원인을 완전히 인식하고 그것을 말하는 사람에 대하여 개성의 가장 고귀한 펼침과 집단적인 사고방식에 대한 가장 완전한 해방을 전제로 한다. 진리를 찾고 거기에 도달한 사고는 반성하는 사유인데, 그것은 곧 사고가 자신으로 집중되고 되돌아옴을 의미한다."[11] 이와 같이 개념 속에서 보편적 진리를 발견한다는 것은 개인생활의 발견을 전제로 하고 있다. 게다가 에세르티에가 밝힌 신기한 역설에 의해 진리의 전령으로서의 개인생활은 출현하자마자 곧 사라져버린다. 왜냐하면 집단적 재현에 대립되는 진리는 주관성이나 자신으로의 후퇴나 자유의지가 아니라, 우선 생각하는 주체의 복종까지도 요구하는 이해 가능한 규범에 대한 복종이기 때문이다. 에세르티에는 다음과 같은 점을 강조하고 있다. "진리는 자기 자신을 망각할 줄 아는 사람에게만 접근이 허용되며, 자기 망각은 강한 개성의 소유자에게만 주어진다."[12]

그러므로 보편성과 개성이 동시에 도래하게 된 것은, 공동체 신화의 외면성에서 초월적인 지시 대상으로 이해되는 자기 인식의 내면성을 향한 존재

11. 다니엘 에세르티에Daniel Essertier, 『하위의 설명방식 *Les Formes inférieures de l'explication*』, Alcan, 1927, pp. 267~268.
12. 같은 책, p. 268.

론의 전이와 일치하는 것 같다. 이러한 코페르니쿠스적인 혁명은 서구의 전통 속에서 소크라테스의 코기토에 대한 확인에 의해 상징화되는 것처럼 보인다. 물론 이러한 관점은 약간은 단순화된 것으로 보일 수 있다. 즉 이러한 관점은 사용에 의해 확인되고, 소위 '그리스의 기적' 에서 일종의 절대적인 시작을 보고자 하는 양식화에 부합하고 있다. 그런데 한편으로 사람들은 소크라테스에 관한 전설이 정확하지 못하다는 사실을 알고 있다. 그리고 다른 한편으로는 우리가 제국시대에 대해 이야기한 것은 다음과 같은 사실을 드러내기에 충분할 것이다. 즉 만약 기적이라는 것이 있었다면 '그리스의 기적' 은 아마도 문명사에서 그보다 더 결정적인 다른 여러 기적들을 뒤따른 것이다. 이집트의 거대한 피라미드와 소크라테스 사이에는 2000년 이상의 간격이 존재하는데, 그 2000년이 흐르는 동안에도 문명은 끊임없이 진보해 왔다. 제국들과 기념물과 제도가 세워지는 동안에도 인간 정신이 무기력 상태에 있지 않다는 것은 의심할 바 없다. 그러므로 소크라테스는 헬레니즘 문명 이전의 야만 상태나 '소크라테스 이전의' 혼란에 대한 천재적인 청산자가 아니라, 차라리 이미 천 년을 지속해온 전통의 상속인으로 보인다. 철학의 역사는 이따금 생성의 연속성을 단절시키고 어떤 전환기를 표시해주기 위해서 몇몇 에피날Epinal[2)]의 이미지들을 필요로 한다.[13] 그러므로 우리는 아무런 환상을 품지 않고도 이러한 교육학적인 협약을 수용할 것이다. 또한 우리는 전통에 따라, 무에서 나온 것이 아니며 게다가 다른 문화 영역에서 놀랍게도 공존하게 된 발명에 대해 오로지 소크라테스에게만 경의를 표하게 될 것이다. 사실 우리가 이미 지적한 대로 공자와 석가도 소크라테스와 거의 동시대인이며, 소크라테스의 혁명과 어떤 유사성을 가지는 영적 혁명의 모범적인 주창자이다.

---

2) 프랑스 보주 주(州) 보주 현의 주도(主都). 1870년 이후 수차례 독일에 점령당했다.

13. 혹자는 소크라테스의 역할에 대한 불연속적 해석을 발견하게 된다. 조르주 바스티드 Georges Bastide, 『소크라테스의 역사적 순간 *Le Moment historique de Socrate*』, Alcan, 1939.

그러므로 서구 예지의 최고봉인 소크라테스는, 인간에 대한 단언으로부터 우리에게 도달한 반영을 통해 보자면, 자신으로 돌아간 사람 혹은 차라리 자신으로부터 출발한 사람으로 보인다. 또한 그는 고독과 의심의 인간이었으며, 당연시되던 집단 재현의 통치에 종언을 고하고 자유로운 검토를 지지했던 사람이었다. 가장 전통적으로 축성되는 신화는 토론에 입각하여 신화를 다루면서 그 속에서 진리의 표시를 재발견하려는 주석에 질료 구실을 한다. 신화를 공동체적 실존의 구조 자체로 삼았던 사회규약은 이렇게 해서 파기되었다. 소크라테스는 구성원 전체가 만장일치로 받아들이는 전통의 외적인 권위를 반성이라는 우회를 통해서 확인되는 권위로 대치시킨 것이다. 게다가 신화는 수천 년 동안 유지되어온 질서와 인간과 사물과 신의 화합을 파괴하는 신성모독에 대항해서 자신을 방어하게 될 것이다. 소크라테스는 이러한 불복종에 대한 본보기로 죽음으로써 그 대가를 치렀다. 왜냐하면 어느 누구도 인간을 국가에 연결시키고 있는 집단계약을 폐기할 권리를 지니고 있지 못했기 때문이다. 사형수 자신도, 아무리 부당하다고 생각해도 법을 준수해야 하기 때문에 도망하기를 거부함으로써 그 사실을 인정하고 있다.

그러므로 소크라테스를 원시 신화체계를 청산한 사람으로 볼 수 있다. 물론 이러한 동일화가 편리한 점은 있다. 하지만 좀더 가까이에서 보자면 이러한 동일화는 사실에 배치되는 것으로 드러난다. 사실 소크라테스가 신화시대에 종말을 고한 것은 아니다. 그의 시대에도 신화의 통치라는 것은 더 이상 존재하지 않았다. 소크라테스는 기원전 399년에 죽었다. 하지만 소포클레스와 에우리피데스는 그보다 앞선 기원전 406년에 죽었다. 투키디데스는 기원전 399년에 『역사』를 썼고 그것은 기원전 397년 이전에 나왔다. 그런데 소크라테스가 어린 시절 볼 수 있었던 소포클레스나 투키디데스, 에우리피데스의 초기 비극 작품들 또한 신화가 문학으로 타락해가는 현상을 분명하게 보여주고 있다. 이제부터 신화는 아테네의 위대한 작가들의 창조적인 상상력에 의해 주어진 아름다운 이야기나 전통적인 주제에 불과하게 된다. 소크라테스의 적이자 보수주의자인 아리스토파네스[3]조차도 신화학을 불경(不敬)에까지 이를 정도로 자유롭게 다루었다. 또한 자신의 동료들과 함께 헤르메스 상을 파괴한 젊은 알키비아데스[4]는 공동체생활의 조화를 보장해주었던 집단 구조가 이미 붕괴되었음을 우리에게 아주 잘 보여주고 있다. 사실, 소크라테스는 자기 시대의 교양인이 생각하고 있는 것을 겉으로 표현하기만 했을 따름이다. 아마도 그는 시대의 불행과 불운이 지나간 질서에 대한 향수를 불러일으킨, 사회의 불량한 양심에 대한 속죄양 구실을 한 것이다. 하지만 소크라테스의 혁명을 원시적 정신세계에 대한 작별로 본다면, 이러한 혁명은 소크라테스가 나타났을 때 이미 달성되었다고도 말할 수 있다.

그런데 이러한 조건 속에서 왜 소크라테스의 얼굴이 우리가 인정하고 있는 본보기로서 강조되고 있는가, 그것도 그가 살았던 시대부터 그렇게 되었는가 하는 의문이 제기된다. 그것은 소크라테스라는 한 인간의 독특한 순수함이라든가, 제자들의 숭배, 제자들의 재능만으로는 충분한 설명이 되지 못한다. 소크라테스의 작품은 단지 비판적이기만 한 것이 아니다. 오히려 그것은 무엇보다도 긍정적이다. 전통에 대한 거부, 특히 낡아빠진 전통에 대한 거부는 그 전통의 권위를 새로운 권위로 대체시킬 것을 주장하지 않는 만큼 오랫동안 심각한 결과를 초래하지 않았다. 이것이 바로 소크라테스가 집단 재현의 적대자가 아니라 오히려 이성의 창시자가 된 이유이다. 소크라테스의 개혁은 단순한 반란이 아닌 권력 이양으로 드러나고 있다. 비순응성은 새로운 가치들을 알려주는 요구의 이면에 불과하다. 여기서 의문을 제기하는 사람은 분명 확신에 찬 사람이다.

소크라테스의 대화기법에 따른 개념들의 정의는 대화 상대자를 전권을 가지고 진실과 허위를 단정짓는 권위로 되돌리거나 자신의 가장 깊은 곳으

3) Aristophanes(BC 450~386): 고대 그리스의 희극작가, 시인.
4) Alkibiades(BC 450~404): 고대 그리스의 장군, 정치가.

로 되돌린다. 진리는 개인 속에서 드러나는 것이지 공동체 속에서 드러나는 것이 아니다. 인간이 토대가 되는 것은 "우리가 사물 각각의 진실성을 알게 되는 것이 단지 우리 자신을 통해서이기" 때문이다(『파이돈』, 67a). 여기서 변증법은 사유에 내재되어 있다. 집단의식은, 각 개인 속에 자리잡고 있는 상식이며, 다른 의식이 추적하며 축소시키는 수동적이고 습관화된 명증(明證)함의 지배이며, 각자가 자신의 몫을 가지고 소크라테스의 산파술에 의해 해방되는 양식이다.

상식에서 양식으로의 이동은 소크라테스의 혁명을 아주 정확히 정의하고 있다. 이제부터 반성적인 개성이 우주의 중심으로 나타난다. 개성은 변덕이나 의지와는 구별되는 권위를 구현한다. 소크라테스는 무정부주의자가 아니라 법을 준수하는 인간이다. "너 자신을 알라"라는 소크라테스의 금언은 인간적인 필연성의 기원으로서의 코기토가 갖는 근본적인 필연성만을 의미한다. 철학이 하늘에서 땅으로 내려오는 것은 우주창조에 대한 사변이 개인의 확인에 의해서만 그 의미를 지니게 되었기 때문이다. 인간은 이제 별 속에서 운명을 읽으려 하기 전에 이성과 자유에 대한 의문을 제기해야 한다. 일심에서건 항소심에서건 필연성의 자리를 차지하는 것은 개인성이다.

이와 같이 모든 규범의 토대이자 원천으로서의 의식의 자율성에 대한 발견은 역사가 시작된 이래로 계속되어온 문명의 진보를 완수한다. 의식은 일반성과 개성을 연결하는 관계의 파악이다. 변증법적 사유에 의해 실현된 연마를 통하여 진리는 집단적인 계약체제에서 개인적인 약속체제로 이동한다. 이해 가능한 규범 아래서, 그리고 개인적인 것과 보편적인 것의 상호관계 속에서 이성의 도래에 최고권을 부여하는 인간정신의 새로운 시대가 도래한 것이다.

5. 합리적 지식의 탄생

소크라테스의 혁명에 어떤 결정적인 성격을 부여한다면 그것은 당연히 조잡한 실수가 될 것이다. 자연과 마찬가지로 인간의식도 갑작스럽게 도약하는 것이 아니다. 소크라테스의 우화는 계속적인 생성 속에서 어떤 분기점을 표시하도록 한다. 신화적 의식이 결정적으로 청산된 것이 소크라테스의 시도에서 출발했다고 보는 것 역시 터무니없는 일일 것이다. 레옹 브룅슈비크는 가령 『서구철학에 나타난 의식의 진보*Le Progrès de la Conscience dans la Philosophie occidentale*』나 『지성의 시대*Les Ages de l'Intelligence*』 등과 같은 책에서 소크라테스의 코기토에서 싹튼 합리성에 대한 약속이 얼마나 작동되기 어려운 것이었는지를 잘 보여주었다. 수천 년 동안 학자들과 철학자들은 최선을 다해 소크라테스가 지적한 진보의 선을 따라 작업해왔다. 하지만 그들 자신과 관련해서 어떤 지체 현상, 혹은 신화적 잔재의 균형추가 그들의 확언의 어떤 양상들 속에서 여전히 발견된다. 아마도 소크라테스의 혁명 자체는 역사의 순간이 아니라, 합리적 의식을 이루는 요청이며 영원한 혁명에 대한 요구이자 지성의 규범에 남겨진 성실성에 대한 요구일 것이다.

그러므로 제국의 시대와 소크라테스의 변환이 인식의 완전한 정화를 확고히 한 것은 아니다. 고대문화 전체가 합리적인 성격을 초월하여 본보기로 나타나는 것처럼 보는 것은 사실이다. 가령 유클리드의 『원소론』 등과 같이 실증성이 완벽하게 실현돼 있는 것처럼 보이는 곳에서조차도 실증성은 존재론과 미학에 연결되어 있다. 그리고 그와 같은 현상은 우리가 그리스 사고의 본질적인 가치를 인식하게 되는 독단적인 규범에 기인한다. 고대 천문학의 가장 완성된 작품 속에서는 별과 관련된 신학과 점성술이 연결되어 있다. 즉 고대 천문학은 합리적인 개념을 넘어서서 기본적인 신화적 골격을 유지하고 있으며, 완전한 실증성에 반한다. 이와 같이 고대의 의식은, 원시적인 종말론보다 더 조화롭고 적어도 덜 거칠다 할 수 있는 어떤 종말론에 따라 정돈되어 있다. 고대의 의식은 존재를 시간 속에 고정시키는 반복을, 지성의 창의력에 영역을 부여하는 영원회귀라는 더 가변적인 지평으로 바꾸어놓는다. 하지만 여전히 사고와 행동은 역사로부터 온갖 쇄신의 힘을 앗아가는 예정론에 갇혀 있다.

슈펭글러[5)]는 고대인에게 나타나는 이러한 경험의 존재론적인 투영을 명백히 규명했다. 그는 "헬라스 사람이 가진 개인의식"을 강조하고 있는데, "그것은 자기 개인의 과거이든 전체의 과거이든, 모든 살아 있는 경험을 매번 현존하는 현실의 비시간적이고 움직이지 않는 신화적 형태를 지닌 토대로 즉각 변형시키게 된다. 그러한 변형의 결과, 알렉산드로스 대왕의 이야기는 그가 죽기도 전에 고대인의 감정 속에서 디오니소스의 전설과 혼동되었으며, 카이사르도 비너스의 후손이 되는 데서 적어도 어떠한 모순도 느끼지 못하게 되었다."[14.] 그러므로 개인의 자율성은 아주 엄격하게 제한되어

5) Oswald Spengler(1880~1936): 독일의 철학자. 『서구의 몰락』 등을 썼다.

14. 오스발트 슈펭글러, 『서구의 몰락*Le Déclin de l'Occident*』, 타제루Tazerout 역, N.R.F., 1948, 제1권, p. 20. 같은 책, p. 25 참조: "제국시대에 이르기까지 고대예술은 신

있다. 세상을 지배하고 있는 이성은 우주적 이성으로서, 순수정신이나 명료한 규범이 아니라 물질적인 구조이다. 보편성은 우주 속에서 실현되며, 이러한 우주는 개성의 의지이거나 그 감옥이다. 개성은 어떤 지적 능력을 획득할 수 있었을지는 몰라도 자의식의 발견과 실천 이성의 우위에 대한 확증에 의해 생긴 모험을 끝까지 밀고 나갈 수 없었다.

이처럼 신화가 그리스문화의 중요한 구조임은 틀림없다. 하지만 신화적 의식이 자기 지배력을 느슨하게 했다는 사실 또한 잘 파악해야 한다. 신화적 의식은 더이상 원시적 실존을 감싸고 있던 육중하고 한결같은 성격을 가지고 있지 않다. 신화는 직접적인 여건이나 체험된 실존의 독특한 의미로 존재하기를 멈추어버렸다. 저절로 자신의 입지를 굳힌 지성은 한 걸음 물러설 수도 있었다. 그것은 느슨해지게 된다. 지성은 행동으로 옮기는 것을 지연시키는데, 그러한 이동을 통해 제의는 신화를 인간 행동 속에 직접적이고도 부단하게 각인시킨다. 그때부터 더이상 행동하지 못하게 된 신화는 다만 유희의 대상이 된다. 신화는 상상력과 시의 소재가 된다. 신화는 문학을 낳게 되는데, 그 문학이 점점 발전하면서 신화를 인간화시키고 세속화시키게 된다. 이렇게 해서 점차적으로 서사시와 발라드가 형성된다. 예배와 결합되어 있던 전례극이 다소간 예배에서 떨어져나와 극의 형태를 갖추게 되면서, 교회라는 공간을 떠나 더 자유롭게 전문화된 공간에 자리잡는다. 물론 거기서 신의 제단은 여전히 초월적인 현존의 기호로 남아 있기는 하지만, 사람들은 제단 그 자체를 점차 잊어버리게 된다. 비극(희극은 말할 것도 없거니와)의 신화적인 지평은 점점 축소되어 인간의 감수성과 정열을 작동시키기 위한 틀에 불과하게 되었다.

사람들은 별다른 어려움 없이 가령 중세의 프랑스문학이나 러시아문학과 같은 대다수의 위대한 문학의 태동기에서 이와 유사한 발전의 도식을 찾

화라고 하는, 어떻게 보면 자신에게는 당연하게 보이는 주제만을 다루었다. 헬레니즘 시대의 조형예술의 이상적인 초상마저도, 플루타르코스 『영웅전』만큼이나 신화적인 것이다."

아볼 수 있을 것이다. 하지만 호메로스나 헤시오도스[6] 이후의 고대 시인들이 어떻게 해서 점차 신화를 자기 식으로 다시 다루게 되었는지를 분명하게 밝히는 데에는 그리스의 예만으로도 충분하다. 처음에는 익명 상태로 집단 전체와 연결되어 있는 듯했던 작품이 개별화된다. 그리하여 시인은 자신의 작품에 서명하고 그 작품 속에 자신의 고유한 재능을 남기게 된다. 아이스킬로스[7]에서 소포클레스를 거쳐 에우리피데스에 이르기까지 인간의 재능이 차지하는 몫과 개인의 창의력과 작가의 권리는 지속적으로 성장해왔다. 시는 창조이다. 전통에 의해 전해내려오는 신화에 점점 더 자유로운 해석을 부여함으로써 문학가는 자신에게 조물주의 능력이 있다는 것을 발견하게 된다. 또한 초기의 시인은 영감을 부여받은 사람으로 간주되었다. 오르페우스는 자연마저도 복종하는 신적인 존재로 제시된다. 그후 시인과 철학자는 자신이 불러일으킨 현실에 존재를 부여한다. 시인은 인간의 정신과 심정에 따라 현실을 창조한다. 이와 마찬가지로 인간은 우주와 대면하여 자신의 진정한 지위를 발견하게 된다. 이제는 새로운 신화의 창조자로서의 시인이 세상에 의미를 부여한다. 즉 새로운 신화의 창조자는 자신의 작품 자체로부터 새로운 주권을 터득하게 되는 것이다. 과학과 기술이 인간에게 사물과 요소들을 자유롭게 처분할 수 있도록 해주기 훨씬 이전부터, 시인은 예술 창조를 통해 현실의 주인이자 소유자가 되었다.

그러므로 그리스문학은 그것이 문학이라는 바로 그 이유로 있는 그대로의 신화를 의식하게 되었다. 그런데 신화를 발견한 인간, 신화가 신화로 존재하는 인간은 이미 신화와의 관계를 끊어버린 인간이다. 세상 속에서 자신의 존재를 보장해주었던 존재론적인 담보와 단절되어 있고 새롭고도 근본적인 책임감을 다시 획득한 인간은 스스로 혼자임을 발견하게 된다. 일단 마법이 풀리자, 해방된 사고는 자신의 내부에서만 자기 정당화에 필요한 버

6) Hesiodos(?~?): 고대 그리스의 서사 시인.

7) Aeschylos(BC 525?~456): 고대 그리스의 비극 시인.

틈목을 발견할 수 있게 된 것이다. 신화적 의식은 있는 그대로 수천 년 동안 경직 상태에서 끊임없이 자신을 지탱할 수 있었다. 하지만 한번 시작된 붕괴는 걷잡을 수 없게 되어버렸다. 그것은 계속해서 자신이 붙잡고 있던 힘이 빠져나가는 것을 두고 볼 수밖에 없었던 것이다.

역사적 혹은 전설적인 소크라테스의 형상이 여기서 중요한 의미를 띠게 되는 것은 바로 이 때문이다. 우리는 소크라테스를 '풍자가', 다시 말해 의문을 제기하는 사람으로 생각한다. 그때부터 하나의 의문이 제기되는데, 가치들을 쇄신시킬 때에야 비로소 그 의문에 대답할 수 있을 것이다. 이젠 그 어떤 것도 자명하지 않다. 현자의 정신은 모든 것에 놀란다. 그는 감탄하고 불안해한다. 그 속에서 태동기의 철학적 의식이 드러내는 의문과 놀람이 진리의 새로운 기관인 반성적 사고이다.

반성적 사고는 신화적인 무지에 종지부를 찍는다. 이제부터 인간은 더이상 자신이 기존의 명증함에 끌려다니도록 내버려둘 수만은 없다. 인간은 진리의 일꾼이 된다. 다시 말하자면, 인간은 실수를 할 수도 있고 실수에 죄의식을 느끼기도 하는 사람이 된다. 존재는 분열 위에, 다시 말해 자아와 세계, 자아와 자아, 자아와 신의 분리에 기초하게 된다. 그리고 인간의 지혜와 지식이 기울이는 온갖 노력은 그것을 치유하려는 열망을 지니고 있다. 반 데르 레위의 지적처럼, "인간 실존 속에 나타난 본원의 분열은 인간을 사실상 의식 상태에 둠으로써 마찬가지로 죄악의 발견을 이루고 있다. 죄악이라는 개념은 자기 자신이라는 개념과 짝을 이루고 있다. 아담은 타락하자마자 처음으로 자신이 벌거벗고 있다는 것을 알아차린다. 의식한다는 것은 자신의 죄악 상태를 현실화하는 것이다. 자신을 의식하는 자는, 마치 탕자처럼 인간의 본질 자체, 다시 말해 죄악에 도달하게 된다."[15] 반 데르 레위는 자신의 단언에 의지하여 아주 실증적인 정신의 소유자인 클라주Klages의 다음과 같은 말을 덧붙이고 있다. "지상낙원에서의 추방과 자아 개념은 동일하다."

---

15. 반 데르 레위, 『원시인과 종교』, 불역판, Alcan, 1940, pp. 194~195.

지식의 시작은 실존의 붕괴와 일치하는 것처럼 보인다. 신화에 의해 보장받고 있다가 반성적 사고에 의해 파괴되어버린 존재론적 장소의 상실은 불안과 고뇌를 발생시키는 일탈로 느껴진다. 인간 조건의 새로운 위상은, 그의 작품이 고쳐야 할 과오와 죄악을 존재의 기원에 위치시키게 될 도덕적 의식과 종교적 의식에 의해 해석될 것이다. 아마도 일탈감은 자연과 문화 사이의 단절과 부합할 것이다. 반성적 의식은 자연과 어느 정도 거리를 유지하고 있다. 반성적 사유는 어쩔 수 없이 자신을 다르게, 다시 말해 자연이 아니라 자연을 초월하고 거기에 덧붙일 수 있는 힘인 초자연을 부여했다. 반성적 사유는 온갖 수단을 다해 재정립되어야 한다. 반성적 의식은 양심의 거리낌에 대한 불만족에서 시작되며, 아마도 신화적 양심이라고 하는 사라져버린 낙원을 결코 다시 얻지는 못할 것이다.

그러므로 반성적 사고는 신화가 하나로 통합시켜왔던 것을 분리시켜버렸다고 할 수 있다. 지식은 최초의 세계 내적 존재의 이러한 와해에서 생겨난다. 그것은 온갖 형태로 나타나는 재통합을 위한 시도이다. 하지만 존재론적 균형을 재발견하고 우주를 정당화시킴으로써 자기 자신을 정당화시키고자 하는 이러한 시도는 더이상 신화적인 확실성이 지니고 있던 전체주의적인 성격을 띠지 못하게 될 것이다. 확실성의 서로 분리된 이러한 요소들이 각각 자신의 몫을 추구하려 하며, 각자가 자신이 원하는 방식대로 인간 존재의 통합을 실현하겠다고 나서게 됨에 따라 필연적으로 갈등관계에 놓이게 된다. 그러므로 신화의 상속권을 놓고 발빠른 다툼이 발생한다. 사실 사람들은 자신이 바꿔놓은 것만을 파괴하게 되며, 유산 분할에서 생기는 다양한 원칙들은 신화적 의식이 어떤 경쟁자도 없이 누려왔던 절대 주권을 되찾으려는 야망을 지니게 될 것이다.

실제로 신화는 참여이자 연루이다. 반성적 의식은 이러한 혼합체제를 분리와 대립의 새로운 체제로 바꾸어놓는다. 인간은 지금까지 자신이 그 일부분을 이루고 있던 환경으로부터 분리된다. 그는 자신의 사상의 자율성과 자신이라는 고유한 존재의 자율성을 발견하게 된다. 동시에 자신이 일정한 거리를 취하고 있던 자연은 자율적 현실을 형성하고 있는 것으로 나타난다. 또한 자연은 정신이 포착할 수 있고 물질성 내에서 감지될 수 있는 여건들에 의해 한정되는 영역을 이루고 있는 것으로 드러난다. 유기체 자체가 사고로부터 분리되어 사물의 세계 속으로 내던져진다. 게다가 자연적인 여건은, 사물로 환원될 수 없으면서도 사물의 가치 기준에 의해 확증되는 초월적인 여건과의 상관관계 속에서 포착된다. 세상을 주는 지각 작용에 직관이 대립되는데, 이러한 직관을 통하여 초자연적인 것의 계시가 인간에게 전해지게 된다. 이렇게 해서 성스러운 것과 세속적인 것의 전문화가 모습을 드러내며, 그 결과 과학과 종교라는 서로 뚜렷하게 구분되는 두 개의 인식양식이 생겨난다.

하지만 주어진 현실의 질서들 사이에서, 그리고 순수한 대상의 초월과 근본적으로 다른 것으로서의 신성의 초월 사이에서 중간세계가 확립되고 내재성의 인간적 질서라고 하는 중요성이 끊임없이 증가할 것이다. 인간은 자연과 신에 복종해야 하지만, 인간의 활동은 현실과의 관련 속에서 어떤 주도권을 행사할 수 있다. 여건의 인식은 여건의 소유를 가능하게 했다. 정신은 사물들과 신 자체를 명료하게 하고, 그렇게 함으로써 인간이 체류하기에 좋은 평온한 지역을 정비했다. 객관적 인식과 신학의 담론세계가 원시적 현실이 보여주는 육중하고 투박한 풍경을 대신하게 된다. 신학적 이성은 연장되어 후천적 지식을 작동시키기 위한 실천적 이성 속에서 달성된다. 기술은 계속해서 지구의 얼굴을 손질하여 그것을 인간의 필요에 더욱더 잘 적응시켜왔다. 세계의 이러한 용도는 도덕의 차원에서 체계화되고 예지로서 확인되는 양심의 방향인 자아의 사용과 서로 겹쳐져 있다.

이렇게 해서 인간 현실의 꽤나 복잡한 분리가 이루어진다. 명료함의 질서가 보여주는 복수성이 신화가 지니고 있던 단수성을 대신하게 되었다. 그럼에도 불구하고 이러한 복수성은 완전히 근본적인 것으로 남아 있을 수는 없을 것이다. 왜냐하면 그러다가는 인식을 산산조각내버리게 될 것이며 행동의 일관성을 상실하게 될 것이기 때문이다. 통합 원칙이 새로운 인간 확립의 잡다한 요소들을 연결해야 한다. 이러한 원칙은 차별화의 움직임 끝에 개입하는 것이 아니며, 결코 도달할 수 없는 것이기도 하다. 이 원칙은 인간 혁명의 시초에 법의 개념이 드러내주는 보편적인 것과 개인적인 것의 상호 작용 속에서 확인된다.

신화는 주어진 명료함이었다. 지식은 추구된 명료함이다. 그리고 이러한 명료함의 추구는 이성의 기능을 아주 정확하게 규정지어준다. 그때부터는 어떤 특수한 정신 영역이 존재하게 되어 이성이 그 통합을 추구한다. 반성적 사고는 그 자체로 목적이 되는 것이다. 신화적 차원에서 사고는 삶의 종류를 보여주는 일종의 박물관이었다. 이제부터 사고는 외양들을 부인하고 현실을 더 잘 지배하기 위해서 그것으로부터 멀어지는 것을 임무로 삼는다. 이제 중요한 것은 공동체적인 확실함을 더듬거리며 읽어내는 것이 아니라 이유를 설명하는 것이다. 이렇게 해서 구체적인 세계는 그것을 포함하는 새로운 세계, 즉 지성에 따른 진리의 세계 속에 포함된다. 범주적인 행동은 자신이 지금까지 갇혀 있던 독특한 의미 작용에서 해방된다. 일단 굴레를 벗은 사고와 행동의 구조는 전체적으로 담론세계의 윤곽을 그리는 구조들의 구조에 따라 정돈된다. 이제부터 진실한 것이 현실적인 것으로부터 떨어져 나오게 되며, 현실적인 것에 대한 진실한 것의 우위가 계속해서 확인될 것이다. 이성의 명료한 권위는 감각과 상식의 종잡을 수 없는 단언들의 신용을 떨어뜨린다.

철학은 반성적 사고가 발견했던 새로운 세계의 유산을 물려받는다. 이성은 완만한 생성에서 발산된다. '이성'은 완만한 진전에서 발생한다. 이성은 그 자체로 한계로의 이동을 통하여 대상 자체로서, 즉 이성이 불러일으켰던 역동성을 실현시킴으로써 도달할 수 있는 토대들 중의 토대로 규정된다. 예전에는 신화의 종말론이 있어서 원시세계를 태초의 '공간'과 '시간'으로 되돌려놓음으로써 그 세계의 보증 역할을 했다. 이성은 새로운 종말론, 새로운 참조 영역을 창시한다. 시간 속에서 반복되고 활성화되면서 현실의 진리를 만들어내는 것이 바로 이성이다. 그 다음부터 이성은 사건에 의미를 부여하고 새로운 초월 기준을 적용함으로써 대립된 것들을 화해시킨다. 주어진 세계의 외양 아래서 모든 합리적인 목표는 인간이 자신의 진정성 속에서 스스로 그 세계의 시민임을 입증하는 진리의 조국인 명료한 세계를 확인하게 된다.

이러한 해방은 하루 아침에 이루어진 것이 아니다. 다양한 인식 영역이 조금씩 각자 차례대로 조직화되었다. 우리는 앞으로 정신주의적 실증주의가 완전히 확립되기까지 합리적 추구가 걸었던 모색 중 몇 경우를 따라가보고자 한다. 합리적 추구는 때때로 대립적으로 표현되지만 영감이라는 부분에서는 사상가들의 사색 속에서 이웃한 모습으로 드러난다. 사실 우리가 보기에 이러한 소크라테스적인 계보는, 몇몇 주된 사람만 거론한다고 하더라도 쥘 라뇨, 레옹 브룅슈비크, 폴 발레리와 알랭 등을 가장 뛰어난 대표자로 볼 수 있는 일군의 집단으로 이어진다.

6. 합리적 자아

소크라테스의 혁명은 개인의 능력을 발견하는 것이었으며, 경험의 자율적 중심으로서의 자아를 확립하는 것이었다. 우리는 우선 자아의 출현과 그 점진적인 합리화 과정을 구체적으로 다시 다루면서 자아의 출현이라는 문제에 집중하고자 한다. 그리고 무엇보다도 소크라테스의 개혁에 대한 반사적인 분석이 우리에게 가르쳐주었던 것에 대한 반증을 인류학에서 찾게 될 것이다. 원시적인 것의 서구 사고로의 입문은 선사시대에서 역사시대로의 이동을 재현한다. 민족학자의 눈에 그것은 선범주적인 인간이 범주적인 인간이 되는 것이다. 만약 이러한 조건 속에서 원시적인 것이 굳이 겉으로 드러날 필요가 없다면, 그리고 해답이 마치 미리 만들어져 있는 것처럼 거기에 존재하고 있다면, 적어도 여기서 진화는 더욱 빠르게 이루어질 것이며, 수천 년에 걸쳐 있는 정신고고학이 아주 불완전하게밖에 회복시킬 수 없었던 변화를 생체 내에서 관찰할 수 있도록 해줄 것이다.

원시인에게 자아라는 개념이 생겨난 것은 그가 지금까지 자신의 모습으로 인식해왔던 인물을 거부함으로써 인간의 의미에 관심을 가지게 된 순간과 부합하고 있다. 자아의 도래는 외부로부터 주어졌으나, 내부에서 입지를 확보하며 환경 안에 기원으로서 자리잡게 된다. 인물은 구심적인 성격을 지니며, 사람은 원심적인 성격을 지닌다. 그러므로 신화는 삶에 사로잡힌 개성의 진정한 마비 상태를 초래한다. 반성적인 의식은 해방을 가져다준다.

이러한 의식의 메커니즘에 대해 레나르트는 어떤 칼레도니아 노인의 말을 인용하고 있다. 유럽인이 원주민에게 무엇을 가져다주었는지를 물어본 것이다. 그는 노인이 "당신네들은 우리에게 정신을 가져다주었소"라고 말하리라 기대했지만, 노인은 "당신들이 우리에게 가져다준 건 육체였소"[16] 라고 단언했다.

언뜻 보기에는 아주 놀라운 대답이지만, 신화적 재현 속에서 특유의 모습으로 나타나는 육체의 무의식에 대해 생각해보면 쉽게 이해할 수 있는 대답이다. 합체(合體)는 있는 그대로의 개인성을 인식하기 위한 토대이다. 육체는 개인적인 자율성이 최초로 어떤 영역에 자리잡음으로써 나타난다. 그것은 이후부터 환경과의 관련 속에서 연속적으로 나타나는 것이 아니라 불연속적으로 드러난다. 레나르트는 다음과 같이 지적한다. "육체는 더이상 인간이 그 아래서 답답해하는 오래된 사회적 치장이 아니다. 인물은 더이상 역할을 지니지 못하고 소멸하게 된다. 인격personne은 인간homme 자체 속에 한정된다. 육체에서 멀리 떨어져 여기저기를 떠돌아다니는 것이라고 보았던 심리적인 자아가 마침내 고정되는 것이다. 즉 '내je'가 육체를 갖게 되는 것이다."[17]

고유한 육체의 정복은 풍경의 완벽한 재통합과 동시에 일어난다. 사실, 개별성은 일단 자신의 해부학적 독립성을 얻게 되면 우주의 중심이 될 수

16. 『도 카모』, p. 212.
17. 같은 책, p. 213. 레나르트는 다음과 같이 동일한 의미로 뒤르켕의 말을 인용하고 있다. "개별화의 요소가 필요하다. 그 역할을 하는 것이 바로 육체이다"(『종교생활의 기본 유형』, p. 386).

있다. 그것은 지금까지 주변환경 속에 산재해 있던 자신의 재현들을 다시 모으고, 그것들을 절대적 가치에서 상대적 가치로 넘어가게 한다. 바로 이것이 자신의 재현들을 통합시켜주는 관점에 따라 서로 합성하고 정돈할 수 있도록 해주는 것이다. 레나르트에 따르면 그 순간은 바로 원주민 예술가가 제3의 영역인 깊이를 발견하는 순간이다. 조각가가 그것을 소유한다는 것은 공간을 합리화한다는 것을 의미한다. "깊이의 개념을 모르고 있는 만큼 멜라네시아 사람은 공간에 대한 명확한 개념을 지닐 수 없고, 세계와 자아 사이에 거리를 설정할 수 없으며, 평면들을 연속적으로 정돈할 수 없고 그것들을 분배할 수도 없다. (……) 배치하기에 충분한 공간이 펼쳐지는 순간부터 합리성은 확인된다."[18] 예술의 공간은 담론의 공간이기도 하다. 구두상의 진술은 도표상의 진술과 동시에 체계화된다. 화자가 사건에 대해 어느 정도 거리를 유지하고, 인간과 그의 행동을 통합된 정신 영역의 관점에 따라 마음대로 배치할 수 있을 때에야 비로소 이야기 récit가 가능해진다.

이처럼 육체의 발견은 마치 파노라마의 그것과도 같은 사고의 질서잡기이다. 공동체적 신화라는 잘 다져진 길을 지나서 연장된 반성적 사고의 해방은, 우주 경계의 무한한 확장과 부합한다. 풍경은 결코 공간 속에서도 시간 속에서도 끝나지 않는다. 이와 같은 모든 경계의 물러남은 개인적 실존의 연장과 보완인 역사학과 지리학의 확립 안에서 그 의미를 발견한다. 또한 레나르트는 원시인의 사고에 대한 각성에서 이러한 원칙의 중요성을 보여주는 탁월한 예를 들고 있다. 젊은 카나카인은 학교에서 시드니나 예루살렘이 신화적인 입지가 아니며, 인간이 도달할 수 있는 세계의 장소라는 것을 이해하게 되었을 때 경탄해 마지않는다. 레나르트는 다음과 같이 지적하고 있다. "그 지방의 강과 산에서 시작하여 먼 지평선에 이르기까지 단계적으로 진행되던 지리 수업은 젊은 카나카인이 생각하도록 했으며, 그의 공간을 확장시켰다. 이러한 점진적인 작업 없이는, 정신은 일상적인 것과 비범

18. 『도 카모』, p. 229.

한 것, 역사와 현재, 신화적인 것과 현실적인 것 사이의 간극을 설정할 수 없다."[19]

오늘날 유럽인은 교육 수료증이 주는 해방적 가치의 의미를 분명히 상실했다. 레나르트의 장점은 지식의 초라한 시작에 우리의 관심을 이끌고 갔다는 것이다. 그는 또한 다음과 같이 말하고 있다. "멜라네시아인에게 존재가 성장하는 것은 공간이 확장될 때이다. 공간 속에 첫번째 푯말을 세우면서 존재는 자신의 역사를 새기기 시작한다. 역사란 단지 삶의 연대기가 아니라 존재가 인간의 형태로 해방되고 확장되는 것을 표시한다. (……) 역사는 합리적 사고의 결과로서, 개별화가 덜 된 인간으로 하여금 시간 속에서 자신을 발견하고 한정하며 어느 정도 자신을 인식하도록 도와주는 것이다. 인간이 자신을 발견하게 되는 것은 자신의 역사를 통해서이다."[20]

새로운 의식은 새로운 세계에 대한 의식이며, 진정으로 우주가 된 세계, 다시 말해 현실에 대한 가능한 모든 관점의 통합체가 된 세계의 발견과 더불어 나타나는 자아의 발견일 것이다. 그러므로 범주적 담론세계의 인간은, 신화적 공간의 제한된 좁은 윤곽을 대신하는 보편적 지리학의 인간이다. 사고의 이러한 발전과 확장은 실존 조건의 완벽한 전복 없이는 이루어지지 않는다. 레나르트의 지적에 따르면, "신화의 퇴화는 신화가 영감을 불러일으켰던 모든 원칙의 붕괴를 초래했다."[21] 오늘날의 원주민은, 서구인이 20세기 이상의 세월 동안 여러 가지 재앙을 겪으면서 섭렵해왔던 정신적이고 도덕적인 공간을 아주 재빨리 뛰어넘어야 한다. 사람들은 그제야 유럽인과 접촉함으로써 벌어진 신화적 의식체계의 갑작스러운 소멸이 원시종족을 생리적인 동시에 정신적인 비참 상태로 몰고 갔다는 사실을 이해하게 될 것이다. 바로 여기서 대량 사망이 발생하게 되는데, 통계학은 그에 대한 아주 놀라운 예를 보여주고 있다. 가령 아메리카 인디언, 푸에고 제도의 푸에고인,

---

19. 같은 책, p. 225.
20. 같은 책, p. 234.
21. 같은 책, p. 227.

카리브 해안의 원주민과 폴리네시아인이 그들이다.[22]

여기서 우리는 이러한 간접적인 대량 학살의 책임이 단지 유럽의 과도한 식민지 정책, 전쟁, 백인이 퍼뜨린 질병 등이나 알코올 중독의 탓만이 아니라는 사실을 직시해야 한다. 우리는 식민지화가 인도주의적인 색채를 띠었던 지역, 가령 유럽인이 직접적으로 생활 근거지나 생존수단을 탐내지 않았던 에스키모인에게서도 유사한 현상을 확인할 수 있었다. 분명한 것은 삶에 대한 일종의 의욕상실이다. 원주민은 병의 원인이나 자기 삶의 일상적인 어려움 앞에서 최소한의 저항력만을 지닌 상태에 있다. 원주민은 자신이 적응하지 못한다고 느끼기 때문에 굴복해버린다. 아프리카 학자 베스터만은 백인의 도래를 경험한 원주민에 대한 아주 흥미 있는 예와 전통적 삶의 양식이 붕괴되는 예를 수집했다.

가령, 서남아프리카의 부시먼인 크쿠 고아 콥Xkoou Goa Xob은 다음과 같이 자신의 실존에 대한 이야기를 끝맺는다. "내가 나의 삶을 다시 보게 될 때, 나는 그것이 많은 사건들로 가득 차 있다는 것을 인정해야 합니다. 가장 아름다웠던 시대는 크쿠이 크쿠브Ckui Xkoub의 울창한 숲속에서 보낸 어린 시절이었습니다. 그때 우리는 정말 자유로웠고 아무것도 우리를 방해하지 않았어요. 백인과의 삶은 좋은 점도 있었지만 우리는 자유롭지 못했어요. 숲과 덤불에 대한 향수와 다시금 자신의 종족과 함께 살고 싶은 욕망이 수많은 부시먼의 가슴을 파고들었으며, 그러한 향수와 욕망이 부시먼을 너무 일찍 지치고 쇠진하게 만듦으로써 결국 죽어가도록 했지요. 나는 이제 이 세상으로부터 아무것도 기대하지 않아요."[23] 원주민 목사가 된 '교양인' 줄루족 마즈위마비 니안데니Mazwimabi Nyandéni 역시 이와 유사한 감정을 토로하고 있다. "나중에는 유럽인의 관습이 온 나라에 파고들었죠. 우리를 즐

22. 파주Page의 『최후의 원시종족들 *Les Derniers Peuples primitifs*』, 팽Fain 역, Payot, 1941에서 더 자세한 예와 수치를 찾아볼 수 있다.

23. O. Westermann, 『아프리카인들의 자서전 *Autobiographies d'Africains*』, 옹뷔르제L. Hom-burger 역, Payot, 1943, p. 24.

겁게 했던 모든 것이 소멸해갔고, 우리가 조상으로부터 배웠기 때문에 가장 사랑했던 것 또한 사라져갔어요. 유럽인은 우리를 사방으로 분산시켰어요. (……) 우리와 같은 또래의 모든 사람들과 모든 연장자들이 분산되었고, 노예나 노동자처럼 되었을 뿐만 아니라 정부에 세금을 바쳐야 했어요."[24]

여러 예들 중에서 이러한 감동적인 텍스트들은 신화적 의식이 반성적 의식으로 바뀌어가는 도중 — 그러한 변화가 어느 정도 '뜨겁게' 강압적으로 이루어졌을 때 — 에 어떤 대가를 치렀는지를 분명하게 보여준다. 자신의 환경 속에 뿌리박고 있을 경우, 원시인은 거기서 자신의 완전한 존재를 부여하고 분산시켜나갈 수 있었다. 유럽인의 침범은 물질적이고 정신적인 환경의 완전한 탈자연화를 의미한다. 기술의 공격으로 풍경이 변화한 것이다. 전통적인 관습은 언제나 백인의 관습에 의해 부인된다. 삶 전체가 파산지경에 이르게 되었지만, 정작 문명인 자신은 자신이 저지르고 그 책임을 져야 할 공격의 본질이 정확히 어떤 것인지 몰랐다. 원주민은 갑자기 지금까지 자기 실존의 제의적 풍경 속에 몸소 참여해왔던 모든 것에 대한 소유권을 몽땅 빼앗겨버렸다는 사실을 깨닫게 되었다. 이후부터 그는 자신의 장소를 잃어버리게 된다. 생활 공간의 와해는 그로부터 모든 확신을 빼앗아갔다. 그가 겪었던 극심한 고통은 신화적 현실이 겪어야 했던 객관적 고뇌의 일부가 된다. 그의 존재이유 자체가 영원히 죽어버렸기 때문에 그 또한 소멸해 갔던 것이다.

존재론의 실존적 의미 작용에 대해 그 어떤 것도 이보다 잘 드러내주지는 못할 것이다.[25] 이것은 단순한 관념상의 놀이가 아니라 삶과 죽음의 문제이다. 인간의 초월적인 기준은 인간의 세계 내적 존재의 토대와도 같은 것이다. 새로운 존재론만이 쇠약해진 존재론을 대신할 수 있다.[26] 그러므로 우리

---

24. 같은 책, pp. 134~135.
25. 스페인 사람들이 아메리카 대륙을 침범한 이후, 콜럼버스 이전의 아메리카 문명과 주민이 사라져버린 것에 대해서도 마찬가지로 말할 수 있을 것이다. 문명들 사이의 연속성의 단절은 유사한 결과를 초래했다.

는, 그러한 전이가 자연적이고 지속적으로 행해지는 곳에서는 신화적 의식이 자신의 힘을 더 적당한 형이상학에 넘겨주게 된다고 생각해야 할 것이다. 그러한 형이상학으로 인해 인간이 우주 속에서 새롭게 자리잡게 되는 것이고, 그러한 자리잡음은 자신이 항상 정당화시키기를 요구하는 초월적인 닻내리기에 의해 견고해지는 것이다.

제2의 존재론, 다시 말해 반성적 의식의 존재론을 특징지어주는 것은, 그것이 더이상 공동체 차원에서 공유되는 여건으로서가 아니라 개인적인 요청으로 확인된다는 것이다. 진리는 검증과 동의, 거부의 가능성을 전제로 한다. 신화적 의식은 사회화된 명증성의 체제와 독단론적인 지각의 체제하에서 존속한다. 이성의 지배는 온갖 독단론에 미리 적용된 비판에서부터 자신을 인식하게 된다. 의심의 검열을 넘어선 데카르트적인 코기토는 신과 세계보다 먼저 알려진 반사적 자아에 우선권을 부과한다. 마찬가지로 칸트의 비판은 인간 인식 전체가 그 흔적을 지니고 있는 초월적 자아의 구조를 두드러지게 할 것이다. 그러므로 철학적 사고가 발전하게 됨에 따라 자아는 더욱더 견고해진다. 자아는 단지 관점의 중심이기만 한 것이 아니라 확실함을 만들어내는 장인이 된다. 즉 자아는 현실을 확인하고 그렇게 함으로써 현실을 인정한다. 더욱이 자아는 현실의 가치를 측정하기까지 한다.

자아의 정신적인 격상은 인간적인 기능 전체를 문제삼는 새로운 세계 내적 존재의 여러 가지 양상들 중 하나에 불과하다. 우리가 살펴본 대로 자의식이란 육체의 발견으로써 확증된다. 하지만 육체의 개별화 현상은 사고와 삶의 개성화 현상의 보완물이다. 이제부터 실존은 아주 세밀한 부분까지도 문제시된다. 영혼이라는 개념은 이러한 존재론의 조작과 부합된다. 플라톤,

---

26. 물론 바로 여기에, 기독교 선교에 대한 최선의 정당화 원칙이 존재한다. 즉 정신적인 유산을 빼앗기고 죽음의 위협을 받고 있는 원주민들에게 기독교 선교만이 행정 당국자들이 주기 어려운 대치 가능한 존재론을 제안할 수 있었다. 이와 같이 선교는 식민지화의 위험에 대한 대척점이 될 수 있을 것이다. 그것은 신화적 의식체계에서 반성적 의식체계로의 일종의 전이를 마련해준다.

아리스토텔레스, 스토아 학파에서 그리스인의 사고는, 새로운 삶의 영역을 철학적인 차원에서 발전시켜나갔다. 이를 위해 그리스인의 사고는 각각의 개인에게 경험론적 경험의 영역에서뿐만 아니라 종말론의 영역에서도 따로 달성되는 분리된 운명을 인정해주었다. 기독교는 헬레니즘을 매개로 하며 유대교의 전통을 더 풍요롭게 했으며, 적당한 세속화 과정을 거쳐 새로운 시대의 개인주의적인 주제들을 모든 사람들의 손이 닿을 수 있는 곳으로 가져왔다.

그러므로 인류학의 탄생은 하나의 정신적 혁명을 요약해주는데, 그 혁명은 모든 분야의 경험 속으로 확산되어갔다. 개인적인 구조는 단지 인간 실존에만 적용되는 것이 아니라, 더 보편적으로 일반적인 모든 실존들에 대해서도 가치를 지닌다. 그리고 가령, 인간의 개인성이 발견되기 이전에는 신적인 개성 또한 있을 수 없는 일이다. 신학과 인류학은 짝을 이루고 있다. 그것들은 사유를 이루고 있는 범주들이 적용되는 다른 영역들이다. 성서에 따르면 인간은 신의 이미지에 따라서 창조되었다. 심지어 사람들은 종교적 재현들이 자의식의 매개자 구실을 한다고 주장할 수도 있다. 카시러는 다음과 같이 적고 있다. "인간의 고유한 본질인 자아는 신적인 자아를 통한 우회 속에서만 발견된다."[27] 이처럼 인식의 진보는 간접적인 방식으로 실현될 것이며, 신적인 개성은 인간이 그 아래서 자신을 관조하게 될 유일한 이미지가 될 것이다.

마찬가지로, 카시러는 자아 인식의 기원에서의 기술적인 활동의 역할에 대해 강조하고 있다. 도구는 인간으로 하여금 그 효율성을 매개로 해서 고유한 현실을 발견할 수 있도록 해준다. 기술은 마술적 인과론의 연루에 따라 현실 전체를 혼동하던 참여의 법으로부터 인간을 해방시켰다. 도구 덕분에 내면성과 외면성이 분리된다. "인간에 의해 발견된 모든 새로운 도구는

---

27. 카시러, 『상징적 형태의 철학*Philosphie der Symbolischent Formen*』, 제2권, Verlag, Berlin, 1925, p. 252.

새로운 발돋움을 의미하는데, 그것은 단지 외부세계를 구축하기 위한 것일 뿐만 아니라 자의식의 형성을 위한 것이기도 하다."[28] 도구는 현실과 자신이 창조한 형태 속에서 자신의 반영을 발견하는 정신에 형태와 의미를 준다.

카시러의 반성적 사유는 인간적인 표현의 다양한 형태들의 유대관계를 드러낸다. 이렇게 해서 인류학, 신학, 기술이 한꺼번에 진화한다. 하지만 반성적 의식을 작동시키기 위해 이러한 분야들 중 하나에서 창의력이 생겨나는 것과 마찬가지로, 신학이나 기술과 자의식의 인과관계를 주장한다는 것은 꽤나 어려워 보인다. 사실은 인과관계가 아닌 유대관계가 존재하는 것이다. 게다가 신화적 실존의 차원에서는 기술적 형태뿐만 아니라 종교적 형태들도 거의 정체되어 있다. 그 형태들이 스스로 진보할 수 있으려면, 인간 존재의 내적인 쇄신과 변화가 요구된다. 도구나 신은 인간이 자기 자신을 향해 나아가는 데 필요한 기호나 표시 구실을 할 수 있다. 하지만 자아는 신의 선물이 아니다. 비록 자아가 자신이 창조했던 것에 따라서 풍요로워진다고 하더라도, 자아는 자신의 모든 시도의 주창자로 남게 된다.

그러므로 개인적인 탄생의 신비를 존중해야 한다. 자의식의 출현은, 우리가 지구상에서의 인간 실존을 하나의 사실로 받아들여야 하는 것과 마찬가지로 우리에게 하나의 사실로 부과된다. 하지만 일단 이러한 출현이 이루어지고 나면 개인성은 자기 자신과 유사한 것으로 남아 있지 않게 된다. 개인성은 반성적 의식의 특징인 내적 진보의 규범에 따라 계속해서 발전하게 된다.

초월적인 예속 상태에서 해방된 자아는 계속해서 자신의 자율 영역을 확장시키게 된다. 자아의 개성은 개인적인 것과 보편적인 것의 상호관계 속에서 확증되지만, 이성은 여전히 보편적인 것을 개인적인 것보다 우위에 두려 한다. 여전히 개인적 영혼이라는 최초의 개념을 이루고 있는 종말론은 철학적 사유라는 제2의 차원으로 넘어간다. 혹은 사상가는 그것을 기성 종교의

28. 같은 책, p. 266.

차원으로 넘겨주게 되는데, 그것은 데카르트의 경우에서 보는 것처럼 종말론에 괄호를 쳐버리는 편리한 방법이다. 아니면 그 종말론은 더 낮은 타당성의 차원으로 억압된다. 종말론은 의견이나 신앙의 차원에서 생겨난 것이지 엄격한 지식에서 생겨난 것이 아니다. 이런 종류의 자격 박탈을 통해 신화적인 종말론이 플라톤과 칸트의 교의 속에 살아 있게 된다. 그들의 교의 속에서 영혼의 여행담과 명료한 성격의 선택이 우화적인 지평이라는 어스름빛 속에서 실현되는 것이다. 바로 여기서 신화가 개입하게 되는데, 그것은 체계의 고리를 채우기 위해서는 달리 방도가 없기 때문이다. 하지만 신화는 여전히 물러나 있으며, 약간은 수줍음을 타는 것처럼 보이며 자신이 합리적인 위엄을 지니지 못하고 있음을 의식하고 있는 듯하다.

사실 진보라는 것은 우리가 데카르트에서 스피노자, 말브랑슈[8], 라이프니츠—또한 칸트에서 피히테와 헤겔에 이르기까지 현대 사상의 왕도에서 볼 수 있듯, 엄격함의 계속적인 성장으로 인해 실현되고 있음이 확실하다. 우리는 개성이 도래하여 개별화된 실존이 뿌리내릴 자리가 되고 신화와 단절되어버린 육체의 발견과 일치되는 것을 목도했다. 그런데 비록 유기체가 개별성의 필요불가결한 지주이기는 하지만, 그것은 재빨리 보편성에 대한 장애로 나타난다. 육체적인 자아는 모든 불복종의 원천에 있다. 욕망은 인간 본성 속에서 이성의 승리와 대립하는 회복할 수 없는 에고이즘을 확인한다. 인간에게 본능, 정열, 감정, 인식의 모든 오해와 방황은 생물학적인 것에 의한 지적인 것의 오염으로 나타난다. 이미 사도 바울은 "누가 나를 죽음의 육신에서 건져줄 것인가?"라고 물었다. 얀센주의[9]의 모색을 통해 인간 본성의 이원성은 데카르트나 칸트에게서 아주 분명하게 확인된다. 이 두 사람 모두는 정열을 축소하려고 노력했으며, 육체의 실존에 의해 인간 사고

8) Nicolas de Malebranche(1638~1715): 프랑스의 철학자, 수도자. 『진리의 탐구』 등의 저서를 남겼다.

9) 네덜란드의 가톨릭 신학자 얀세니우스가 주창한 교의로서 아르노와 케넬에 의해 전개된 종교운동.

속에 도입된 '병적인' 요소를 약화시키기 위해 노력했다.

유명한 밀랍 조각의 우화에서 데카르트는, 어떻게 해서 자신의 경험의 대상이 갖는 현실성이 색채, 냄새, 딱딱함, 온기 등과 같은 감각적이고 구체적인 특징의 차원에 있지 않은지를 보여주고 있다. 밀랍의 진리는 몇 가지 추상적이고 객관적인 한정으로 축소된다. 우리의 감각은 우리의 눈을 멀게 한다. 지성만이 명료할 뿐이다. 데카르트의 물리학은 감각적인 것보다 지성적인 것에 우위를 두며, 사실보다 진실에 우위를 둔다. 여기서 현대과학의 미래 전체가 문제시되고 있다. 데카르트의 천재성은 인간이 자연의 주인이자 소유자가 되도록 해주었다. 하지만 그 대신 철학은 아주 오래도록 인간이 여전히 육체라는 사실을 망각해야만 했다. 인간 현실을 이루고 있는 영혼과 육체의 통합은 우연한 만남의 결과가 되었으며, 게다가 순수 사고의 팽창에 아주 해로운 것이 되었다. 살아가기 위해서는 어쩔 수 없이 받아들여야 하겠지만, 그래도 철학적으로 사유하기 위해서는 가능한 한 그것을 잊어버려야 한다. 왜냐하면 인간은 육체 없이, 그리고 필요하다면 육체에 반하여 사고하지만 결코 육체와 더불어 사고하지는 않기 때문이다.

여기서 역설이 완전해진다. 합리적 의식의 움직임은 신화적 의식의 종말에서 생겨나는 자아의 발견에서 자아의 제거로 나아간다. 육체와 정신으로 이루어진 구체적인 인간은 단순한 관점의 중심이자 현실 전체를 바탕으로 한 지적 관점들의 교차지점인 주체에 그 자리를 넘겨주게 된다. 처음에는 외면성에 대립한 내면성의 발견이었던 소크라테스의 방향전환이 보여주는 내적 논리는 재빨리 좋은 내면성과 나쁜 내면성을 구별하기에 이른다. 사실 각각의 인간 속에는 심연이 있어서, 각자 자신에게 맞는 개인적 지옥으로의 하강은 항상 억압된 신화들이 우글거리는 지하세계로 향한다. 이 점에 대해서는 프로이트의 정신분석이 결정적으로 밝혀주고 있다.

나쁜 내면성은 본능과 생물학적 요구의 통역자이며, 그들에게 분석과 상상력의 목소리를 부여함으로써 항상 새로운 신화를 끌어낸다. 생생한 에고이즘을 드러내는 일인칭이 삼인칭의 보편성보다 우위에 서게 된다. 레옹 브룅슈비크가 "내면의 삶의 과정에 얽매여 있는 불건전한 소아증"[29]을 엄격하게 단죄하는 것은 바로 이 때문이다. 그에 의하면, "우리는 자신을 존재의 생물학적인 토대로 이끌고 가는 것에 의해서가 아니라, 그로부터 멀어지게 하는 것에 의해 자신을 더 잘 알게 될 것이다."[30] 그러므로 나쁜 내면성이 좋은 내면성을 쫓아버리지 않도록 하기 위해서는 새로운 방향전환이 필연적이다. 소크라테스는 의식 속에서 자발성과 영적인 정당화라는 원칙을 발견했다. 이렇게 해서 규범의 길은 열렸지만, 주관성의 길은 열리지 못했다. 말브랑슈에서 칸트, 콩트에서 알랭에 이르는 합리주의 사상가들은 분석적인 파악을 벗어나는 개인적 자아의 인식 가능성을 거부하고 있다. 이미 아리스토텔레스는 일반적인 것의 과학만이 존재한다고 말한 바 있다. 그러므로 이런 쪽으로는 길이 막혀 있었던 것이다. 레옹 브룅슈비크는 데카르트가 자신의 작품 속에서 자기 자신을 충분히 잊어버리지 못하고 있다고 비난한다. 그는 "데카르트 자신에 대하여 존재하는 자아Ego sum가 데카르트의 존재하는 자아Ego sum Cartesius로 타락하는 것을 보게 된다"[31]고 썼다. 진리는 아무도 차별하지 않는다. 개성은 그것이 보편성의 형태에서 조금이라도 멀어지면 타락한 양상을 띠게 되는 것이다.

그러므로 반성적 의식은 인간을 사고와 동일시한다. 그리고 이러한 사고 자체는 인간에 속하지 않을수록 타당한 것이 된다. 자아는 육체와 육체의 본능 및 한계에서 떨어져나오게 된다. 자아는 영혼과 영혼의 신화로부터 떨어져나온다. 자아는 자신의 사회적 상황과 자신의 인물들을 한계짓는 관계망에 의해 정의되기를 거부한다.

그러므로 자아는 진정으로 자신을 알기 위해 세상에 맞서라는 권고를 받게 된다. 사실 세상은 불확실함과 심사숙고를 넘어서 정신의 유효한 흔적

---

29. 『자아 인식에 관하여*De la Connaissance de Soi*』, Alcan, 1931, p. 8.
30. 같은 책, pp. 17~18, 이 점에 대해 더 자세한 것은 『자아의 발견*Découverte de Soi*』, P.U.F., 1948, pp. 74~80 참조.
31. 『서구 철학에서의 의식의 진보』, Alcan, 1927, p. 708.

같은 것을 제시한다. 인간의 작품은 인간의 척도이다. 알랭은 말한다. "원기 왕성한 정신은 구축하는 것이 문제일 때에는 대상과 영역 앞에서만 숙고하며, 재난을 가늠하는 것이 문제일 때에는 나머지 놀이들 앞에서만 숙고한다. (……) 보기에는 외적인 삶이지만 사실은 내적인 삶이다. 왜냐하면 외적인 것을 정리하고 다듬어가는 것은 인간의 가장 내밀한 부분이기 때문이다. 사물 속에 새겨지는 것은 인간의 법이다. 요컨대 인간이 자유로워지고 강해지는 것은 사물 앞에서이다."[32]

그러므로 자아는 세상의 얼굴 위에서의 그 실현에 의해 정의될 것이다. 예술, 과학, 기술, 그토록 많은 인간의 이미지, 있는 그대로의 인간의 모습에 대한 그토록 많은 증거와 시련들 또한 마찬가지이다. 하지만 그럼에도 불구하고 등가성은 절대적인 것이 아니다. 인간을 내면성으로 축소시키면 개인적인 현실을 제대로 파악하지 못하게 될 것이다. 외면성으로의 환원은 자아를 기존의 산물에 가둔다. 그런데 인간 존재는 바로 기존의 것을 항상 문제삼을 수 있다는 가능성에 의해 성격지어진다. 이러한 창의력의 미덕과 영원한 재시작에서 오는 불안은, 인간이 사물의 척도지만 사물은 영원히 인간을 측정하지 못할 것이라는 사실을 상기시킨다. 작품은 우리를 창조적인 정신으로 되돌려주는 기준에 불과하다. 그러므로 창조적 정신은 부단히 벗어나서, 결국 창조적인 정신을 초월하는 내면성과 외면성이라는 둘 사이에 존재하는 포착할 수 없는 한계에 불과하게 된다.

그러므로 주지주의에서 자아는 사고의 드러남 전체를 떠받치고 있는 형태를 지닌 힘으로 나타난다. 자아는 정신활동의 지주, 현실에서 진실로, 지각에서 과학으로 나아가는 점점 더 엄격해지는 사색의 동인으로 개입하게 된다. 진리의 장인인 칸트의 초월적 주체가 그러하고, 과학사를 통해 작동하고 있는 브룅슈비크의 정신이 그러하다. 라시에즈 레는 합리적인 우주의 기준과 동일시되는 건설적 자아라는 교의를 아주 힘있게 설명했다. "사람

32. 알랭, 『철학의 제 요소*Eléments de Philosophie*』, N.R.F., 1941, p.328.

들이 사정이 이러하다는 것을 인정하게 되는 순간부터, 사람들은 역행분석을 통해 작품에서 작가로 거슬러올라갈 수 있으며, 이 작품을 통해서 그것을 창조한 사람의 몇몇 기본 성격들을 발견할 수 있다."[33] 이렇게 해서 자아는 작품을 통하여 도달되지만, 그것은 그 너머에 원초적인 현실로서 존재한다. "건설적인 자아를 세상체계의 핵심과 우주의 축조원칙으로 제시한 다음, 우리는 이러한 자아의식을 소유함으로써 자아가 소유한 조직의 무한한 잠재성들을 직접적으로 느껴야 한다. 그리고 우리는 이 빛에 따라서 조직화의 필연적인 움직임 속에 끌려들어온 가능한 모든 현상들의 미세한 부분을 보아야 한다."[34]

반성적 의식은 인간 영역의 한계를 무한히 확장시켜나간다. 사실 반성적 의식은 세상에 대해 인간이 벗어날 수 있도록 해주는 장치이다. 사고는 주지주의에서의 주체를 모든 곳의 시민, 즉 그 어느 곳도 아닌 시민으로 만든다. 게다가 이러한 반우주론은 개별화의 관점에서 어려움들을 초래한다. 만약 있는 그대로의 인간을 구성하고 있는 것이 보편적 이성에의 참여라면, 한 인간을 다른 인간과 구분지어주는 것은 육체나 이야기의 차원, 다시 말해 우연한 사건의 차원에 불과하게 될 것이다. 법적으로 인간과 인간, 인간과 신 사이의 모든 거리도 사라져버린다. 아주 미묘하게 보일 수 있는 논거를 통해 끊임없이 차이와 분리를 정당화시켜나가야 한다.[35] 적어도 합일의 원칙은 모든 가치를 현실에 대한 진실의 우위에 근거하게 하는 정신의 보편성 자체 속에서 발견된다.

신화적 존재론은 새로운 존재론으로 이어진다. 법적으로 제일 중요한 것은 명료한 것이다. 또한 주지주의의 진보는 기능하고 있는 사유의 목표를 통한 것과 마찬가지로 내재성을 통하여 다시 포착되는 초월성을 창설하는 경향이 있다. 존재론은 인식이론의 발전처럼 보인다. 그것은 훨씬 더 좁지

---

33. Lachièze-Rey, 『자아, 세계, 신*Le Moi, le Monde et Dieu*』, 제2판, Aubier, 1950, p. 57.
34. 같은 책, p. 58.
35. 같은 책, 제5장과 제6장의 범신론에 대한 길고도 어려운 논의.

만 그보다 더 엄격한 영역 위에 세워진다. 라시에즈 레는 다음과 같이 쓰고 있다. "사고할 때마다 주체는 자신을 지지대로 삼는다. 즉 주체는 자신의 다양한 재현들 너머와 그 뒤에 위치하며, 인정받은 존재로서가 아닌 모든 재인식의 근원이 되는 통일성 속에 자리잡는다. 그것은 영원히 존재하기 때문에 절대적인 것은 다시 전과 같이 된다."[36] 사색의 존재론은 사고의 사고이며, 그것은 또한 브룅슈비크의 말에 따르면, 모든 잡다한 토대에서 떨어져나온 비시간적인 본질 속의 규범이다. 지적 약동의 형이상학은 정체된 재현의 위치를 차지한다.

사람의 진리는 일단 모든 우연의 참여에서 떨어져나오게 되면, 이러한 규범적 의도와 진리의 정복을 부추기는 규칙에 대한 의식으로 축소된다. 그것은 의식의 소여(所與)가 아니라 활동원리이며, 실체가 아니라 차라리 힘의 발휘가 보여주는 이르지 못할 한계로서, 그 힘이 완전히 발휘되기 위해서는 분명히 무한하고 신적인 오성을 포착해야 할 것이다. 이처럼 인간의 인간성은 자신의 합리적인 능력에 따라 나타난다. 신화는 오직 속임수에 불과한 것이다. 진리와 대면하기 위해서는 지성을 감각적인 재현으로부터 분리시켜야 한다. 스피노자가 구상한 것과 같은 인간 해방은 이성에 의해 신의 형상에 따라 인간을 재창조하며, 그렇게 함으로써 인간을 인간 조건의 노예상태에서 벗어나게 하여 인간이 관념적인 명상 속에서 대면하고 있는 신과 거의 동등하게 한다.

---

36. 「구성하는 정신활동에 대한 고찰Réflexions sur l'activité spirituelle constituante」, 『철학탐구*Recherches philosophiques*』, III, 1933~1934, p. 145: 『자아, 세계, 신』에 뒤이은 연구.

7. 관념의 세계

신화적 세계는 모순과 수동성의 세계였다. 이 무기력한 예지는 정복활동으로 대치된다. 역사적 인간은 애써 신기루를 축소시킨다. 그의 집요함은 자연을 조직한다. 그 역시 자연에 복종하지만, 그것은 자연을 정복하기 위해서이다. 과학과 기술은 "만들며 만듦으로써 스스로를 만든다"라는 쥘 르키에Jules Lequier가 정한 프로그램을 실현하도록 해준다. 레옹 브룅슈비크는 다음과 같이 쓰고 있다. "이상주의의 세계는 개인적 의식의 주관성 속에 용해되는 세계가 아니라 현실이 진리의 판단 중심인 지적 의식에 부과되는 세계이다."[37]

이와 같이 새로운 세계는 참된 판단에 의해 조정되는 세계로 제시된다. 조정은 지각의 차원에서부터 느껴지는데, 지각 자체도 과학에 대한 준비이

---

37. 『인간의 경험과 물리적 인과론 *L'Expérience humaine et la Causalité physique*』, Alcan, 1922, p. 611.

다. 이 두 가지 양식의 인식 사이의 연속성은 합리주의적 이상주의의 기본 성격들 중 하나이다. 이러한 관점에서 지각세계는 정신을 이루고 있는 활동의 첫째 분야로 포착된다. 알랭에 따르면, "사물이 우리에게 제시되는 것이 아니라 우리가 우리에게 사물을 제시하거나 아니면 차라리 우리가 그것을 재현한다."[38] 그러므로 이성의 주도권이 단번에 규명된다. 알랭이 인용하고 있는 라뇨의 말에 따르면, "사고는 계량기이다."[39] 즉 인식의 모든 조작은 감각이 제공하는 제 요소 사이에 합리적 관계망을 확립하는 것으로 이루어진다. 그 관계는 구체적인 세계를 그 뼈대가 되는 관념의 세계 위에 위치시킨다.

알랭은 세상의 진리가 세상에 속하지 않는다는 점을 힘있게 보여주었다. 세상의 진리는 사물의 진리가 아니라 이성의 증명서인 주체의 진리이다. "이 거리는 결코 이 지평의 속성이 아니다. 이 사물의 다른 사물과 자아 사이의 관계인 것이다. (……) 그러한 거리는 사물이 아니라 자아에 속해 있다. 그리하여 내가 그 거리를 제시하고 그 흔적을 따라가며 그 거리를 결정하는 것이다."[40] 육체의 눈에 의해 끊임없이 변형되는 외양을 수정해야 하는 정신의 눈만이 정확하게 본다. "각각의 사람은 정의들을 통해, 즉 동일한 구조, 동일한 각, 동일한 면을 통해 정육면체가 무엇인지를 알 수 있다. 하지만 아무도 이런 식으로 정육면체를 보지 않으며, 이런 식으로 그것을 만지지도 않는다. 정육면체의 주사위를 재현한다는 것은 어떠한 경험도 보이게 하거나 만지게 할 수 없는 형태를 실제 경험 속에서 유지하고 확인하는 것이다. 더 나아가 그것은, 이미 과학이 나타나는 다른 입장의 방향과 거리를 통해 모든 외양, 관점, 심지어 그림자까지도 설명하는 것이다."[41]

그러므로 진정한 사물은 겉으로 보이는 사물이 아니다. 지각의 겉으로 드

38. 『철학의 제 요소』, p. 41.
39. 같은 책, p. 27.
40. 같은 책, pp. 41~42.
41. 같은 책, p. 43.

러난 내용은 환상적이고 일관성이 없다. 정신의 검열은 법이라는 이름으로 외양이라는 유령들을 흐트러뜨린다. 또한 법만이 구성력을 지니고 있기 때문에, 완전한 몫을 지닌 실존은 이성의 존재에만 속한다. 라뇨는 공간과 대상에 대한 이성의 우위를 완벽하게 밝혀주고 있다. 그는 다음과 같이 단언한다. "우리가 어떤 사물이 어떠한 자질을 지니고 있을 것이라고 판단하는 순간부터, 우리는 우리가 그 사물에 속하는 것으로 판단하는 강렬함과 더불어 이러한 자질을 사물에 부여한다. 우리는 우리가 지각하는 대로가 아니라 인식하는 대로 사물에 이러한 자질을 부여한다."[42] 한정되지 않은 사물로부터 대상으로의 이동은 현실의 관념적인 변형에 부합하는데, 현실의 지적인 폭이 그 받침대와 함께 일종의 화폭을 제공한다. "주관적으로 보자면 폭은 필연적인 법의 재현으로서, 그 법을 따라 우리의 감각들은 하나의 감각에서 다른 감각으로 서로 연결되어 있으며, 근육운동으로 인한 감정의 기복에 따라 변한다."[43] 폭은 "정신들의 관계"이며, "그것은 우리가 우리의 감수성 속으로 개입하는 변화를 상상하는 필연적인 방식으로서, 그러한 변화는 모든 다른 감수성 속에 출몰하는 감수성에 연결되어 있는 것처럼 보인다."[44] 게다가 폭은 공간 속에서 자신의 지적 기준을 발견하며, 그 공간의 수학적 구조는 어느 정도 지적 기준에 받침대 구실을 한다. 하나이며 연속적이며 무한한 공간은 결국 폭의 진리를 재현한다. 그것은 "우리가 폭과 절대적인 사고 사이에서 인식하는 필연적인 관계들의 체계이다. (……) 우리는 공간을 모든 감각들 속에 존재하는 조절 가능성의 무한한 체계로서 상상한다."[45]

그러므로 세상 속의 사물에서 폭 속의 대상으로, 너비 자체에서 관념의

---

42. 라뇨, 「지각에 대한 강의Cours sur la Perception」, 『명강의 단편 *Célèbres Leçons et Fragments*』, P.U.F., 1950, p. 174.
43. 같은 곳.
44. 같은 책, p. 175.
45. 같은 책, p. 176. 사람들은 지적인 공간에 대한 이와 유사한 생각을 라시에즈 레에게서 찾아볼 수 있다(『자아, 세계, 신』, p. 51): "펼쳐진 재현의 공간은 공간화시키는 힘으로서 정신으로 되돌려진다. 대상세계의 구조가 지니는 통일성은 의식을 이루고 있으며 조직화

공간으로의 계속적인 발전이 존재한다. 관념의 공간은 그 폭을 지탱하고 있으며, 어느 정도 무한하고 신적인 견지에서 보았을 때 합리적 사고의 국지적인 감각중추가 될 것이다. 질적인 불연속성, 불규칙성, 신화적 공간의 응결은 합리적 영역의 완전한 내적 균형 앞에서 사라져버렸다. 그와 동시에 감각적인 것의 침해와 위협을 감소시키기 위한 사고의 원칙과 엄격함이라는 새로운 예지가 확인된다. 신화는, 야간 산책을 하는 도중에 길가에 따로 떨어진 나무가 위협적인 악한의 형상을 띠게 될 때, 바로 그 모습과 아주 가까운 곳에 존재한다. 하지만 정신은 허구적 기능이 만들어내는 대혼란을 방해하며 환상을 축소시킨다. 그러므로 권위가 모습을 바꾼 셈이 된다. '대공간' 은 여전히 존속하고 있어 경험의 공간을 확인해주고 보증해준다. 하지만 그것은 지배적 이성이라는 가치 기준과 인간의 공간적 사유의 조절자인 관념의 공간이다. 신화가 주는 본보기는 지성이 주는 본보기에 자리를 물려주고 만다.

신화적 시간에서 합리적 시간으로의 이동은 우리가 공간의 생성에서 보여주었던 성격과 유사한 성격을 보여주고 있다. 범주적 행동의 도래는 시간을 표현 영역이나 초월적 자아를 위한 재현의 형태로 만든다. 시간의식은 원시인들을 분산시키고 중심으로부터 멀어지게 했던 온갖 참여로부터 벗어난 통일성과 정체성에 대한 의식이다. 삶은 시간적인 영역 속에서 구축되는데, 그 기준이 명료함이라는 동일한 보증과 더불어 공간적 영역의 기준에 덧붙여지게 된다.

원시적 시간은 불연속적이었으며 작은 입자들로 이루어진 것이었다. 반면 합리적 시간은 연속적이고 동일한 것이며 무한히 확장시킬 수 있는 것이다. 그 시간은 달력과 연대기의 개별적인 입지들을 특징짓고 있었던 제의적인 주기성에 사로잡혀 있지 않다.

시키는 통일성의 개입을 통해서만 가능하다." ; "사물이나 사물세계의 즉자적인 통일성이 존재하는 것이 아니라, 모든 통일성은 정신의 소관이며, 정신을 통해서만 가능하다."

정열과 영혼의 노예 상태라는 나쁜 시간에, 지성에 의해 불순한 부분이 삭제된 시간, 사고 규범의 준수로 축소되어 나타나는 시간, 순수 이성이라는 분명하고 명백한 시간이 대립되어 나타난다. 알랭에 의하면, 진정한 의미의 시간은 "추상적이고 정화된 개념"이다.[46] 그러므로 감정적인 것의 오염과 행동의 요구사항은 최고의 질서에 복종한다. 알랭은 다음과 같이 말하고 있다. "두세 개의 공간이 유일한 공간의 부분이며 공존하는 부분인 것처럼, 두세 개의 시간은 유일한 시간의 부분으로 연속적으로 배열된다."[47]

또한 시간과 공간 사이에는 어떤 내적인 연합과 본질상의 통일성이 존재하는데, 그것은 시간과 공간을 넘어서 사고를 구성하는 구조로 되돌려진다. 이와 같이 합리적인 심리학이 확립되어 즉각적인 의식의 원초적인 무질서 사이에 질서를 잡게 된다. 레옹 브룅슈비크는 다음과 같이 강조하고 있다. "만약 기억이 수동적인 기념에 불과한 것이었다면, 기억은 재빨리 우리를 포기해버렸을 것이다. 사실 기억은 반성적인 조직화 작업을 동반한다. 그러기 위해서는 행동을 위해서 미래를 체계화시키는 것과 마찬가지로 지적 활동의 모든 원동력은 긴장되고 작동중인 상태로 나타난다."[48] 개인생활의 통합을 조작하는 것은 엄격함 가운데서 이루어지는 반성적 사유밖에 없다. "꿈은 각성 상태에서는 '미래파' 그림으로, 다시 말해 서로 맞물려 있는 분절적인 여건들의 총체로 나에게 주어진다. 그러므로 나는 그것을 다른 사람에게 말할 수 없으며, 나 또한 거기에 어떤 질서를 부여하거나 어느 정도 공간을 시간 속으로 부어넣음으로써만, 다시 말해 병렬된 이미지들을 연속된 순간으로 바꾸어놓음으로써만 스스로에게 말할 수 있다."[49]

---

46. 『철학의 제 요소』, p. 80.
47. 같은 책, p. 79.
48. 『인간의 경험과 물리적 인과론』, p. 508.
49. 같은 책, p. 509. 알랭은 1899년에 『형이상학과 도덕 논집 *Revue de Métaphysique et de Morale*』에 발표한 「기억에 대하여 Sur la Mémoire」라는 일련의 소논문들에서 도덕에 대한 주지주의적인 주장을 개진했다. 졸고 『기억과 인격 *Mémoire et Personne*』, P.U.F., 1951, p. 146 이하에서 이 문제에 대한 더 심화된 설명과 논의를 찾아볼 수 있을 것이다.

생물학적이고 인류학적인 것이 지적인 것으로 축소됨으로써 자아와 세계의 연대 통합이 실현되면서 공간과 시간의 통합이 가능해졌다. 라뇨는 이러한 전체적인 움직임을 완벽하게 포착했다. 그는 다음과 같이 쓰고 있다. "시간은 사실의 질서뿐만 아니라 고정된 질서와 그것을 규정하는 권리의 질서가 존재할 때에만 가능하다."[50] 시간은 경험의 범주를 넘어서는 규범이다. 주체는 시간과 공간을 결정적으로 제기한다. 라시에즈 레는 다음과 같이 단언하고 있다. "시간의 통일성은 거기서 드러나는 일련의 현상들의 통일성과 마찬가지로 주체가 의식의 통일성을 통해 시간을 초월하지 못하고 시간의 기초를 이루지 못한다면 불가능해질 것이다."[51]

당당한 주지주의는 시간의 불행을 완벽하게 축소시킨다. 호전적인 이성은 원초적인 주도권을 소유하고 있는데, 그 주도권은 이성에게 온갖 타협을 면하게 해준다. 반성적 의식은 시간에 대한 의식이 아니라, 영원성에 대한 의식이다. 왜냐하면 라시에즈 레에 따르면, "법에 대한 의식과 영원성에 대한 의식은 하나에 불과하기 때문이다."[52] 그리하여 시간의 주인이고 창조자인 인간 자신이 시간 속에 갇히게 되는 역설이 생겨나게 된다. 하지만 세계 내적 존재 자신이 더이상 타율성을 지니지 않게 됨에 따라 어려움은 줄어든다. 사실 막연한 경험의 세계는 일단 이성에 따르게 되자마자 엄격하게 정돈된 담론세계에 자리를 넘겨주게 된다. 담론세계에서는 정신이 편안히 자리잡고 있는데, 그것은 정신이 바로 현실적인 것 전체이기 때문이다. 사실 모든 규범들은 연루되어 있으며 단 하나의 진리만이 존재한다. 라뇨는 말한다. "우리는 세계 속의 여러 사건들을 한정된 것으로 고려할 수 있다는 조건하에서만 시간의 질서를 진실한 것으로 간주할 수 있다."[53]

그러므로 이러한 보편적인 한정의 세계는 과학의 관념적 세계로서, 지각

---

50. 라뇨, 앞의 책, p. 169.
51. 『자아, 세계, 신』, p. 67.
52. 같은 책, p. 60.
53. 라뇨, 앞의 책, p. 170.

의 세계는 우리에게 그에 대한 최초의 근사치를 제공한다. 브룅슈비크는 "지각활동은 과학활동으로 나아가게 된다"[54]고 명백하게 말한다. 과학은 인식의 전형과, 인류 전체가 기울이는 노력이 나아가는 한계를 제공한다. 또한 일반적인 지적 규범은 모든 과학의 진리가 완수되는 수학적 법칙 속에서 자신의 모델을 찾고, 그 규범 속에서 완성된다. 바로 여기서 주지주의적인 이상주의가 수학에 대해 항상 보여주었던 호의가 생겨나게 된다. 브룅슈비크에 따르면, "소위 실증과학들은 그 실증성을 수학에 빚지고 있다. 그것은 단지 엄밀한 의미에서의 확실성에 따라 사람들이 정확한 척도를 도입한 곳에만 정확한 관계들이 있기 때문은 아니다. 그것은 또한 경험이, 훨씬 단순한 동시에 감각적인 것과 더 분리되어 있는 상황 속에서, 그것을 고려하는 특권을 지닌 수학이 지성의 활동과 과학적인 진리를 구성하는 사실에 대한 시험 사이에서 융합의 모델을 제공하기 때문이기도 하다."

수학은 우리에게 현실에 대한 진리 전체를 제공한다. 수학은 모든 명료함의 모델이며, 의미의 전형이다. 칸트는 사유를 통한 현실 파악에 대한 매우 뛰어난 예를 보여주고 있다. 그는 분석을 매개로 뉴턴 물리학의 수학적인 구조에 오성이라는 논리적인 구조들을 다시 합쳐놓았다. 『자연과학의 기본적인 형이상학적 원칙들 *Premiers Principes métaphysiques de la Science de la Nature*』이라는 책은 지적 필요성에 대한 우주적 표현을 물질적인 이완으로 삼는 선험 물리학의 추론을 대담하게 실현시키고 있다.

반성적 의식은 자연을 축소시키는 방향으로 다소 멀리 갈 수 있다. 하지만 모든 단계의 반성적 의식은 현실적인 것의 통합과 합리화에 의해 특징지어진다. 알랭이 보기에 이러한 합리화는 기술적이고 조작적인 성격을 띠고

---

54. 브룅슈비크, 『합리주의의 방향 *L'Orientation du rationalisme*』, 1920, p. 133. 『수학철학의 제 단계들 *Etapes de la Philosophie mathématique*』, p. 577 참조: "수학에 대한 고려는, 마치 그것이 자연과학의 토대가 되는 것과 마찬가지로 정신 인식의 토대에 놓여 있으며, 마찬가지 이유로 사유의 자유롭고 풍요로운 작품은 수학이 인간에게 진리의 규범을 가져왔던 시대로 거슬러올라간다."

있다. 또한 라시에즈 레가 보기에 이러한 합리화는 차라리 구조적인 차원에서 나타난다. 즉 세계는 나의 판단활동의 통합체이다.[55] 물론 세계 내적 존재가 과학적 의식으로 축소되는 것을 가장 잘 범주화시킨 사람은 브룅슈비크이다. 다소 환상적인 지각의 이미지들은 수학적인 규명을 통해 드러난 내적 진리에 자리를 넘겨준다. "저속한 지각에 반대해서 우주를 그 진정한 현실 속에서 소유한다는 것은 상상력의 소여(所與)에서 가장 멀리 떨어져 있음의 결과이며, 자신 속으로 물러나서 순전히 지적이기만 한 관계가 보여주는 가장 명확하고 미묘한 조합 속에 흡수되기 위한 인간의 노력에서만 나온다."[56]

사람들은 신화적 우주의 축소라는 방향으로 더 멀리 가지는 못할 것이다. 현실세계만이 우주 창조론적인 방정식의 체계일 것이다. 그 체계는 천문학과 원자물리학으로부터 천천히 떨어져나온 그대로의 체계이며, 뉴턴의 재능과 라플라스[10)]의 직관을 연장한 아인슈타인 같은 사람의 재능이 확립하도록 해준 그대로의 체계이다. 이제 인간의 지배는 '대(大)'와 '소(小)'의 대립 영역들 사이에서 전혀 특권 받은 바 없는 일종의 분열에 불과하게 되었다. 사람들은 어떤 한정된 가치들로 우주적인 방정식의 변수들에 영향을 미치면서 아무런 어려움 없이 그것을 얻게 될 것이다. 파스칼을 공포에 빠지게 했던 두 극한은 그것들을 다시 모으면서 확인하는 과학적 사고의 영역에 놓여 있다. 우리가 살아가고 있는 세계의 성격을 거칠게 특징짓고 있는 유클리드 기하학은 일반화된 기하학의 특이한 경우에 불과하다. 감각적 공간은 물리적 공간 속으로 흡수되며, 물리적 공간은 또한 기하학적 공간 속에 정리되는데, 기하학적 공간 자체는 또 모든 가능한 공간—심지어 그렇지 못한 공간까지도 포함하여!—의 열쇠인 공리적 공간의 지배에 예속된다. 이와 마찬가지로 체험된 세계는 하늘이나 지상에 있는 것보다 훨씬 더

---

55. 라시에즈 레, 앞의 책, p. 46.
56. 브룅슈비크, 『자아 인식에 대하여』, Alcan, 1931, p. 144.
10) Pierre Simon Laplace(1749~1827): 프랑스의 천문학자, 수학자, 물리학자.

많은 것들을 공통으로 가능한 상태에서 포함하고 있는 어느 정도 공리적인 우주론에 예속된다.

그러므로 사고의 진보와 관련된 일종의 자연과 세계의 진보가 존재하게 된다. 1901년 베르틀로는 자신의 과학활동 50년과 함께 20세기의 탄생을 상징적으로 축하하면서 다음과 같이 선언했다. "더 멀리 거슬러올라갈 것도 없이 지난 세기 초반부터 세상은 이상하게도 그 모습을 바꾸었다. 우리 세대의 사람들은 고대 이래로 알려져온 자연과 나란히 혹은 그 너머에 사람들이 때때로 언급하는 것처럼, 반자연을 의미하는 안티피지스antiphysis라고까지 할 것은 없지만, 더 우월하고 어느 정도 초월적인 자연이 등장하는 것을 목격했다. 초월적인 자연 속에서 개인의 힘은 지금까지는 무시되거나 이해되지 못했던 빛, 자기학, 전기에서 생겨난 새로운 힘에 의한 변형을 통해 백 배나 증가했다."[57] 그런데 베르틀로가 그 도래를 반갑게 맞이한 이 세기는 세상에 대한 현대적 이미지를 다시금 전복시켜버릴 최초의 발견들을 통해 같은 시대에 나타나고 있다. 막스 플랑크[11)]가 물질과 에너지에 대한 인식을 혁신시키게 될 양자론을 처음으로 표명한 것은 1900년이다. 얼마 안 있어 1905년, 젊은 아인슈타인이 상대성 원리를 발표함에 따라 서로 다른 과학 영역에서 축적된 결과를 모으고, 세계에 대한 인간의 이미지를 완전히 다시 만들 수 있게 되었다.

그러므로 우주의 생성은, 원시인이나 어린아이의 재현에서 코페르니쿠스·갈릴레이·뉴턴에 의한 고전물리학의 재현으로, 더 나아가 상대성 원리의 재현으로 계속해서 나아가게 된다. 이러한 움직임을 요약하고 있는 피아제에 따르면 "개인의 물리적 재현의 발전처럼 우주론의 발전은 자아중심주의에서 탈중심화와 조작적인 정돈으로, 다시 말해 자아중심주의에서 관계 맺음과 상대론으로의 이동에 의해 특징지어진다."[58] 신화적 의식이 지니고

57. 마르슬랭 베르틀로, 『과학과 자유사상 *Science et Libre Pensée*』, 1905, p. 405.
11) Max Planck(1858~1947): 독일의 물리학자.
58. 피아제, 『발생론적 인식론에 대한 서문』, P.U.F., 1950, 제2권, p. 70.

있던 애초의 절대성은 계속해서 자신의 영역을 잃게 되었지만, 그것은 "주체가 새로운 절대의 간접 제작자가 되기 때문이다." 애초의 현상중심주의, 명증함에 대한 자발적인 믿음은 환경에 대한 새로운 독서에 자리를 넘겨주게 된다. "물리적인 대상은 직접적인 경험 이후 계속해서 멀어지게 된다."[59] 하지만 대상이 시야에서 사라지는 것은 정신에 의해 더욱더 잘 포착되기 위해서일 따름이다. 그러므로 주체가 가장 활동적이 되는 것은 이러한 조정적인 탈중심화 현상 속에서이다. 한편 주체가 보여주는 최초의 자아중심주의는 특유의 활동에 자발적으로 연결된 관점에 수동적으로 복종하게 된다."[60]

천문학에서부터 생물학에 이르기까지 어떤 영역에서건 과학의 진보는 모두 같은 방향으로 나아가고 있다. 인간의 인식은 유일하게 직접적인 여건에 대해 설명할 수 있는 수학적 본질로 직접적인 여건을 더 축소시키게 되는 만큼 더욱 완전해진다. 어떤 차원의 지식이건 신화적인 잔재의 수용은 과학정신의 쇠퇴와 부합하고 있으며, 또한 그것은 잠정적일 수밖에 없다. 천문학은 점성술에 대한 믿음의 쇠퇴를 통해 구축될 수밖에 없다. 라부아지에가 화학의 토대를 잡은 것은, 연금술의 시대를 마감하고 연소(燃素)[12)]의 신화를 파괴하거나 육체를 합리적인 경험과 척도와 균형에 복종시키게 됨으로써이다. 마찬가지로 생물학의 승리는 생명 원칙의 신화와 자발적인 세대가 지닌 다른 신화를 추방함으로써 얻어진 것이다. 사람들은 새로운 측정 도구, 다시 말해 합리적 결정과 수학적 원칙이라는 도구가 발명될 때마다 새로운 과학의 입지를 확고히 했다고 말할 수 있다.

그러므로 합리적 자아는 구조의 능력으로 정의될 수 있으며, 그것은 바로 그 자신이 창조한 구조의 매듭, 즉 구조들의 구조이다. 그에 따라 세상은 정신의 대상, 정신 구조의 적용지점, 정신력의 실현으로 나타나게 된다. 인간

59. 같은 책, p. 102.

60. 같은 책, p. 70.

12) 산소가 발견되기 전까지 가연성의 주된 요소로 간주되었던 원소. 플로지스톤(phlogiston).

은 더이상 세상 속에 포함된 것이 아니라 타인들 사이에 존재하는 거주민이다. 인간은 창조자로서의 지배권은 아니지만, 적어도 명령권을 부여받은 발명자, 발견자, 제조자로서의 지배권을 획득하게 되었다. 풍경은 무한히 확장된다. 동일한 방향의 진리는 복수(複數)의 인간과 복수의 세계를 발견하고 확인한다. 우주는 통합적이고 너무 광범위한 비전에 예속되기 때문에 그 비전은 육신의 눈의 한계를 뛰어넘어, 스피노자의 위대한 말에 따르자면, 엄정한 증명이라고 하는 영혼의 눈이 지닌 무한히 증가된 힘에만 자신을 주게 된다.

그러므로 '진(眞)' 이라는 규범이 현실을 복종시키게 되었다. 신화체계의 우화적인 원형 대신 수학적인 구조의 권위가 자리한다. 새로운 관념의 세계가 태어나게 되었는데, 새로운 세계의 가치들은 온갖 신인동형론과 우화적인 채색을 거부했다. 종말론이 자신의 수명을 다한 것이다. 이제부터는 더이상 세계를 어깨에 짊어질 신화적인 거인이 필요치 않게 되었다. 우주적 방정식의 망으로도 세상의 질서를 유지하기에는 충분하다. 우주가 인간정신과 균형을 맞추게 된 것이다.

8. 철학자들의 신

반성적 의식은 성스러운 것에 대한 원시인의 경험을 발전시켜 종교를 낳는다. 제일 먼저 일어난 것으로 보이는 것은 성스러운 것의 조형적이고 분산된 질료의 조직화 현상이다. 이 영역에서는 다른 영역에서와 마찬가지로 조금씩조금씩 범주적 행위가 확립된다. 범주적 행위는 신화의 모순들을 차츰 대신하게 된 규범을 따라 자신의 체계화 작업을 추구한다. 이렇게 해서 즉각적인 규칙 준수라는 제의적 단계에 이어, 성스러운 것은 직접적인 파악의 대상이 아니라 조리정연한 담론의 요구에 따른 조망 속에 자리하게 된다.

아마도 최초의 단계는 신의 거주지와 인간의 거주지를 분리시키면서 성스러운 것과 세속적인 것을 분명하게 대립시킬 수 있도록 해주는 단계일 것이다. 원시인의 의식 안에서 인간과 신의 관계는 연루와 참여의 관계이다. 반성적 의식은 신을 신격화하고 인간을 인간화하는 자신의 거리를 취한다. 이제부터 인간은 자신의 신 앞에서 확인되며, 이러한 외재성의 관계는 여기서 신의 초월성에 대한 확인과 부합한다. 그렇게 함으로써 초자연적인 것이 어느 정도의 자율성을 획득한 자연에서 빠져나온다. 인간의 역사가 신화체계와 구분되고 신들은 세상 밖에서 신적인 삶을 살게 된다. 신들은 어떤 우연한 사건을 통해서만 세상에 개입한다. 또한 때때로 자연의 인과론과 겹치는 신의 인과론은 기적이라고 하는 새로운 의미 작용을 띠게 된다. 이렇게 해서 인간의 질서와 신의 질서를 자율적인 두 영역으로 가지는 이원론이 조직화된다. 이 두 영역은 서로 이질적인 것이 되고, 종교가 그 의미를 결정해주는 것을 임무로 삼는 어떤 상응규칙에 따라서만 서로 연결된다.

종교 의식의 진보는 우리가 자아와 세계의 발전에서 작동하고 있음을 본 동일한 구조의 획득에 의해 드러난다. 결국 우리는 우주생물학의 단계에 부합하는 점성신학이 형성되어가는 도중에 생겨나는 보편성의 정복을 목격하게 된다. 우주생물학은 별을 신과 동일시하는 하늘 숭배 종교와 연결되어 있다. 지금까지도 목성, 금성, 해왕성 등과 같은 몇몇 별들의 이름은 하늘이 신성으로 가득 차 있었던 이 시기에 대한 화석화되어버린 기억을 지니고 있다. 천체 궁륭의 거주자들은 특수한 임무가 있을 경우에만 이승세계로 내려온다. 초자연적인 것은 별도의 장소에 거주하게 된다. 하지만 여기서 문제는 분리의 정도가 아니다. 천체-신은 모범적이고 초월적인 차원의 모델을 제공하는데, 그 모델은 인간 현실의 무질서나 부조화와 뚜렷하게 대비되어 나타난다.

이처럼 최초의 천문학은 최초의 신학이다. 모든 과학의 전형인 최초의 관념적 규범은 종교적 계시를 기준으로 파악된다. 우리가 이미 살펴본 것처럼, 아멘호테프 4세 아크나톤의 종교개혁과 더불어 보편성의 사상으로까지 고양되는 것은 제국시대의 신학이다. 더 일반적으로 말해 태양 숭배건 달 숭배건 모든 천체종교가 그 내부에 보편성의 싹을 지니고 있다는 것은 명백한 일이다. 천체종교는 인간과 국민, 혹은 국적을 차별할 수 없는 원칙에 의해 생명력을 부여받는다. 스토아주의자에서 스피노자에 이르기까지, 칸트에서 브룅슈비크에 이르기까지 신학 분야에 대한 합리주의적인 영감은 모두 이러한 조망 속에 자리하게 될 것이다.

그런데, 여기서도 마찬가지로 보편성의 기준이 개인성의 기준과 함께 나타난다. 이미 마나라고 하는 최초의 구체적 현상들은 다소 인간적이라 할 형상을 띠고 있다. 원시인이 신화의 인물들을 모방할 때 이 영웅들 자신도 인간을 모방하거나 적어도 공통적인 척도에 의해 인간과 연결되어 있어야 한다. 하지만, 신들이 지니고 있는 최초의 개성은 완전히 투박한 상태에 머물러 있다. 그것은 관계되어 있는 인간의 개인성만큼이나 투박하며, 아마도 그 개성에 기인한 조상의 이미지만큼이나 투박할 것이다. 그와 동시에 개성의 형성은 인간과 신들을 위해서 실현된다. '인격-신(人格-神)'의 개념은 인간적인 인격의 의미를 지닌 문명에서만 가능하다. 종교적 사고는 경험의 영역으로서 또는 자아 인식의 실험실로서 가능하다.

이처럼 종교의 다양한 단계는 실존적 개념과 구조들의 발전이 보여주는 다양한 차원을 형상화한다. 성스러운 것의 도식화가 독창적인 양상을 띠는 매개적 단계들이 많다. 가령 로마인의 실용주의는 일종의 종교적인 작업분할이라는 규범에 따라 신령한 것이 보여주는 영역의 범위를 방정식화했다. 인디지타멘타Indigitamenta[13]의 오래된 종교들은 만신(萬神)들이 우글거리는 풍경을 우리에게 보여준다. 그런데 이 신들은 자신들이 인간생활의 이러저러한 양상에 보내는 가호에 의해서만 개별화된다. 여기서 종교는 원자화되며 아주 미세한 차이를 보여주는 다양한 기능 속으로 해체된다. 어떤 신은 어린아이의 뼈를 튼튼하게 해주며, 어떤 신은 아이들의 근육을 강화시켜준다. 또 어떤 신은 아이를 학교에 데리고 가며, 몇몇 신들은 아이가 이해하도록 도와주는 일을 담당하고 있으며, 다른 신은 아이를 집으로 데리고 온다. 또 어떤 신은 양을 위해 존재하고 어떤 신은 말을 위해 존재하며, 또 어떤 신은 소를 위해 존재한다. 성스러운 것의 개념화는 그것을 아주 상세하게 분배한다. 그렇게 함으로써 이러한 이해는 대중적인 기독교 신앙의 차원에서 다시 발견하게 되는 아주 초보적인 지성을 보여준다. 또한 그것은

13) 신들의 속성에 대한 제의와 신 각각에게 기도하는 방식.

어떤 성인에게 아주 특수한 상황에서 얻을 수 있는 신성한 효율성을 부여하거나 어떤 행동이나 어떤 직업 등을 보호하는 힘을 부여한다.

이와 유사한 형태의 가벼운 믿음은 분명히 개성뿐만 아니라 보편성과도 무관한 채로 남아 있다. 매개적인 신의 개화나 정령과 성자들로 우글거리는 것은 종교가 아니라 미신의 영역에 속한다. 종교는 매개의 지배와 마찬가지로 즉각적인 것의 포착인 신화적 의식과는 반대로 개괄적으로 그 성격이 규정된다. 원시인의 의식 속에서 단어, 이름은 존재와 일치하며, 행동—거의 모든 행동—은 제의이다. 반대로 종교는 신화적 소여의 지적인 재장악을 전제로 한다. 종교는 질서를 잡아주며, 사고의 연장선 위에서 담론세계를 구성한다. 종교는 성스러운 것과 세속적인 것을 엄격히 구분하며, 이들의 관계를 체계화한다. 종교는 신적인 개성들 사이에서 성스러운 것을 분배하며, 그들에게 신성의 다양한 기능을 나누어준다. 종교는 계층적이고 합리적인 방식으로 인간들 사이에서 신의 봉사를 조직화한다.

결과적으로 이 모든 것을 종합해볼 때, 범주적 행동은 신령한 것에 대하여 엄밀한 의미에서의 경험보다 우위에 서는 경향이 있다. 종교의 세계는 일정한 거리가 설정되고 통일성이 사라진 세계로서, 매개의 유일한 의도는 논증적인 수단을 통해 최초의 통합 상태를 복원시키는 것이다. 이 점에 대해 아주 분명하게 보여주는 것이 고등종교에서 매우 중요시되는 상징이나 성사(聖事)의 개념이다. 실제로 상징체계는 존재와 의미 사이의 연결이 중단됨을 전제로 한다. 어떤 식으로 정의하든지 상징은 기호에 불과하다. 상징의 사실주의 자체는 하나의 독단론 전체를 전제로 하고 있다. 가령 가톨릭에서 성찬식의 '실제적인' 현존은 토템적인 향연 도중에 나타나는 원시인의 신화적인 참여와는 완전히 다르다. 토템의 소비는 실제적이며 아무런 문제가 없다. 성찬식의 성사는 비록 상징적이며 해석되지 않는다고 하더라도 개념적 담론의 우주를 전제로 하고 있다. 성육화(聖肉化)[14]라는 가톨릭

14) 성찬식 전례를 통해 빵과 포도주가 예수의 살과 피가 되는 것.

의 교리는 아리스토텔레스적인 영감에서 나온 논리를 이용하여 동시에 '신비' 라는 수식어를 달고 있는 사건들을 이성적으로 정당화한다. 이러한 체계화는 조직화된 신화체계의 구축에서도 관찰된다. 고대 올림포스 산에서 질서를 잡으려 하던 전문가에 의해 분산되고 때때로 모순적인 예배와 제의가 수집된 것이 그 예이다. 합리화 현상은 엄밀한 의미에서의 종교적 의미가 다소 타락한 것과 맞아떨어진다. 점점 더 인간의 창의력에 맡겨지게 된 신화가 문학의 제1원료가 되는 순간이 그때이다. 그리하여 우화화 기능이 존재론에서 해방되어 상상세계의 소설화 속에서 피어나게 된다.

통일성에 대한 동일한 요구는, 가령 유대교에서 행해지고 있는 것처럼 다신교에서 일신교로의 이동을 정당화시킨다. 그리고 기독교의 진화는 그리스도의 제자들과 복음주의자들의 직접적인 신앙에서 이미 바울 서신에 나타나는 것과 같은 신학의 결과인 합리적인 믿음 형성으로의 이동을 명확하게 밝혀준다. 바울은 교회를 조직화하고 정당화하며 그것을 수호하고 성장시키기 위해 교리를 세운, 다시 말해 신앙을 위해 이성을 동원한 최초의 천재적인 기독교 신학자였다.

그런데 이성에 그 몫을 할당하는 것은 어려운 일이다. 실제로 신학의 발전은 사변적인 요소를 위해 신령한 요소와 신화적 현실의 점진적인 축소로 나타난다. 토마스 아퀴나스의 걸작인 기독교와 아리스토텔레스주의의 역설적인 결합은 종교에 수세기 동안의 시련을 준 논리적인 뼈대를 부여하는데, 오늘날의 기독교에도 여전히 그 흔적이 남아 있다. 신의 존재 자체에서부터 삼위일체의 세 인격에 이르기까지 모든 것은 분명하며, 모든 것은 엄격한 증명의 대상이다. 토마스 아퀴나스의 주지주의는 초월의 논리에서 극에 달한다. 종교의 형이상학은 예수 제자들의 단순한 신앙고백을 대신한다. 초자연적인 것 자체가 추상적인 존재론에 의해 길들여지게 된 것이다.

그리하여 종교가 가진 초자연적인 요소, 다시 말해 신화적인 요소와 합리적인 요소 사이의 싸움이 존재하게 된다. 초자연적인 것은 사실의 필연성과 더불어 인간 경험에 부과된다. 기독교의 '사도신경' 은 몇 마디 간단한 말로 성육화 사건의 핵심을 집약적으로 표현하고 있다. 빌라도의 치하에서 예수 그리스도라는 하느님의 아들이 인간들 사이에 오게 되었다. (……) 그는 십자가에 못박혀 죽었다. (……) 장사를 지낸 지 사흘 만에 죽은 자 가운데서 다시 살아났다. (……) 이러한 일련의 분명한 단언은 논리적이거나 합리적인 모든 통제에서, 심지어 역사의 인식론적인 통제에서도 벗어난다. 왜냐하면 역사가는 역사적인 확실성, 다시 말해 항상 어림잡은 확실성을 지닌 채 어떤 시대에 유대 땅에서 어떤 예언자가 '하느님의 아들'이라고 자처했으며, 사형에 처해졌다는 것을 엄격하게 증명할 수 있을 것이기 때문이다. 하지만 예수의 신적인 계보를 입증하거나 무효화시키는 것은 역사가의 몫이 아니다. 역사가의 역사 속에 신의 아들이란 존재하지 않는다.

그러므로 신앙의 대상이 되는 것은 이성과는 다른 질서 속에서 입증된다. 또한 사람들은 이 경우 계시에 대해 이야기한다. 왜냐하면 계시된 것은 계시가 아닌 다른 방법을 통해서는 알 수 없기 때문이다. 타당성이라는 모든 논리적 기준에서 벗어나는 갑작스러운 명증이 문제인 것이다. 계시는 주권자인 하느님이 주는 만남이자 은총이다. 이것이 바로 우리가 계시된 요소를 신화적 요소와 동일화할 수 있는 이유이다. 그러한 동일시는 우리가 논쟁적인 인식의 질서가 아닌 신비와 참여의 질서 속에 존재한다는 것을 의미한다. 그런데 의기양양한 주지주의가 계시라고 하는 환원 불가능한 핵에 맞서게 된다는 것은 분명하다. 주지주의는 내적 필연성에 의해 가능한 한 자신에게 저항하는 사실의 소여를 억압하게 될 것이다. 우리가 조금 전에 살펴본 바와 같이, 신학은 기독교 내부에서조차 이러한 환원적인 의도를 표현하고 있다. 신학은 신화가 가진 물질적인 양상을 계시에게 넘겨준다. 하지만 신학은 자신의 구조적 기능을 책임지려는 경향이 있다. 계시된 소여의 합리적인 형태화로서의 신학적 규범은 도그마의 형태를 갖는다. 앙리 위베르가 잘 지적했듯이 "도그마는 처음에는 신화와 나란히 가지만 나중에는 그것을 대신한다. 그것은 처음에는 '사도신경'의 형태와 같은 메마른 상태의 신화이지만 나중에는 일반적인 사상이 된다. 실제로 종교적인 사고는 인류가 그로 인해 풍요로워지는 추론과 표현의 모든 양식을 차례대로 자신의 것으로 삼는다."[61] 신화에서 도그마로 지속적으로 이동하는 과정에서 자신의 영역을 상실한 것은 항상 신화이다.

이렇게 해서 기독교는 교부의 영향하에서 현학자의 교회가 되어가는 경향이 있다. 시간의 흐름과 더불어 방대한 양의 신학적 지식이 계속 증가하고 체계화되었다. 분리주의와 이교도들의 위협은 항상 논리의 경직화와 정의들의 정확성이 계속 증가하는 방향으로 활동해왔다. 교리는 신앙에 대한 단순한 규명이 되려 하지 않고, 우위를 차지하려는 경향이 있다. 결국 교리는 가정적이고 연역적인 거대한 체계와 마찬가지로, 체계적인 신학의 화려한 논문이나 초라하기 짝이 없는 교리문답의 조망 속에서 드러난다. 최초의 가설들과 애초의 공리들의 내용은 '계시'의 소여와 신화적인 요소에 부합한다. 연역적인 배열은 이성의 승리를 의미한다. 그런데 신학자는 연역의 기술적인 타당성을 신화적 활동의 유입보다, 다시 말해 신학자가 피할 수 없으며 있는 그대로 받아들여야 하는 단순한 복음서의 메시지보다 더 중요하다고 생각한다.

그런데 신학자의 합리주의는 결국 '계시'라는 규범적인 요청에 의해 실패로 끝나게 되겠지만, 철학자가 이해할 수 있는 규범이 요청하는 바에 더 근본적으로 따를 수 있다. 결과는 항상 동일하다. 즉 이성은 '계시'를 축소하고 소화하게 된다. 신학적인 소여가 보여주는 보조 맞추기는 계시신학에서 자연신학으로, 나중에는 『신학-정치학 개요 *Tractatus theologico-politicus*』라는 책에서 드러나는 스피노자의 사유나 『단순 이성의 한계 내에서의 종교 *Religion dans les limites de la simple raison*』라는 책에서 드러나는 칸트의 사유에서 관찰할 수 있는 것과 같은 합리신학으로의 이동에 의해 지속적으로 실현된다. 계시의 일탈과 사건, 즉 역사적 소여로서의 계시의 성격이 정당화될 수 있는 것은, 실제로 결국 사건이 하나의 예상이나 단순

61. 위베르, 『종교사 개론』(Chantepie de la Saussaye 저)의 불역판 서문, p. XLIV.

한 정신의 소유자들의 정신적인 가능성에 부합하는 이성의 형상으로 나타날 때이다. '계시'는 합리적인 '섭리'에 의해 사용되는 교육적 수단으로서의 가치를 지니게 된다. 그것은 인류에 봉사하는 이성이 지닌 일종의 계략이다. 예수는 이미 스피노자적인 개념에서의 현자를 정의하고 있다. 즉 칸트에 따르면, 예수는 "선한 원칙의 의인화된 형상"이다. 성육화의 추문은 이런 식으로 축소되어버린다. 신앙은 덜 규명된 이성에 불과하지만 그 속에 이미 합리적인 진리의 약속을 지니고 있다.

그러므로 초자연적인 것과 자연 사이에, 그리고 신화와 반성적 사유 사이에는 연속성이 존재하며, 직접적인 것과 매개적인 것은 이성에 복종해야 한다. 이렇게 탈신화화된 종교는 여전히 하나의 기능을 가지고 있어야 한다. 법이 가지고 있는 신화적인 내용 대신에 실천적인 내용이 자리하게 된다. 종교가 도덕으로 변화하는 것이다. 합리주의자 알랭에 따르면, "도덕은 분명히 종교의 진실이며, 과장이 아니다."[62] 이는 성스러운 것의 제1의미가 완전히 탈자연화되는 것을 전제로 한다. 원시적인 개념에서 성스러운 것은 선과 악을 넘어선 곳에 존재한다. 일신교적인 전통의 대종교에서도 제의의 순수함은 도덕의 정직성과 구분되는 것이다. 신의 정의는 인간의 정의와 일치하지 않는다. 신앙은 인간의 도덕과 관련해서 초자연적인 영역을 제시하는데, 전자는 후자의 관점을 전복시킨다. 예정론을 둘러싼 끊임없는 논란과 예정론이 그 기회를 제공한 그럴듯하지 않은 변증법적인 미묘함이 신학의 내부에서조차 핵심을 찔러 그 점에 대해 증언하고 있다. 합리철학은 순수 은총과 무상의 힐책하는 신을 전혀 인정할 수 없다. 그것은 신을 도덕의 창조자이자 보증인으로 만든다. 다시 말해 합리철학은 신을 자신이 그 집행의 주관자인 법칙에 예속시킨다. 칸트의 실천 이성의 가정인 보상하고 복수하는 신은 헌병과 재판관의 기능을 담당한다. 신은 자신의 고유한 개성과 입체감을 모두 상실해버렸다. 그리하여 자신이 그 집행신deus ex machina이

---

62. 『신화학 서론 *Préliminaires à la Mythologie*』, Hartmann, 1943, p. 78.

되었던 원칙 앞에서 사라져버린다.

종교는 하늘에서 지상으로 끌려 내려왔다. 신자와 계시된 신의 인격적인 관계에서 생겨나 성스러운 것에 대한 제의적인 요청을 분명하게 보여주었던 의무는 인간에 대한 의무 앞에서 사라져버린다. 자유주의적인 기독교가 물려받은 계몽주의의 정신 상태를 반영하는 칸트의 사고 속에서 인간에 대한 의무는 더 많은 것을 요구하지도 않으며, 자신에 대해서는 아무것도 요구하지 않는 신에 대한 고유한 의무이다. 그러므로 성스러운 것에 대한 신자의 존재론적인 균형은 사회 한가운데에서 타인과 맺는 관계 속에서의 균형에 자리를 넘겨준다. 도덕적인 가치와 의도가 성스러운 것의 의미를 흡수한다. 인간의 성스러운 가치라는 현대적인 관념이 생겨난 것은 칸트에서부터였는데, 이 관념은 초월의 내면화를 보여주고 있다. 인간은 경건함에 대한 칸트적 잔재인 '존경'을 부른다. 결국 칸트는 스피노자의 몇몇 관점에서 더 나아가 신의 왕국이라는 초월적인 종말론을 종말의 통치라는 관점으로 대체하게 된다. 그러한 통치는 역사의 연장 속에서 그리고 역사의 종말처럼, '이성'의 가호 아래 영원한 평화에 헌신한 채 '문명국가연합'의 설립이라는 형태로 개입될 것이다. 동시대의 많은 사상가들처럼 칸트 역시 프랑스 혁명의 첫 무대를 열렬히 뒤쫓았다. 그것은 그가 프랑스 혁명을, 사건과 시간 속에서의 진리의 도래를 모든 인류가 축복해 마지않는 이성의 축제로 보았기 때문이다.

이성의 종교가 형성되면서 보편성이 개성을 결정적으로 이기게 된다. 합리주의 신학은 신을 이론적이고 실천적인 질서 속에서 참된 것을 보장해 주는 담보물로 만든다. 칸트와 더불어 신은 이제 합리적 담론세계의 가설적이고 연역적인 체계가 보여주는 타고난 가정들 중 하나에 불과하게 된다. 나중에 가서 신이 이성의 연장선 위에 놓이면서 그가 바로 이성 자체가 된 것처럼 보인다. 이렇게 해서 우리는 '인격-신'에서 '이성-신'의 단계로 넘어가며, 계시의 '인격-신'은, 마치 그리스의 신들이 모이라에게 예속되어 있듯이 명료한 법칙에 종속된 채 존재하게 된다. 하지만 이성이라는 신은 더이상 인격이 아니다. 심지어 교육적인 이유로도 대단한 교양을 갖춘 사람에게조차 계시는 더이상 불필요해진다. 신화는 속임수거나 인간중심주의에 불과하게 되었다. 관념의 세계와 관념의 하늘은 합리적 역동주의라는 유일하고도 완전한 빛에 의해서만 밝혀진다. 이와 마찬가지로 도덕은 범주적인 명령이라는 비인격적 요청 속에서 확인되는 그대로의 보편성 법칙의 팽창 영역처럼 보인다.

이러한 마지막 단계는 기독교적 계시의 신을 참조함으로써 마침내 철학자와 학자의 신을 뛰어넘은 주지주의적인 이상주의에 의해 극복되었다. 합리주의적인 신이 여전히 신으로 일컬어지기는 하지만 이제는 진정으로 이성의 존재 자체에 불과하다. 합리적인 신은 차라리 이성의 존재 자체로서, 초월성이 아닌 내재성 속에서 이해된다. 신은 자신의 노력 속에서 모든 진실한 사유에 생기를 부여하고 그것을 정당화시키는 움직임에 대한 명칭이 된다. 우리가 특히 데카르트에게서 시작된 철학적인 전통 속에서 이미 그 수많은 예견된 모습을 찾아볼 수 있는 이성의 신학은 쥘 라뇨에게서 아주 선명하게 정의되고 있다. 즉 그는 '신의 실존'이라는 일련의 강의에서 "모든 사고 속에는 절대가 있다"[63]고 지적한다. 그러므로 신화적 참여나 역사를 관통하여 나타나는 계시의 존재론은 합리적 존재론으로 대체된다. 반성적 사유가 종교의 도구가 된다. 즉 "신의 실존이라는 문제는 사고의 절대적인 가치에 대한 문제이다."[64] 또한 완성이라는 개념을 통해 데카르트적인 증거를 다시 다루면서, 라뇨는 "이러한 증거의 토대는 이성의 가치를 인정하는 것으로 되어 있다"고 단언한다.[65] 종교적 실천은 도덕적 신앙 행위로 용해되는데, 칸트의 관점에 따르자면, 우리는 그러한 행위 속에서 보편적인 것의 능력인 이성의 의미를 확인하게 된다. 신과의 만남은 우리의 내부에서

---

63. 라뇨, 「신의 존재에 대하여De l'Existence de Dieu」, 『명강의 단편』, P.U.F., 1950, p. 296.
64. 같은 책, p. 297.
65. 같은 책, p. 308.

이성의 내재성을 의식하는 것으로 축소된다. "우리가 신에게 도달하기 위해서는 신을 우리의 내부에 실현하는 수밖에 없다."[66] 다시 말해 이성적 요청에 잘 들어맞는 도덕적 행위를 실천하는 것이다.

레옹 브룅슈비크 역시 이 점에 대해 대담하게 주지주의적 이상주의의 극한까지 나아가는 듯하다. 그는 종교적 경험의 탈신화와 완전한 영육 분리에 착수한다. 즉 그는 『이성과 종교』라는 의미심장한 제목을 가진 책의 서두에서 "철학자의 사유에 드러나는 대로, 다시 말해 의식의 통일성과 통합을 보장해줄 수 있는 규범에 따라 펼쳐지는 정신이 기능으로서의 진정한 종교에 도달하는 것은 과학적 이성의 진보에 의해 드러나는 진정한 이성의 몫이다."[67] 이렇게 해서 수학이 이 영역에서조차 진리의 유일한 기준으로 남아 있게 된다. "종교적 경험의 정신적 측면이 완전히 이해되고 사변적으로 유지되고 순수한 상태로 번역되기 위해서는 우선 수학적 경험이 지니는 정신적 측면을 해석해낼 수 있어야 한다."[68]

수학자의 신의 승리는 이처럼 계시의 신의 권위를 완전히 실추시켜버린다. 신이 온갖 구체적인 수식에서 벗어나고, 또한 인간의 이미지에 따라 신화에 의해 재창조되지 않을수록, 신은 그만큼 더 신다워지는 것이다. 언젠가 브룅슈비크는 다음과 같이 외친 적이 있다 "소란스럽게도 몇 개의 보편종교가 존재하는데도 사람들은 어떻게 보편종교에서 고유명사인 신이 진정한 의미에서의 신이라고 주장할 수 있겠는가? 이와 같이 고유명사로서의

66. 같은 책, p. 309.

67. Alcan, 1939, p. 1.

68. 「무신론 논쟁La Querelle de l'Athéisme」, 『프랑스 철학회지 *Bulletin de la Société française de Philosophie*』, pp. 79~80 ; 『이성과 종교 *La Raison et la Religion*』, p. 73에 나오는 다음과 같은 놀랄 만한 텍스트와 비교해보자: "스콜라 철학에서의 이성이 드러나는 것과 마찬가지로 아주 연역적이고 형태적인 이성을 위해 아빌라의 성 테레사와 십자가의 성 요한으로부터 멀어지는 것이 좋은 만큼, 데카르트 철학의 이성대로 진보를 이루고 있는 포괄적인 이성에 대한 믿음이 정당화될 것이다." 사람들은 데카르트 이후에 나타난 두 개의 커다란 신비주의가 합리주의적이었을지도 모른다는 점을 이해해야 하는지를 자문하고 있다.

신, 다시 말해 인간에 의해 이름 붙여진 신의 관념, 어떤 지리적인 영역에 한정되어 있으며 역사적인 상황 속에서 태어난 신이라는 관념이 실제로 더 풍요롭지 않은가?"[69] 브룅슈비크는 계속해서 "신적인 것을 인간의 개성이라는 초라한 지평으로까지 낮추고 협소하게 만든 이러한 방법"[70]에 대항할 것이다. 그가 이해한 대로의 종교는 종교의 신인동형론에 대항해서 싸우는 것으로 이루어질 것이다. 그런데 이 종교들은 이성과의 대립이 최소한으로 제한되고 불투명성과 인간적인 계수를 거의 인정하지 않는 만큼 오래도록 지속될 것이다. 그는 계속해서 다음과 같이 적고 있다. "만약 종교가 인간에게서 나온 것이라면, 종교는 매순간 호모 파베르(도구적 인간)의 신을 호모 사피엔스의 신으로 바꾸어야 한다. 호모 파베르의 신은, 생생한 도구이자 허위이며 적어도 체계적 환상인 공리적 지성에 의해 단련된 신이다. 이에 반해 호모 사피엔스의 신은 불편부당한 이성에 의해 인식되며, 이해하고 사랑하는 기쁨 위에 투사되고, 그러한 희망을 제한하고 그 지평을 제한하는 어떠한 그림자도 드리울 수 없는 신이다."[71]

그러므로 합리주의 신학은 결국 이성의 신학적인 격상으로 나타난다. 고유명사를 가지지 못할 신이 이성이라는 단어의 머리글자를 대문자로 바꿈으로써 하나의 고유명사를 받게 되었다. 이러한 과대평가는 이성에 엄청난 힘을 부여한다. 즉 그것은 이성을 사고의 상태에서 그 사고의 토대를 이루는 사유하는 절대적 사고의 상태로 격상시킨다. 브룅슈비크는 다시 다음과 같이 지적하고 있다. "인간은 자신이 합리적 참여자participeps rationis로서 신성에 참여하는 자이다."[72] 인간과 '이성'의 '새로운 연대'는 지적 종말론의 관점에서 이루어지는 약속인데, 그것은 아직도 이성이 장차 거두게 될 승리로부터 전투적 이성을 분리시키는 거리가 채워질 것이라는 약속이다.

---

69. 『프랑스 철학회지』, 1930, p. 33.
70. 『이성과 종교』, p. 21.
71. 같은 책, p. 263.
72. 『서구 철학에서의 의식의 진보』, Alcan, 1927, p. 796.

9. 승리하는 이성

이렇게 해서 사람들은 반성적 의식이 도래하여 완전한 지배권을 확립하게 되기까지 일종의 연속적인 진보를 그려볼 수 있다. 판단 원칙과 명석함의 제작자로서의 규범은 인간 영혼의 주된 구조와 세계의 윤곽을 동시에 그린다. 그 규범은 모든 현실의 으뜸가는 기호이다. 인간은 정신, 합리적 역동주의, 의도적 이성으로서 스스로를 확인한다. 세계는 팽창하는 이성으로서의 과학의 손아귀에 스스로를 던지게 되는데, 여기서 문제는 그 본질적인 상관관계를 풀어내는 것이다. 결국 '신'은 무한한 '이성', 다시 말해 자아와 세계, 자연화하는 이성과 자연화된 이성 사이에서 미리 확립되어 있는 조화에 대한 마지막 정당화로서의 존재의 전체주의적 기준과 동일시된다.

그러므로 합리적 주지주의의 경우, 모든 사물의 기준이 되는 척도는 합리적인 판단이다. 18세기 계몽주의 시대의 사고, 다시 말해 퐁트넬, 볼테르, 백과전서파의 사고가 그러했고, 칸트의 사유 또한 마찬가지였다. 칸트의 사고는 프랑스 계몽 사상가의 사고와 같은 흐름 속에 끼어들며, 「사고 속에서 무엇을 지향하는가?」라는 작은 논문에서 "스스로 사유한다는 것은 자신의 내부에서, 다시 말해 자신의 이성에서 진리라는 최고의 시금석을 발견하는 것을 의미한다. 항상 스스로 생각한다는 격언은 계몽된 인간의 상태이다."[73] 19세기 실증주의는 낭만적인 반응의 반대쪽에서 과학과 기술의 어마어마한 발전에 의해 강화된 동일한 영감을 재발견하게 된다. 과학주의는 계몽주의의 재등장으로서, 그 대담성은 현대인에게 주어진 끊임없이 증가하는 가능성에 대한 정당한 의식에 의해 증식되었다. 1905년 대학자 마르슬랭 베르틀로는 다음과 같이 단언할 수 있었다. 과학은 "오늘날 사회의 물질적 방향과 정신적 방향을 동시에 요청한다. 과학의 영향으로 현대문명은 점점 더 빠른 걸음으로 나아가고 있다."[74]

이러한 건장한 낙관주의적 관점에서 과학은 인간 진화의 지휘권을 장악한다. 과학의 우위는 이성의 우위와 일치하는데, 계몽된 이성은 과학의 의식에 다름아니기 때문이다. 그래서 브룅슈비크는 19세기의 과학과 기술의 성과를 넘어 칸트의 단언을 재발견한다. 즉 그는 다음과 같이 단언한다. "나는 철학이 선입관과 졸속함을 피하려고 노력함에 따라 이성을 그 도구로 삼는다고 증명하려는 것이 아니다. 이성에 대항하여 스스로에게 이성을 부여하기 위해 이성과는 다른 '능력'을 발견하는 사람들은 정신을 육체처럼 나뉜 것이라고 가정함으로써 그것을 물질화하는 것을 넘어서, 불가피하게도 자신의 고유한 판단 앞에서 스스로를 정당화할 수 없음을 고백하는 것이다."[75]

그러므로 일종의 전복이 이루어진다. 논증적 사고는 우선 사물에 대한 정신의 장악력을 증가시킴으로써 매개의 도구로서 개입하게 된다. 다음으로, 과거에는 수단에 불과했던 범주적 행동은 즉자적인 종말로서 자신의 입지를

73. 『논리집 *Mélanges de Logique*』, 티소 Tissot 역, Paris, 1862, p. 365.

74. 베르틀로, 『과학과 자유 사상』, 1905, p. 405.

75. 브룅슈비크, 「종교와 철학Religion et Philosophie」, 『형이상학과 도덕 논집』, 1935, p. 2.

굳힌다. 범주적 행동은 자신이 그것을 밝히는 것을 첫째 기능으로 삼았던 신화에 대한 종속에서 벗어난다. 그것은 신화를 비판했으며, 이러한 비난은 체계적인 억압으로까지 이어졌다. 결국 신화적 의식에서 축소시킬 수 없는 것으로 남아 있는 것은 무지의 보루로, 억압받고 그 명예가 훼손되어 있다. 교과서로 사용되는 어떤 책 속에서 앙드레 랄랑드는 아주 의미심장하고 분명하게 그 점을 단언하고 있다. "스콜라주의자들은 사람들이 '여기에 바람직한 해결책이 있다(부정적인 원칙에 반하여 adversus negantem principia)' 라는 말을 논박해서는 안 된다고 말하는데, 옳은 말이다. 이성을 신뢰하는 사람과만 논해야 한다. 이성의 임무는 정신의 공동 권리를 제시하는 것이다. (……) 잠재적인 정체성의 이상적 실존으로, 또한 수학적인 한계로 인식되는 이성이 입지를 굳힌 것은 태초의 결정사항이다. 그런데 그 결정은 정신의 사회를 이루고 있으며, 생각하는 존재로서의 자신을 폐지하지 않고는 거부하지 못하는 것이다."[76]

그러므로 신화의 지지자는 따돌림받아 마땅하다. 그는 계몽된 정신을 소유한 사람들의 사회로부터 스스로 떨어져나오게 된다. 하지만 이성은 자신을 위해 담론의 세계를 통합할 때, 과거를 돌이켜보아 신화적 인식에 하나의 의미, 하나의 구실을 주어야 한다. 신화적 인식은 이성의 법칙이 입지를 확고히 할 때에만 부정확한 것이 된다. 바로 여기서 신화를 주지주의적인 일원론의 관점에 위치시키는 신화 해석이 나오게 된다.

계몽주의의 경향은 우선 신화 속에서 순수하고 단순한 신비화를 보는 것이다. 17세기 말부터 프랑스에서는 퐁트넬과 벨[15)]이 각각 『신탁의 역사 *Histoire des Oracles*』(1687)와 『역사 비평 사전 *Dictionnaire historique et critique*』(1697)을 통해 이 사실을 힘주어 주장하고 있다. 고대인에게 우화와 신학에 대한 주해와 경이와 기적에 대한 연구는 여기서 기독교도에 대항

76. 랄랑드, 『과학철학 강의 *Lectures sur la Philosophie des Sciences*』, 제11판, Hachette, 1932, p. 337~338.

15) Pierre Bayle(1647~1706): 프랑스의 비평가, 철학자.

하려는 목적을 지닌 간접적 논쟁 구실을 한다. 대략적으로 말해, 신화는 타산적인 목적으로 대중의 가벼운 믿음을 조장하는 사제의 인위적 수단에서 생겨나는 날조로 나타난다. 한편으로는 간교이며, 다른 한편으로는 어리석음인 신화는 전체적으로 환상에 불과하다. 그것은 이성의 빛에 의해 흩어진다.

하지만 몇몇 계몽 사상가들은 사물에 대해 약간은 단순화된 이러한 비전으로 되돌아와야 했으며, 신화적이고 종교적인 인식을 통해 진리의 가치를 깨닫게 되었다. 레싱[16)]은 『인류의 교육』(1780)이라는 논문에 어느 정도 신화적 인식의 긍정적인 내용을 구출하는 진화론적 교의를 개략적으로 그리고 있다. 즉 그는 "인류에게 계시란 개인에게 교육과 마찬가지이다"[77]라고 언급했다. 이렇게 해서 레싱은 계시와 이성의 일치를 재확립한다. "계시는 인류에게 인간의 이성만으로 발견할 수 없는 것은 아무것도 가르치지 않는다. 하지만 이러한 방법을 통해 인류는 자신이 스스로 가질 수 있었던 것보다 더 일찍이 기본적인 진리에 대한 교육을 받았고, 계속해서 받고 있다."[78] 기독교적인 메시지의 본질을 구출하고자 하는 의도에서 공식화된 이러한 교의는 신화적 인식 전체에 일반적으로 적용될 수 있다. 신화는 이성의 우화에 불과하거나 고유한 내용이 없는 형태 갖추기에 불과하다. 그러므로 그것은 교육학이나 인식론의 차원에 속하는 것이지 존재론의 차원에 속하는 것이 아니다. 지성은 신화를 회복시키지만, 그 의미내용을 소거시켜버린다. 사실 신화는 항상 경계를 게을리해서는 안 된다. 인간에게 신화의 유혹은 위험한 매혹을 나타낸다. 그것은 최악의 과도함을 인정함으로써 옳지 않으면서도 옳다고 인정을 받기 위한 가장 손쉬운 방법이다. 민족학, 혹은 비교신화학 분야에서의 최초의 시도들 중 하나라고 할 수 있는 『우화의 기원에

16) Gotthold Ephraim Lessing(1729~1781): 독일의 극작가.

77. 레싱, 『인류의 교육 *L'Education du genre humain*』 §1, 그라팽Grapin 역, Aubier, 1946, p. 91.

78. 같은 책, §4.

대하여 *De l'Origine des Fables*』라는 논문에서, 퐁트넬은 이미 다음과 같이 적고 있다. "모든 인간은 너무나 닮았기에 그 어리석음 때문에 우리가 떨지 않아도 되는 민족은 없다"고 지적한다.

결국 퐁트넬과 레싱 이후 신화에 대한 주지주의적인 해석은 변하지 않았다. 가장 현대적인 사상가들도 똑같은 단언을 반복하고 있다. 폴 발레리에 따르자면, 신화의 축소는 지성의 가장 주된 기능들 중 하나이다. "조금 더 정확해지려 해도 사라져버리는 것이 신화이다. 엄격한 시선 아래, 그리고 깨어 있는 정신이 단단히 무장하고 있는 다양하고 집중적인 질문과 범주적인 의문의 영향 아래, 우리는 신화가 소멸하고 모호한 사물과 관념의 무리가 한없이 빈약해지는 것을 보게 된다."[79] 이와 마찬가지 관점에서 알랭은, 자신이 유아적 정신 상태의 특징이라고 본 신화의 형성에 대해 발생론적 설명을 제안했다. 어린이가 처한 상황은 모두 수동적이며 주변환경에 종속되어 있다. 신화는 콩트의 차원이다. 그런데 "이러한 콩트들은 거의 모든 나라에서 동일한 양상을 띠게 되는데, 처음에는 문을 열 줄도, 걸을 줄도 모르는 어린이의 상황, 요컨대 노동을 통하여 사물을 변화시킬 능력을 지니기도 전에 사물들에 대한 환상을 먼저 가지게 되는 어린이의 상황을 해석해내는 데 불과하다."[80] "노동 없이 얻는 자에게는 모든 것이 환영이다."[81] 이러한 원칙에 입각하여, 알랭은 부르주아가 자신의 손으로 일하지 않고 타인의 노동으로 살아간다는 사실로 부르주아의 신화와 종교를 설명할 것이다. 그러므로 신화의 단계를 넘을 수 있게 해주는 것은 반성적 사유도 아니며, 실제적인 현실과 독특한 가능성에 따라 확실성을 만들어내는 장인 구실을 하는 기술적인 활동도 아니다. "모든 지혜는 환상을 거부하고, 사람들이 원하는 대로, 혹은 원하는 만큼, 사지를, 특히 손을 활발히 움직여 자신이 찾는 인식을 스

79. 발레리, 「신화에 대한 소론Petite Lettre sur les Mythes」, 『다양성*Variété*』, II, N.R.F., 1930, pp. 249~250.
80. 『신화학 서론』, Hartmann, 1943, p. 96.
81. 같은 책, p. 21.

스로에게 부여하는 것이다."[82]

이 설명은 그럴듯해 보인다. 그런데 우리는 왜 자신의 노력을 통해 모든 생필품을 구했던 원시종족이 신화적 의식이라는 유치한 것에 사로잡히게 되었는지, 또 왜 시골 사람들이 그렇게 오랫동안 옛날의 신앙을 유지했는지 자문해볼 수 있을 것이다. 다른 한편으로, 유치할 정도로 비현실적인 세계관은 완전히 잘못된 것으로 판명될 것이다. 그런데 계몽주의의 둘째 태도를 다시 발견하면서 알랭은 신화의 '합리화할 수 있는 본질'을 발견하기 위한 탐구를 추천한다. "신교에서 그랬던 것처럼 이미지들을 학살하기란 쉬운 일이다. 학살하기보다 구하는 것이 더 나을 것이다."[83] 미신에서 이성으로 가는 길이 있다. 다시 말해 신화는 이제 더이상 순수한 일탈로 간주되는 것이 아니라, 인간의 가치 기준으로서 알랭이 플라톤에게서뿐만 아니라 복음서에서도 발견하는 어떤 지혜의 계시자가 된다.

여기서 알랭의 태도는 타협을 거부하고 신화의 입지를 뭉뚱그려 거부하는 브룅슈비크의 그것보다 더 미묘하다. 그는 플라톤에 의해 주어진 '나쁜 예'를 서슴없이 거부한다. "사람들이 그의 강연의 교훈이라고 말하는 것은 꾸밈없이 드러나는 준엄함이나 방법론적인 세심함과는 반대로, 플라톤의 문학작품은 신화적 상상력에 상당한 자리를 부여하고 있다. 그것은 신화적 상상력에 형식적인 종말을 고하게 한 『공화국』의 같은 대화의 끝부분에서부터 나타나고 있다. 더 나아가 『티마이오스』 전체는 물리적인 체계의 부족을 메우기 위해 신화라는 우회적 방법에 빚지고 있다. 사유의 진보에서 전통의 권위로, 혹은 오늘날 말하는 것처럼, 동적인 것에서 정태적인 것으로의 퇴행은 분명히 우리가 이미 그 때문에 피타고라스주의자들을 비난할 권리를 가지게 된 정신에 대한 죄악이 아니겠는가?"[84]

82. 같은 책, pp. 13~14.

83. 같은 책, p. 144.

84. 브룅슈비크, 『말들의 유산, 관념들의 유산 *Héritage de Mots, Héritage d'Idées*』, P.U.F., 1945, p. 58.

정신에 대한 죄악은 용서받을 수 없는 유일한 것이다. 브륑슈비크의 대담하고 논리적인 주지주의는 서슴없이 플라톤을 철학자들의 지옥에 바친다. 사실 플라톤은 철학자들의 지옥에서의 훌륭한 동반자이다. 왜냐하면 여러 사람 중에서도 특히 데카르트, 칸트, 헤겔, 피히테, 비랑[17] 등은 신화의 부인과 합리적인 제국주의의 단언을 끝까지 밀고 나가지 못함으로써 억압받는 자들에 포함된다.[85] 이러한 가차없는 논쟁이 어떠하든, 반성적 의식의 지배는 신화의 몰락으로 이어진다. 실증주의 시대는 신학의 시대와 형이상학의 시대의 흔적을 지워버린다. 이와 마찬가지로, 레비 브륄의 초기 사유 속에서 전논리적인 사유는 합리적 사고에 자리를 남겨주어야 했다. 그 합리적 사고는 타당한 확실성을 정하는 배타적 권리를 물려받았다. 게다가 현대인에게 신학적 의식 중 살아남을 수 있었던 것은 허구와 이완에 불과했다. 그런데 이것들은 자신의 원칙 자체 속에서 그 가치가 떨어진 일탈된 사고이다.

의기양양한 이성은 자신의 모순과 자신의 감각적인 투명함, 그리고 자신의 정열적인 채색 속에서 체험된 세계를 담론의 우주라고 하는 관념적 세계로 대체시키는 것을 임무로 삼고 있다. 모든 영역에서 현실은 진실에게 자리를 넘겨주어야 한다. 탈신화화 현상은 상상적인 허구의 몰락뿐만 아니라, 감각적인 것에 대한 체계적인 불신과 감정적인 것에 대한 거부현상마저도 초래한다. 정신은 정신에 기댈 수밖에 없는 것이다. 다시 말하자면, 주지주의는 전제조건 없는 존재론을 설명하고 형태의 승리를 인정하면서 자신과는 다른 것의 진리가 아닌 진리를 설명하는 것을 임무로 삼는다. 이렇게 해서 '과학으로 나타날 수 있을' 형이상학적인 방향에서 행한 칸트의 노력은 브륑슈비크의 수학중심주의 속에서 아주 자연스런 후계자를 발견하게 되는 셈인데, 후자에게는 과학 자체가 바로 형이상학으로 제시된다.

그런데 그러한 존재론의 잔재는 상당한 힘을 가지고 있는 듯하다. 진행되

17) Maine de Biran(1766~1824): 프랑스의 철학자.
85. 『이성과 종교』, p. 259.

고 있는 그대로의 세계는 환상에 불과한데다 그 기원이 시간이라는 암흑 속으로 사라져버리고, 사람들이 태어나고 죽는 세계이다. 제기하지 말아야 할 의문들이 있는데, 그러한 의문들은 사람들이 반성적 행동의 우위를 인정하자마자 합당한 의미를 가지지 못하기 때문이다. 조르주 시메옹의 탁월한 연구는, 탄생과 죽음이 지성과 무관해짐에 따라 그 자체로는 아무런 진실도 지니지 못함을 아주 잘 보여주고 있다. "만약 (……) 우리가 모든 실존이 실존에 대한 평가임을 납득한다면, 혹은 더 흔한 표현으로 사고가 존재의 정확한 척도라는 점을 납득한다면, 우리는 더이상 정신이 세상 안에 있다고 말할 수 없다. 왜냐하면 반대로, 이러한 명제에 단순히 논리적인 의미만을 부여한다는 조건하에서는 오히려 세계가 정신 안에 있기 때문이다."[86]

여기서 '단순히 논리적인 의미'는 실존적인 의미의 자리를 차지하게 된다. 세상을 창조한 것은 활동중인 정신이다. 그러므로 정신은 세상에 종속될 수 없다. 그러므로 영원의 질서인 정신은 그와 관련지을 수 없는 탄생과 죽음과는 무관하게 된다. "우리는 우리 자신의 탄생과 죽음을 생각하지만, 그것을 실제로 체험하지는 않는다. 우리는 다만 영원성과 시간과 더불어 시작과 끝을 생각하는 행동만을 체험할 따름이다."[87] "탄생은 행동에서 의식과 시간으로의 논리적 이동을 의미하며, 죽음은 시간과 의식에서 행동으로의 이동을 의미한다. 그러므로 태어나고 죽는 것은 스스로를 사고하는 방법이지 존재방식은 아니다. 행동은 유일한 존재방식이며, 그것은 사람들이 그것을 포착했다고 믿는 순간에도 스스로를 사고하도록 내버려두지 않는다."[88]

사람들은 실존에 대한 논리의 우위를 이보다 더 명쾌하게 확인할 수는 없을 것이다. 논리란 존재의 척도이며, 탄생과 죽음은 논리적 조작으로서의 의미 작용 이외에는 다른 의미 작용을 갖지 않는다. 신화체계와 종교에서

86. Georges Siméon, 「탄생과 죽음La Naissance et la Mort」, 『형이상학과 도덕 논집』, 1920, p. 504.
87. 같은 책, p. 510.
88. 같은 책, pp. 513~514.

어떤 역할을 하는 죽음의 경험은 '상식의 조야한 형이상학' 을 통해서만 고려될 수 있다. 세상의 진리는 세상 속에 있지 않다. 그것은 다른 곳에서 다른 방식으로 존재한다. 그러므로 사람들은 현실에 대한 진실의 소외와 진실에 대한 현실의 소외라는 두 가지 소외 사이에서 선택할 수밖에 없다. 주지주의 철학자는 항상 약간은 페터 슐레밀Peter Schlemihl,[18] 즉 자신의 그림자를 잃어버리고, 존재론적인 추를 빼앗긴 채 자신이 결코 완전히 뿌리내리지 못하는 이 세상에서 정처없이 떠돌아야 할 운명에 처한 사람을 닮아 있다. 의기양양한 합리주의는 복제의 철학에 이르게 되는데, 정신은 인간 존재의 복제이며, 지적 세계는 현실세계에 대한 더 진짜 같은 복제이다.

하지만 복제의 철학은 필연적으로 이동의 철학이며 나쁜 양심의 철학이다. 그 철학은 끊임없이 자신이 그림자 때문에 먹이를 놓쳐버리지 않았는지 자문해야 하는 운명에 처하여, 사라져버린 통일성에 대한 향수에 사로잡혀 있다. 또한 여기서 페터 슐레밀의 이미지는 결국 지성의 축소에 대항하는 신화 최후의 반항을 의미하기 위해 개입한다. 이성은 신화를 억압했다. 이성은 모든 것을 다시 문제삼는 억압된 것의 귀환을 막을 수는 없다.

18) 샤미소가 쓴 『페터 슐레밀의 놀라운 이야기』의 주인공 페터 슐레밀을 말하는 것으로, 그는 악마에게 자기 그림자를 팔았다.

제3부

실존적 의식

1. 억압된 신화적 의식의 귀환

그러므로 신화의 추방은 결정적인 것이 아니다. 정신생활에서 빈번하게 일어나며 정신분석이 풍부한 예를 제공하고 있는 역동성에 따라, 검열된 요소는 나쁜 양심과 마찬가지로 사람들이 그것을 억압할 때 힘을 쏟은 만큼 더욱더 견고해져서 다시 돌아오게 된다. 과학의 성공 자체는 인간의 정신적인 요청을 폭넓게 충족시킬 수 없다는 자신의 무능력에 대해 눈속임을 할 수 없다. 다시 말해, 콩트의 공식에 따라 하나의 사고 단계에서 다른 단계로의 지속적인 이동이나, 브룅슈비크나 19세기 과학주의자의 방법에 따른 지성의 시대가 이루는 진보를 전제로 하는 도식은 현실의 측면에서는 극복할 수 없는 저항과 거절에 봉착한다.

우리는 신화적 의식이 보여주는 저항에 대한 가장 분명한 증명을 레비 브륄이 펼치는 사유의 발전 자체에서 이끌어낼 수 있다. 어떤 의미에서 보자면, 레비 브륄의 유명한 저작들은, 인간 현실을 연구하기 위해 뒤르켕이 정의한 사회학적 방법에 의지하여 오귀스트 콩트의 3단계 법칙을 사실의 차원에서 증명하기 위한 시도를 이루었다.

하지만 레비 브륄의 실증주의는 그에게 영감을 불어넣은 사람들의 그것보다 더 합리적이고자 한다. 사람들은 오귀스트 콩트가 결국 신화체계에 기초한 신정(神政)체제의 예언자가 됨으로써, 자신의 역사철학의 진행과정을 역전시켜놓았다는 사실을 알고 있다. 게다가 뒤르켕에게는 콩트의 사회학 우선주의를 상기시켜주는 독단론이 있다. 집단의식은 모든 가치의 규범이다. 뒤르켕은 신화적 의식과 논리와 과학에 기초한 현대인의 반성적 의식 사이에 단절이란 없다고 본다. 객관성은 과학에서 오는 것이 아니라 항상 사회의 초월적인 유효성 인정으로부터 오는 것이다. 뒤르켕에 따르면, "개념이란 설사 그것이 과학의 모든 규칙에 따라 형성된다고 해도 객관적인 가치로부터 자신의 권위를 이끌어내는 것은 아니다. (……) 만약 오늘날 일종의 특별 신용을 만나기 위해 과학이라는 등록상표를 지니는 것으로 족하다면, 그것은 우리가 과학에 대한 신앙을 지니고 있기 때문이다. 하지만 이러한 신앙은 근본적으로 종교적인 신앙과 다를 바 없다. (……) 사회생활에서 모든 것은, 심지어 과학조차도 여론에 기초한다. (……) 과학이 여론에 기초해서 행동하는 데 필요한 힘을 얻게 되는 것도 여론으로부터이다."[1] 이와 같이 뒤르켕의 해석은 원시의식과 실증의식 사이의 깊은 동질성을 인정한다. 그는 다음과 같이 분명하게 말한다. "우리의 논리는 바로 이러한 논리에서 나온다. 현대과학이 주는 설명은 더욱더 객관적임을 자신하는데, 그것은 이러한 설명이 더 방법론적이고 더 엄격하게 통제된 관찰에 기초해 있기 때문이다. 하지만 이런 설명은 본질적으로 원시적 사고를 만족시키는 설명과 다르지 않다. 종교적 사고가 보여주는 논리와 과학적 사유가 보여주는 논리 사이에는 커다란 차이가 존재하지 않는다. 둘은 모두 동일한 기본요소로 만들어졌지만 불균질하게, 또는 다르게 발전한 것이다"[2]

1. 『종교생활의 기본 형태들*Les Formes élémentaires de la vie religieuse*』, 제2판, Alcan, 1925, pp. 625~626.

2. 같은 책, pp. 340~341.

원시인의 정신세계를 밝히고자 하는 엄청난 시도를 시작할 무렵 레비 브륄에게 영감을 불어넣어준 것은 상이한 것이었다. 그것은 신화적 의식에서 실증적 의식으로의 연속성을 단절하는 것을 전제로 했다. 과학의 규범에 부합하는 실증적 의식은 집단적 재현의 노예 상태에서 벗어난다. 그 영감은 정신들의 새로운 공동체의 토대를 닦는 데 있으며, 그 공동체의 보편성은 지역적 특수성과 이기주의를 언젠가는 깨뜨려버리게 될 것이다. 진리의 토대를 이루고 있는 것은 사회적 규범이 아니다. 계몽된 문명 속에서 사회적 규범을 정당화시키고 인정하는 것은 합리적이고 실증적인 규범뿐이다. 이 점에 대해 레비 브륄의 사고는 브룅슈비크의 그것과 꽤나 가깝다. 이런 이유로 해서 브룅슈비크는 퐁트넬, 흄, 볼테르 등의 예를 들면서 레비 브륄을 뒤르켕에 대립시킬 수 있게 된다. 즉 그는 레비 브륄에게 "호모 크레둘루스(신앙하는 인간)의 독단적인 사회학에서 호모 사피엔스의 비판적인 사회학으로의 이동"[3]의 공적을 부여한다.

레비 브륄이 행한 작업은 브룅슈비크의 엄격한 주지주의를 만족시키기 위해서 이루어진 것이 아니었다. 사실 레비 브륄의 민족학 작품에도 본질적으로 지적인 드라마가 내재해 있다. 왜냐하면 호모 크레둘루스의 저항이 의기양양한 호모 사피엔스 앞에서도 사라지지 않고 계속적으로 드러나고 있기 때문이다. 게다가, 확실히 자신의 기호들을 지니고 있던 새로운 인간을 위해 옛 인간을 억압하기를 거부했던 행동보다 『원시인의 정신세계』의 저자의 과학적인 성실성을 더 명예롭게 해주는 것은 없다. 하지만, 그와 동시에 그의 작품이 보여주는 교훈은 그로 인해 더욱더 의미심장한 것이 된다.

레비 브륄의 작업 가정은 '정신세계'를 '원시적인' 것과 '실증적인' 것으로 대립시킨 것이었다. 원시인의 정신세계는 '전 논리적인' 성격을 띤다. 다시 말해 원시인의 정신세계는 이성의 구조와 원칙에 따르지 않고 참여의 법칙에 기초한다. 참여의 법칙이란 대립시키고 한정하는 대신 포함하며, 아

3. 브룅슈비크, 『서구 철학에서의 의식의 진보』, p. 573.

무런 선험적 비판 없이 초자연적인 것이 보여주는 여러 종류의 감정적인 범주 아래 개입하는 강렬한 감정의 영향을 인정한다.

그런데 근본적인 철학적 문제는 원시인의 정신세계와 실증적 정신세계 사이의 일치의 문제이다. 실제로 원시인의 정신세계가 먼저 개입하며, 나중에 가서야 참여의 지배를 마감하게 될 실증적 정신세계에 대한 요청이 천천히 형성된다. 그러므로 시간 속에서의 의식의 진보가 존재하며, 이런 관점에서 보자면 레비 브륄의 노력은 전(前) 역사적 단계에서 브룅슈비크의 작업을 연장하려는 경향이 있었다. 몇몇 단언들이 전 논리적인 것에서 논리적인 것으로의 계속적 상속이라는 도식 속으로 나아가는 듯하다. "논리적인 요청이 강화되고 습관적인 것이 되어갈수록 그 요청에 대한 증거가 될 수 있는 모순과 부조리를 받아들이지 못하게 된다."[4] 하지만 레비 브륄은 초기 저작에서, 실증적 의식은 인간 존재의 가장 본질적인 요청들 중 어떤 것들을 불만족 상태로 내버려둘 수밖에 없다고 단언한다. "논리적인 사유는 결코 전 논리적인 정신세계의 보편적 상속인이 될 수 없을 것이다."[5] 그러므로 새로운 의식과 과거의 의식은 정확하게 겹치지 않는다. "한 사회가 발전하는 과정에서 인식적인 기능이 집단적인 재현 속에 함축된 다른 요인과 차별화되고 거기서 떨어져나오려는 경향이 있다면, 그렇게 함으로써 일종의 독립은 얻겠지만, 자신이 배제시켜버린 요소와 같은 가치를 지니는 것을 제공하지 못하게 된다. 그러므로 이 요소들의 일부분은 인식적인 기능의 밖에서 그와 나란히 서서 존속할 것이다."[6]

그러므로 사람들은 의식 발달의 두 단계가 보여주는 연대기적 도식에서 여전히 현대적일 수 있는 인간 사고의 두 단계가 보여주는 구조적 도식으로 넘어가게 된다. 레비 브륄은 어떤 편지 속에서 자크 마리탱에게 다음과 같이 분명하게 말하고 있다. "'원시인의 정신세계'는 인간의 정신세계가 보여

4. 『하위사회에서의 정신적 기능』, Alcan, 제9판, 1928, p. 451.
5. 같은 곳.
6. 같은 책, pp. 450~451.

주는 하나의 상태입니다. (……) 나는 그것을 '원시인들' 사이에서 연구했는데, 그것은 '원시인의 정신세계'가 우리 사이에서보다 묘사하고 분석하기가 더 쉽기 때문입니다. 이러한 묘사와 분석을 통하여 나는 원시인의 정신세계가 우리의 정신세계와는 다르다는 것을 알게 되었습니다. 하지만 나는 결코 원시인의 정신세계가 원시인 사이에서만 나타난다고 말하지도 않았으며, 그렇다고 생각하지도 않았습니다. 심지어 나는 『하위사회에서의 정신적 기능』이 나온 다음부터는 그 반대라고 말했습니다. 내가 거기서는 서투르게 행동했고 너무 대립을 강조했다고 생각해야겠지요."[7] 여기서 레비 브륄이 적어도 자신도 모르는 사이에 죄인임을 자인하고 변론을 펼치고 있다는 사실은 의미심장하다. 하지만 그는 아주 일찍부터 주지주의적인 전제사항에 대항해서 자신의 입장을 분명히 하고 있다. "대다수의 철학자에 의해 인정된다고 여겨지는, 생각하는 주체의 논리적인 통일성은 사실이 아니라 욕망하는 것 desideratum이다."[8]

레비 브륄은 계속해서 사람들이 자신에게 부여한, 원시적인 의식과 진화된 의식 사이의 이원론적인 입장에 반대 입장을 취한다. 가령, 1929년 『원시인의 영혼』을 출판한 다음에 열린 프랑스 철학회에서 그는 다시금 다음과 같이 분명하게 선언한다. "나는 내가 '전 논리주의' (나는 이 말에 대해 아무런 책임이 없습니다)라고 불리는 하나의 교의를 부여받고 있음을 봅니다. 그 교의에 따르자면 두 가지 종류의 인간정신이 존재하는데, 하나는 우리의 것과 같은 논리적인 정신이며, 다른 하나는 전 논리적인, 다시 말해 논리적인 사유가 가지는 주된 원칙이 없으며 다른 법칙을 따르는 정신이지요. 이 두 정신은 서로 배타적입니다. '전 논리주의'가 유지될 수 없다는 사실을 증명하기란 어려운 일이 아닙니다. 하지만 '전 논리주의'는 자신을 쳐부수

---

7. 자크 마리탱Jacques Maritain에게 보낸 편지, in 마리탱, 『육체적 조건하에서의 정신에 대한 네 가지 시론 *Quatre essais sur l'esprit dans sa condition charnelle*』, 데클레 드 브루웨Desclée de Brouwer, p. XI. 뤼시앵 레비 브륄, 『비망록』, P.U.F., 1949, p. 136 참조.
8. 『하위사회에서의 정신적 기능』, pp. 455~456.

기 위해 자신을 구축하는 사람들을 통해서만 존재합니다. (……) 내가 '전 논리적' 이라는 말을 사용한 것은 사실입니다. 그렇다고 내가 전 논리주의를 지지하는 것은 아닙니다."[9]

10여 년 후인 만년에 가서 레비 브륄은 한 걸음 더 나아가 방어에서 반격으로 전환한다. 즉 그는 1938년 유고집인 『비망록』에서 다음과 같이 말하고 있다. "1910년 내가 정확하다고 믿었던 것을 단호히 수정하고자 한다. 신비하다거나 전 논리적이라고 하는 특유한 두 가지 성격으로 다른 것과 구분되는 원시인의 정신세계란 존재하지 않는다. 우리가 속해 있는 사회에서보다 더 두드러지고 더 관찰하기 쉬운 원시인의 정신세계가 존재하는데, 사실 그것은 모든 인간정신에게 나타나는 것이다(……)."[10] '전 논리적' 이라는 단어 자체는 폐기된다. "나는 이미 25년 전부터 원시인의 정신세계가 보여주는 '전 논리적' 인 성격에 관한 나의 주장을 많이 완화시켰다. 이 사실과 관련하여 내가 막 도달한 결과는 내가 지금까지 견지했던 근거가 빈약한 가정을 포기하게 함으로써 이러한 발전을 결정적인 것으로 해준다."[11] 그리고 레비 브륄은 새로운 토대 위에서 원시인의 정신세계에 대한 연구를 완전히 다시 시작해야 할 필요성을 인식하게 된다.

이 문제에 대한 레비 브륄의 사고 자체의 토대를 구체적으로 분명히 해둘 필요가 있다. '전 논리적' 이라는 단어를 포기한 것은 사고의 일원주의로 되돌아가는 것을 확고히 하고 있다. "정신의 논리적 구조는 알려져 있는 모든 인간사회에서 동일한데, 그것은 마치 인간사회 모두가 언어나 관습이나 제도들을 가지는 것과 같다."[12] 하지만 이러한 새로운 일원주의는 우리가 레비 브륄이 탐구를 막 시작할 무렵에 단죄하는 것을 보았던 주지주의적 일원론과 동일한 것일 수 없다. 사고의 통합 구조는 사실 원시인과 문명인의 정

9. 『프랑스 철학회지』, 1929, p. 109.
10. 뤼시앵 레비 브륄, 『비망록』, p. 131.
11. 같은 책, p. 60.
12. 같은 책, p. 62.

신태도 사이의 차이점을 없애주지는 않는다. 두 정신세계는 정확히 구분되는 두 재현체제와 부합하며 레비 브륄의 『비망록』은 페이지마다 그가 계속해서 가장 진화된 의식과의 차이점 속에서 원시인의 인식론을 정확히 규정짓고 있다는 사실을 보여주고 있다.

생애의 마지막에 둘째 작품인 『원시 신화체계』에서 레비 브륄은 우리의 정신 영역을 소유하기 위해 경쟁하는 두 가지 영향력이 어떻게 구성되어 있는지를 밝히고자 했다. 원시인들에게 신화의 세계란 유동성과 견고하지 못함을 그 성격으로 하는데, 우리의 정신 속에서 합리적인 요청이 보여주는 거부감이 이러한 성격들에 대항한다. 민속이나 콩트 속에 영원히 남아 있게 되는 원시적 정신세계의 유아적 유산은, 고대에 확립되어 우리에게 넘겨진 문명의 합리적 성격 속에서 해독제를 찾게 되었다. 통제할 수 없고 사실을 입증할 수 없는 여건들, 다시 말해볼 수 없는 초자연적인 힘들의 행동이 드러나는 신비적 경험의 여건들은 유효적절하다고 간주되는 경험들의 여건들로부터 조금씩 배제되었다. 달리 말하자면, 현실의 영역은 점점 더 정확하게 자연법칙과 사고법칙의 영역과 일치되려는 경향이 있다. 현실의 영역을 넘어선 곳에 존재하는 것은 이제부터 불가능한 것으로 거부될 것이다(엄밀한 의미에서의 종교적인 것은 따로 떼어놓아야 한다)." [13]

이리하여 실증주의가 다시 한번 승리하게 된다. 하지만 분명히 마지막 유보는 모든 것을 문제삼는다. 이와 같이 '따로 떼어놓은' 경험은 인류의 많은 부분 속에서 여전히 살아 있다. 레비 브륄은 그 점을 강조하는 대신 언급하는 것으로 만족하고 있다. 게다가 그는 신화적 의식의 배제라는 규범에서 벗어난 다른 변이요소를 강조하고 있다. "비록 합리적이라고 해도, 아니 그것은 차라리 합리적이기 때문에, 이러한 배제는 심지어 그것이 습관으로 변한 곳에서조차 하나의 구속과 일반적 표현을 따른다는 억압을 지니고 있다." 정신은 신화의 끈덕진 유혹에서 벗어나기 위한 '일종의 폭력'이 된다.

13. 『원시 신화체계』, Alcan, 1935, p. 317.

민속의 콩트와 그 콩트의 언어의 유혹 속으로 정신을 이끌어가는 매력에 대한 이유가 바로 여기에 있다. 우리가 그것에 귀를 기울이는 순간, 이러한 구속은 유보되어버리고, 이러한 폭력 또한 휴식을 취하게 된다. 단번에 억압된 경향이 잃어버린 영토를 다시 찾는 것이다. 우리가 콩트를 들을 때, 우리는 기분좋게 합리적인 태도를 포기하며, 더이상 합리적인 태도가 원하는 것은 따르지 않게 된다."[14] 또한 그의 작품은 의미심장한 개영시(改詠詩)[1)]를 통해 라퐁텐의 한 구절을 인용하면서 끝나고 있다.

……누군가 나에게
「당나귀 가죽」 이야기를 해준다면
그보다 더한 기쁨이 있을까.

이런 관점에서 보자면, 신화는 합리적 통제에서 벗어나는 것을 허락하는 만큼 정신에게 유쾌한 이완을 주는 것처럼 보인다. 그럼에도 불구하고 정확한 사고와 일탈된 사고 사이의 이원성 속에 나타나는 일종의 선악이원론 manichéisme이라는 인상은 계속된다. 그런데 우리가 방금 살펴본 대로 레비 브륄이 일부러 그 예를 보류해두고 있는 종교적인 경험은 어떻게 될까? '계시'에 대한 기독교의 예속은 콩트에서 얻는 즐거움과는 사뭇 다르다. 살아 있는 신, 두려움과 사랑의 신은 유모들이 해주는 이야기 속의 마녀와 동렬에 놓일 수도 있다. 불신자조차 그 점을 객관적으로 받아들일 것이다.

자신의 사고의 마지막 단계에 와서 레비 브륄은 인간정신의 더 복잡한 구조라는 관념에 이른 듯하다. 두 개의 논리가 존재하는 것이 아니며, 참여란 사고의 법, 다시 말해 양식화하는 것이 거의 불가능할 법이 아니다.[15] 그것은 1931년에 출간된 『원시인의 정신세계에 나타난 초자연과 자연』의 서문

14. 같은 책, p. 318.
1) 앞의 시에서 말한 내용을 취소하는 시.
15. 『비망록』, p. 77.

에 정의되어 있는 초자연의 감정적 범주와 동일시되어야 한다.[16] 심지어 레비 브륄은 자신이 그렇게도 확산시켰던 참여의 개념이 새로운 '감정적 범주' 속으로 용해됨으로써 사라져야 한다고까지 단언하고 있다.[17]

논리와 그 법칙들은 우리의 담론세계를 조금씩 발전시킨 완만한 인류 교육을 통해 인간정신의 업적을 이루고 있다. 1938년의 『비망록』에 의하면, 참여란 사실(p.77)로 간주되어야 한다. 여기서 '사실'이라는 단어는 논리적 법칙보다 더 근본적인 현실과 인류학적인 구조를 가리킨다. 이 때문에 논리적인 요인과 소위 '전 논리적인' 요인 사이에는 경쟁관계가 있을 수 없는데, 전자는 시효가 만료된 것처럼 보이는 후자를 보충하려는 경향이 있다. 분명 이 두 요인은 서로 영향을 미칠 수 있지만, 둘 모두 완전히 소멸한다는 것은 불가능하며, 함께 혹은 차라리 각기 상대요인을 통해 그 입지가 확고해진다. 달리 말하자면, 레비 브륄은 결국 초자연의 인류학적 사실과 객관성의 논리 사이에서 일종의 균열을 인정하기에 이른다. 인간의식의 연속적인 두 시대라는 진화론적인 도식은 인식과 세계 내적 존재의 구조분석에 자리를 넘겨준다. 논리와 신화는 두 개의 중첩된 토대이지, 동일한 단계의 위치에 있으며 서로 대치할 수 있는 해석 기준은 아니다.

그러므로 신화적 의식 속에서 인간 존재의 양도할 수 없는 구조를 인정함으로써 어떤 종류의 모호함도 거부해야 한다. 그 구조는 실존이 가지는 최초의 의미와 그 최초의 의미분절을 함께 지니고 있다. 사고의 논리적인 기능은 나중에 가서야 기술과 과학을 통해 대상의 점진적인 소유로 전개된다. 그것은 또한 형태를 알 수 없는 것, 불투명한 것, 위험한 것의 영역에 진실의 지배를 포개어놓게 되는데, 후자에게 정신은 마치 야생의 숲을 대신하게 된 프랑스 식 정원에서처럼 편안하게 존재한다. 그때 논리와 과학의 규범에 따라 정당화되지 못한 모든 것을 무효로 간주하고자 하는 유혹이 생겨나는 것

16. 『비망록』, p. 138: "나는 아무런 유보 없이 아주 의미심장한 레나르트의 지적에 동의하며, 그와 더불어 '초자연적인 것의 감정적인 범주는 참여'라고 말할 수 있다."
17. 같은 책.

은 불가피한 노릇이다. 물질을 지배하기 위한 싸움에서 얻은 승리에 힘입어 인간의 지배권 전체를 복종의 원칙으로 축소시키려 하는 주지주의의 시도가 바로 그것인데, 이러한 현상은 모든 분야에서 나타난다. 논리적인 기능은 해방되어 스스로에게 실체로서의 가치를 부여한다. 그 기능은 존재와 동일시되며 자기 자신의 고유한 수단을 통해 하나의 존재론을 실현한다.

신화적 의식에 가해진 불신과 곧이어 나타난 신화적 의식의 완전한 소거는 분명히 주지주의의 원죄이다. 결국 문제는 담론세계의 놀이를 배타적으로 행하는 것이다. 이렇게 되어 구체적 우주는 유보된다. 아마도 의기양양한 주지주의가 보여주는 가장 상징적인 형상 중 하나는, 일종의 존재론적인 부주의의 희생자로서 심지어 도시가 함락된 줄도 모르고 자신의 계산을 계속했던 아르키메데스(그럼에도 불구하고 그는 천재적인 기술자이다)의 형상이다. 우리는 놀랍게도 천재적인 인간은 순진하거나 적응을 잘 못하는 사람이거나 계시를 받은 사람이거나 광신자라는 사실을 끊임없이 발견할 수밖에 없다. 합리주의적인 기질을 지닌 성인연구자l'hagiographie[2]는, 자신이 존경하는 위대한 인물이 보여주는 일탈된 모습에도 조심스러움이라는 장막을 드리우기를 좋아한다. 가령, 파스퇴르가 대단히 고약한 성미의 소유자이며, 아주 당연하게 행정적 기능을 수행하고 있는 동안 고등사범학교의 학생들의 미움을 샀던 지독한 교육학적인 직관을 지니고 있음을 확인한다는 것은 언제나 서글픈 일이다.

당연한 얘기지만, 인간의 진화과정 속에서 지적 의식이 지니는 역할을 최소화하려는 것이 문제시될 수는 없을 것이다. 과학은 기술을 매개로 매순간 개인들 각자의 삶 속에 개입한다. 오늘날 과학은 너무나 지속적으로 우리를 둘러싸고 있기 때문에 결국 그것이 각 개인의 운명에 대해 일종의 절대적인 지배권을 요구하는 것은 매우 당연하다. 하지만 우리는 또한 일상의 경험을 통해, 과학과 기술은 용어의 칸트적인 의미에서 단지 가설적 수단과 명령만

---

2) 인물의 성격을 미화하는 전기 작가라는 의미로 사용됨.

을 제시한다는 사실도 잘 알고 있다. 우리는 이 점을 원자폭탄의 발견이 현대의식 속에 일깨워준 생생한 위기를 통해 분명하게 파악할 수 있다. 좋은 것이건 나쁜 것이건, 본질적인 결정들은 인간 이성의 조직을 넘어 인간 현실을 이루고 있는 무조건적인 요구사항의 가면을 벗긴다. 합리적인 규명은 자기 반성이라는 훌륭한 교육학을 제공하지만 중요한 의문을 해결하지는 못한다. 종말의 지배는 이성의 신비 자체에 부합하는 일인칭의 종말론으로 우리를 되돌린다.

결국 파스칼의 표현이 여기서 다시 그 의미를 가질 수 있을 것이다. "이성을 배제하는 것과 이성만을 용인하는 것은 둘 다 지나친 것이다."[18] 현대인에게는 두 가지 가능한 소외가 있는데, 그것은 신화의 상실과 지성의 상실로서 둘 다 인간 조건을 성실히 반영하지 못한 것이다. 신화의 상실은 진리의 신화적 양식에 만족하는 체하는 것이다. 원시인은 신화의 차원에서 자신의 균형을 발견한다. 하지만 지적이고 기술적인 원칙은 인간의 체류지를 무한히 확장된 새로운 환경으로 변화시켰다. 담론세계와 기술세계는 인간이 새로운 형태로 자리잡도록 요구한다.

실존의 탈신화는 둘째 유형의 소외이자 학자, 기술자, 철학자의 지적 소외로서, 그 속에서 근본적인 가치들은 살균되거나 적어도 마취 상태에 이르게 된다. 현재 눈앞에 펼쳐지는 세상 풍경은 자신을 삼켜버리는 부조리와 어려움과 더불어 다음과 같은 사실을 잘 보여주고 있다. 즉 지성과 그 기술의 지배는 비록 그것이 인간 능력의 부인할 수 없는 진보에 토대를 두고 있기는 하지만 공동체를 초토화시키고 세상을 야만 상태로 축소시켜버린다. 이러한 새로운 야만 상태는 원시시대로의 귀환을 증명해주고 있다. 그런데 그것은, 적어도 신화적 의식이 오늘날의 인간에게는 완전히 결핍되어 있는 것처럼 보이는 질서와 기준이 지배하도록 해주었던 선사시대보다 훨씬 더 비인간적이다.

---

18. 파스칼, 『팡세*Pensées*』, 브룅슈비크 판, § 253.

결국 주지주의적 갈망의 실패 자체는, 전체주의적 체제가 그 예를 보여주었고 지금도 여전히 보여주고 있는 대립된 무절제로의 귀환을 불러일으키는 원인으로 보인다. 우리는 이성의 절망 속에서 현대기술의 모든 자산들로 무장한 놀이의 사회자들이 교묘하게 이끌어가는 집단의식의 광란이 다시 불거져나오는 것을 보았다. 또한 온갖 전통적인 통제로부터 해방된 '20세기의 신화'는 온갖 종류의 과잉과 공포를 가능하게 하는 것으로 드러났다. 자신 또한 인간의 뿌리로부터 잘려나왔기 때문에 그 신화는 이제 더이상 하나의 거대한 집단중독, 혹은 모든 사람이 다 인정하는 자기 암시라는 착란에 불과하다. 반대로 원시인의 신화는 원주민 사회가 수천 년 동안 존속할 수 있도록 했던 균형감각에 의해 그 생명을 부여받은 것이다.

그러므로 결국 문제는 인간 현실의 표현으로서의 지혜의 문제이다. 그 문제는 세계 내적 존재의 구축 속에서 신화적 요소와 반성적 의식의 상호기능에 대한 정당한 인식 속에서만 해결될 수 있다. 이성의 의미 자체는 개인생활의 영향력 결합이라는 의미와 더불어 개인적 삶의 기본적 요구들 각각을 자리잡도록 하는 건축술이라는 의미여야 한다.

2. 구체적인 인류학

충만한 인간의 통일성으로의 귀환은 오늘날 전통적인 논리의 세 영역에서 실현된다. 자아와 세계와 신은 반성적 의식에 의해 철두철미하게 무시되었던 가치의 의미를 회복하는 새로운 이해의 대상이다. 사람들은 심지어 오늘날 형이상학이 누리고 있는 호의적인 상황은 신화적 의식이 자양으로 삼았던 생생한 힘의 복권에 부합한다고 주장할 수도 있다. 세계 내적 존재는 주지주의의 약화와 고갈을 거치면서 그 인간적인 농도를 상실했다. 실존주의적 사유는 세계 내적 존재에게 그 구체적인 풍요로움을 회복시켜준다.

우리는 어떻게 해서 반성적 의식이 고유한 육체를 발견하면서 태어나는지를 보아왔다. 이러한 육화만이 개인성을 있는 그대로 파악하게 해준다. 하지만 반성적 사유의 진보는 육체에 대항하여 형성되며 인간 존재를 탈육화시키기에 이른다. 브룅슈비크는 다음과 같이 단언하고 있다. "인간은 우주보다 앞서 알려져 있지 않았다. 우리가 스스로를 공간의 일부를 점하고 시간 속에 살아 있는 개인으로 인식하게 된 것은, 인간의 지평을 지배하는 연속적인 장식을 통해 수많은 움직이는 사물들을 우리에게 주면서 시각적이고 촉각적인 인상을 조직화한 다음, 그것들을 조직화함으로써만 가능하다. 우리는 그러한 장식들 중 하나의 존재로서 우리 자신을 의식한다. 만약 우리를 둘러싸고 있는 세계에 합리적인 질서를 부여하는 데 성공하게 된다면, 우리 자신은 스스로, 그리고 스스로에 대해 합리적인 존재가 되지 못할 것이다.[19]

그러므로 현실이 인정할 수 있는 의미를 갖기 위해서는 우선 인간의 대체와 세계의 대체를 이루어야 한다. 인간의 합리적인 위업을 확실히 하기 위한 노력은 생물학적 개인성을 부정하기에 이르며, 나중에 가서는 인간으로부터 모든 반성적인 독창성 자체를 박탈하기에 이르게 된다. 사고하는 것은 인간정신이 아니며, 차라리 객관적인 '사고'가 인간 속에서 스스로 사고한다. 개인적 주체는 영속적인 것이 일시적인 것 속으로 방문하는 혜택을 누린다. 여기서 의식을 이루고 있는 활동을 방패막이로 삼으려 해보아야 소용없을 것이며, 이러한 활동은 수동성과 다르지 않다. 초월적 자아가 보여주는 이상주의는 합리주의적 경험론과 구분되지 않는다. 일종의 역설에 따라 개성은 비개성 자체에 의해서만 규정될 수 있다.

오해의 원인은 아주 멀리 거슬러올라간다. 틀림없이 그러한 오해는 대부분의 철학적 태도와 마찬가지로 종교적이고 신비적이기까지 한 기원을 갖는다. '자연'과 '정신'의 대립은 영혼과 육체의 대립을 연장한 것이다. 그런데 이러한 대립 속에는 그 근본적인 형태 중 하나로서 영적인 것을 구성하고 있는 일종의 선악이원론이 자리하고 있는 것 같다. 그러한 대립은 구원에 대한 갈망과 거부 사이의 긴장을 통해 확실히 나타난다. 피타고라스학파에서는 육신을 무덤이라고 본다. 인간의 운명 속에 나타나는 악한 자연과 선한 사명 사이의 이원론은 '죽음의 육체'라는 사도 바울의 이미지와 더불어 기독교에서 재등장하게 된다. 정신의 법칙에 대항하는 육체의 법칙은

19. 『인간의 경험과 물리적 인과론』, Alcan, 1992, p. 611.

사도 바울의 다른 도식의 하나로서 아우구스티누스의 명상을 낳는다. 그런데 우리는 그것이 파스칼과 데카르트에 이르기까지 서구의식의 발달에 얼마나 많은 영향을 미치게 되었는지를 잘 알고 있다.

데카르트에 와서는 그 이원론이 분명하게 드러난다. 영혼과 육체의 분리가 너무나 결정적으로 드러나버렸기 때문에, 차라리 어떻게 해서 그토록 완벽하게 다른 두 개의 현실이 지금까지 합쳐질 수 있었는지 의아할 정도였다. 영혼은 육체를 입고 있으며, 인간의 육체는 영혼을 지니고 있다는 것은 기정 사실이다. 그렇기 때문에 데카르트는 그것을 인정할 수밖에 없었다. 하지만, 그는 그 점에 대해 아무것도 이해하지 못했다. 우리는 그의 친구들이 주베르Joubert라고 이야기한 데카르트의 인간에 대하여, 육체를 만나서 할 수 있는 데까지 그럭저럭 꾸려나가는 것은 영혼이라고 말할 수 있다. 사고하는 실체로서의 영혼의 명료함은 존재한다. 방법의 규범에 따르자면 유기체의 근본적인 명료함은 존재한다. 확장된 실체가 기계적인 물리학의 법칙에 따르기 때문이다. 하지만 이 두 가지 명료함은 자신이 통일성으로 축소되도록 내버려두지 않는다. 데카르트의 고백에 따르자면, 인간은 여러 가지 요소로 이루어진 거의 괴물 같은 존재이다. 또한 스피노자, 말브랑슈, 라이프니츠 등과 같은 데카르트의 후계자들이 그의 이원론을 하나의 공동 통합 척도로 축소시키고자 노력할 때, 그들은 실제로 현실에 대해 가능한 두 가지 독서 방식을 다른 것에 종속시킨다. 그들은 육체적인 것을 정신적인 것에 예속시키려고 해보았지만 소용없는 일일 것이다. 그들이 우리에게 제시하는 인간은 여전히 지혜가 하나의 잠재적인 나쁜 의식을 드러내는 비인간적이고, 조각으로 잘린 인간으로 남아 있다.

사실 애초부터 소외되었던 육체를 인간의 통일성 속에 재통합한다는 것은 불가능한 일임이 확인되었다. 데카르트에게, 나의 육체는 물질적인 육체와 한 덩어리를 이룬다. 우리에게 아주 친숙해진 '육체의 세계' 라는 유일한 관념은 나의 세계 내적 현존이 지닌 이러한 포괄적인 물질에 어떤 특권을 부여하기를 거절했던 데카르트의 입장을 반영하고 있는 것 같다. 달리 말하자면, 일인칭 속에는 유효한 인식이 존재하지 않는다. 코기토의 '나'는 지식의 객관성에 의해 즉각적으로 극복되며 다시 다루어질 지적 자발성을 가리키기만 할 따름이다. 주지주의에서는 만인에게 동일하지 않으면 진리란 존재하지 않는다. 그런데 우리의 실생활에서 육체의 현존은 단일성과 단절되어 개입하는 것처럼 보인다. 이 때문에 사람들은 육체에 가능한 한 최소한의 역할을 부여하려고 노력하는데, 그것은 종종 배신자의 역할일 것이다. 정신생활에 대한 육신의 정당한 참여는 사고를 위한 일종의 매개로 이루어질 것이다. 사물들 중 사물이지만 설명할 수 없을 정도로 인간 존재와 연결되어 있는 육체는 하나의 도구이며, 최소한의 수단이다. 우리는 육체를 특별한 기술규칙에 따라 이용해야 하는데, 데카르트가 『영혼의 정열론*Traité des Passions de l'Ame*』에서 그 근간을 규정해놓고 있다. 결국 문제는 적절한 방법을 통해 정열을 지성에 봉사하는 행동으로 변형시키는 것이다. 최초의 도구로서의 육체는 재현을 위한 관점의 중심이며, 그로부터 출발해서 사고가 그 부근에 나타나게 되는 자연적인 관측소이다.

이와 같이, 방해물이든 도구이든 나의 육체는 내가 아니다. 나의 육신에게 부족한 점이 있다는 것이나 나의 육체를 다른 것에 복종시키는 것을 나에게 가르쳐주는 개인적 훈련은 더 폭넓은 고행의 순간에 불과하다. 그런데 그러한 고행을 따르자면 자아는 사고의 질서 속에서조차 가증스러운 것이 된다. 이성은 사생활을 인정하지 않는다. 이성은 육체를 정신의 명료함으로 환원시켜버리지만, 거꾸로 이성은 정신을 사물의 객관성으로 환원시킨다. 만약 특유한 육체의 의미가 사라져버린다면, 고유한 사유의 의미와 심지어 개인적 실존의 의미마저도 사라져버릴 것이다. 그것은 너무나 명백한 사실이다. 그렇기 때문에 철학적인 반성은 데카르트주의의 오류를 인정하고 삶을 의미 있는 것으로 재통합하기를 원할 때조차도, 이러한 삶 자체를 객관적이고 비개성적인 방식으로 정의할 것이다.

사실 멘 드 비랑이 아무런 사전 주문 없이 아주 구체적이고 풍부하게 인간 사고를 포착하려는 목적으로 데카르트의 코기토를 다시 다루지만, 그는 실존의 독창적 의미를 추출해내지는 못했다. 그것은 그가 여전히 이상주의자들이 데카르트주의로부터 받은 비개성적인 선입관에 빠져 있었기 때문이다. 물론 그는 인간이 육체를 갖는다는 사실을 지적하는 데서 만족하지 않는다. 그는 인간이 육체라는 것을 알고 있으며, 인간 존재의 토대를 이루고 있는, 지적인 것과 유기적인 것 사이의 이러한 근본적 관계를 이해하려고 노력한다. 하지만 그는 내적 감각에 대한 고고학을 개진하기 위해 합리주의 학파에서 형성된 생리학자의 비개성적인 문체만을 사용한다. 『사유의 해체에 관한 논문*Mémoire sur la Décomposition de la Pensée*』에서 드러난 것처럼, 다양한 차원의 감각에서 출발하여 범주를 연역해내는 비랑의 방법은 주지주의의 형성을 유기체 구조 자체 속에 통합하고자 한다. 여기서도 마찬가지로 사고는 물질에 기초해서 형태가 갖추어지며, 우리는 3인칭의 통치에서 빠져나오지 못한다. 내적 감각의 차원에서 비랑의 인류학은 외적 감각의 주지주의적인 심리학을 배가시킨다.

사실 사람들이 오래도록 그 방법상의 전제들을 간직한만큼 주지주의를 극복한다는 것은 불가능하다. 비랑의 계승자들인 19세기 프랑스 사상가들의 노력은 그 점을 분명히 보여준다. 라베송,[3] 라슐리에,[4] 베르그송 등은 데카르트의 수학적 방법론에서 해방되었다. 즉 그들은 삶의 움직임과 존재의 생물학적 역동성을 강조하고 있다. 하지만 그들에게 개인생활은 여전히 문젯거리였다. 왜냐하면 그들의 사고는 보편적인 '삶', '자연', 엘랑 비탈(élan vital)[5]의 차원에서 그 입지를 확고히 하기 때문이다. 즉 그들의 사고는 여전히 탈개인화의 훈련장이다. 그런데 인간 실존은 나라고 하는 실존이다. 인간 존재는 일인칭에 대한 유효 선언과 사물의 그것의 관련 속에서 그 무엇으로도 환원시킬 수 없는 나의 영역의 인식 속에서만 그 입지가 확고해진다.

새로운 코페르니쿠스적인 혁명은 사물을 초월적 주체 주위로 끌어당기

---

3) Jean Gaspard Félix de Ravaisson(1813~1900): 프랑스의 철학자.

4) Jules Lachelier(1832~1918): 프랑스의 철학자.

5) '생의 약동' 이라는 뜻으로 베르그송의 철학용어이다.

는 것이 아니라, 더이상 기하학적인 점으로 환원되지 않으며 자신의 육체적 밀도와 살아 있는 충만함을 재발견하는 구체적인 인간 주위로 끌어당긴다. 문자 그대로, 100여 년 동안의 기분전환을 즐긴 후 철학자는 자신의 육체를 다시 인식하기 시작했다고 말할 수 있다. 그것은 이제 사고하기 위해서는 차라리 벗어버리는 것이 더 품위 있는, 하잘것없는 것에 불과하게 되었다. 니체는 분명히 양식(良識)bon sens에 호소한 예언가였다. 그는 실존의 유기적인 함축을 문제삼았다. 일반인이 오래 전부터 알아차렸던 계시에 대한 안목을 열기 위해서는 정신을 재교육시킬 필요가 있었다.

사실 체감(體感)[6)]은 의식의 끊임없는 현실 지평이다. 생체의 건강과 질병, 균형과 불균형은 내 사고방식을 짓누르고, 게다가 그 사고방식은 끊임없이 나의 감각기관이 제공하는 정보요소들을 전제로 한다. 가브리엘 마르셀은 다음과 같이 지적하고 있다. "나의 주의력이 우선 그것을 지향하고, 다시 말해 고정되기 이전에 어떤 것이든 다른 대상을 지향함에 따라, 나는 바로 나의 육체이다. 그러므로 육체는 사람들이 나로 하여금 절대적인 우위라고 부를 수 있도록 해주는 것을 이용하게 될 것이다. 육체의 절대적인 우위를 제기한다는 것은, 어떤 것에든 관심을 끌게 하기 위해서, 그리하여 자기 자신을 알기 위해서 육신의 매개가 필연적인 것이라고 말하는 것이다."[20]

여기서 육체의 발견은 1인칭의 확립과 부합하고 있다. 이처럼 개인적 정체성의 토대로 알려져 있는 유기체가 우연한 받침대로 취급될 수는 없다. 그러므로 비랑이 규정하고자 노력했던 원시적인 사실은 아마도 육화의 환원할 수 없는 사실로서, 나를 현실적인 것 사이에 위치시키며 나에게 나 자신과 세상을 위한 온갖 척도를 제공한다. 그러므로 나의 육체는 단지 나 자신의 토대를 이룰 뿐만 아니라, 육체가 조직화시키고 매순간 채색하는 나 자신의 세계관에 하나의 개인적인 의미를 부여한다. 여기서 우리는 주지주

---

6) 건강이나 허탈감 따위로 느끼는 막연한 전신 감각.

20. Gabriel Marcel, 『형이상학 일기 *Journal métaphysique*』, N.R.F., 1935, pp. 236~237 (1920년 10월).

의가 만족해하는 기술적이고 재현적인 중재를 넘어 어떤 실존적인 중재로까지 거슬러올라가야 한다. 가브리엘 마르셀은 다음과 같이 적고 있다. "나에게는 모든 존재가 나 자신의 육체—나의 것으로서의 나의 육체, 즉 대상적인 것이 아닌 나의 육체—를 어떤 방향으로 연장하는 것처럼 보인다. 이런 점에서 볼 때, 나의 육체는 실존하는 유형인 동시에 더 나아가 실존하는 자의 표시이다. 내가 나 자신의 육체와 맺고 있는 유형의 관계를 이 세상과 맺게 됨에 따라, 다시 말해 내가 육화되는 정도만큼, 세상은 '존재하다' 라는 단어의 가장 강한 의미에서 나를 위해 존재한다.[21]

이와 같이 주지주의에서 사용되던 사물의 문체는 개인적인 문체에 자리를 넘겨준다. 합리주의의 주체는 서로 교환 가능한 것으로 나타나지만, 실존적 개인은 각각의 살아 있는 인간이 현실을 읽어낼 때 양도할 수 없는 기준을 부과한다. 재발견된 인간의 통일성은 단지 데카르트의 이원론에는 분리되어 있던 정신과 육체 사이의 근본적인 화해 속에서만 나타나는 것이 아니다. 일원론은 인간과 세계의 상호성에도 적용된다. 고유한 육체는 존재론적인 타당성을 띠고 있는데, 그것은 단지 일탈이라는 병리학적 영향과 같은 결핍에 의한 것일 뿐만 아니라 완전히 긍정적인 방식이기도 하다. 우리를 존재 속에 자리잡게 하는 것은 고유한 육체이다. 우리의 세계 내적 현존은 육체를 떠나서는 아무런 의미도 없다.

고유한 육체와 존재론적 임무의 재발견은 직접적으로 철학에 의한 심리학의 회복으로 이어진다. 주지주의적인 이원론은 직접적으로 다음과 같은 두 가지 국면의 결론으로 분리하는 것을 용인한다. 그것은 한편으로는 진정한 사고활동의 상태를 법적으로 정의하는 정신의 철학이며, 다른 한편으로는 육체와 유대관계에 있는 것으로서의 인간 행위에 대한 실증적이고 과학적인 연구이다. 합리주의는 기꺼이 데카르트적인 메커니즘의 상속자인 실험심리학과 생리학의 전문가에게 일상적 경험 속에서 작동하고 있는 물질

21. 같은 책, p. 261.

적 자동성에 대한 결정권을 넘겨준다.

그런데 이러한 분담은 육체적 참여에서 벗어나 실존의 실제 조건과 전혀 무관한 일종의 정신적 순결주의에 처해진 사고를 왜곡시킬 뿐만 아니라, 인간을 사물처럼 체계적으로 다루는 심리학 자체를 자신의 원칙 안에서 왜곡시키는 결과를 초래한다. 심리학은 3인칭 속에 자리잡은 상태에서는 결코 인간의 특수성을 납득하지 못한다. 스피노자의 말에 따르자면, 진실한 사상의 영적 자동성과 육체의 물질적 자동성을 병렬함으로써 개인생활을 구축할 수는 없다. 그러므로 인간의 통일성의 원칙을 확고히 하면서 주지주의를 극복하는 것은 재육화된 철학과 구체적 인간의 의미를 재발견하는 심리학을 동시에 풍부하게 하는 결과를 초래한다.

실존주의적인 명상은 실증과학의 차원에서조차 인간 현실의 고유한 기준을 인정할 필요성을 드러내고 있는 현대과학의 몇몇 탐구들을 검증하는 것처럼 보인다. 그들이 가진 가장 타당한 것 속에서 행동심리학과 형태의 이론, 골드스타인[7]의 작업들은 실증심리학과 인간 가치의 존재론을 통합하면서 포괄하는 인류학의 형성에 기여한다. 임상적 관찰과 실험심리학은 사유와 유기체의 통일이 이성이라는 완만한 결합을 표현하지 않는다는 사실을 드러낸다. 그러한 통일성은 '나' 라는 현존재 전체의 출발점이다. 즉 "원동력과 지각하는 힘의 체계로서의 우리의 육체는 '코기토(je pense)' 를 위한 대상이 아니다. 그것은 자신의 균형을 향해 나아가는 체험된 의미 작용들의 총체이다."[22]

그러므로 육체를 생각하기 위해서는, 개인적 의미에 다시 합류하기 위한 모든 객관적 결정론을 뛰어넘는 사고, 존재를 축소시키려는 것이 아니라 존재를 지적하고 그것과 동행하는 데 만족하는 사고가 필요할 것이다. 메를로 퐁티는 다음과 같이 반복하고 있다. "그러므로 육체는 대상이 아니다. 마찬

---

7) Kurt Goldstein(1878~1965): 독일 출신의 미국 신경정신의학자.

22. 모리스 메를로 퐁티, 『지각의 현상학 *Phénoménologie de la Perception*』, N.R.F., 1945, p. 179.

가지로 내가 육체에 대해 가지고 있는 의식은 사고가 아니다. 다시 말해 나는 그에 대한 명확한 관념을 만들어내기 위해 그 육체를 분해할 수도 다시 조립할 수도 없다. 육체의 통일성은 항상 함축적이고 혼란스럽다. 육체는 항상 존재하는 그대로의 것과는 다른 것으로서, 항상 자유인 동시에 성(性)이며 문화에 의해 변화하는 바로 그 순간에도 자연 속에 뿌리를 내리고 있다. 뿐만 아니라 결코 자신에게 닫혀 있지도 않으며 결코 극복되지도 않는다. 타인의 육체에 관한 문제이건 나의 육체에 관한 문제이건, 나는 그것을 살아가는 것, 즉 그것을 관통하고 있는 드라마를 내 식으로 다시 다루고 내가 그와 뒤섞이는 것말고는 달리 그것을 인식할 방법이 없다. 그러므로 나는 적어도 내가 하나의 경험을 지님에 따라 나의 육체이며, 내 육체는 거꾸로 자연적인 주체와도 같고 내 전 존재의 일시적인 소묘와도 같은 것이다."[23]

중요한 것은 더이상 담론세계의 시민인 호모 필로소피쿠스(철학하는 인간)를 대신해서 명상하는 것이 아니라, 단호하게 인간의 땅에 자리잡고 실제로 어떤 일이 벌어지는지를 이해하도록 노력하는 것이다. 철학은 이데올로기가 되는 것에 만족해서는 안 된다. 철학은 우선 인류학으로서 실현되어야 한다. 사람들은 이러한 태도가 어떤 사람들에게는 혁명적으로 보인다는 것을 확인한다면 놀랄 수밖에 없다. 정신분석에 따라 밝혀진 현대인의 의식은 인간의 삶 속에서 성(性)이 실제로 얼마나 중요한 역할을 하고 있는지를 드러냄으로써 격렬하게 뒤흔들리게 되었다. 게다가 현대인의 의식은 백년 묵은 편견과의 관계 단절 선언 앞에서 분개할 수밖에 없다. 하지만 현대인의 의식으로서는, 문학이 인간 행동의 본질적 동인으로 보고 있는 인간의 사랑과 정열에 끊임없이 관심을 가져왔다는 것을 확인하는 것으로 족하다. 하지만 소설 혹은 비극은 자신의 고유한 협약에 의해 작동하며 철학적인 진리 영역과 특별한 협약으로 독자적인 진리 영역을 이루고 있다.

그러므로 주지주의의 주된 결함은 그것이 전적으로 진리에 대한 복수 개

23. 같은 책, p. 231.

념을 이루고 있다는 사실에 있다. 인간의 감정생활이 문학이나 정신의학에 맡겨져 있는 것과 마찬가지로 경제적인 생활은 정치경제학에 맡겨져 있다. 호모 필로소피쿠스는 생활비를 벌지도 않으며 살기 위해 먹지도 않는다. 즉 이러한 욕구와 활동은 그런 명분으로 창조된 다른 전문화된 꼭두각시, 즉 통합적 인간에 속한다. 또한 합리주의는 성적(性的) 동기를 고려해야 한다고 주장한 프로이트의 단언에 반대하는 것과 마찬가지로, 인간의 사고에 경제적 요인을 합쳐야 한다는 마르크스주의자의 주장에도 반대한다. 그러므로 주지주의적 인간은 인간성이라는 본질적인 성격을 빼앗긴 인간으로 나타난다. 플라톤이 말한 세 가지 영혼 중에서 주지주의적 인간에게 남은 것이라곤 두뇌의 영혼밖에 없다.

그런데 장애물들은 제거되었다. 너무 쉽게 시합에서 이긴 것이다. 사상가가 일단 문제가 해결되었음을 가정하게 됨에 따라 잘 이해되는 낙관주의가 생겨난 것은 바로 여기서이다. 독일 점령과 그 가증스러운 처형 기간에 품위 있고도 고통스러웠던 말년의 레옹 브룅슈비크와 절친했던 어떤 사람은 그 노철학자가 자신의 지나온 삶을 생각하면서, "사실 나는 삶에 의해 버릇이 잘못 든 아이였소……"라는 말을 남겼다고 전한다. 이와 같이 역사적 현실의 갑작스러운 침략은 이 사상가에게 일종의 자기 부인을 주었다. 즉 사건의 불투명함은 항상 사유의 지적인 필요성에 의해 정복당하는 것을 방관하지 않는다. 우리는 더이상 버릇이 잘못 든 어린아이의 시대를 살아가고 있는 것이 아니다. 사물 자체의 교훈과 마찬가지로 시대의 어려움이 개입하게 되고, 그리하여 더이상 우리로 하여금 실제적인 어려움이 나타나지 않는 반성적 사유에 만족하지 못하도록 한다.

구체적인 인간, '나' 라고 말하는 인간은 자신의 사고와 행동이 보여주는 명백한 모순을 넘어, 온갖 난관에도 불구하고 자신의 존재를 조절하는 일종의 기준을 확립한다. 일탈에 의한 개별화 현상이 존재하는데, 그러한 현상을 통하여 개인생활의 수많은 변천이 정당화된다. 그러므로 이러한 일탈 자체도 각자의 존재를 의미한다. 육화된 사유는 거대한 생물학적 영역의 영향을 실제 행동 속에서 확인하는 정열, 감성, 감정과 같은 정적인 것의 형이상학적인 복권을 전제로 한다. 여기서 중요한 것은 비합리적인 목적성이 아니라 차라리 합리적인 것을 넘어서는 방향 설정의 원칙이다. 그 원칙 없이는 척수체계의 객관적인 행동지침으로 축소된 이성 자체도 무능한 것으로 판명된다.

게다가 지성의 사용은 현실과의 기본적인 접촉, 존재의 독특한 의미와 결합하게 되는 합리적 기능의 조화를 전제로 하고 있다. 만약 이러한 일치가 존재하지 않는다면, 아무리 엄격한 추론이라 하더라도 이성의 반대자가 될 수 있다. 모든 것은 건전한 이성을 정당화시켜주는 현실과의 최초의 '좋은 접촉'에 달려 있다. 외젠 민코프스키[8]는 몇몇 정신분열증 환자의 태도를 '병적인 합리주의'라는 이름으로 묘사하고 있는데, 정신분열증 환자는 아무런 관점도 없이 마음대로 추론한다. 즉 그들은 그럴 만한 가치가 없는 대상에 아주 세밀한 변증법적 형태를 적용할 뿐만 아니라, 논리의 연쇄가 과거 궤변론자의 목표에 도달하지 못할 화살처럼 결코 종말에 이르지 못할 정도로 끊임없이 매개물을 증가시킨다. 여기서 문제는 지성의 진정한 착란이다. 그런데 그러한 착란이 존재한다는 사실은 반성적 사유의 올바른 사용이 사유와 세계의 연합을 공고히 해주는 현실적인 것의 의미에 그 토대를 두고 있다는 것을 증명한다. 이와 같이 추론적인 이성 자신은 우선 인간 조건에 따라야 한다는 사실을 수용해야 한다. 그 이성은 존재에 봉사하는 언어로 이해되어야 한다. 그런데 이러한 입장은 세계 내적 존재가 갖는 형이상학적이거나 초논리적인 최초의 분절에 자유로운 자리를 남겨준다.

게다가, 만약 철학이 인간 현실을 확실히 한다고 하는 자신의 임무를 따르기를 거절한다면, 다른 영향이 철학을 대신하게 될 것이라는 사실을 지적해야 한다. 마르크스나 프로이트의 작품은 주지주의적인 이성의 결함을 치유하고 비합리적인 원칙에서 출발하여 구체적인 인간을 설명하기 위한 시

8) Eugène Minkowski(1885~1972): 폴란드 출신의 프랑스 철학자, 정신분석가.

도이다. 마르크스주의는 세계에 대한 자신의 개념을 경제적 요인으로 보며 프로이트주의는 그것을 성적 관심사에 예속시킨다. 형태에서 합리주의적인 두 체계는 스스로에게 하나의 이상한 물질을 부여하여 그것이 인류의 운명을 결정한다고 본다. 각각의 교의는 실존에 대한 독특한 요소에서 출발하지만 모든 초월적인 중재를 거절하며, 자신이 확인한 것만을 보고자 한다. 그렇기 때문에 그 교의는 자신이 밝혀야 하는 존재의 의미를 왜곡하는 일종의 일원론에 이르게 된다.

적어도 그들은 독창적인 인류학을 위한 지표를 제공한다. 그런데 이러한 성과는 인간을 해석하는 데 있어서 신화로 되돌아가려는 양상으로 드러난다는 사실을 지적해야 할 것이다. 프로이트는 인간 존재의 가장 깊은 곳에서, 고대의 전설 속에서 설명의 예뿐만 아니라 심지어 설명 원칙까지도 발견하는 잠재적인 신화체계를 드러냈다. 신화는 복잡한 것에 의미를 부여한다. 신화는 인간 상황을 정열적인 단언을 이루고 있는 근본적인 태도와 반작용과의 관련하에서 해결한다. 아마도 사람들은 프로이트가 병적인 사람에게서 출발했으며, 그의 치료술은 완전히 주지주의적인 양식의 기법을 통해서 환자를 이성적인 사유로 데려가려는 의도를 지니고 있었다고 반박할지도 모른다. 빈의 정신과 의사는 자신의 인류학에 합리주의적 독단론을 포개어 놓고 있다. 그런데 우리는 이 점에 대해서 그러한 독단론이 얻은 치료 자체가 그 방법론을 확고히 하기에 충분한지 의문을 제기해볼 수 있다. 사실 사람들은 성적 본능을 치유하지 않는다. 사랑, 부성, 모성, 친족 사이의 감정을 올바르게 사용하는 것은 이러한 힘들을 제외시키는 것이 아니라, 그러한 힘들을 자아의 인식과 올바른 이용에 합치는 것이다. 가령 융이나 드그리프De Greeff 등과 같이 프로이트와는 다른 입장에 서 있는 사람들의 정신분석은 신화의 증가 현상이 반드시 병적인 현상만은 아니라는 점을 암시하고 있다. 분석을 통한 억압은, 개인의 역사에 따라 억압된 것이 돌아오는 것을 가로막지 않는 새로운 검열방법으로 개입할 소지가 있다. 융은 집단무의식 속에서 각자가 자신의 고유한 의식 속에서 재발견하게 되는 조상

전래의 원형들의 원천을 본다. 드 그리프는 방어와 동정의 본능에 대한 연구에서 본능 속에서 현실을 포착하는 근본적인 양식을 발견한다. 그런데 그 양식은 신화적 의식의 세계 속에서 존재를 한정하는 것과 동일한 방식으로 우리의 세상읽기를 지배하고 있다. 그런데 우리는 이성을 충동을 감추기 위한 기준으로 사용하고 있다. 객관성은 핑계나 정당화의 원칙으로 개입한다. 하지만 행위의 원동력은 여전히 동일하다. 그 힘으로부터 자신을 지키는 것보다는 그것을 인정하는 것이 더 건전한 일이다. 또한 문학과 예술은 끊임없이 우리에게 우리의 신화적 충동의 표현들을 제기한다. 미학적 감정의 원칙과 예술작품 속에서의 합일의 원칙은, 상상적인 만족을 넘어서서 세계 내적 존재의 만족으로 환원되는 어떤 구조에 대한 참조에 불과할 수 있다.

마찬가지로 구체적인 인류학에 대한 마르크스주의의 업적은 개인의식의 쇄신에 있는 것 같다. 마르크스주의는 역사철학이다. 즉 그것은 시간 속으로의 진리의 개입과 관계된 것이다. 사람들은 그것이 인간의 경제적·사회적 육화를 강조한다고 말할 수 있다. 그런데 과학적 객관성을 자임하는 자신의 태도에도 불구하고, 이러한 입장은 차라리 인간 에너지를 인간성의 도래라는 방향으로 결집시키려는 일종의 신화로 드러난다. 온갖 세속적인 관점 밖에서조차도 사회적이고 정치적인 관심사는 구체적인 인류학으로 하여금 실존의 역사적인 참여를 고려하도록 강요하는 것처럼 보인다. 우리가 현실적인 것을 포착하는 방식은 항상 그 현실을 포괄하는 지평을 전제로 한다. 존재에 대한 역사적인 제한은 인간의 인식을 그 시대의 사회학과 관계 맺어준다. 전통철학이 보여주는 실체로서의 자아나 초월적 주체는 절대 속에서 그 입지가 확립된다. 현실적인 인간은 자신에게서 온갖 추상적인 지배권에 대한 주장을 앗아가버리는 명증함의 체계나 언어, 공동체와 결부되어 나타나고 있다. 인간에게 도달하기 위해서는 정신생물학과 문화라는 매개를 거쳐야 한다.

관념체계는 현실적인 인간을, 지적인 범주만의 고행에서 벗어나는 깊이와 농도 속에서 고려할 수 없을 것이다. 사람들은 이성의 이름으로 인간을 단죄할 수는 있겠지만, 이성을 인간의 척도로 삼으려 함에 따라 그러한 태도는 아주 터무니없어 보인다. 형이상학은 인간 현실의 다양성을 고려해야 하며, 이러한 의무에 대한 인식은 인류학과 존재론 사이의 관계를 설정하려는 성격학의 발전을 정당화한다. 성격에 대한 연구, 더 나아가 성격의 정신신체학적인 통일성 속에서의 제도에 대한 연구는 개인적인 정체성을 이해할 수 있도록 해준다. 진리의 인류학적인 양상은 이렇게 해서 밝혀진다. 하지만, 진리의 파악이 진리 그 자체와 별개의 것이 아니라는 사실을 잘 알아야 한다. 진리는 우선 개인적인 지향점이며, 우리가 단지 내재성 속에서의 흔적과 궤적 같은 것을 드러낼 수 있는 초월성을 향한 접근의 노력이다.

그러므로 항상 문제는 사변적으로 불완전하고 완성되지 않은 진리이다. 즉 학교나 자아 훈련으로서의 진리가 문제이다. 이 때문에 생물학적 인류학과 문화인류학은 신화 속에서 철학적 교의보다 더 유연한 표현방법을 발견한다. 신화는 덜 독단적이며, 인간의 자기 확립에 영양을 공급하는 온갖 구체적인 영향에 더 개방적이기 때문이다. 자의식 자체는 문화가 자신에게 제안하는 신화적인 표현양식 속에 존재하는 가장 독창적인 이미지를 가능한 한 많은 삶의 스타일로 인정하게 된다. 반성적 의식의 실패는 사고된 것과 관련하여 체험된 것의 초월성을 드러내준다. 본질적인 요구사항을 제공하는 것은 체험된 것이다. 가치의 정당성을 입증하기 위해 반성적 사유가 개입한다. 하지만 그 규범은 체험된 것이 따르는 최초의 규범과의 관련에서 보면 2차적인 규범에 불과할 따름이다.

3. 체험된 세계

우리는 어떻게 해서 주지주의가 비우주론적인 사유로 이어지는지를 살펴보았다. 주지주의는 눈에 보이는 세계가 환상적인 것의 질서에 불과하다는 것을 인간에게 증명함으로써 인간의 입지를 흔든다. 이렇게 해서 초월적 주체는 일상적인 물질적 환경을 빼앗긴 채, 현실에 대한 진리의 절대 우위를 부여받기 때문에 법적으로만 타당한 수학적이거나 공리적인 파노라마 속에 자리잡게 된다. 정신 자체는 무조건적이며 자족하는 절대적인 것으로 나타난다. 지구도 우주론적인 사유도 중요하지 않다. 인류의 진화 또한 중요하지 않으며, 이러한 현상들은 다만 사건과 우연의 소산일 뿐이다. 브룅슈비크에 따르면, "아주 정신주의적인 관점에서 보자면, 물질의 형성과 삶의 기원 속에는 떠맡아야 할 어떠한 책임도 존재하지 않는다. 나는 또한 감히 이러한 책임성을 떠넘길 어떠한 조물주도 어떠한 신도 전제로 하고 있지 않다. 인간 정신은 도래하자마자, 그리고 과학적인 지식 속에서 자신의 창조적인 힘을 의식하자마자 물질의 질서와 삶의 질서로부터 자신이 해방되었음을 의식하게 된다. 만약 인간 정신이 자신의 아래로 내려간다면 스스로를 배반하게 될 것이다."[24] 그러므로 이성은 판관이지 소송당사자는 아니다. 이성은 단호한 분리주의적 입장을 취하며, 자기 자신으로만 거슬러올라간다고 주장한다. 이렇게 해서 세계 내적 존재를 우주론적 방정식체계와 바꿀 수 있는지의 문제가 남는다. 세상을 바꾸는 것이 사람을 바꾸는 것보다 더 좋은 성과를 가져오는가?

물질과 생명의 실존에 의해 제기된 기원의 문제들은 종말론을 야기시킨다. 브룅슈비크에 따르자면 이성과는 무관한 이러한 문제를 제거하는 것은, 정신의 절대권을 방해하는 모든 것을 일상적인 구실로 삼는 신화적 의식을 제거하려는 경향이 있다. 게다가 브룅슈비크가 이러한 문제를 해결된 것으로 간주하지 않는다는 점을 지적해야 한다. 그는 사실 어느 정도 그 문제의 가치를 떨어뜨리는 것으로 만족한다. 1885년에 다음과 같이 선언한 베르틀로의 과학주의가 더 완벽한 것이었다. "오늘날 세계에는 신비란 없다. 어쨌든 물질계 전체는 과학에 의해서 요구되며, 인간은 감히 이러한 요구에 정면으로 저항하지 못하게 된다. 기적과 초자연의 개념은 허황된 신기루나 낡아빠진 편견처럼 소멸된다."[25] 또한 베르틀로는 대담하게도 의기양양한 이성의 새로운 힘을 단정적으로 확언하고 있다. "문명의 초기에는 모든 인식이 신비적이고 종교적인 형태를 띠고 나타난다." 연금술, 점성술, 매개과학은 현대에 와서 인간세계 전체의 운명을 좌우하게 된 과학정신의 도래를 준비했다. 그런데, 거의 동시대인 1880년에 독일인 학자인 뒤부아 레몽Dubois-Reymond은 어떤 유명한 강연에서 영원히 해결할 수 없다고 본 운동과 생명의 기원, 물질의 본질과 관련된 많은 과학적 수수께끼를 부각시켰다.

24. 『프랑스 철학회지』, 1928, p. 63. 『서구 철학에서의 의식의 진보』, p. 793 참조: "정신은 정신을 위하여 대답한다. 정신은 그 기원이 포착할 수 없는 물질과 삶을 위해 대답하지 않는다. 그것은 그 기원이 자신보다 더 높이 있기 때문이 아니라 오히려 더 낮은 곳에 있기 때문이다."

25. 마르슬랭 베르틀로, 『연금술의 기원 *Les Origines de l'Alchimie*』, 1885, 첫부분.

여기서 문제는 베르틀로나 뒤부아 레몽 중에서 누가 더 훌륭하게 예측했는가 하는 점이다. 게다가 뒤부아 레몽의 『이그노라비무스 *Ignorabimus*』가 브룅슈비크가 아마도 오랫동안 자신의 엄격한 규범에서 벗어나는 것처럼 보인다는 이유로 정신 '보다 낮은 것' 이라고 선언해버린 문제에 정확히 적용된다는 점은 주목할 만하다. 사실, 세상이 온갖 신비를 상실해버렸다고 선언한 베르틀로가 한 걸음 더 나아갔다. 현대과학은 천재적인 화학적 조합의 이론가가 예기치 못한 많은 신비를 발견하게 되었다. 유전학, 물리학, 원자학, 핵화학, 집합론 등과 같은 완전히 새로운 분야가 형성되었지만 현실의 불투명함을 제거하지는 못했다. 모든 현상들을 포괄하는 법칙을 제공할 최고의 방정식을 상상했던 라플라스의 꿈은 한 세기 전보다도 더 실현가능하게 보이지 않는다. 그와는 반대로 지식의 엄청난 발전으로 말미암아 학자들은 신중해질 수밖에 없었다.

과학에 대한 장애가 그 성격을 바꾸긴 했지만 장애는 여전히 존재한다. 또한 그러한 장애는 존속할 필요가 있는데, 장애 없는 과학은 죽은 과학이기 때문이다. 게다가 이와 마찬가지로 현실적인 것이 제거된 지성은 헛된 형태처럼 분해될 것이다. 소멸될 위험이 있기 때문에 이성은 몸을 도사릴 수 없다. 그렇기 때문에 주지주의적인 이성은 어느 정도 자신과는 무관한 질료에 종속되어 나타나며, 정신이 체계적으로 명확한 것이 되고자 하는 만큼 결정적으로 불투명해 보이게 된다. 이러한 선악이원론은 마이어슨의 인식론 속에 완전하게 표명되어 있는데, 그가 견지하는 전체적인 합리주의는 지식 발달에 대립되어 나타나고 이러한 지식을 떠받치고 있으며, 자신만큼이나 완강한 비합리적인 것이 필요하다는 것을 확실히 보여주고 있다.

만약 정신이 긍정적인 것으로 정의된다면, 정신은 자신과는 다른 현실, 즉 부정적인 현실을 세상에 부여해야 한다. 브룅슈비크 자신에게도, 모순이라는 포착하기 힘든 한계로 축소되는 경험의 현실이 존속한다. 자연은 완강하게 정신에게 아니오라고 말하는 것이다. 브룅슈비크에 따르면, "경험이란 실제로 저항으로 작용하며, 그러한 저항은 반작용으로서, 지적 영역의 확장으로 번역될 자연에 대한 승리를 유발하게 될 것이다. 이성이 과학적인 우주의 조직을 이루고 있으며, 그 조직을 펼치고 다시 죄는 반면, 이성과 관련해서 경험은 여전히 상대적인 부정, 잠정적인 부정에 머물러 있다. 그것은 과학의 임무가 경험을 더 미묘한 사유의 더 넓은 순환을 위한 출발점으로 변형하기 때문이다. 한편 부정은 소멸되면서 새로운 차원에서 펼쳐질 새로운 부정에게 자리를 넘겨준다."[26]

브룅슈비크는 "이러한 부정적인 성격은 경험의 본질을 이루고 있는 것이다"라고 덧붙인다. 사실, 부정적인 성격은 이러한 철학적인 조망 속에서 정신을 자연과 구분하기 위해 존속하는 유일한 성격이다. 몹시도 수척한 현실이란 지식이 지닌 제국주의적인 주장에 대립된 완강한 거부에 불과할 따름이다. 이제부터 정신은 세상보다 자신을 더 좋아하게 되며, 세상을 그 불순한 운명에 맡겨버린다. 본래 항상 부정하기만 하는 현실로 나타나는 세상의 악마주의에 대항하여 주지주의는, 신학자들이 인간 조건과는 화합할 수 없는 순수함의 무절제한 욕망과도 같은 것이라고 성격짓는 정신적 순결주의라는 이단과 유사한 태도 속에 은신하게 된다.

철학적인 언어로 말하자면, 문제는 가치라는 것이 현실을 떠나서 정립될 수 있는가 하는 것이다. 가치란 인간이 살아가고 있는 곳의 어떤 방향이며 집중화이지만, 우리가 그 가치를 파악하게 되는 것은 인간세계의 현실을 매개로 해서이다. 그것은 마치 빛이 그림자의 증언을 통해서만 우리에게 드러나는 것과 마찬가지이다. 게다가 주지주의의 야망이 실현되고 세상의 모든 현상들을 공식화할 수 있는 우주방정식이 발견된다고 가정하더라도, 경험을 부정하는 데 완전히 성공한 과학의 지난 승리가 문제를 해결하게 될지는 의문이다. 우리가 살아가고 있는 우주는 과학의 우주가 아니다. 과학적인 확실성이 감각적인 명증함을 억제하는 것은 아니다. 잠정적이나마 그리고 한정된 분야에서나마 감각과 정신을 분리하는 것이 가능하다고 하더라도,

---

26. 『인간의 경험과 물리적 인과론』, p. 607.

이러한 환원은 잠정적인 것에 불과하다. 이러한 환원 현상은 거대한 정신적 — 아니 차라리 생명의 — 제한을 전제로 한다. 또한 인간 정열의 방정식화가 정열을 억제하는 것일까? 이러한 설명이 가능하리라 믿었던 데카르트는 다만 그 자체만으로도 불가피한 정열을 속이는 교훈을 끌어내기만 했다.

더 간단히 말하자면, 지각에 대한 완전하고 전적으로 기계적인 설명이 지각 자체를 제거하게 될지는 의문이다. 파장을 어떻게 조합하고 분자를 어떻게 바꿈으로써 세상에 대한 우리의 이미지가 어떻게 형성되는지 알려고 해봤자 소용없는 일이다. 이러한 이미지는 여전히 현재와 같은 모습으로 남게 될 것이다. 이러한 이미지는 기준의 도표나 곡선의 복합체로 대체되지 않을 것이다. 내 정신은 물에 잠겨서 굴절되어 보이는 막대기의 이미지를 다시 바로잡는다. 그렇다고 해서 지식이 이미지로 바뀌어 나타나는 것은 아니다. 알랭의 경우를 예로 들어보면, 진정한 입방체는 결코 보이지 않는다고 주장하는 것은 역설적이다. 인간과 아이들은 그 기하학적인 공식을 모르고도 입방체를 본다. 플라톤의 신과는 달리 인간은 기하학적으로 사유하면서 생을 보내는 것이 아니며, 심지어 많은 사람들은 기하학을 배우지조차 않는다. 그럼에도 불구하고 그들은 입방체를 보며 주사위놀이를 하고, 그들에게 이러한 사물은 보는 그대로 존재한다. 알랭은 동일한 역설을 더욱더 밀고 나간다. 알랭은 다음과 같이 지적하고 있다. "그러므로 우리가 태양이라고 부르는 것, 진짜 태양이라고 부르는 것을 번쩍거리는 공이라고 주장할 수는 없다. 또한 진짜 태양은 우리가 경솔하게 그것을 바라보았을 때에는 눈에 가해진 고통이라고 말하는 편이 더 낫다."[27] 수천 년 전 인간이 이 세상에 존재하기 시작한 이래로, 또한 인간이 이 세상에 존속하게 될 장래에도 태양은 인간에게 자신에게 맞서는 눈을 고통스럽게 하는 천체이며, 천체물리학으로도 그러한 이미지를 결코 파괴할 수 없을 것이다. 천체물리학은 자신의 문제들을 해결하는 데 해야 할 일이 많이 있다. 왜냐하면 과학은 거기서 논

---

27. 『철학의 제 요소』, N.R.F., 1941, p. 51.

쟁을 끄집어내려는 철학자의 손에 나타나는 것만큼 그것을 실제로 행하는 학자에게 명확하게 나타나는 것은 아니기 때문이다.

주지주의는 태양이 더이상 빛으로 인한 고통, 일사병, 안질을 유발하지 않는 세상으로 우리의 삶의 터전을 바꾼다. 진짜 과학적인 것은 현실을 규명하고, 우리로 하여금 기술을 통하여 현실을 지배하도록 도와주는 한, 현실로부터 멀어졌다가도 다시 돌아오고야 만다. 결국 진실을 판단하는 것은 현실이다. 관념적인 태양의 한계가 진정으로 설정되는 것은, 우리가 경험을 통하여 눈부심, 일사병, 광합성 작용과 같은 감각적인 태양의 탓으로 돌려버리는 모든 효과를 고려할 때에만 가능하다. 그러므로 사람들은 메를로 퐁티처럼 지적 의식보다는 지각적 의식이 먼저라고 말할 수 있다. 그는 다음과 같이 지적하고 있다. "물리적이고 수학적인 관계가 하나의 물리적 의미를 갖게 되는 것은, 우리가 결국 이러한 관계가 적용되는 감각적인 사물을 상상함에 따라서 가능한 것이다. (……) 지각된 사건은 결코 그 사건이 일어날 때 지성이 만들어낸 투명한 관계의 총체 속으로 다시 흡수될 수 없다."[28] 브룅슈비크 자신이 이야기했던 대로, 사실이 법칙의 근사치로 이해될 것이 아니라, 법칙이 사실에 대한 최선의 가능한 근사치를 제공하는 것을 그 임무로 하고 있다.

과학적 인식은 감각적 경험에 대한 여러 가지 가능한 해석들 중 하나를 제공하지만, 단 하나의 해석만을 제공하는 것은 아니다. 과학주의적인 공리화가 가지는 위험은, 그것이 지각에 의한 의식의 자리를 차지하며 다른 모든 것을 배제한 상태에서 유효한 현실을 읽어내려고 주장하는 데 있다. 여기서 문제는 진리의 본질 자체로서, 그것이 수학적인 질서 속에서 완전하게 달성될 수 있는지에 대해 자문해보아야 한다. 우리가 실존의 육체 자체를 이루고 있는 것을 단순히 비정상적이라거나 아무런 효력이 없는 것이라고 거부할 수 있는가?

---

28. 『프랑스 철학회지』, 1947, p. 127.

바슐라르의 작업은 이 점에 대해 우리에게 아주 값진 자료를 제공하고 있다. 그는 점점 더 추상화되어가는 프랑스의 현상황에서, 수학적이고 물리학적인 이론을 통해 과학정신의 구조들을 아주 통찰력 있게 간파한 사상가이다. 이와 동시에 이 학자는 아주 놀랄 만한 호기심과 엄청난 문학적·예술적 박학으로 무장하고 현실을 가장 구체적으로 파악하는 여러 가지 양상 — 이제까지는 어둠에 파묻혀 있었던 — 을 밝히려고 한 일련의 저작들을 펴낸 사람이기도 하다. 그는 불, 물, 공기, 흙과 같이 과학 이전 단계의 물리학에서 다루었던 4원소를 연속적인 주제로 삼았다. 그리하여 그는 어떻게 해서 그 요소들이 각각 겉으로 볼 때에는 자유로워 보이는 시인들의 환상에 항상 동일하게 나타나는 몇몇 유형적인 이미지를 제공했는지를 드러내고자 했다. 그에 의하면, 세계에 대한 시적 인식 속에는 일종의 물질적인 객관성이 존재한다.

이러한 탐구는 애초부터 엄밀하게 사변적인 철학자의 활동과는 전혀 무관한 것으로 보였다. 아마 그는 고대의 화학과 박물학과 관련된 옛날 텍스트에 대한 연구를 통해 그곳으로 이끌렸던 것 같다. 이처럼 막연하게 감지되는 분야에 대한 탐구가 여기(餘技), 다시 말해 더욱더 엄격한 작업 이후의 휴식방법으로 나타난다. 시적인 차원에서 보자면 문제가 되는 것은 그 토대가 불분명한 인식일 따름이다. 이 분야에서 바슐라르가 한 최초의 시도는 환상에 대한 문체론으로 나타난다. 그는 『불의 정신분석』의 첫부분에서 다음과 같이 적고 있다. "엄격하게 검증된 모든 객관성은 사물과의 최초 접촉에 모순된다. 객관성은 우선 감각, 상식, 심지어 가장 지속적으로 나타나는 실천뿐만 아니라 결국에 가서는 인식론과 같은 모든 것을 비판해야 한다. 왜냐하면 노래하고 유혹하기 위해서 만들어진 말이 사유와 만나는 일은 드물기 때문이다."[29] 바슐라르가 처음으로 선택한 최초의 원소인 불은 실증적인 견고함을 지니지 못한 현실에 대한 좋은 예가 된다. "불은 더이상 과학적

---

29. 가스통 바슐라르, 『불의 정신분석 *La Psychanalyse du feu*』, N.R.F., 제10판, pp.9~10.

인 대상이 아니다. 그것은 불쑥 튀어나온 직접적인 요소이며, 수많은 다른 현상들을 밀어내고 제일 먼저 선택되어 더이상 과학적인 연구에 아무런 관점도 제공해주지 않는다."[30] 그러므로 바슐라르의 고백에 따르자면, 탐구는 "순수 객관의 영역과 관련되어 있는데, 그 영역에서는 개인적 직관과 과학적 경험이 뒤섞여 있다." 또한 불에 대한 직관은 "무거운 중량"[31]에 의해 강한 인상을 받는다. 중요한 것은 인간의 실수에서 나오는 유산을 탐구함으로써 인간 사유를 뛰어넘는 일일 것이다. 바슐라르는 다음과 같이 분명하게 언급하고 있다. "우리의 목적은 다음과 같다. 정신을 그 행복으로부터 치유하고, 정신으로 하여금 최초의 명증함이 주는 나르시시즘에서 벗어나게 하며, 정신에 소유와는 다른 보장과 온기나 열정과는 다른 설득력을 부여하는 것이다."[32] 책의 제목으로 사용되고 있는 정신분석이라는 단어는 그 용어의 병리학적이고 치료학적인 의미로 사용되고 있다. 치유란 이성으로 되돌아가는 것이다.

그런데 다음에 나온 일련의 책들에 붙여진 제목은 정신분석을 이용하기를 거부하고 있다. 그 제목은 단지 꿈의 주제le thème du rêve et du songe[9)]를 가리키고 있다. 사실 바슐라르는 아무런 거리낌 없이, 불이 주는 환상적인 측면을 축소시키는 것은 가능했지만, 제2의 원소인 물은 똑같은 방법으로 다룰 수 없었다고 고백한다. 그는 『물과 꿈』의 첫머리에서 다음과 같이 관찰하고 있다. "사람들은 단번에 합리적인 인식 속으로 자리잡지 않는다. 사람들은 처음 보자마자 기본적인 이미지들에 대한 정당한 관점을 제시하지는 않는다. 합리주의자들? 우리는 그렇게 되려고 했다. (……) 객관적인 인식과 이미지화된 인식에 대한 정신분석을 통해 우리는 불에 대해서는 합

30. 같은 책, p. 11.
31. 같은 책, p. 12.
32. 같은 책, p. 15.
9) 우리말의 '꿈'은 불어에서 'rêve'와 'songe' 두 가지로 나타난다. 바슐라르와 귀스도르프는 구분하여 사용하고 있지만, 우리말로 구분하기가 쉽지 않아 그냥 '꿈'으로 옮긴다.

리주의자가 되었다. 우리는 물에 대해서는 동일한 입장을 견지하지 못했다는 점을 솔직히 고백할 수밖에 없다. 우리는 물의 이미지를 아직도 체험하고 있다. 다시 말해 우리는 종종 물의 이미지에 대해 불합리한 집착을 보여주면서 그것을 최초의 복잡한 모습으로 종합적으로 체험한다."[33]

그러므로 이미지의 차원에서 보자면 환원할 수 없으며 인간 현실을 구성하고 있는 것처럼 보이는 물질이 있다. 바슐라르는 자신의 정신적인 정체성이 어떤 방식으로든 물과 연결되어 있다고 고백한다. "나는 무엇보다 박하향, 물에서 자란 박하향이다."[34] "익명의 물은 내 모든 비밀들을 알고 있다. 동일한 기억이 모든 샘으로부터 나온다."[35] 이와 유사한 단언들은 분명히 모든 합리적 형태화에 대해 초연하다. 게다가 만약 바슐라르가 스스로 이러한 동일화를 요구한다면, 그는 다른 사람들에 대해서도 다른 원소들과 유사한 참여를 인정하고 있다. 그러므로 과학의 눈으로 보자면 물질적 상상력의 지배는 아무런 견고함이 없을지도 모르지만 확실한 인류학적인 의미를 띠고 있다. 나중에 바슐라르는 다음과 같이 지적하고 있다. "상상된 이미지들은 현실의 단순한 재생산이라기보다는 현실의 승화이며 원형이다."[36] 이렇게 해서, 진리의 어떤 형태와 부합하는 인간적인 것에 대한 접근로가 열린다. 물질은 천연 상태로 주어지는 것도 자연으로부터 받는 것도 아니다. 물질은 또한 사유의 특징인 내적 자발성의 표현이다.

그러므로 이러한 작업의 영역은 나중에 바슐라르가 아주 겸손하게 말했던 것처럼 단순한 "문학 이미지의 철학"[37]의 영역을 넘어선다. 시는 우리 각자가 자신의 실존을 보강해주는 환경 속에 자리잡게 되는 방식을 특권적인 형태로 표현해주고 있다. 문학이란 '문화 콤플렉스'를 드러내도록 해주는

---

33. 『물과 꿈 *L'Eau et les Rêves*』, José Corti, 1942, p. 10.
34. 같은 곳.
35. 같은 책, p. 12.
36. 『대지와 의지의 몽상 *La Terre et les Rêveries de la Volonté*』, Corti, 1948, p. 4.
37. 같은 책, p. 9.

데, 바슐라르에 의하면 문화 콤플렉스라는 것은 "사색의 작업 자체를 지배하는 비사색적인 태도"[38]이다. 풍경은 인간의 기준이다. 그러므로 자발적인 우주는 과학적인 우주론에 의해 전적으로 그리고 간단하게 지워질 수 없는 것이다. 과학적인 우주론은 인간이 없는 세계를 현실의 특권적인 형태로 정의하려 한다. 하지만 인간을 제외한 상태에서 세계가 어떤 진실을 의미할 수 있을까? 인간이 개입했을 때 온갖 진리가 사라져버린다고 주장한다는 것은 터무니없어 보인다. 사실 과학적인 지성은 현실의 한계 상태만을 제공할 따름이다. 만약 진리라는 것이 수학적인 정리(定理)가 아니라 인간의 통일성의 의미로, 다시 말해 가치에 대한 우리의 모든 의도들을 모은 것으로 이해되어야 한다면, 믿음과 행동의 사색 이전 단계의 세계를 포기하는 것은 문제시될 수 없을 것이다.

그러므로 바슐라르에 따르자면 표현형태를 초월하며 어느 정도 그들에게 하나의 내용을 부여하는 물질적인 상상력은, 특수하고 게다가 아주 인간적인 명료함에 의존해야 한다. 주지주의란 본래 코기토보다 앞서며 코기토가 밝혀내지 못한 물질적 요소를 사유로부터 지워버리려는 시도이다. 이러한 최초의 불투명함은 대상, 현실, 인간의 본질과 연결되어 있는 것으로서, 세계 내적 존재를 만들어내는 인간과 세계의 기본적인 결합으로까지 거슬러올라간다. 아마도 사람들은 그러한 불투명함 속에서 거역할 수 없는 저항의 정의를 보게 될 것인데, 그것은 결국 브룅슈비크의 경우 경험에 대한 정의가 된다.

이러한 물질적인—하지만 여기서 '물질적인'이라는 단어는 동시에 정신적인 의미 작용까지를 포함한다—여건, 감수성과 상상력의 여건은 분산된 채로 인간에게 제시된다. 하지만 사고가 그 여건을 다시 다루게 되는 순간, 그것은 이 여건을 재구성하고 전체를 포괄하는 어떤 방향에 따라 조직화한다. 그런데, 사색 이전 단계의 세상에 겹쳐져 나타나는 궁극성은 보통 우리

---

38. 『물과 꿈』, p. 25.

에게 신화라는 형태로 나타나게 된다. 바슐라르는 연구중에 재빨리, 선사 단계 너머로 연장되는 원시적 의식세계와 충돌하였으며, 현실에 대한 전(前) 과학적인 이해를 위한 시도와 자연에 대한 시적 포착을 위한 시도를 확립했다. 이 점에 대해 사람들은, 바슐라르의 작업이 일종의 우주적인 신화체계를 가져왔는데 여기서 신화란 과학보다 먼저일 뿐만 아니라 과학보다도 더 오래 살아남게 된다고 말할 수 있다. 『물과 꿈』의 저자는 어떻게 해서 합리주의적인 주석의 시도가, 자신들이 동일한 기능에 대답하지 못하기 때문에 완전히 바꾸어버리지 못한 것을 파괴할 수 없게 되었는지를 잘 보여주고 있다.

게다가, 우리의 세계 내적 현존에 현실적인 토대를 마련해주는 이러한 사색 이전 단계의 추(錘)가 지니는 극단적인 중요성을 발견하려면 조금만이라도 자기 자신에게로 눈을 돌리는 것으로 충분하다. 아마 어느 누구에게도 실제적인 우주론은 과학이 우리에게 제안하는 대로의 세계체제에 부합하지 않을 것이다. 심지어 대부분의 교양인에게, 과학이론은 수많은 잘못된 관념으로 나타나는 몇몇 통속화의 주제로 축소된다. 또한 학자들 사이에서, 실질적으로 우리의 세계를 정의하는 교의들을 전체적으로 떠맡을 수 있는 학자들은 거의 없다. 하지만 한 발짝 더 나아가, 현재의 지식을 전체적으로 알 수 있는 어떤 학자를 가정한다고 하더라도, 그에게 과학적인 현실과는 본질적으로 다른 체험된 세계가 여전히 존속하리라는 것은 의심할 여지가 없다. 우리 각자에게서와 마찬가지로 그에게도, 신화적 의식 구조는 자신의 실존의 일반적인 사용에서 너무나 엄격하게 자신의 입지를 확고히 할 것이기 때문에 존속이라고 말하는 것이 부정확해 보인다. 사라져버렸어야 할 것과 곧 사라져야 할 것만이 살아남게 된다. 그런데 현실적인 것을 신화적으로 포착한다는 것은 인류만큼이나 오래도록 지속될 것 같다.

만약 공간의 의미를 고려해본다면, 우리는 신화적 의식의 질적인 공간과 우리 시대의 진화된 인류에 의해 기하학적으로 규정된 양식적인 공간을 대립시켜볼 수 있다. 그런데 모든 인간이 살아가고 있는 현실 공간은 자격이 있는 공간으로서, 이질적인 장소와 입지로 이루어져 있는 공간이다. 각각의 장소와 입지는 긍정적이거나 부정적인 매력에 의해, 혹은 자신에게 그러한 자격을 부여하거나 박탈하는 가치에 의해 규정된다. 주지주의의 세계는, 어린 학생에게 자신이 할 수 있는 것들을 부채꼴처럼 펼쳐보이는 일반지리학의 세계와 마찬가지로 아무런 차이가 없을 것이다. 사실 구체적인 세계는 각자가 자신의 특유한 가치를 지니는 지평들의 총체로서 우리에게 드러난다. 인간의 지리학은 다정한 지리학으로, 각각의 방향이 삶의 길을 규정한다. 생활공간은 황무지no man's land와는 완전히 다르다. 그것은 우리가 뿌리를 내리고 있는 장소이며, 지상에 대한 인간 정복의 총체이다. 집, 마을, 향토, 도시 및 다른 도시들, 조국 및 다른 조국 등과 같은 각각의 풍경은 자신이 지닌 의미와 자신이 불러일으킨 두터운 기억과 우리를 어떤 장소로 이끌거나 어떤 장소로부터 돌아서게 하는 모든 사유를 초월한 조화의 수액을 제공한다.

이렇게 해서 우리는 아주 세세한 것에 이르기까지 공간적 현실에 대한 존재론적인 가치부여를 인정해야 한다. 왜 우리는 어떤 거리를 다른 거리보다 더 좋아하게 되며, 그 거리에서도 어느 한쪽을 반대편 쪽보다 더 좋아하는가? 왜 우리는 어떤 방의 어느 한쪽 구석을 선호하게 되는가? 각각의 인간에게는 세상의 어느 특정 지역에 대한 숙명이 존재하게 되는데, 이러한 숙명은 객관적 결정 기준에 하나의 가치 기준을 포개어 놓는다. 각 개인에게 만족이란 그러한 존재론적 장소의 발견과 관련되어 있다. 존재 속에서 방향을 상실한 것처럼 자신의 장소를 상실해버린 인간은 그것을 다시 찾기 위해 영원히 방랑해야 하는 운명에 처하게 된다. 이것이 바로 유배당한 자와 추방된 자의 드라마이다. 이들은 편안하고 용이한 상황에서도 그것 없이는 자신의 세계 내적 현존이 더이상 달성될 수 없는 기본적인 위치 설정을 거부당하기 때문에 '향수병'에 사로잡혀 살아가게 된다.

심지어 사람들은 우리 시대의 드라마 중 하나는 인간 공간의 점진적인 자격상실에 있다고 말할 것이다. 자연 환경은 기술이라는 새로운 환경이 형성

됨으로써 점점 더 사라져가고 있거나 삭제되어가고 있다. 공간적인 구조는 점점 더 동질적인 것이 되어가고 있으며, 입지의 차이들은 삶의 종류가 계속적으로 단순화되고 획일화됨에 따라 점점 엷어지고 있다. 모든 도시들이 서로 비슷해지는 경향이 있으며, 모든 집, 모든 아파트, 모든 존재와 심지어 모든 정치체계마저도 그렇게 되어가고 있다. 현대인의 고향 상실은 인간을 서로 교환 가능하게 한다. 게다가 장소의 가치와 마찬가지로 개인의 가치도 떨어진 것처럼 보인다. 그리고 현대인은 고뇌에 차서 얼마 지나지 않아 강제 수용소와 같은 세계로 자리를 옮긴 인간만이 존재하게 되지나 않을까 하는 의문에 사로잡힌다. 하지만 그러한 운명에 대한 항의는 인간 존재에 내재한 장소에 대한 요구를 드러내고 있다. 모든 입지들은 우열을 가릴 수가 없게 되며, 조국은 실존이 달성될 수 있는가에 따라서만 어떤 의미를 지니게 될 것이다.

우리는 합리적인 역학의 엄격한 복종으로 축소된 관념적인 공간에서 멀리 떨어져 있다. 하지만 인간과 지역의 타협과 인간과 땅의 결합은 실제로 체험된 모든 경험을 이루고 있는 요소이다. 원시적 공간의 신성화 현상은 환경 속에서의 인간의 힘에 대한 필연적인 탐구이다. 실러의 멋진 표현에 따르자면 학자의 공간, 뉴턴의 공간은 '가슴의 공허'이다. 장 발의 지적에 의하면, "공간이란 내가 사물 속으로 잠입하는 것이며, 내가 사물 밖으로 튀어나오는 것이다. 공간은 사물에 고유한 것으로서의 나의 실존이다. 그것은 또한 사물과 나 자신에 대한 거리로서의 나의 실존이다."[39] 게다가 이러한 실존적 공간은, 나 자신의 존재의 매개자이며 나 자신의 우주의 원칙이자 기준인 나의 육체 속에서 자신의 원칙을 발견한다. 나의 육체는 육체의 세계와 합쳐지며, 나의 세계 내적 현존으로 결코 주지주의적인 관점으로 축소되지 않는 복잡한 유대관계를 만들어낸다.

---

39. 장 발, 『인간 존재와 초월*Existence humaine et Transcendance*』, La Baconnière, Neuchâtel, 1944, p. 67. 메를로 퐁티, 『지각의 현상학』, p. 332 이하 참조.

그러므로 폭에 대한 신화적 이해의 원칙과 관계된 공간이 갖는 인간적 형태를 망각한다는 것은 불가능한 일이다. 시간에 대해서도 똑같다. 과학과 주지주의의 시간, 즉 크로노미터[10)]의 시간은 정신의 원칙에 따르는 균질적이고 양적으로 표현되는 환경으로 우리에게 나타난다. 하지만 베르그송은, 이러한 반성적 사유의 시간은 실존적 시간과는 완전히 다르다는 점을 보여주었다. 추상적 계량의 영역은 인간 현실이 보여주는 독특한 세계 내적 존재양식을 단번에 규정하기에는 충분하지 못하다.

알랭에 따르면, "시간은 결코 모자람이 없다. 시간에는 시작도 끝도 없다. (……) 시간은 연속적이고 나눌 수 없다. (……)"[40] 하지만 우리 삶의 시간과 개인 삶의 시간은 하나의 시작과 끝 사이에서 펼쳐진다. 각자에게 탄생과 죽음은 중요한 사건으로 나타난다. 또한 조르주 시메옹 같은 사람이 주장하는 주지주의가 이러한 사건들이 반성적 사유의 포착에서 벗어나기 때문에 없는 것으로 간주되어야 한다고 주장할 때,[41] 그러한 단언으로부터 끄집어낼 수 있는 유일하게 타당한 결과는, 차라리 반성적 의식이 개인생활의 전체를 담당할 수 없다는 사실에 대한 확인일 것이다. 그런데 탄생과 죽음은 추상적인 한계를 이루고 있는 것이 아니라 그 영향이 한 개인의 삶의 모든 순간에 대해 멀리서 느껴지는 극점이다. 철학한다는 것은 죽는 것을 배우는 것이라고 말한 고전시대의 철학자들은 이 점을 잘 알고 있었던 셈이다. 하이데거에 따르면, 인간이라는 존재는 죽음을 위한 존재이다. 인간이라는 존재는 자신의 내부에 탄생으로부터의 운동과 죽음을 향한 운동을 포함하고 있다. 하나의 실존은 관념들의 연쇄로 실현되는 것이 아니라, 예기치 못할 돌발사들이 결코 완전히 끝나는 법이 없는 운명의 의미를 좌우하는 드라마로 실현된다. 죽음의 의미와 삶의 의미 자체는 최후의 순간까지 문제시될 수 있다.

---

10) 항해자, 천문학자, 물리학자 등이 사용하는 정밀시계.

40. 『철학의 제 요소』, p. 80.

41. 본고, p. 186.

나의 삶은 어떤 지속에 내재한 의미에 대한 의식으로 나에게 주어진다. 그것은 재현의 시간이 아니라 실체적 시간이다. 나는 나의 시간이다. 나의 시간은 나의 삶이다. 체험된 시간의 영역은 수학적인 변수에 부합하는 것이 아니며, 그것은 시간 속의 존재를 완전히 나눌 수 있을 뿐만 아니라 불연속적인 실체로 만들 수 있는 유효한 영역이다. 게다가 내 기억의 증명도 그러하며, 결코 수학적 연대기라는 단순한 틀 속으로 녹아들지 않는 사건에 맞춰져 있다. 나의 기억은 나에게 내 역사의 의미를 알려준다. 그리고 기억은 확립된 나의 개성 속에서 좋은 시간과 나쁜 시간을 교대로 불러일으킨다. 그리고 기억은 텅 빈 시간, 기나긴 황량한 공간, 멈춤을 뛰어넘어 부정적이든 긍정적이든 가득 찬 시간, 내 삶의 흐름에서 어떤 고정된 지점이나 매듭과도 같은 고통, 시련이나 즐거움 등으로 집중된다. 외젠 민코프스키에 따르면, '최초의 기억'은 회한에 의해 주어지게 된다.[42] 게다가 사람의 시간은 단지 과거에 저물어버리기만 한 것이 아니다. 그것은 또한 미래의 전망이라든가 각자의 실존이 예견하거나 두려워하는 지평을 향해 나아가는 행렬을 개시하기도 한다. 그 결과, 현재는 단절의 순간으로 나타나거나 두 가지 풍경 사이의 일시정지의 모습으로 나타나게 된다. 현재는 두 가지 풍경을 확실하게 연결시켜주기는 하지만 여전히 모호한 두 풍경 사이의 통일성은 연속적이거나 불연속적인 것으로 이해될 수 있다. 현재란 연결 부호인 동시에 단절 부호로 나타난다. 다시 말해 현재란 반성적 의식의 계산으로 환원할 수 없는 개인적이고 인간적인 차원의 명료함으로 우리의 관심을 돌린다.

이처럼 인간이 느끼는 시간의 성격은 각각의 인간을 자신에게만 속하며 결코 교환되거나 대체될 수 없는 세계의 중심으로 구성한다. 각자의 삶은, 다른 모든 삶은 초청을 받아 방문함으로써만 침투해 들어갈 수 있는 닫힌 총체로 만드는 멀고도 가까운 지평 사이에 각인된다. 개인의 삶과 운명이라는 관념 자체는 복수 상태에 있는 것이 아니다. 더 정확히 말하자면 복수는

---

42. 민코프스키, 『체험된 시간 *Le Temps vécu*』, d'Artrey, 1933, p. 149.

고유한 현실을 왜곡한다. 왜냐하면 나는 단 하나의 삶만을 가지고 있으며, 어떤 사물이나 풍경, 사건이 나에게 소속되거나 그것들이 나 자신의 역사 속에 개입하는 것은, 그것들에 다른 사람에 대해서는 절대로 가질 수 없는 하나의 의미를 부여함으로써 나를 위해 존재하도록 해주기 때문이다.

하지만 개인의 삶은 진정으로 자신에게 닫혀 있지만은 않다. 개인의 삶의 시간성은 운명을 매개로 해서 실제적인 환경을 소유하는 방식이다. 여기서 그 관계는 시간 외적인 주체가 여러 한정들의 총체로 인식되는 대상과 맺고 있는 관계가 아니다. 주체의 시간이 있을 뿐만 아니라 현실의 시간 또한 존재한다. 달리 말해 역사는 개인적인 기준으로서가 아니라 문화적인 기준으로서 우리에게 주어진다. 내가 나 자신의 시간에 대해 지니고 있는 의식은 '나'로서의 의식이라기보다는 차라리 '우리'로서의 의식이다. 공동체적인 성격은 개인적인 성격으로 대체되지 않고, 그것을 준비하며 자신의 결정에 몇 가지 의미를 제시한다. 자아의 시간적인 개입은 공동체적인 가능성으로부터 개인적인 현실로의 이동으로 실현된다. 나는 모든 사람들이 보는 대로가 아니라, 모든 사람들이 보는 것에 따라서 세계를 본다. 개인성에 의해 도입되는 일탈의 능력은 장소의 한계, 자신의 확립에 토대가 되는 환경을 전제로 하고 있다.

그러므로 인간이라는 시간적인 존재는 인류 역사의 연장선 상의 상황 안에서 실현된다. 자연의 세계는 문화의 세계에 의해 재발견되고 해석되는 것처럼 보인다. 우리는 본래 하나의 어휘를 발견하고, 그 한가운데서 우리가 다른 사람들의 눈에 무엇인지를 배우게 되는 담론의 세계를 발견하며, 심리적인 환경이 우리에게 부여하는 중간적인 운명에 대한 일종의 문화적인 소묘를 발견한다. 베르그송이 도달하려 했던 세계 내적 현존의 솔직함은 그 자체로 아주 상대적이다. 그것은 사유의 지배적 형태에 대한 부인이지만 그 자체로 인간 현실에 대한 역사적인 관점과 부합하고 있다. 베르그송이 실제로 체험된 지속을 발견한 것과 마찬가지로, 드뷔시는 음악적인 지속에, 인상주의자들은 체험된 공간에, 프루스트는 소설의 인간적 시간에 도달했다.

한 시대의 발견 속에 나타나는 이러한 자발성 자체는 어느 한 순간에 인간 사회를 특징짓는 하나의 양식, 즉 사고양식과 감수성의 양식을 규정할 수 있도록 해준다. 프루스트는 포레를 드뷔시와 프랑크[12]에 연결시켜주는 뱅퇴유Vinteuil의 음악적인 느낌 속에서, 그리고 몇 가지 양상을 통해 모네나 아나톨 프랑스 같은 사람을 환기시켜주는 엘스티르Elstir와 베르고트Bergotte[13]의 인상주의 속에서 자신의 모습을 알아본다. 프루스트가 베르그송주의 소설가인 것처럼 페귀[14]는 베르그송의 제자가 되고자 한다.

그러므로, 모든 것은 마치 서로 다른 관점에 따라 예술의 중재로 세상에 대한 어떤 이해가 있는 것처럼 이루어진다. 이처럼 공간과 시간은 시대의 쇄신과 더불어 다시 새로워지는 규범을 받게 된다. 게다가 세계의 재형성은 예술가의 작업장에서만 확장되는 것이 아니다. 그러한 개혁은 문학과 유행의 산발적인 영향에 따라 상식을 다듬어낸다. 장식예술은 환경 속에서 새로운 존재양식과 감정양식을 세속화시키며, 그 주제는 어느 정도 지체되어 불가피한 변형을 거쳐 가장 구석진 부분에 도달한다. 오스카 와일드의 말대로 자연은 예술을 모방한다. 즉 현실은 인간이 시간의 흐름 속에서 자연을 양식화하는, 지속적으로 변화하는 해석을 떠맡는다.

인간과 사물을 영원성의 관점에서 보고자 하는 주지주의자의 주장은 진정한 경험과는 전혀 맞지 않는다. 체험된 우주론의 역사는 과학적인 우주론의 역사와 겹치지 않는다. 외양에 집착하는 원시인의 비전은, 르네상스를 열었고 고전주의 예술의 명료함의 기반을 다진 이탈리아인에 의한 원근법의 발견에 의해 새로워진다. 19세기에 오면 사물은 실제로 존재하는 것이 아니라 겉으로 보이는 것이 된다. 모네는 기하학을 잊어버리지만 세잔은 새로운 시각을 적용하게 되며, 입체파는 기하학으로 되돌아와서 자기도 그 후계자에 의해 부인되기 이전에는 모든 사물을 자기 식으로 변화시키게 된다.

---

12) César Franck(1822~1890): 프랑스의 작곡가, 오르간 연주자.

13) 셋 다 프루스트의 소설 『잃어버린 시간을 찾아서』의 등장인물.

14) Charles Péguy(1873~1914): 프랑스의 작가.

이러한 예들은 수없이 많다. 세계를 이루고 있는 요소들은 각자의 역사를 지니고 있다. 그러므로 가장 본질적인 관점은 역사적 관점이다. 세계는 사람으로서의 시간성이다. 삶의 유효한 환경과 장식으로서의 개인적인 우주는 시간의 제약 속에 세계를 향하여 그리고 세계 속에서 인간이 행하는 암중모색에 대한 잘못 묶인 다발로 나타난다. 메를로 퐁티의 행복한 표현에 따르자면, 그것은 "의미 작용들의 요람, 모든 의미들의 의미, 모든 사고들의 토양"이다. 그는 계속해서 다음과 같이 지적하고 있다. "세계는 주체로부터 분리될 수 없다. 그 주체는 세상의 계획 이외의 아무것도 아니다. 주체 또한 세상으로부터 분리될 수 없다. 그 세상은 주체 자신이 투사한 것이다. 주체는 세계 내적 존재이며, 세상은 여전히 '주관적'인 것으로 남는다. 왜냐하면 그 조직과 결합은 주체의 초월이라는 움직임에 의해 그려지기 때문이다.[43] 하지만 이러한 개인적인 주관성 자체는 객관성과 문화적인 역사성 속에서 상황에 따라 이해되어야 한다.

여기서 우리는 정확한 한정을 표현할 입장에도, 하나의 지도를 그리거나 방정식을 세울 수 있는 입장에도 있지 않다. 각자에게 현실세계는 구체적으로 여전히 하나의 지평이며, 무한한 양상으로 실현하는 것이 불가능한 총계이다. 야스퍼스의 지적에 따르자면, "세계는 대상이 아니다. 우리는 항상 세상 속에 있지만, 세상은 결코 우리에게 있어서 대상이 아니다. (……) 사람들이 세상에 대해 품고 있는 각각의 이미지는 세상의 한 단면에 불과할 따름이며, 세상 자체는 이미지가 되지 않는다. 신화적인 비전과 대립되는 것으로 간주되었던 '세상에 대한 과학적인 비전'은 그 자체로 항상 새로운 신화적인 비전이었다. 하지만 그러한 과학적 비전은 과학적인 방법에 의뢰해 왔으며, 그 신화적인 내용은 여전히 빈약했다."[44] 이처럼 과학은 하나의 지평을 제공하지만, 그 지평이 모든 지평을 대표하지는 않는다. 또한 실존을 구성하는 다른 요소들에 대한 과학적 업적의 이러한 병렬과 종속은, 인간들

---

43. 『지각의 현상학』, N.R.F., 1945, pp. 492~493.

속에서 신화적 의식이 항상 존재하고 있음을 보여준다. 그러한 신화적 의식만이 우리가 살아가고 있는 현실을 구성하고 있는 다양한 의도들과 의미들에 이름을 부여할 수 있다.

그런데 문제는 단지 사고된 우주론에 있는 것이 아니라 실제로 실행되고 느껴진 우주론까지 포함한다. 인간의 통일성은 세상의 통일성을 떠나서는 달성되지 않으며, 모든 최종적인 결정을 벗어나는 전체성에 대한 감각은 다소 발전된 신화의 형태로 우리의 잠재적인 상태와 열정의 조망 속에서 드러나게 된다. 이러한 신화들은 매번 우리의 가치들 중 어떤 것이 제시하는 기준에 따라 우주에 대한 해석을 내린다. 이처럼 체험된 세계는 의식에 대한 일종의 자기 반성이지만, 그것은 신화적 의식에 의한 반성이다. 신화들은 존재 전체에 대한 사고와 욕망과 상상력의 영향을 보여주고 있다. 객관적인 종합이 없을 경우, 그것이 바로 인간 조건을 규명하기 위한 유일한 출발점이다. 과학적인 통일성은 부분적이고 종속된 듯한 통일성에 불과하기 때문에, 철학은 인식론의 척도로 축소될 수 없다. 과학은, 아마도 완성할 수는 없겠지만 항상 열려 있는 우주에 대한 의식을 구성해내기 위한 시도를 따라가야 한다. 그런데 그러한 시도는 과학적인 규범과 마찬가지로 거리와 부재 속에서 실현되는 것이 아니라 현재에의 현존 속에서 실현된다.

44. Karl Jaspers, 『철학입문 *Introduction à la Philosophie*』, Hersch 역, Plon, 1951, pp. 102~103.

4. 살아 있는 신

지적 의식의 진보는 우리로 하여금, 조금씩 약화되어가고 있으며 명확한 사고의 조절과 화합할 수 없는 자신의 모든 속성을 빼앗겨버린 철학자의 신을 완만하고도 합리적으로 소화해내도록 했다. 결국 원시인의 신, 계시종교의 신은 입헌군주의 역할이나 반성적 사유의 올바른 사용을 주관하는 최고 책임자의 역할로 축소되었다. 그리하여 신은 반성적 사유의 의미와 영속성을 보장하는 임무를 띠게 된다. 데카르트의 형이상학적인 신은 이제는 해결해야 할 문제만을 재현하는데, 그에 따르면 잠시 생각하는 것만으로도 그 문제를 해결하기에는 족하다. 그런 다음 사람들은 더이상 그에 대해 생각하지 않을 수 있으며, 실증적인 일에 전념할 수 있게 된다. 파스칼은 이미 이런 방식에 반발했는데, 그는 이러한 방식이 기독교에 대한 순수하고 단순한 부정으로 이어진다고 보았다. 데카르트의 후예들은 곧바로 그의 예감이 들어맞았음을 보여준다. 즉 벨, 퐁트넬, 라메트리[15], 백과전서 학파[16]는 신중한 푸아티에 사람이라면 떠맡지 않았을 정신의 자유를 지닌 채 데카르트의 시도로부터 어떤 결과들을 끌어낸다.

우리가 이미 살펴본 것처럼, 현대의 합리주의는 동일한 방향으로 전개되고 있다. 현대의 합리주의에서 신이란 결국 완전한 의미에서의 이성이 갖는 다른 이름이거나 고유한 이름일 따름이다. 인간이 사고로 축소될 때, 신 자신은 최고의 '사고', 즉 사고된 사고와 대립되는 것으로서의 사고하는 사고라는 양상을 띠게 된다. 신은 여전히 칸트의 사고의 지평을 끈질기게 따라다니는 원형지성intellectus archetypus이다. 합리주의적 사고 속에서의 신의 증발현상은 구체적인 인류학의 부재와 부합한다. 스피노자는 '영적인 자동장치'와 같은 방식으로 기능하는 지성의 완전한 놀이를 환기시켰다. 브룅슈비크는 자신의 입장에서 이러한 관점을 다시 다룬다. 결국 그는 우주적인 차원에서 이루어지는 정보처리의 위대한 스승인 일종의 계산기로서의 신의 개념을 환기시킨다. 올바른 사고라는 신은 분명 완전한 인간의 신, 다시 말해 육체를 가진 인간의 신이 아니다. 그 신은 탈육화된 인간의 탈육화된 신이다.

게다가 반성적 의식에 대한 유혹은 종교적인 사유 자체에 대해 느껴져왔다. 신학은 종교적인 단언의 내용에 합리적이고 추론적인 형태를 부여하려는 시도로서 전개되었다. 가톨릭 교회의 공식철학인 토마스 아퀴나스의 합리주의 신학은 어느 정도까지 종교를 이성의 하녀로 삼고 있다. 바티칸 공의회는 신이란, 창조된 사물에서부터 출발하여 인간 이성이라는 자연적인 빛을 통하여 확실하게 알려져야 한다고 선언했다. 그러므로 신에 대해서조차 권위를 행사하는 존재론이 존재하는 셈이다. 이와 유사한 태도가 신교의 경우에도 실제로 발견되는데, 이 경우 칸트주의의 연장선 상에 있는 자유주의적 합리주의는 모든 초월적인 요소를 거의 완벽하게 해소시키기에 이른다. 여기서 종교는 교육학이나 도덕이라는 형태로 나타나며, 루소가 이미 말한

15) Julien Offroy de Lamettrie(1709~1751): 프랑스의 의학자, 철학자.

16) 디드로가 주도한 백과사전 편찬에 참여한 사람들.

것처럼 신앙은 인간을 선(善)으로 나아가게 하는 신적 본능에 대한 양심의 복종에 불과하게 된다. 어떤 존재론이나 윤리에서 발견되는 칸트철학의 범주적 명령은 '인격으로서의 신' 을 '원칙으로서의 신' 으로 바꾸어놓는다.

어떤 형태든지 주지주의는 종교적인 단언에서 그 역사적 성격을 빼앗아 버리는 경향이 있다. 주지주의는 종교적인 단언을 탈신화시키려는 노력을 보여준다. 보편적이고자 하는 신이 가장 정당화할 수 없는 방법으로 혜택을 부여받은 어느 특정한 시대에 독특한 형태로 나타나게 되는 이유는 무엇일까? 육화의 개념 자체는 이성에 인정할 수 없는 저항감을 불러일으킨다. 신이 어떤 정해진 역사의 순간에 개입한다는 생각은 각각의 인간이 신과 특별하고도 개인적인 관계를 맺고 있다는 생각만큼이나 터무니없다. 은총이 만약 단 한 사람에게만 주어진다면, 다른 사람들에 대해서는 불의가 된다. 게다가 무상의 구원이라는 생각은 그 자체로 인간 현실에 대한 부정이다. 그것은 또한 예정론 때문에 선악에 대한 책임감을 모두 빼앗겨버린 인간의 창의적 권한에 대한 부정이다. 바로 이 때문에 주지주의는 항상 역사의 매개를 피하는 방식으로 신의 존재를 시간 속에 용해시키려는 경향을 지니고 있다. 문제는 인간과 신의 관계를 탈인간화하고 그 관계의 극적인 면을 없애버림으로써, 종교사에서 수없이 많은 증거를 발견할 수 있는 환각과 사고와 행동의 이상한 일탈을 피하는 것이다.

그러므로 이성의 진보는 종교가 가지는 긍정적인 형태의 소멸을 초래할 것이다. 18세기 계몽주의자들과 특히 칸트에 의해, 그 다음에는 브룅슈비크의 사고를 통해 오늘날까지 연장되고 있는 19세기의 과학적 합리주의에 의해 다시 다루어지고 공유되는 스피노자의 확신이 이러했다. 그런데, 아주 객관적으로 보아, 종교적인 단언은 주지주의에 의한 와해에 저항했던 것 같다. 종교적인 단언은 신의 죽음에 대한 온갖 예언들을 넘어 살아남았다. 게다가 현재의 기독교는 사실이라는 요소와 역사적인 초월성에 대한 재평가에 의해, 그리고 환원적인 해석의 퇴보에 의해 특징지어진다. 달리 말하자면, 데카르트의 후예들이 파스칼의 후예들에게 자리를 양보해주고 있는 것처럼 보인다. 유대-그리스도교 전통에서의 신은 아브라함과 이삭과 야곱의 하느님이며, 역사 속에서 자신의 선민들 중 어떤 사람들에게만 모습을 드러내는 하느님이다. 또한 이 신은 모든 사람들을 무관심하게 상대하지 않고 각각의 개인에게 직접 말을 걸어온다. 그는 육화된 신이며 인간의 구원자인 예수 그리스도의 신이다. 이에 대해 파스칼은 "내가 너를 위해 피를 흘렸노라"는 유명한 말을 부여하고 있는데, 이 말은 브룅슈비크에게는 용서할 수 없는 이기주의의 표시를 지니고 있는 것처럼 보였다.

이처럼 종교적 의식의 부흥은, 신에 대하여 우리가 이미 인류학과 우주론의 영역에서 확인했던 현실에 대한 신화적인 포착으로의 귀환을 드러내고 있다. 물론 여기서 '신화'라는 단어는 비현실의 존재양식이나 상상적이거나 우화적인 주장을 가리키는 것이 아니다. 그것은 단지 사변적인 매개라는 우회를 거부하는 세계 내적 현존방식에만 적용된다. 현존이란 실제적인 현존이다. 그것은 개념들에 대한 분석에서가 아니라, 세계 내적 존재의 존재론적인 의미와 존재가 자신을 감싸고 있는 현실 전체와 맺는 기본적 관계로부터 자신의 권위를 끌어낸다.

아마도 여기서 말하는 기본적 단언이란 종교적인 태도의 특수성에 대한 단언일 것이다. 그것은 의식의 최초 양식에 부합한다. 다시 말해 사람들은 그것을 왜곡시키지 않고는 다른 가치 기준을 그것에 부여할 수 없다. 범주적인 행위는 사고와 사고의 대상 사이에 담론세계의 관점들을 개입시킴으로써 신과 인간의 관계를 약화시킨다. 그 관계는 3인칭 속에서 표현되는데, 그것은 마치 둘 다 객관적으로 이해되는 절대자와 인간 주체 사이의 관계와 같은 것이다. 그렇게 함으로써 전체 원칙들은 만족스러운 균형을 위한 수단들을 규정할 수 있도록 허락해준다. 이렇게 되면 인간은 신에 대해 아무런 의무를 질 필요도 없을 것이며, 신에게 그 몫을 부여하거나 신을 해고할 수도 있을 것이다.

신과 인간을, 그들의 관계가 각인되는 일종의 공동 영역 속에 위치시키는 것이 가능하리라고 믿는다면 잘못일 것이다. 이성은 자신이 그에 대해 거리를 취하게 되었을 이 영역을 지배하면서, 두 파트너에게 각각 그 특권에 부합하는 역할을 부여함으로써 영혼과 신의 대화를 중재하게 될 것이다. 하지만 분명해 보이는 것은, 만약 이성이 이렇게 해서 신 위로 날아다니고 신과 인간의 관계를 체계화할 수 있다면, 그것은 이성이 실제로 부차적인 위치로 축소되어 이름만 남은 신의 자리를 탈취했음을 의미한다는 사실이다. 이성과 신, 다시 말해 인간과 신 사이에서 선택을 해야 한다. 아니 차라리 이러한 기본적인 선택이 종교의식을 이룬다. 어떤 신교 작가는 루터에게 있어서의 인간 자유의 교의를 요약하면서, 그 원칙을 "그것이 진정한 현실성을 띠는 극단 속에 제시되는 대로, 명령하는 것은 신이거나 나 자신이다라는 식의 자유의지의 양자택일"로 정의하고 있다.[45]

신앙의 가장 기본적인 결정은 그 어떤 인간적인 명령보다도 신의 명령을 먼저 받아들이는 데 있다. 그러므로 인간으로서는 신과 담판을 벌이고 신의 영향력을 약화시킴으로써 분명한 안전을 보장받는다는 것은 문제가 될 수 없다. 기독교의 조건은 신 앞에 선 신자의 상태를 규정하는 근본적인 불균형에 의해 특징지어진다. 분명한 안전에 의뢰함으로써, 인간이 자신이 처해 있는 상태의 불안정과 덧없음에서 벗어나고자 하는 것은 당연한 일이다. 생트 뵈브[17)]는 자신의 고해자 중 한 사람에게 포르 루아얄Port-Royal[18)]의 지도자 중 한 사람인 게Guet의 멋진 텍스트를 인용하고 있다. "사람들은 어떤 곳에 집착해야 할지를 알고자 하며, 자신의 계산을 좋은 상태에 두고자 하

45. 드니 드 루주몽 Denis de Rougemont, 루터의 『자유농노론 *Traité du Serf Arbitre*』, 번역판 서문, Je Sers, 1936, p. 24. 위대한 정통파 소설가 도스토예프스키는 『악령』 속에서 무신론자 키릴로프에게 이와 유사한 말을 하도록 한 바 있다. "만약 신이 존재한다면, 모든 것이 그에 달려 있으며 나는 신의 의지를 떠나서는 아무것도 할 수 없다. 만약 신이 존재하지 않는다면, 모든 것은 나 자신의 책임이며 나는 나 자신의 독립을 확인할 책임을 지고 있다." "만약 신이 존재하지 않는다면 내가 신이다." 니체에게서 보는 바와 같은 신의 죽음에 대한 선언은 이와 동일한 차원의 단언이다.

17) Sainte-Beuve(1804~1869): 프랑스의 작가, 비평가, 저널리스트.

18) 13세기에 설립된 수녀원으로 나중에 얀센 파의 본산이 됨.

며, 자신이 행한 것에 대해 확신을 가지고 싶어하고, 다른 것에 대한 수단을 찾으려 하며, 우리에 대한 신의 자비보다 덜 불확실한 무언가에 의지하려 한다. 하지만 이 모든 것은 진실한 고해의 결과라기보다는 차라리 우리의 하찮은 신앙과 오만의 결과이다. 의인은 믿음으로 살며 아무것도 보지도 느끼지도 못한다. 의인은 아무런 버팀대도 가지고 있지 못한 것처럼 보이며, 모든 것이 그의 발아래서 무너져내리는 것처럼 보이며, 모든 것이 그의 손아귀를 벗어나며, 그는 자기 자신 안에서 죽음의 응답만을 발견하게 된다. 하지만 그는 사랑하며 희망을 지니고 있다. 그가 신에게만 확신을 두는 것은, 자신에게서는 고뇌와 공포의 주제들만을 발견하기 때문이다."[46]

슐라이어마허[19)]는 종교의 토대를 종속감에서 찾았다. 기독교는 끊임없이 창조주 앞에서 피조물의 종속을 주장하고 있다. 또한 창조의 끈은 타락이라는 최초의 불복종에 의해 여전히 팽팽하게 당겨져 있는데, 타락은 인간의 죄의식 속에서 끊임없이 재확인된다. 창조, 타락, 죄, 은총 등은 기독교 신앙경험의 가장 기본적인 요소들이며 이성으로는 접근할 수 없는 신앙의 기준들이다. 이성의 종교는 어떤 전제 조건도 없는 종교인데 그것은 이성이 이성 자체만을 전제로 하고 있기 때문이다. 기독교 신앙은 초월적인 동시에 내재적인 확실성에 대한 최초의 동의 없이는 존재할 수 없다. 그런데 그러한 확실성은 영적 세계 속에서의 인간의 전체적인 경험을 비인간적인 원칙에 따라서가 아닌 인간 대 인간의 관계라는 인식의 계시에 따라서 방향을 잡아준다. 신교 신학자인 카를 바르트는 다음과 같이 지적하고 있다. "자신이 사물의 한가운데서 e mediis rebus 사유하고 논할 수밖에 없다는 것을 알고 있으며, 자신이 말하고 있는 요소에 깊이 연루되어 있기 때문에 그 사유와 담론이 화려하고 사변적인 모든 요소와 무관한 사람만이 진리를 인식하고 있다. 그는 자신이 실제로 신적인 '타자Toi'와 대면할 때에만 다음과 같

46. 생트 뵈브, 『포르 루아얄』, Hachette, 제5권, p. 117.
19) Friedrich Schleiermacher(1768~1834): 독일의 신교 신학자, 철학자.

이 말할 것이다. 즉 신 앞에 선다는 것은 자신이 죄인이라는 것을, 즉 자신이 신과 분리된 인간임을 안다는 것을 의미한다. 나는 나 자신을 찾고 있으며 나 자신을 원하며, 나 자신의 세계 속에 신이 없다면 나 자신이 신이고자 한다. 이렇게 해서 나는 신에서 떨어져나왔으며, 신의 뜻을 거역하게 된다. 나는 악을 행했고, 지금도 악을 행하고 있으며, 앞으로도 악을 행할 것이다."[47]

여기서 우리는 합리주의의 반대편에 서 있다. 왜냐하면 이제 더이상 이성이 시작이나 끝으로 간주되지 않으며, 더이상 논리적인 요청들이 진리의 기준으로 받아들여지지 않고 있기 때문이다. 우리는 가브리엘 마르셀이 제기한 대립의 문제를 다시 다루기 위해 '문제'의 차원에서 '신비'의 차원으로 이동했다. '신비'라는 단어는 양식화할 수 없는 인식을 가리키는데, 그것은 그 인식이 지성의 차원에서 이루어지는 것이 아니기 때문이다. 지성은 인간의 몫만을 동원하며 우주의 영역에만 이르게 된다. 그런데 신앙이란 종말론적 의미에서 이해되며, 신의 존재를 위태롭게 하면서 현실 한가운데로 개인적 삶이 완전히 연루되는 것을 의미한다. 주지주의적인 이성은 존재의 좋은 척도가 아니며, 또한 인간 자신은 신앙 속에서 그가 사물의 척도가 아니라는 것을 배운다. 오로지 신만이 자기 자신과 인간의 척도로 인정되는 것이다.

신비는 인간이 자신을 둘러싸고 있는 현실 속에 개입하는 환경을 정한다. 이미 고전이 된 책에서 루돌프 오토는 성스러운 것의 경험을 신 앞에서의 인간의 상황으로 규정지었다. 종교적인 신비는 그 양면성과, 동시에 두려움과 떨림, 죽음에 대한 위협과 그 위엄이 저항할 수 없는 상황에서 피조물에게 제시되는 황홀함인 은총과 즐거움에 대한 약속에 의해 특징지어진다. 여기서 문제는 전체주의적인 태도로서 그 본능적 토대에 이르기까지 인간 존재를 작동시키는 것이다. 종교적 의식은 최소의 비용이라든가 제한적인 방법으로 규정될 수 없다. 루돌프 오토는 유대-그리스도교 전통에서 '살아 있는' 신에 대해 분명히 언급하고 있다. "그 '생명'에 의해 유대-그리스도

---

47. 카를 바르트, 『합리적인 예배 *Le Culte raisonnable*』, 불역판, Je Sers, pp. 69~70.

교의 신은 단순한 '우주적인 이성'과는 달라진다. 그 신은 이성적인 것으로 환원할 수 없는 존재이며, 철학적인 연구 대상에서 벗어나며, 신구약의 모든 예언자와 전령의 의식 속에서 살아 있는 존재이다. 나중에 사람들이 '철학자의 신'에 반대하며 '살아 있는' 신, 진노와 사랑의 신, 정열의 신을 위해 투쟁했을 때, 사람들은 항상 알지도 못한 채 신에 대한 성서적 개념의 비합리적인 핵심을 지켰으며 그 핵심을 배타적인 합리화로부터 지켰다. 그리고 바로 그 점에서 사람들이 옳았다."[48]

기독교의 신과, 도덕과 존재론의 원칙으로서의 신 사이의 단절을 이보다 더 잘 지적할 수는 없을 것이다. 신은 인간의 범주에 예속될 수 없을 것이다. 하지만 그렇다고 해서 이것은 모든 지적인 작용을 단념해야 한다거나 또다른 형태의 불가지론이 될 필사적인 비합리주의 속으로 도피해야 한다는 것을 의미하는 것이 아니다. 종교적인 신비는, 그것이 어떤 명료함의 종말을 확고히 하고 있으면서도, 아마도 또다른 지식과 새로운 세계 내적 현존의 시작을 알리고 있을지도 모른다. 그러므로 지식과 신앙을 단순히 대립시키지 않고도, 인식에 대한 구조 분석 속에서 더 풍부한 이해를 재발견할 수 있다. 이미 말브랑슈는 "철학자에게도 종교는 필요하다. 왜냐하면 종교만이 철학자를 자신이 처해 있는 곤경에서 벗어나게 할 수 있기 때문이다"[49]라고 말했다. 이 가톨릭 사상가에게 종교적인 신비는 사고를 그 자신과 경험과 화해시키기 위한 유일한 수단으로 제공한다. 원죄의 신비는 영혼이 육체에 예속되어 있음을 설명해주고 있으며, 이와 마찬가지로 육화의 신비는 구원에 대한 영원한 희망을 정당화시켜준다. 이런 의미에서 말브랑슈는 다음과 같이 지적하고 있다. "삼위일체의 신비는 그 자체로 이해할 수 없는 것이기는 하지만, 이성과 완벽하게 맞아떨어지고 있다. 즉 사람들은 삼위일체의 신비를 가정함으로써 서로 대립되는 사실들을 일치시킬 수 있고, 자연의 무

48. 루돌프 오토, 『성스러운 것*Le Sacré*』, 쥥Jundt 역, Payot, 1949, p. 116.
49. 『형이상학에 대한 대담*Entretiens sur la Métaphysique*』, IV, 17.

질서와 죄의 허용에도 불구하고 확실하게 다른 방법을 통해서는 할 수 없는 신의 예지를 정당화시킬 수 있다."[50] 이와 같은 관점은 자크 리비에르의 가톨릭에 관한 책에서 아주 강경하게 다시 다루어지고 있다. 그에 의하면, "신비는 설명의 고갈되지 않는 원천이 된다. 신비는 자신이 현실을 요약하고 있기 때문이 아니라, 자신이 요약될 수 없는 현실에 속해 있기 때문에 설명하는 것이다. 그것은 다른 것으로 환원할 수 없는 사실들이다. (……) 신비는 설명할 수 없는 것으로서 직접적으로 증명되지 않는다. 하지만 신비는 자신이 설명하는 것에 의해 증명된다. 단 한 번이라도 신비를 진실로 간주한 자는 곧 수많은 증거들을 발견하게 된다. 도처에서 그 증거들이 그에게 나오기 때문이다. 바로 신비가 알려주고 내포한 대로, 전세계가 그의 주위에서, 그의 내부에서 살아가기 시작하는 것이다."[51]

이와 같이 종교적 신비는 명료함의 토대가 된다. "기독교도가 아니면 아무것도 이해할 수 없다. (……) 내가 기독교도가 된 것은 무엇보다도 이해하기 위해서이다."[52] 신비는 단지 개념적 영역의 통일성만을 보장해주는 것이 아니라 실존적 영역 전체를 설명해준다. 그것은 삶의 이유이며, 살아가는 이유이며, 경험의 기준이다. 이렇게 해서 신비가 신화와 유사해 보이게 되는데, 우리가 보기에 신화의 권위는 신비의 권위와 동일한 차원에 속한 것 같다. 하지만 신앙의 경우, 기본적인 확신들은 계시라는 이름을 지닌 특수한 인식양식의 일부가 된다. 신비, 타락, 죄악, 은총 등과 같은 종교적 경험이 지닌 종말론적 단언들은, 그 속에서 사실의 여건과 아주 타당한 의미들이 합쳐지는 본질적 확신에 의해 인식된다. 아니 차라리 재인식된다.

유대교, 기독교, 이슬람교 등과 같이 경전이 있는 종교의 토대인 계시의

---

50. 말브랑슈, 『기독교도의 대화 *Conversations chrétiennes*』, V.

51. Jacques Rivière, 『신의 흔적을 따라서 *A la trace de Dieu*』, N.R.F., 1925, p. 43. 같은 곳 참조. "사람들이, 그것이 없다면 나머지 모든 것이 이해될 수 없는 것을 이해하지 않는다고 말할 수 있을까?")

52. 같은 책, p. 234. p. 76 참조: "기독교도는 보고, 재발견하고, 이해하는 자이다."

관념은 주어지고 받아들여지는 지식이라는 관념이다. 인간은 혼자서는 그러한 지식을 발견할 수 없을 것이다. 그 지식은 인간에게 제시되며, 인간은 자신을 넘어서기는 하지만 그것 없이는 자신을 완전히 인식하지 못하게 될 무엇인가로서 그 지식을 받아들여야 한다. 그것은 어떤 주어진 시간 속에서 초월적인 발의에 의해 드러나는 비밀이다. 계시는 역사 속에서, 세계의 역사뿐만 아니라 신자의 역사 속에서 생겨나는 것이며, 역사의 의미를 변화시킨다. 이런 점에서 볼 때, 계시는 단호하게 하나의 사건으로 나타난다. 카를 바르트의 표현을 빌리자면, "신의 절대적인 주도권에서 생긴 사건"[53]으로 드러나는 것이다. 또다른 신학자에 따르면, "예수 그리스도는 하나의 사건으로서, 그 사건을 통해 신은 인간에게 신이 없이는 지니지 못하게 될 지식을 제공한다."[54]

그러므로 계시라는 관념은, '성경'이란 무엇보다도 '하느님의 말씀'이라는 것을 의미한다. 신이 말하였고, 신의 말은 모든 사물에게 새로운 시작의 토대가 되고 있다. 로마력 750년경에 팔레스타인 땅에 한 아이가 태어나서 30년 후에 사형을 언도받고 처형되었다. 이것은 일련의 역사적 사실로 드러난다. 또한 복음서에는 날짜가 정확하게 나타나 있다. "디베료 가이사가 위에 있은 지 열다섯 해 곧 본디오 빌라도가 유대의 총독으로, 헤롯이 갈릴리의 분봉왕으로, 그 동생 빌립이 이두래와 드라고닛 지방의 분봉왕으로, 루사니아가 아빌레네의 분봉왕으로, 안나스와 가야바가 대제사장으로 있을 때에 하느님의 말씀이 빈 들에서 사가랴의 아들 요한에게 임한지라"(「누가복음」, 3장 1~2절).

그러므로 역사 속에는 역사적인 동시에 초역사적인 사건이 존재하게 될 것이다. 키에르케고르는 이러한 단언이 가질 수 있는 받아들일 수 없는 측면을 잘 파악하고 있었다. 그는 다음과 같이 쓰고 있다. "영원한 진실이 역

53. 카를 바르트, 『계시, 교회, 신학 *Révélation, Eglise, Théologie*』, 모리 Maury 역, Je Sers, 1934, p. 22.
54. 레나르트, 『복음신앙 *La Foi évangélique*』, Labor, Genève, p. 27.

사 속에 임재했다. 그것은 역설이다."[55] 계속해서 그는 다음과 같이 말하고 있다. "이상한 것은 영원한 진리가 시간 속에 드러났으며, 신이 나타났다는 것이다. 다시 말해 신이 탄생하고 성장했다는 것이다. 결국 신이 다른 인간과 구분할 수 없는 인간으로 출현했다는 것이다."[56] 여기서 문제는 역사 속의 사건이 역사를 벗어나 있으며, 그 사건이 역사를 심판한다고 주장하는 것이다. 왜냐하면 계시의 진정성은 고고학적 연구의 대상이나 날짜를 밝히는 기술에서 벗어나기 때문이다. 아마도 직업적인 역사가가 자신의 기법을 가지고 개입하여 어떤 물질적인 사건을 확립하거나 훼손시킬 수 있을 것이다. 예수라고 불리며, '신의 아들'을 자임했으며, 신자들에 의해 구세주로 받들어졌던 한 인물이 지닌 역사적 성격에 관한 문제는 중요하다. 만약 역사적 기술을 통해 이 인물이 사실은 존재하지도 않았다는 것이 밝혀지기라도 한다면, 기독교는 그것 때문에 심한 타격을 받게 될 것이다. 하지만 우리는 거기에까지 이르지 못했다. 거꾸로 예수 그리스도의 역사적 성격은 기독교의 진리를 충분히 증명할 수 없을 것이다. 여기서 역사는 필요조건이지 충분조건은 아니다. 종교적인 진실은 신앙 속에서만 포착되고 받아들여진다. 신앙만이 기적을 보증해준다. 계시란 영원성이 시간 속에 임재한 것이며, 반복되는 임재이다. 계시는 우리가 그 성스러운 역사에 대해 이야기하고 있는 오랜 옛날뿐만 아니라, 자신들의 성실성을 통해 그리스도와 동시대인이 되는 신자들 각자에게 현재에, 즉 지금 당장 여기서 실존을 변형한다.

그러므로 신앙의 시간은 습관적 실존의 진부하고 일상적인 시간이 아니라 종말론적 시간이며, 날마다의 시간을 확인해주는 영원성의 '대시간'이다. 연대기의 시간과 지성적인 시간이 분산과 부재의 시간인 데 반해 그 시간은 현존의 시간이다. 계시의 사건은 보편적인 역사의 깊숙한 곳에도, 변

55. 키에르케고르, 『철학 단편에 대한 보유 *Post-scriptum aux Miettes philosophiques*』, 프티Petit 역, N.R.F., 1941, p. 127: "철학이라는 관념은 매개로서, 기독교의 매개이며 역설이다."
56. 같은 책, p. 139.

증법의 서랍 속에도 억눌려 있지 않으려 한다. 그 사건은 의식의 현실성 속에서만 실제적인 것이 되는데, 그 의식은 예전에는 팔레스타인 도상에서 선민, 예언자, 사도, 제자 등과 같은 하느님의 사람들에게만 부분적으로 주어졌던 돌이킬 수 없는 경험을 비밀리에 오로지 자신만을 위해서 행하게 된다. 또한 그 만남을 통하여 우리는 어떤 교의의 신봉자가 아닌 '살아 있는 자'의 증인이 된다. 키에르케고르는 이 점을 아주 분명하게 강조하고 있다. "삶 속에서 중요한 것은, 너무나도 엄청나서 옆에 있는 다른 것들을 전혀 아무것도 아닌 것으로 만들어버리는 것, 다시 말해 설사 나머지 모든 것은 잊어버리는 한이 있더라도 그것만은 결코 잊을 수 없는 어떤 것을 단 한 번 보고 느꼈다는 것이다."[57]

그러므로 반성적 의식이 자신만의 방법으로는 구체적인 인류학도 인간적인 세계도 설명할 수 없는 것과 마찬가지로, 계시종교의 살아 있는 신도 반성적 의식을 벗어난다. 계시란 기독교적 사고의 질료이자 사고의 원천이지만, 그 자체로 사고의 영역 속에 있는 것은 아니다. 기독교 인류학자 반 데르 레위는 계시를 지칭하기 위해 "신화와 역사의 교차로로서 상징이라는 단어로 가장 잘 지칭할 수 있을" 신화역사mythistoire라는 용어를 사용하자고 제안했다. 기독교의 관점에서 보자면, 육화와 성례는 여기서 말하는 신화역사와 상징이라는 개념과 부합한다.[58] 이렇게 해서 논증적 의식의 매개를 넘어 신화적 의식의 연속성이 재확립되는 것이다. 반 데르 레위는 다음과 같이 말하고 있다. "기독교 선교사가 현대문화를 전파해야 하며 원시인의 정신세계와 싸워야 한다고 생각하는 사람은 이 선교사가 자신의 내부에 자신의 복음서에게 어떤 것을 남겨주고 있는지를 주의 깊게 살펴보아야 한다. 왜냐하면 '육화'니, '구속'이니, 수난이니 하는 기독교 선교의 모든 주된 사상이 성례나 '신의 말'의 집행과 마찬가지로 원시적이기 때문이다."[59]

---

57. 키에르케고르, 『일기 *Journal*』, in 장 발, 『키에르케고르 연구 *Etudes kierkegaardiennes*』, Aubier, 1938, p. 625.

58. 반 데르 레위, 『원시인과 종교』, 불역판, Alcan, 1939, p. 216.

그러므로 살아 있는 종교는 종교철학과는 완전히 다른 것이다. 반성적 사유는 항상 필연적으로 종교를 철학에 예속시키고, 삶을 교의로 축소시키려는 시도를 하고 있다. 그런데 계시의 개념 자체는 실존의 우선권을 확보해준다. 키에르케고르의 지적에 의하면, "그리스도는 교의를 제시한 것이 아니라 행동했다. 그는 인간을 위한 구원이 있다고 가르친 것이 아니라, 실제로 인간을 구원했다."[60] 그러므로 합리주의자의 시도는 본질적으로 율법학자들의 시도로서, 신학의 원죄이다. 신학은 신과 계시를, 형태화라는 외부의 논리가 실존적인 여건이라는 내부적인 역동성보다 우선시되는 논의의 대상으로 만들어버릴 소지가 있다.

카를 바르트는 자신의 이력의 결정적인 단계에서, 실존적 요청이라는 명목으로 합리주의가 신학으로 스며들어오는 것을 단호히 반대했다. 신앙은 모든 사람이 자신이 보증하는 현실에 참여하게 됨에 따라 신학적인 문제화를 인정하지 않는다. 바르트에 따르면, "인간에게 단지 그것을 믿을 것을 요구하면서 자신의 앞에 무언가 — 그것이 설사 '신' 이라는 이름을 지니고 있다고 하더라도 — 를 놓아두라고 제안하는 것은 신에 대해 이야기하는 것이 아니다. 왜냐하면 인간이 믿을 수 없는 것은 자신 앞에만 존재하는 것이기 때문이다. 그는 자신의 앞과 내부에 동시에 존재하지 않는 것은 아무것도 믿을 수 없다."[61] '신의 말' 은 생명의 원천이지 말들의 모음이 아니다. 그래서 신학적인 담론은 본래 기독교적인 계시에 대해 불충분한 것이다.

하지만 신자에게는 자기 신앙의 진리를 나누어야 할 의무가 있다. 예수 그리스도의 제자들은 스스로를 '부활의 증인들' 이라고 선언했다. 마찬가지로 신자는 영원히 자신의 말이 '말' 을 신적인 것으로 만들어줄 수 없다는

---

59. 같은 책, p. 206. 현대신학 속에서 신화 개념이 차지하는 중요성에 대해서는 루돌프 불트만Roudolf Bultmann의 논문(「계시와 구원Offenbarung und Heilsgeschehen」, 1941~1948)이 불러일으킨 논쟁을 참조할 것.

60. 『일기』, 1934. 장 발, 앞의 책에서 재인용.

61. 카를 바르트, 『신의 말과 인간의 말*Parole de Dieu et Parole humaine*』, 불역판, Je Sers, 1933, p. 210.

것을 잘 알고 자신이 살아가고 있는 현실을 증명해야 한다. "우리는 우리가 신에 대해 이야기해야 함과 동시에, 그럴 수 없으며 바로 그렇게 함으로써 신에게 영광을 돌릴 수 있다는 것을 알아야 한다. (……) '신의 말' 은 신학의 불가능하면서도 필연적인 의무이다."[62] 게다가 카를 바르트는 자신의 '공리' 를 정당화시키는 것이 신학의 소관이 아니라고 지적하고 있는데, 그것은 "자신의 공리란 '계시' 이며, 자신의 '말' 속에서 그리고 자신의 '정신' 에 의해 이루어지는 신 자신의 행동이기 때문이다."[63] 신학이 모든 정신의 놀이를 포기하고 계시에 봉사할 때에만 자신의 본질에 충실하게 된다고 말하는 것은 바로 이 때문이다. 바르트는 다음과 같이 밝히고 있다. "신학은 자신이 교회에서 입증해야 할 진리를 스스로 선택할 수 없다. 신학은 그 진리가 가장 분명하고, 가장 진실임직하고 또 가장 실천적인 것이라고 단언해서는 안 된다. 왜냐하면 이 모든 것이 인간의 선택을 불러일으키며 여기서 고려의 대상이 되지 않기 때문이다. 다만 이미 선택된 진리로서, 진리에 의해 선택된 것이 아니라 진리를 위해 선택된 것이다. 다시 말해 신학은 그 타당한 성격이 진리에 의해 인정되기도 전에 이미 확립되어 있는 진리로서 증명해야 한다. 신학이 스스로에게 신의 진리를 선택하기를 원하도록 허락해 줄 때, 그것은 항상 논박할 수 있는 몇몇 인간적인 진리를 선택했다. 또한 이렇게 함으로써 신학은 항상 자신의 위상을 단념해버렸다.[64]

이러한 단호한 입장들은 신을 지성에 예속시키고, 신을 모든 개념의 공통법에 종속된 개념으로 만들려는 시도를 완전히 금지한다. 그런데 고전적인 형이상학은 항상 노력의 일부를, 신의 본질과 속성들 및 신이 영향을 미치는 방법들을 결정하면서 반성적 사유의 규범에 따라 신의 존재론적 위상을 규정짓는 데 바쳤다. 여기서 만약 법이 사실 앞에서 양보해야 한다면, 그리고 신이 사실의 여건이나 하나의 공리로서만 정의된다면, 합리주의 신학의

62. 같은 책, p. 218.
63. 『계시, 교회, 신학』, p. 42.
64. 같은 책, p. 45.

모든 사변은 헛된 것이 되어버린다. 기독교적인 것이건 아니건 철학자의 신은 이성의 존재에 불과하며, 사람들이 그에게 부과하고자 하는 역할을 행할 수 없게 된다. 왜냐하면 이러한 역할이란 결국 여전히 실존적 차원에 속하기 때문이다. 어떤 것이든 신에 대해서 논증을 세우려 한다는 것은 신에게 지적인 필연성이라는, 그러므로 인간적인 필연성이라는 원칙을 부과하는 것이다.

이스라엘의 사상가 마르틴 부버에 따르면, "영원한 '너'는 본래 '그것'이 될 수 없다."[65] 말브랑슈는 이미 이 점을 완벽히 이해하고 있었다. 즉 그는 다음과 같이 적고 있다. "증명한다는 것은 명확하고 분명한 사고를 개진한다는 것이며, 거기서 이러한 사고가 반드시 간직하고 있는 것을 분명하게 연역해낸다는 것을 의미한다. 내가 보기에 우리에게는 증명할 만큼 충분한 사상 중에서 가진 것이라곤 넓이와 수에 대한 증명밖에 없다. 영혼 자체는 전혀 자신을 인식할 수 없다. 영혼은 자신과 자신의 변화에 대한 내부적인 감정만을 지니고 있다. 이미 끝난 것으로서의 영혼은 무한의 속성들에 대해 훨씬 덜 알 수밖에 없다. 그러므로 어떻게 이 점에 대해 논증을 할 수 있겠는가?"[66] 인간은 신을 판단할 수 없으며 다만 신에 의해 심판받는 존재이다. 그것이 비록 정당화시키기 위한 것이라고 하더라도 신에 대해 추론한다는 것은 역할을 전도하는 것이다. 그래서 가브리엘 마르셀은 결국 "신에 대해서 논의한다는 것은 바로 무신론을 의미한다"[67]고 단언할 수 있게 된다.

사실, 이런 종류의 무신론은 천진난만하게도 대다수의 위대한 고전주의 형이상학자들에 의해 실제로 나타났다. 신의 실존에 대한 증거라는 문제는 수세기에 걸쳐 하나의 '증거'가 다른 증거에 자리를 넘겨주는 식으로 계속해서 논의되어왔다. 이는 실제로 그중의 어떤 것도 불안과 회의에 종지부를 찍어줄 정도로 증거로서의 성격을 소유하지 못했다는 사실을 생각하게 해

65. Martin Buber, 『나와 너 *Je et Tu*』, 비앙키Bianquis 역, Aubier, 1938, p. 162.
66. 「도르투 드 메랑에게 보내는 편지 Lettre à Dortous de Mairan」, 1714년 9월 6일.
67. 가브리엘 마르셀, 『형이상학 일기』, N.R.F., 1935, p. 65.

준다. 사람들은 칸트가 이 분야에서는 어떠한 증명도 불가능하다는 사실을 힘주어 보여주었다는 것을 알고 있다. 존재론적인 '증거'에 대한 그의 비판, 즉 성 안셀무스에 대한 데카르트, 라이프니츠의 증거―나중에 헤겔이 이 문제를 다시 다루게 된다―에 대한 칸트의 비판은 고전으로 남아 있다. 그의 비판은 본질과 실존 사이의 근본적인 불연속성을 밝혀주고 있다. 실존은 절대적 입장으로서 어떠한 원칙으로부터도 연역될 수 없다. 이 분야에서 칸트는 실존주의 철학의 대부들 중 한 사람으로서 그 근본적인 단언들 중 하나를 공식화하고 있다.

사실 키에르케고르는 이러한 칸트의 논의를 솜씨 있게 재발견하고 발전시킨 데 불과하다. 신의 존재에 대한 증거라는 관념은 터무니없는 것인데, "실존이란 증거에서 나온다고 하더라도 비약을 통해 얻어지는 것"[68]이기 때문이다. 그리고 이러한 비약은 논리적 이성에 대해서는 치명적이다. 바로 이것 때문에 이 덴마크 사상가는 "사람들이 신의 실존을 증명하는 일에 부여하고 있는 실망스런 중요성"을 비난할 수 있게 된다. "사실 존재하는 누군가의 실존을 증명한다는 것은 가장 몰염치한 공격이다. 왜냐하면 그것은 바로 그 사람을 우습게 만들려는 시도이기 때문이다. 하지만 불행한 것은 그 점에 대해서 의심조차 하지 않는 것이며, 사람들이 그러한 시도를 아주 진지하게도 경건한 시도로 본다는 데 있다. 그런데 만약 신을 무시하려는 의도가 아니라면, 어떻게 그가 존재한다는 것을 증명할 생각을 할 수 있단 말인가. 사람들은 신의 존재를 코 앞에서 증명하려고 함으로써 사태를 더욱 악화시키고 있다(……)".[69] 에두아르 르 루아[20)]는 인간의 담론세계의 원칙에 신을 예속시키려는 모든 시도에 대해 이와 유사한 방식으로 비난하고 있다. "신을 긍정한다는 것은 모든 것, 심지어 가장 고귀한 합리적 필요성을

---

68. 키에르케고르, 『철학적 허무들*Riens philosophiques*』, 가토F. Gateau 역, N.R.F., 1937, p. 109.

69. 『철학 단편에 대한 보유』, Petit 역, N.R.F., 1941, p. 368~369.

20) Edouard Le Roy(1870~1954): 프랑스의 수학자, 철학자.

지닌 것이 유래한 최초의 원천에서 구체적인 '자유' 와 형태와 범주를 뛰어 넘는 '절대' 까지 긍정하는 것이다. 그 결과 신의 존재를 증명하려 하는 것은 그를 부정하는 것과 마찬가지이다. 이런 식으로 신을 발견하려 하는 것은 무신론적인 방법을 통해서 그에게 도달하려는 것이 된다."[70]

이와 같이 지적 의식은 신에 대한 독창적인 기준으로 간주될 수 없으며, 자아나 세계의 현실을 철저하게 규명할 수 없다. 아마도 지적 의식이 하나의 기준이나 접근수단을 제시할 수 있을지는 모른다. 하지만 그 기준은 자신이 가리키고 그렇게 함으로써 자신에 의해 전제로 제기되는 현실과의 연관성을 통해서만 그 의미를 갖게 된다. 인간 존재는 스스로 창조할 수 있는 것이 아니다. 인간 존재는 세상과 타인, 그리고 자신과 신과의 대화를 통해 자기 자신을 발견한다. 상황 속에서의 존재는 애초부터 의식에 주어진 강령들의 총체로서, 인간이 세계 내에 자리잡도록 방향을 정해주는 위치 설정이나 구체적인 관계라는 형태로 나타난다. 우리가 이미 살펴본 대로, 이러한 존재론적인 방향잡기의 기능이 바로 신화적 의식의 기능이다. 반성적 사유도 신화적 의식의 기능을 무용지물로 여기는 것 같지는 않다. 신화의 존속은 모든 영역에서 인간 자신이 인간 현실의 형이상학적인 짐을 떠맡아야 할 필요성을 드러내준다. 또한 그것은 인간 조건을 구성하고 있는 구체적인 필연성 위에 사람을 정렬시키는, 환원적이 아닌 포괄적으로 나타나는 최초의 동의가 필요하다는 사실을 드러낸다.

---

70. 에두아르 르 루아, 『신의 문제 *Le Problème de Dieu*』, Artisan du Livre, 1929, p. 83. 가브리엘 마르셀, 『형이상학 일기』, N.R.F., 1935, p. 32 참조: "그러므로 실존은 결코 증명이나 귀결점으로 간주될 수 없다. 일차적인 관계는 사유에 의해 토대가 마련될 수 없고 다만 극복되기만 할 것이기 때문에, 신의 실존을 증명한다는 생각은 모순되고 실패할 수밖에 없는 생각이다. 역시 가브리엘 마르셀의 「신의 실존에 대한 증거라는 관념에 대한 명상 Méditation sur l'idée de preuve de l'existence de Dieu」(『거부에서 간구로 *Du Refus à l'Invocation*』, N.R.F., 1940)을 참조할 수 있다.

5. 신화의 실존적 명료함

사고의 주된 주제들에 대한 연구는 우리가 자신의 토대로부터 자신의 모든 요소를 끌어내게 될 반성적 사유를 잘 이끌어나갈 수 없음을 인식하도록 한다. 파스칼은 이미 『기하학적 정신에 대하여』라는 책의 유명한 부분에서 근본적인 명료함을 향한 시도는 인간 정신의 구조 자체 속에서 한계에 맞닥뜨리게 된다는 사실을 보여주고 있다. "연구를 계속 진행시켜나가다 보면 사람들은 반드시 더이상 정의할 수 없는 최초의 단어들이나, 너무나 명백해서 그것을 증명하는 데 이용할 더 명확한 것들을 더이상 찾을 수 없는 원칙에 이른다. 여기서 판단하건대, 인간들은 그것이 자연적인 무력감이든 불변의 것이든 어떤 것이든 과학이라는 것은 절대적으로 완수된 질서 속에서 다룰 수 없다는 당연하고도 움직일 수 없는 사실을 깨닫게 된다."[71]

71. 파스칼, 『기하학적 정신에 대하여 *De l'esprit géométrique*』, 플레야드 총서, N.R.F., p. 362.

그러므로 파스칼의 '방법서설'은 세상에서 사고로, 그리고 사고에서 사고 자체로의 완벽한 투명성을 확립하려는 데카르트의 시도를 저지한다. 사실 지성의 주도권에 대한 한계는 세계 내적 존재의 확립을 규정하고 그 방향을 설정하는 몇몇 전제조건들을 인정할 필요성 속에 존재한다. 신화는 이성 속에 이미 존재하는 것이 아니라 차라리 그 속에서 세계 내적 존재의 원초적인 자발성이 펼쳐지는 동의에 의해 인정되는 진리의 양식을 지칭하는 것이다.

신화에 대해 어떤 만족스러운 정의를 내리기란 아주 어려워 보인다. 의식하건 안 하건 우리는 합리주의적 사유방식에 매여 있기 때문에, 지성의 규범이 잘못될 때마다 신화를 개입시킬 소지가 있다. 완전히 부정적인 차원에서의 이와 같은 정의는 논리적인 관점에서 볼 때 여전히 의심스럽다. 게다가 신화는 비합리적인 것과는 동일시될 수 없는데, 이러한 동화현상은 아주 널리 퍼져 있는 철학적인 상식이라는 관점에서 볼 때 신화의 신용을 떨어뜨리기에 충분하다. 랄랑드의 『철학사전』에서는 다음과 같이 신화를 정의내리고 있다. "신화는 대중적인 기원을 가지며 비사색적인 · 우화적인 이야기로, 그 속에서는 비인간적인 등장인물과 자연의 힘들이 아주 빈번하게 인간 존재의 형태로 나타나게 된다. 그런데 이러한 인간 존재의 행동과 모험은 태양의 신화라든가 봄의 신화 등과 같이 하나의 상징적인 의미를 띤다. 또한 신화는 실제로 주어져 있는 것의 성격을 설명하려는 우화적인 이야기로 일컬어지기도 하는데, 황금시대의 신화, 실낙원의 신화 등을 그 예로 들 수 있다."

이러한 정의는 매우 절충주의적인 방법으로 1910~1920년경 『철학사전』을 편찬할 당시의 철학적인 의견 속에서 서로 만날 수 있는 신화에 대한 다양한 개념정의들을 모아놓은 것 같다. 신화는 기본적으로 신화체계의 최초의 질료인 이야기로 주어진다. 그것은 하나의 교의나 세상체계를 분명하게 밝혀주고 있는데, 그 용어를 호의적으로 다시 다루기 위해 설명적이고 '기원과 관련된' 의도에 의해 생명을 부여받는다. 우리는 이미 제1부에서 이러한 작위적인 해석이 오늘날에는 지탱될 수 없다는 점을 길게 밝혔다. 이러한 해석은 신화적 사고의 때늦고 퇴화된 상태에서나 그 가치가 있을 것이다. 여기서는 신화가 완전히 어린아이들을 위한 콩트의 수준으로 떨어지기 전에 이야기의 조건으로 축소되어 나타난다.

게다가 랄랑드의 『철학사전』은 신화라는 용어가 갖는 더 엄밀한 의미에서의 철학적인 용법과 관련한 제2의 의미를 덧붙이고 있다. "신화는 상상력이 자유로이 발현되고 자신의 환상을 그에 내재한 진리와 뒤섞어버리게 되는, 당연히 시적이고 거의 종교적인 형태로 하나의 사유나 교의를 드러내는 것으로서, 동굴의 신화를 그 예로 들 수 있다." 이러한 해석 역시 그 주변의 실증주의를 반영하고 있다. 이러한 표현은 하나의 정의라기보다는 차라리 하나의 심판, 혹은 자격 박탈이라고 할 수 있다. 이제 신화는 우화적인 기능에 의해 영감을 부여받는 하나의 교육학적인 방법이나 시적인 성질을 지닌 친절한 기분전환에 불과하다. 여기서 또한 현학자들의 정신 상태가 많이 변했다. 오늘날에 어느 누구도 플라톤적인 신화들의 그럴듯한 소개에 만족하지 않는다.

브레이에는 1914년 『형이상학과 도덕 논집』에 발표된 중요한 연구 속에서 그 문제를 규명하려 했다. 그에 따르면, 인간에게 이성이란 '관념, 물체, 질료, 법' 등과 같은 논리적인 상수(常數)에 따라 우주를 고정시키는 사변적인 경향에 부합한다. 그런데 절대적인 본질을 지닌 우주는 인간활동의 요청과 모순되는 것처럼 보인다. "사람들은 어떻게 해서 인간이 본질적으로 영원히 고정되어 변화하지 않는 논리적인 상수의 세계에 자신의 행위를 끼워넣을 수 있는지 알지 못한다." 여기에서 일종의 현실의 배가현상이 생겨난다. "〔인간은〕 안정적이고 영원한 요소들 속으로 용해되는 우주에, 인간의 운명이 펼쳐질 수 있으며 진정으로 하나의 역사를 가진 우주를 나란히 놓았다. 이 우주는 바로 신화의 세계이다."[72]

72. 「철학과 신화」, 『형이상학과 도덕 논집』, 1914, p. 362.

한편에는 비시간성과 영원성의 관점이 있고, 다른 한편에는 시간성과 역사성이 있다. "그러므로 신화는 시간과 본질적인 관계에 놓여 있다. 그것은 사물에 대한 역사적인 이해이다. 여기서 개념이란 현재의 순간을 자신이 상상하는 지나가버린 일련의 사건과의 관계 속에서 고려하는 것을 말한다. 즉 신화는 상상력을 통하여 현재의 순간이 하나의 지점을 이루고 있는 곡선을 창조한다."[73] 그러므로 사고는 하나의 실존을 이중으로 영위하게 되는데, 그 각각의 양태는 다른 것의 결점을 수정하는 데 필요불가결한 것으로 보인다. 그런데 브레이에는 다음과 같이 지적하고 있다. 신화는 "사변적인 철학이 명상적인 삶의 위험한 경사면 위로 미끄러지고 싶지 않을 때, 언제나 그리고 도처에서"[74] 사변적인 철학에 부과된다. 그런데 신화 자체는 우리를 우화화 작용이라는 그에 못지않게 위험한 경사면 위로 이끌어간다. "신화는 꿈이며, 상상력 속에서만 존재하는 경험이 과거와 미래 속으로 연장된 것이다."[75]

그러므로 신화와 사변적인 철학은 우리에게 두 개의 악으로 제시되는데, 우리는 그중 어느 것이 더 나쁜지를 알 수 없다. 게다가 브레이에가 강조하고 있는 성격들은 절대적으로 부과되는 것으로 보이지 않는다. 관조의 대상으로 결정적으로 고정된 사변적 사고의 세계, 논리적인 본질과 상수의 세계는 어느 정도까지는 그리스적인 존재론의 세계이며 아마도 스콜라적인 존재론의 세계일지도 모른다. 하지만 데카르트 이후의 현대적 사고는 이성을 동원하고, 이성을 초월성에서 내재성으로 이동시키는 경향이 있다. 진리는 더이상 이성의 완성된 모델로 나타나는 것이 아니라, 차라리 이성의 작품과 의도로 나타나고 있다. 합리주의는 점점 더 활동적으로 되어가고 점점 덜 관조적으로 되어가는 조작자나 건설자가 되어가고 있다. 하지만 이와 반대로, 우리가 이미 상상력의 이완으로 축소되지 않는다는 사실을 충분히 밝혔

73. 같은 책, p. 365.
74. 같은 책, p. 366.
75. 같은 책, p. 374.

던 신화는 어떠한 존재론에도 낯설지 않다. 신화는 끊임없이 종말론적인 원형으로 돌아가며, 생성을 태초의 실존의 반복으로 보면서 그것을 고정시키는 초월세계로 되돌아간다. 미르체아 엘리아데는 신화적 세계의 "플라톤적인 구조"[76]에 대해 이야기할 수 있었다. 이 말은 그 절대적 가치가 모든 인간 현실을 지배하는 본질들의 총체에 대한 지속적인 참조를 의미한다.

그러므로 신화를 관조적인 사고로부터 완전히 분리시킨다는 것은 어려울 것 같아 보인다. '관념, 물체, 질료, 법' 등과 같은 논리적인 상수 자체는 반드시 흠없는 인식의 결과로 우리에게 주어지지 않는다. 그렇다고 해서 본질과 관념에 대한 온갖 관조가 정확히 합리적인 것은 아니다. 신비적이거나 형이상학적인 직관이란 종종 분할할 수 없는 어느 한순간 속에 응축된 신화들이 풍부한 현실을 한데 모으는 데 있다. 플라톤에서 플로티노스에 이르기까지, 데카르트에서 스피노자, 말브랑슈 또는 라이프니츠에 이르기까지 이성에 따른 황홀감에는 신화적 요소가 배어 있음을 증명하는 것은 그리 어려운 일이 아니다. 합리적인 관념들이나 요소들은 신화적인 참여가 배제될 수 없는 사고 역동성의 위탁물과 잔고로 나타난다. 게다가 만약 브레이에의 정당한 지적대로 현재를 곡선 위에 존재하는 하나의 점으로 간주한다면, 신화적 인식 자체는 여러 형태의 황홀감을 똑같이 경험하게 될 것이다. 그러한 여러 형태의 황홀감 속에서 곡선의 전체적인 보조는 제의나 축제 의식 속에서 다시 다루어지고 확인되는 것이다.

간단하면서도 충분한 정의를 내릴 수 없기 때문에, 하나의 행동이나 현실에 대한 자발적인 느낌으로서의 신화적인 이해의 양상에 대한 묘사를 시도

---

76. 엘리아데, 『영원회귀의 신화』, N.R.F., 1949, p. 63. 그러한 접근은 이미 브륑슈비크에 의해 지적된 바 있다. 『지성의 시대』, Alcan, 1934. pp. 24~25 참조: "16세기 말 직후부터 스페인의 예수회 신자인 호세 다코스타는 페루 인디언의 교의를 묘사하면서 그것이 어느 정도 플라톤적인 관념이론을 상기시키고 있다고 선언하고 있다 (……). 그러므로 레비 브륄이 전 논리적인 사고를 분석하면서 플라톤에 의해 인정받았으며, 말브랑슈가 차용하여 참여라고 부르고 있는 용어를 사용한다고 해서 놀라서는 안 된다."

해보는 것이 유익해 보인다. 그런데 신화적 이해의 양상은 원시인들 사이에서는 아주 엄격하게, 그리고 현대인들 사이에서는 보다 덜 배타적이고 체계적으로 나타난다. 사실 신화적 태도는, 꽤나 정결하며 실증적이거나 반성적 인식의 성격들과 대비되는 몇몇 성격들에 부합한다.

이성은 과학의 의식으로 태어나는 것 같다. 이성은 사실과 개념들을 분리하고 특수화하고 축소하면서 그것들을 규정지으려 한다. 여기서 인식은 해체를 의미한다. 사고와 현실의 산만한 요소들 사이에서 이성은 형태적인 필요성을 띤 질서가 지배하도록 한다. 즉 세계 내적 현존의 체험된 통일성은 담론세계의 사고된 통일성으로 대체된다. 추상적인 것의 중재에 의뢰함으로써 일어나는 이러한 대체는 신화적인 명료함과는 반대되는 명료함의 양식을 규정한다. 이성이 형태적인 규명 쪽으로 노력을 기울이는 반면, 신화는 그 물질적인 의미를 명확히 하려는 원초적 세계에서의 존재라는 차원에서 펼쳐진다. 이성의 기호는 초월성과 환원 불가능성이다. 반대로 신화는 정신에는 투명하지 못한데, 그렇다고 해서 이러한 불투명함이 본래의 명증함으로 주어지는 것을 막지는 않는다. 신화는 어두우면서도 밝은 것이다. 신화는 적당한 주술양식에 의해 자리잡히고 보상받은 고뇌를 일소함으로써 정신을 평정한다. 이성은 고뇌에게는 아무런 역할도 하지 못한다. 이성은 고뇌가 아무런 토대가 없다는 것을 증명함으로써 그것을 부정하려 한다. 그와 반대로 신화의 조망 속에서는 고뇌 자체가 일종의 토대로 나타난다. 고뇌는 실존적인 타당성을 띠며, 그렇게 됨으로써 그것은 어느 정도 세계 내적 존재에 의해 다시 다루어지고 수용된다.

이성의 차원에서 인간은 자신이 능동적이고 자율적이라고 생각한다. 거기서 인간은 주도권을 쥐게 되며, 명료한 관계의 직물을 짜게 된다. 반대로 신화는 수동성의 차원으로 보인다. 슐라이어마허는 종속감을 종교의 본질로 보았다. 신령한 것과 성스러운 것의 의미가 주어진 환경 속에서 존재의 뿌리내리기에 부합한다. 신화는 사람들이 정신의 절대권을 통해 지배하지 않는 상황에서, 포함하는 것과의 관계와 포함되어 있다는 느낌을 전제로 하고 있다. 신화의 인간은 신화의 지평 속에서 연장부분을 갖는다. 신화는 자신의 외부에, 세계와 타인과의 참여 속에서 존재하게 된다. 엄격한 이성은 지적인 개인주의를 뛰어넘는 것을 허락해주는 것 같지 않다. 그 속에서 사람은 인식의 버팀대와 우주의 중심으로만 개입한다. 정신들의 일치라는 합리적인 관념은 관점의 중심이라는 개념을 담론세계보다 더 높은 차원으로 상승시킬 따름이다. 모든 정신은 겹쳐놓을 수 있다. 다시 말해 단 하나의 정신밖에 존재하지 않는다는 것이다. 사람들은, 그것이 인간 정신이 다소 완전한 근사치를 제공하고 있는 신의 정신이라고 말할 것이다.

그러므로 사람들은 왜 정신이 고유한 요청에 의해 여러 개로 나타나게 되는지를 보지 못한다. 발레리의 테스트 씨 M. Teste[21]처럼, 그것은 고독으로 귀착하는 것 같다. 합리주의에서 외부세계의 실존과 마찬가지로 타인의 실존이 문제시된다는 것은 이상하고도 의미심장한 일이다. 주지주의자는 가장 근본적인 공허 속에서도 자신이 혼자가 아니라는 사실을 이해하지 못한다. 그에게 엄청난 대가를 치르더라도, 게다가 다소 설득력 있는 방식으로, 그것이 구체적인 인간에게는 자명한 것임을 정당화시켜야 한다. 신화는 사랑, 소통, 존재와 사물 속으로의 인간의 참여를 전제로 하는 현실의 의미에서 출발해서 작용한다. 개인적인 실존을 위한 직관의 토대인 현실과의 최초 접촉은 이성적으로는 가치를 지니지 못한다. 바로 이런 점에서 체스터턴 Chesterton이 광인은 이성말고는 모든 것을 잃어버렸다고 정당하게 지적한 것이다.

그러므로 분해라는 합리적인 풍토에 신화적인 현실을 이루고 있는 통합, 아니 차라리 재통합이 대립된다. 거기서 사고는 육체와 연계되어 나타나는데, 육체 자체는 전적으로 세계를 향한 투사이다. 재현에 생기를 불어넣는 경향과 욕망의 움직임은 유기체와 그 유기체의 감각발생적인 체계의 구조 자체를 표현하면서 연장한다. 유기체와 그 체계는 인간을 현실 속에 자리잡

21) 발레리의 산문 작품집에 등장하는 인물.

게 하기 위하여 우리로부터 세상으로 세상에서 인간으로 나아가게 한다. 욕구와 본능의 생생한 리듬은 상상력에 호의적이든 절대적이든 영향과 성(性), 그리고 미학과 관련된 주제들을 부과한다. 신화는 인간적 지평으로서의 상상력의 활동을 보장하기 위해서 개입한다. 신화는 실존의 범위 내에서 완성된 세계의 윤곽을 그리는데, 그 폭은 구체적 인간의 행동반경의 폭과 일치한다. 그와 반대로 이성은 공간 속에서나 시간 속에서 한계를 지니고 있지 않다. 이성은 무한의 차원에 속하며, 정신은 자신의 구조가 팽창하는 과정에서 마주치게 되는 한계를 우연한 것으로 받아들인다.

그러므로 우리에게는 신화의 영역이 합리적인 영역과 완전히 구분되어 있는 것처럼 보인다. 심지어 신화의 영역은 이성이 아무것도 말해주지 못하는 실존의 다양한 면모와 우여곡절을 받아들이는 것처럼 보인다. 사실 이성은 개인의 삶을 이루고 있는 대부분의 상황과 사건과는 무관하다. 베르그송은 합리철학이 인간 실존에 아무런 의미도 부여하지 못한다는 놀라운 사실을 아주 분명하게 강조했다. 그는 다음과 같이 지적하고 있다. "철학체계란 우리가 살아가고 있는 현실의 척도에 따라 재단된 것이 아니다. 그 체계는 현실에 비해 너무 넓다. 그 체계들 중에서 적절하게 선택된 하나를 검토해 보라. 그러면 여러분들은 그 체계가, 식물도 동물도 없이 오로지 인간만이 존재하며, 인간이 마시지도 먹지도 않고 지내며, 자지도 꿈꾸지도 망상에 빠지지도 않으며, 젖을 떼자마자 노화해버리며, 에너지가 붕괴의 비탈길을 다시 거슬러올라가게 되며, 모든 것이 거꾸로 진행되며, 뒤집혀 있는 세상에 적용된다는 것을 알게 될 것이다."[77]

이 익살스런 텍스트는, 주지주의가 물의 흐름이나 반작용의 의미에 대해 말할 때와 같이 정확한 의미에서의 삶의 의미를 파악할 능력이 없다는 것을 완벽하게 밝혀준다. 그런데 신화의 임무는 결국 존재의 의미를 드러내는 것으로 나타난다. 신화의 명료함에 힘입어 실존이 어떤 것으로도 환원될 수

77. 베르그송, 『사유와 운동 *La Pensée et le Mouvant*』, Alcan, 1934, p. 7.

없는 의미를 소유하게 되고, 그것은 사람들이 느리게 돌리거나 거꾸로 돌릴 수도 있을 영화와 같은 구석이 전혀 없음이 분명하다. 신화의 주된 관심의 중심은 인간 현실의 매듭을 가리킨다. 실존은 운명이라는 형태로 포착된다. 삶은 수많은 신화들이 그 의미 작용을 규정하려는 탄생과 죽음이라는 사건들에 의해 제한되는 생물학적 충만함 속에서 드러난다. 그런데 우리는 주지주의가 이러한 한계상황에서 모든 현실을 부정하는 경향이 있음을 보았다. 그것은 이러한 한계상황이 가능한 경험의 모든 결정에서 벗어나기 때문이다. 전통철학은 성(性)에 대해서는 아무것도 모른다. 전통철학은 남녀간의 차이뿐만 아니라, 이러한 차이가 인간 조건에 대해서 갖는 중요성도 무시한다. 합리적 사유에는 성의 구별이 없어 보인다. 아니 차라리 합리적 사유는, 철학을 독점함으로써 혼자서만 담론세계의 중심으로서 자리하는 특권을 지닌 인간의 독특한 이기주의를 드러내고 있다.

철학은 이처럼 구체적인 실존에 눈감아버리는 것처럼 보이지만, 신화는 훨씬 더 완벽하게 구체적인 실존을 해석해주고 있다. 신화는 성의 차이는 물론 통합을 위한 그들의 노력을 인식하고 또한 재인식하고 있다. 성은 신화적 의식의 중요한 관심분야 중 하나이다. 플라톤적인 주지주의자들이 통합시키고자 했던 에로스의 신화와 남녀 양성구유신의 신화는 인간의식의 기원으로까지 거슬러올라간다. 결혼, 부성, 모성, 자식으로서의 감정, 가족관계에서 생겨나는 모든 상황들은 언제 어느 시대나 신화 속에서 정당화되고 규명된다. 인간들끼리의 상호연대, 태어나게 하고 살아가게 하는 사랑, 죽어가게 하는 증오, 이 모든 것들이 이성의 관점에서 보았을 때에는 순수하지 않은 것으로 보인다. 하지만 신화의 관점에서 보자면, 이들은 신화가 워낙 순조롭게 펼쳐지는 영역을 이루고 있기 때문에, 프로이트의 주지주의조차 고대신화를 인간의 반응과 행동이 그에 따라 규정되는 최초의 구조로 삼고 있다.

결국 사람들은 신화가 인간적인 시간, 계속해서 생성하는 인간의 다행스런 운명을 자신의 영역으로 삼고 있다고 말할 수 있다. 이성의 경우에는 아무 일도 일어나지 않는다. 아니 차라리 일어나는 것은 모두 환상이다. 합리적인 금욕정신이 그러한 환상을 흐트러뜨리려 한다. 실존의 모든 극적인 범주, 분절과 새로운 도약은 창조와 타락의 개념, 파멸과 구속의 관념과 마찬가지로 구원의 관념 등의 신화적인 토대를 갖는다. 신화적 의식은 종교적인 의식의 의도를 이 영역 속에 다시 모은다. 그리고 그것은 탄생과 죽음이라는 신비스런 한계 사이에서 인간이 자신의 운명에 대해서 할 수 있는 항상 불확실한 이용에 그 의도를 적용한다. 신화는 본래 종말론적인 것이다. 신화는 우리를 이승뿐만 아니라 저승에 연결시키며, 사라진 '낙원' 뿐만 아니라 재발견된 '시간' 에 연결시킨다. 신화는 제한되고 연루된 각각의 실존에 전체성의 흔적과 미지의 것에 대한 자력을 부과한다. 신화적 의식은 지성의 막힘과 정신적인 제한을 '열린 존재' 의 신비한 현존으로 바꾸어놓는다.

추론하는 이성의 영역은 심정과 감각, 상상력과 본능의 공허이며, 인간성에 대한 온갖 양보가 '정신' 에 반한 죄악으로 보이게 되는 절대적인 공허이다. 그와는 반대로 신화의 세계는 어떠한 의미 작용도 배제되지 않는 충만한 세계로 드러난다. 그 세계는 존재, 동물, 정열과 마찬가지로 사물도 수용하며 유효한 것으로 인정한다. 사회적이고 정치적인 신화, 평화와 전쟁의 신화, 혁명의 신화, 심지어 사회 속에서의 질서나 무질서의 가능성들에 대한 소묘 등이 있다. 그러므로 중요한 것은 현실의 의미이다. 그런데 지성은 이러한 현실을 분해함으로써 체계적인 부재 속에서 인간 현실에 전념한다. 이성에 대한 칸트의 교의는 인류를 넘어 머나먼 미지의 행성에 있는 길들여진 합리적 존재들에게 합당하게 됨을 영광으로 여긴다.

그러므로 신화적 의식은 가장 가까운 곳에서 인간 현실을 다룬다. 그 의식은 자신의 의도, 욕망, 요구사항들을 팽창시키고 실현시킨다. 그것은 인간의 가능성과 필연성에 대한 일종의 목록으로 나타난다. 신화는 계속 번식하면서 인간의 마음속에 각인된 모든 힘들을 확인해준다. 민속의 틀 속에서 민담에 대한 연구는 이미 이러한 이야기들이 아주 두드러질 정도로 보편화되었음을 보여주었다. 즉 인물, 상황, 여러 가지 돌발사들이 시간과 공간을 통하여 세계의 한쪽 끝에서 다른쪽 끝까지 반복되어 나타나고 있다. 이러한 분산은 워낙 일반적이기 때문에 하나의 문화 영역과 다른 문화 영역의 단순한 접촉에 의한 전이라고 볼 만한 모든 가능성을 배제한다. 인간사회가 존재하는 곳이라면 어디서건 거의 동일한 이야기들을 창조해내는 우화적 기능이 지닌 최초의 자발성을 인정해야 한다. 더 일반적이고 체계적인 신화체계를 구성하려는 더 폭넓은 연구는 이와 유사한 결과를 드러낼 것이라고 생각할 충분한 이유가 있다. 이와 같이 사람들은 그 자체가 세계 내적 존재의 심오한 객관성을 표현해주는 신화적 의식의 객관적인 구조를 밝혀주게 될 것이다.

신화의 목록은 일종의 존재의 위상학을 드러내줄 것이다. 영웅들과 신화적인 상황은 인간에 대한 진정한 상상적 척도를 제공한다. 신화적인 해석의 증식은 자신이 방향을 설정해주고 있는 실존에 대한 특별한 가치를 띤 몇몇 주체들을 가리킨다. 이처럼 삶의 기본적인 의도와 관련되어 있기 때문에 대단히 감동적인 이미지들이 있다. 심지어 어떤 단어들은 엄밀한 의미에서의 신화적인 해석을 내리지 않는다고 해도 응집된 울림이 워낙 풍부해서 훌륭한 웅변가의 입이나 대중가요의 진부한 시 구절 속에서 주술적인 주요어가 된다. 집, 난로, 사랑, 아버지, 어머니, 빵, 평화, 자유, 조국, 평등, 우애, 육욕, 죽음 등과 같이 모든 언어에서 각 개인과 종족 전체의 가장 심오한 갈망들을 보여주고 있는 단어들을 수없이 열거할 수 있을 것이다. 이 단어들 각각은 축소된 신화체계와 같은 힘을 지니고 있다. 이러한 일반명사에 실제적인 것이든 상상적인 것이든 고유명사들이 덧붙여진다. 이러한 고유명사들은 재능이나 불행, 영광이나 실망, 숙명 등 온갖 인간 현실을 모범적으로 보여주는 길들을 확고히 해주고 있다. 알렉산드로스, 카이사르, 예수, 돈 후안, 파우스트, 오이디푸스, 안티고네, 아마존, 창부, 로빈슨, 아브라함, 단테, 이졸데와 트리스탄과 같은 이끌어가는 영웅들과 중재자들의 전설이 있다. 인간은 자신을 이끌어가는 길에서 그들을 우연히 만나서 참조하게 된다.

초기 인간공동체의 엄격한 일괄성을 보장해주는 원시인의 신화의식은 합리적인 비평의 진보와 과학에 의해 지탱되는 기술의 진보에 따라 사라져 버렸다. 하지만 이처럼 외면적이고 모든 사람들이 동의하는 최초의 의식은 더 비밀스럽고 합리적인 사고의 이면에 깔려 있는 듯한 제2의 신화의식으로 대체되었다. 여기서, 더 자유로운 신화적 의도들은 개인적인 동의와 각자의 욕망에 주어진 여러 가능성들 중에서 일종의 놀이 같은 것을 전제로 하고 있다. 종교, 문학, 정치 등은 각각의 입장에서 신화적 양식들을 제시하고 있다. 그 속에서 일종의 자기 성찰을 하도록 요청받게 되는 각각의 인간은 이러한 신화적 양식 속에서 자신을 재인식할 것을 권유받는다.

계속적으로 증가하는 문학의 역할과 그 계속적인 확산은 종교적인 믿음의 후퇴와 연관되어야 한다. 신화적인 요청은 새로운 표현수단 위에 고정되어 있는 듯하다. 문학의 형태적인 양상은 그 물질적인 의미보다 중요하지 않다. 문체는 세계 내적 존재의 가장 오래된 요소들을 활용하는데, 그 요소들의 영속성이 시와 드라마의 성공을 정당화하며 보편적인 문학의 걸작들이 확산될 수 있도록 한다. 아마도 현대문학의 가장 의미 있는 양상이라고 할 수 있는 소설의 눈부신 발전은 소설이 신화를 따라가기 쉬운 이야기의 형태로 모든 사람들이 이해할 수 있는 것으로 만든다는 데 기인할 것이다. 미르체아 엘리아데는 신화적 원형들의 잔존을 문학의 기준이라고 지적하고 있다. "입문식의 지원자가 겪는 시련, 고통, 편력들은 오디세우스, 아이네아스, 파르치발, 셰익스피어의 등장인물이나 파우스트 등과 같은 서사시와 드라마의 영웅들이 자신들의 목적지에 도달하기 전에 겪어야 할 고통과 장애에 관한 이야기 속에 잔존해 있다. 서사시, 드라마, 소설이 재료로 삼고 있는 이 모든 시련과 고통은 '중심으로 향하는 길'에서 만나게 되는 제의적인 고통과 장애에 손쉽게 이른다. 그 길은 더이상 동일한 입문식의 차원에서 펼쳐지지 않는다. 하지만 유형학적으로 말해 오디세우스의 방랑이나 성배의 추적에 대한 이야기가 그 뿌리를 고대에 두고 있다는 사실이 아주 잘 알려져 있는 대중문학은 말할 것도 없이 19세기의 위대한 소설들 속에서도 발견된다." 현대 대중문학의 가장 독특한 양상 중 하나인 탐정소설 자체도 더 옛날로 거슬러올라가자면 기사도소설에 영감을 제공한 무협소설의 영감을 탐정과 범인 사이의 대결이라는 양상으로 연장시킨 것이다. 또한 탐정소설은 아주 오랜 옛날로까지, 다시 말하자면 무의식의 근원으로까지 거슬러올라간다. 엘리아데는 다음과 같이 지적하고 있다. "이러한 우화화의 미묘한 차이는 민중적인 감수성의 채색과 방향에 의해 설명되지만, 그 주제는 변하지 않았다." [78]

이 점에서 볼 때, 사람들은 문학의 구조분석의 가능성을 엿볼 수 있는데, 그 주제나 인물과 상황은 장르의 진화에도 불구하고 이상하게도 변화하지 않고 있다. 엘리아데는 특히 행복한 섬이라는 주제를 부각시키고 있는데, 이는 시대의 흐름에 따라 그 매혹이 계속해서 여러 가지 다양한 양상으로 나타나고 있는 신화적인 원형이다. 가령 우리는 아리안의 섬, 로빈슨의 섬, 선한 야만인들로 가득 찬 섬, 사라진 아틀란티스 섬, 부와 휴식의 섬, 산초의 섬, 태평양에 있는 멜빌과 로티의 섬들을 예로 들 수 있다. 섬이란 모험의 상징으로서, 인간은 계속해서 섬으로의 출발을 꿈꾸어왔다. 또한 꿈 자체는 때때로 현실 속에 각인되기도 하는데, 가령 르네상스 시대의 항해자들은 금과 향료가 풍부한 전설의 섬을 향해 출발했으며, 고갱은 자신의 재능이 약속되어 있는 타히티 섬과 마르키즈 제도를 향해 유럽을 떠났다. 이처럼 섬이란 유토피아의 고향 자체로 나타난다. 토머스 모루스Thomas Morus에서 새뮤얼 버틀러Samuel Butler에 이르기까지 현자들이 새로운 하늘과 새로운 땅을 찾아 그곳에 황금시대나 사회계약을 위치시키고자 할 때, 인간 존재의 필연적인 요구라고 할 수 있을 정도로 아주 규칙적으로 그들에게 부여되는 것은 섬이라는 신화적인 주제이다.

신화적인 원형의 역할은 문학의 자유로운 구성이라는 제한된 영역으로만 한정되지 않는다. 겉보기에는 훨씬 더 '객관적인' 것 같지만, 원형들이

78. 엘리아데, 『종교형태론』, Payot. 1949, p. 368. 문학의 신화적인 의미 작용에 관해서는 다음의 책을 참조할 것 : 로제 카유아, 『신화와 인간』, N.R.F., 1938; 구아스탈라Guastalla, 『신화와 책 *Le Mythe et le Livre*』, N.R.F., 1940.

많이 등장하는 또다른 영역이 존재하는데, 그것은 적어도 대다수의 인간이 지니고 있는 의미로서의 인류의 역사라는 영역이다. 한 국가나 사회집단이 스스로에 대해서 품고 있는 생각을 이루는 전통의 총체라고 할 수 있는 살아 있는 과거는 전설들의 혼합과 다를 바가 없다.[79] 유효하고 유용한 역사는 박식한 역사가들의 역사가 아니라, 시민의 입장에서 재검토되고 수정된 영웅의 양식화된 모습과 과거의 위대한 사건의 소설화된 이야기들을 모아놓은 초등학교 학생들의 책 속의 소박한 이미지 체계 속에 드러나는 역사이다. 이처럼 프랑스 역사는 베르킨게토릭스,[22)] 샤를마뉴, 롤랑, 루이 성왕, 잔 다르크, 앙리 4세, 루이 14세, 로베스피에르, 나폴레옹, 파스퇴르, 빅토르 위고 등과 같이 나름대로 국민의식의 기본 가치들 중 어떤 것들을 동원한 역사적 인물들을 배열해놓은 것이다.

이와 마찬가지로, 역사가의 역사 자체도 온갖 전설과 별개의 것이 아니다. 역사가는 존재하지도 않았던 엄격하고 고결한 스파르타의 신화나, 그 굳건함이나 용기가 현실 속에서 별다른 토대를 지니지 못한 이상을 모방하려는 학생 세대와 성인 세대를 빚어낸 공화정 시대의 로마 신화만큼 보편적으로 존중받는 신화들을 경건하게 유지하고 있다. 게다가 더 일반적으로 말해, 프랑스 혁명 당시의 루이 14세나 제3공화국을 다루던 직업 역사가는 가치판단을 내리려는 어떠한 의도나 전설적인 전제로부터도 결코 자유롭지 못하다. 사실, 때때로 대립적인 의도를 지닌 석학도 근거자료에 의거해서 오래 전부터 바스티유 감옥의 함락이 거의 그 죄목이 없어져버린 죄수들을 해방시키기 위한 폭거에 불과하다는 것을 보여주고 있다. 아니면, 혁명의 이데올로기에 충실한 발미Valmy 전투는 언젠가는 결과 없는 포탄의 교환이나 이질의 창궐로 끝나버린 교전 없는 전투로 드러나게 될 것이다.

---

79. 로베르트 민더 Robert Minder, 『독일과 독일인 *Allemagne et Allemands*』, Seuil, 1948 참조. 독일의 신화적 의식을 재구성하고, 독일인에 의한 독일의 신화적 이해에 대한 목록을 이루고 있음.

22) Vercingetorix(BC 72∼46): 로마군에 항거하여 반란을 일으킨 갈리아 부족의 장군.

사실 역사가 자신에게 영양을 공급해주고 있는 전설들을 축소하려 한다면, 자기가 가진 가장 좋은 색깔이나 가장 확실한 의미를 상실해버리게 될 것이다. 심지어 탈신화화된 역사는 도덕이나 사회질서에 위협이 될 소지마저 있다. 엄숙하고 엄격한 모럴리스트 철학자인 라슐리에는 어느 날 에밀 부트루[23)]에게 선사시대의 가족에 대한 연구에 관해 다음과 같이 지적하고 있다. "이 모든 것이 두렵습니다. 그런 일이 실제로 일어났을 때에는 그 어느 때보다도 그러한 일이 일어나지 않았다고 말해야 하며, 역사는 환상이고 과거는 투사이며, 이상적이고 절대적인 것만이 진실한 것이라고 말해야 할 것입니다. 아마도 이것이 바로 기적의 문제에 대한 해결책이겠지요. 참된 것은 신화이며, 역사는 허위입니다."[80] 놀랄 정도로 솔직한 이러한 단언들은 어떤 경우에서든 문제의 복잡성을 보여주고 있다. 즉 우리는 역사로부터 우리 속에 지니고 있는 몇 가지 원형들에 대한 대답을 기대하지만, 그렇지 못할 경우에는 비록 그 역사가 역사적으로는 참된 것이라 해도 인간적으로는 허위인 것이다.

또한 신화 구조들이 과거를 재현하는 기능만을 행하는 것은 아니다. 그것들은 종종 현재의 형성 자체를 주도하기도 한다. 현실적인 것에 대한 전설적인 포착이 존재하는데, 여기서 신화는 현재에 하나의 의미를 부여하기 위해 개입한다. 알렉산드로스는 자신이 신의 아들이라 믿고 있었으며, 또한 그렇게 행동했다. 그의 행적은 그 열쇠를 제공해주는 신화적인 기준 없이는 이해할 수 없다. 나폴레옹을 비롯한 다른 많은 창조자들은 자신을 역사적 인물로 인식하고 그에 맞춰 행동했다. 그에게 영감을 불어넣고 있는 태양신화가 없다면 루이 14세의 통치는 많은 의미를 상실해버리게 된다. 마찬가지로, 비록 덕성의 완성 상태에 있었던 스파르타와 로마가 신화였지만, 이 신

23) Emile Boutroux(1845~1921): 프랑스의 철학자. 『자연법칙의 우연성』 등의 저서를 남겼다.

80. 「쥘 라슐리에의 편지 Lettres de Jules Lachelier」, hors commerce, 1933. 에밀 부트루에게, 1876년 7월 21일, pp. 113~114.

화들은 나중에 그 엄숙한 완고함이나 튼튼한 공화국의 토대를 마련했다는 점에서 많은 현실적 태도에 영감을 불어넣었다. 또한 사람들은 바스티유 감옥의 함락이나 발미 전투는 그 신화적인 양식화에 따라 혁명사의 결정적인 사건들이었다고 말할 수 있다. 만약 그러한 사건들이 에피날의 이미지 체계 속에서 그 완전한 형태를 단번에 지니지 못했다고 하더라도, 그들은 시간의 흐름과 함께 그것을 획득하게 되었다. 프랑스사의 전개 속에서 현실적인 반향을 가졌던 것은 이와 같은 재조명되고 수정된 해석이다.

그러므로 신화적 의식이 보여주는 지침에 따른 현실에 대한 전설적인 이해는 회고적인 만큼 전향적이다. 그러한 이해는 마치 조형적인 힘처럼 개입하여 세계 내적 존재에 하나의 의미를 던져주고 우리의 다양한 행동들 중에서 운명의 객관적인 입지를 미리 보여준다. 사실 우화화하는 기능으로서의 상상력은 표현수단에 불과할 따름이다. 그것은 신화적 의식의 여러 기관들 중 하나이다. 또한, 비현실의 양식일 뿐만 아니라 무엇보다도 존재의 기원 자체에서 나온 역동성에 대한 단언이자 그 속에 살아 있는 위대한 리듬이 표현하는 힘을 행사하는 데 더 중요한 하나의 의미를 복원시켜야 한다. 상상력은 항상 인간활동의 지평을 그린다. 상상력은 우리가 현실에서 돌아서도록 하는 것이 아니라 우리를 세계 속에 끼어들게 한다.

신화적인 명료함은, 현재든 미래든 개인적이든 사회적이든, 이 세계의 전체성을 목표로 한다는 점에서 우주적인 의미를 띤다. 또한 신화적 의식은 비합리적인 차원이나 자의적인 차원으로 단죄될 수도 없으며, 우리의 신뢰를 남용하고 있는 기만적인 재현의 원천으로 단죄되어서도 안 될 것이다. 사변적인 유효성이 부족하다고 해서 그것이 곧바로 신화가 아무런 가치가 없다는 것을 의미하지는 않는다. 인간에 대한 신화의 장악력 자체는 신화가 몸소 자신의 증거를 지니고 있다는 것을 보여주고 있다. 신화의 진리는 신화가 우리 속에서 증명해주고 있는 참여의 전반적인 인상에 의해 확인된다. 우리가 신화를 정당화하는 것이 아니라 거꾸로 신화가 우리를 정당화한다. 신화는 우리가 갑자기 친근한 환경 속에 있다는 것을 의식하게 되는 상황을 밝혀준다. 신화의 진리는 존재론적인 재인식 기능에 따라 우리를 전체성 속에 재통합한다.

분명히 신화가 목표로 하고 있는 전체성은 여전히 개인적인 전체성으로 남아 있다. 신화란 근본적으로 신인동형적이다. 심지어 자연현상을 다룰 때조차도 신화는 개인적인 현실양식에 따라 사건을 해석한다. 과학의 발전이 이러한 신화적인 목적론을 조롱하려 해도 소용없다. 추상적인 과학 인식은 자신만의 고유한 척도를 갖는다. 운명이 실존의 구체적인 범주에 따라서만 의미를 갖게 될 때, 이러한 척도 자체만으로는 불충분해 보인다. 인간적인 형태의 이해 원칙으로서의 신화는 인간의 특수성에 관해 가능한 유일한 기준이다. 신화에 의지하지 않고도 인간을 이해할 수 있다고 주장하는 사람들조차도 존재 속에서의 방향 설정이나 실존의 기원이나 목표를 다루고자 할 때에는 은밀하게 신화를 다시 도입할 수밖에 없다. 신화가 지니고 있는 지울 수 없는 완강함은 인간말고는 인간을 이해할 만한 다른 열쇠가 없다는 것을 증명해주고 있다.

6. 과학, 이성, 신화

신화와 과학 사이에는 가장 본질적인 대립이 설정되어 있는 것처럼 보인다. 역사적으로 신화가 먼저 왔다. 이렇게 해서 획득한 명료함이 너무나 완벽했기 때문에 그것은 일종의 독단론적인 수면과 지성과 기술의 정체를 초래했다. 인간 정신을 해방시키기 위해서는 신화의 파산을 통하여 일단 균형이 파괴될 필요가 있었다. 감정적인 전(前) 관계들과 신인동형적인 동기부여는 진정한 인식과는 아무런 관련이 없다. 일단 신화를 쫓아내게 된 실증성은 감정의 필연성과 상식의 필연성을 계속 거부하면서 자신의 입지를 확보하게 되는데, 이렇게 함으로써 관념적인 필요성의 정복을 보장해준다. 그리고 수학적 공식과 객관적 실험의 추상적인 보편성에 입각한 새로운 권위가 형성된다.

그러므로 정밀과학 분야의 야망은 사실 앞에서 소멸되고 현실을 해석하기보다는 차라리 현실을 드러내는 것이다. 실증주의는 사실로 하여금 자유롭게 이야기하도록 한다. 그것은 수은기압계를 쥔 토리첼리나 망원경을 든 갈릴레이, 현미경을 잡은 레벤후크,[24] 천칭을 앞에 둔 라부아지에이다. 자연은 스스로 발언하도록 초청받았고, 학자의 재능은 일종의 초월적인 부끄러움의 수준으로 떨어졌다. 학자의 존재는 단지 자연을 받아적는 수준으로 변하며, 과학자의 작업은 세계를 있는 그대로 드러내는 수학적인 기술로 축소될수록 더 완전한 것이 된다.

하지만 이러한 순진무구한 실증주의는 사실이란 스스로 말하지 않으며, 적어도 명확하게 말하지 않는다는 분명한 증거 앞에서 곧 물러날 수밖에 없었다. 사실이 보여주는 대답은 질문에 의존하며, 수집된 자료들이 모호해짐에 따라 질문하는 기법이 더 중요해졌다. 과학적 인식이 심화됨에 따라 사람들은 현실의 몫이 점점 감소하고 해석의 몫이 점차 증가한다는 인상을 받는다.

예전에 사람들은 자연의 길이 보여주는 단순함을 찬양했지만 오늘날에는 차라리 현상에 더 가까이 다가서려는 노력을 보여주는 인간의 기교를 더 찬미한다. 뒤엠 이후, 사람들은 과학적 재현에서 드러나는 인공적인 것을 더 강조하고 있다. 있는 그대로의 사실은 이제 환상에 불과하게 되었으며, 가령 바슐라르는 글자 그대로 현실의 새로운 영역을 창조해내는 이론적인 도구와 실험 장치의 우선권을 강조하고 있다. 그러므로 문제는 자연이 말하도록 내버려두는 것이 아니라 자연으로 하여금 말하도록 시키는 것이다. 브룅슈비크의 말에 따르자면, 과학은 독백 단계에서 실험적인 대화 단계로 넘어갔다. 더 정확히 말하면, 플라톤의 대화에 나오는 소크라테스처럼, 혹은 자신이 제기한 문제에 대해 자신이 직접 대답하거나 그와 유사한 상황에 있는 나쁜 조사관처럼 인간이 점점 더 많은 말을 하게 되었다.

그러므로 실증주의는 최근의 천문학, 원자물리학, 핵화학, 유전공학의 예에서 보는 것처럼, 사실이 인간으로부터 점점 더 멀어짐으로써 아주 추상적인 기준으로 축소되어버린 듯한 일종의 실험적 이상주의 앞에서 그 영역을

24) Anton van Leeuwenhoek(1632~1723): 네덜란드의 박물학자.

계속해서 상실해가고 있다. 이렇게 해서 우리는 설명의 요소에 이르게 되지만 그 요소들은 항상 분산되어 있고 결함을 지니고 있다. 그것들을 다시 모으는 것은 최선을 다해 인식의 공백을 메우려는 이론가의 몫이다. 그리하여 만약 과학이 전체적인 확실성을 제공하려 한다면 일반화의 오류를 범할 수밖에 없다. 또한 '과학' 이라는 개념 자체는 극한으로 이동함으로써, 그리고 현실 이상으로 이성적인 존재의 도움을 받아 일종의 신화적인 현상을 드러내고 있다.

'과학' 에 관련된 모든 전체적인 단언 속에는 많은 부분 신앙고백의 몫이 들어 있는데, 그 몫은 자신을 감추려고 함에 따라 — 심지어 스스로에게도 은폐되어 있다 — 그만큼 더 위험한 것이다. 존경할 만한 뛰어난 학자들이 좀 터무니없는 상투어구에 불과한 상식을 제공함으로써 일종의 과학적인 민속의 공모자 역할을 했다. 이리하여 '과학' 은 유형으로서의 진리, 모델로서의 진리가 되었는데, 이러한 현상은 무엇보다도 과학적 인식의 어려운 양식을 전혀 모르는 사람들의 경우에 생겨난다. 이를 통해 보편적 결정론과 보편적 명료함이라는 신화가 확립되었는데, 이는 달랑베르,[25] 라플라스, 텐[26] 등의 유명한 표현에 나타난다. 엄밀히 말해 자연현상의 결정론에 대한 우리의 신뢰보다 불확실한 것은 없다. 그것은 물리학 자체의 다른 분야에서는 문제시될 수밖에 없는 제한적인 개연성에 불과하다. 더군다나 현실의 모든 영역에 대해 결정론적인 사유가 타당하다는 단언은 순진하고 단순한 신앙행위에 기초한 것이다.

사람들은 '과학' 이 행하는 단언들 몇몇을 같은 식으로 분석할 수 있을 것이다. 그리고 진화와 진화론, 유물론, 요컨대 이전에는 과학적인 토대에 입각해 있던 모든 개념들이 사실은 기성의 고정관념을 가리키는 데 불과하다는 사실을 증명할 수도 있을 것이다. 그러한 개념들은 하나의 독단론을 또

---

25) Jean le Rond D'Alembert(1717~1783): 프랑스의 철학자, 수학자.
26) Hippolyte Taine(1828~1893): 프랑스의 문학비평가, 역사가.

다른 독단론에 대립시키며, 또다른 신화를 가지고 다른 신화들과 싸운다. 게다가 이 모든 신화들은 과학과 과학주의의 신화라고 하는 더 일반적인 신화 속에서 합류한다.

과학이 당면해 있는 현실적인 어려움 앞에서 현재 위축되고 있는 과학주의의 신봉자들은 모든 인간 문제를 풀도록 운명지어진 실증적 방법의 승리를 예언했다. 이러한 메시아적인 조망 속에서 과학은 모든 다른 속박으로부터 인류를 해방시키고 영적 가치들을 결정적인 용어들로 공식화하게 된다.

베르틀로라는 아주 유명한 학자는 이 점에 대해 19세기 말의 확신들을 다음과 같이 표현했다. 즉 그는 과학은 "오늘날 사회의 물질적인 방향과 아울러 정신적인 방향까지도 요구한다. 과학의 충동하에 현대문명은 점점 더 빠른 속도로 나아가고 있다"[81]고 지적한다. 과학은 "아무리 초라하고 비참한 개인이라고 하더라도 자신의 물질적 조건을 개량하고 지성을 발전시키고, 우리의 진정한 이익과 정의의 명령에 입각한 보편적 유대감이라는 정신적인 확신을 모든 의식 속에 각인시킴으로써 인류를 변화시킨다. 과학은 모든 것을 지배한다. 즉 과학만이 결정적인 봉사를 한다. 어떤 인간도 어떠한 제도도 과학의 가르침을 따르지 않으면, 아무런 지속적인 권위도 지니지 못하게 된다."[82]

과학의 발달에 관련된 진보에 대한 이와 같은 독단적인 단언은 오늘날 아무도 자기 식으로 다루지 못하는 새로운 과학적인 성인전(聖人傳)의 이미지 체계에 속해 있는 것처럼 보인다. 우리는 수많은 재난을 통해 경험으로 배웠다. 과학이 행하는 약속들은 또한 위협이다. 즉 어떤 경우에도 과학은 인류 공동체에 어떤 선택을 면하게 할 수 없다. 과학은 인간의 자유도 책임도 없애버리지 않는다.

과학은 세계 내적 존재의 어떤 양상들을 명확히 해주며, 새로운 기술적인

81. 베르틀로, 『과학과 자유사상』, 1905, p. 405.
82. 『과학과 도덕*Science et Morale*』, 1897, p. XII. 랑Rang, 『마르슬랭 베르틀로의 사상*La Pensée de Marcelin Berthelot*』, Bordas, 1948, p. 74 이하 참조.

환경을 창조함으로써 우리의 존재조건들을 전복시키는 데 기여한다. 과학이 자신의 고유한 명료함의 영역에 머물러 있는 곳에서 신화는 과학을 능가할 수 없다. 히틀러 신화가 아인슈타인의 상대성 원리를 파문함으로써 스스로 우스꽝스러워질 수밖에 없었던 것처럼, 기독교 신화도 갈릴레이의 단언이나 다윈의 단언 앞에서 물러나야만 했다. 그러므로 과학의 가르침이 굳건하게 자리잡을수록 인간 지혜의 필연적인 요소가 제공되는데, 그러한 지혜는 가령 오늘날 고대나 중세의 천문학이 처해 있는 여건에 입각해서 살아갈 수 없다. 과학이 품고 있는 먼 우주의 이미지는 우리의 가까운 세계 위에서, 그리고 사고와 우리를 그 속에 자리잡게 하려고 노력하는 구체적인 환경 위에서 합쳐진다. 고대인이 조화롭고 완전한 폐쇄된 우주에서 살았다는 것은 사실이다. 그들의 지혜는 자아와 세계 사이의 극단적인 불균형이 없어 위안을 주는 우주 속에서 확립되었다. 르네상스 시대의 과학은 단절과 위협을 도입했다. 우주는 무한하며, 그것은 또한 몇 개의 세계를 포함하고 있다. 또한 지구 자체는 더이상 중심이 아니라 아주 보잘것없는 위성으로 그 체계의 일부를 이루고 있을 따름이다. 이제 더이상 천체들의 조화로운 노래가 존재하지 않는 무한하고 침묵에 싸인 우주공간에 대한 명상과 다양한 세계에 대한 사색은 현대의 지혜에 새로운 길들을 열어주고 있다. 최근에 와서 이루어진 천문학과 천체물리학의 발전은 우주에 대한 과학적 이미지의 폭을 확장시켰다. 상대성 이론에서 말하는 팽창하는 우주는 유한한 동시에 무한하다. 여기서 학자들의 계산은 어떠한 불가사의한 상상력도 뛰어넘는다. 사고가 인간을 실증적으로 전체성 속에 위치시키는 것은 점점 더 어려워지는 것처럼 보인다. 하지만 이와 동시에 오늘날의 인간은 무시무시한 힘의 비밀을 소유하고 있는데, 그 비밀이란 우리가 살고 있는 지구의 운명 자체를 문제삼는 것과는 거리가 있다.

그러므로 과학의 얼굴이 세계와 인간의 이미지를 변형시킴으로써 스스로 변화할 때마다 지혜에 대한 재평가가 이루어질 수밖에 없다. 하지만 과학이 필요한 것이기는 하나 그렇다고 해서 그것이 충분한 것은 아니다. 과학은 여러 요소를 제공하지만 결코 계산하지 않는다. 과학은 여러 도구들 중 하나이며 사고의 여러 언어들 중 하나이다. 아마도 현대적인 존재론의 창시자일 니체는 과학주의의 제국주의를 저지하기 위해 다음과 같이 분명하게 밝히고 있다. "오늘날 받아들여지고 있는 대로의 '과학' 이란, 모든 현상에 대해 자연을 계산하고 그렇게 함으로써 자연을 손쉽게 지배할 수 있도록 해주는 공동의 암호로 된 언어를 창조하려는 시도이다. 하지만 모든 관찰된 '법' 을 요약하고 있는 이 언어는 아무것도 설명하지 않는다. 그것은 가능한 한 단축된 일종의 사실묘사이다."[83] 결국 과학은 현실의 표면에 일련의 합법적인 유형에 복종하는 일종의 막을 따로 떼어놓는다. 하지만 그렇다고 해서 그것이 하나의 형이상학, 다시 말해 과학적인 세계의 다양하고 모순되는 이미지를 통합시키기 위하여 인간적인 것에 대한 고정관념의 개입을 막아주지는 못한다.

과학이란 자율적인 것이 아니다. 과학은 항상 본래부터 자신의 원칙을 인간 의지의 법에서 빌려와야 하며, 그로부터 그것들을 받아야 한다. 과학은 점점 더 가설적이고 연역적인 구조를 가지게 되며, 형식체계는 아무리 추상적인 것이라고 하더라도 자신의 가정을 정당화시킬 수 없다. 게다가 이러한 종속성이 단지 처음에만 존재하는 것도 아니다. 사람들은 나중에도 그러한 종속을 발견하게 된다. 왜냐하면 과학적인 명료함이 분열 구도들을 따로 분리시키며, 현실을 분할하여 구조화하기 때문이다. 하지만 과학은 기초적인 결과들을 합침으로써 전체를 재구성하는 것이 아니다. 과학은 자신이 분해시켰던 모든 표면을 회복할 수 없다. 그러므로 그것은 이론적인 전체성을 제공할 수 없다. 또한 과학은 자신의 대상을 결코 한정할 수 없다. 즉 자연, 질료, 삶, 과학, 인간은 과학적 개념이 아니라 형이상학적 관념으로서, 게다가 그것은 그다지 공들여 만들어진 것도 아니며 자신들 사이에서도 서로 일치

83. 니체, 『힘의 의지*La Volonté de puissance*』, 제1권, 비앙키 역, N.R.F., §349, p. 305. 『유쾌한 지식*La Gai Savoir*』, 비알라트Vialatte 역, N.R.F., 1939, §112, p. 99 참조: "우리는 선대들보다 더 잘 묘사할 줄 알지만 그들만큼이나 많이 설명하지 않는다."

하지 않는다.

과학은 인간 현실에 부적합한 것으로 남게 되는데, 그것은 그 스스로 어떤 단계를 소유하는 것이 아니기 때문이다. 과학은 현실의 세 가지 차원과 질서를 규정할 수 있도록 해준다. 우리가 보기에 세계는 원자론의 미립자 단계, 고전물리학의 질량 단계, 상대성의 우주론 단계로 분명하게 구분되는 성질을 지니고 있는 것 같다. 엄밀하게 과학적인 관점에서 보자면, 세 단계는 똑같은 가치를 지닌다. 대, 중, 소는 각각 엄격하게 정당화되는 진정한 조망들이다. 우리 눈에 곧게 보이는 선은 원자의 관점에서 보면 아주 잘게 부서진 것이며, 상대성의 공간 속에서는 휘어져 보인다. 객관적인 관점을 택해야 한다면, 아마도 가장 덜 엄격한 것은 지각이라는 평균적인 시각일 것이다.

하지만 과학은 선택할 수 없다. 과학은 우리가 사는 세계를 더 선호해야 할 아무런 과학적 이유를 지니고 있지 못하다. 과학은 비우주적인 성격을 지니고 있는데, 게다가 그 성격은 전통이 묘사하는 대로의 학자가 증명하고 있는 근본적인 기분전환에 의해 상징된다. 사실 학자는 일반적으로 실천적인 정신이나 정치적인 감각을 거의 지니고 있지 못하다. 사람들은 과학자들 중에서 위대한 정치가나 새로운 지혜를 발견한 사람의 예를 찾아볼 수 없다. 과학이 인간 문제를 해결해주지 못한다는 사실에 대한 가장 명백한 증거는 아마도 원자물리학자의 의식의 드라마 속에 존재할 것이다. 이들은 일종의 초보 마법사로서 자신들의 창조에 의해 불안해하고 있으며, 그 불균형은 대역죄에서 정신적인 소외로 이어지는 다양한 증상으로 드러나게 된다.

그러므로 철학은 단순히 과학을 격상시킨 것이 아니다. 과학이 의식에서 유리되는 것은 아니다. 과학은 인공수정이나 수소폭탄의 발명 등이 인간의 존재조건에 영향을 미칠 수 있는 업적을 가져올 때마다 다른 지혜에 의뢰함으로써 어려움이 없지는 않겠지만 새로운 업적의 위치를 정해주어야 하며, 그것을 어느 정도 구체적인 실존에 적용해야 한다. 인간세계는 단지 물질적 객관성의 세계에 불과한 것만이 아니다. 그것은 가치의 세계이며, 그 가치들은 항상 사실의 여러 요소들을 해석하고 정당화하기 위해 개입해야 한다.

철학의 임무는 바로 인간 실존을 통해 사실들의 물질성을 다시 다루는 것, 1인칭에 의해 3인칭을 다시 다루는 것을 보장해주는 것이다. 달리 말하자면, 과학은 혼자서는 스스로의 시작과 끝을 알아차릴 수 없다. 과학은 항상 종말론에 의존한다. 이러한 통합과 전체성의 기능이 바로 철학의 기능 자체이다. 과학은 이러한 목적에 모든 기준들을 인정함으로써 세계 내적 인간 실존에 하나의 전체적인 의미를 부여하려 한다. 하지만 그것은 자신의 자유 재량권에 따라 그러한 기준들을 자리잡게 하기 위해서이다.

그런데 과학이 복종해야 하는 구조적인 기능이 어떤 것인지를 확인해야 하는 문제가 제기된다. 사실 전통적인 형이상학에 의하면 이성이란 최고의 힘을 갖는 것으로서, 그 권위는 과학적인 원리에 비견될 만큼 엄격하게 발휘된다. 결국 학자들로부터 거부당한 관념적 통일성은 자신의 시도를 연장하고 마감할 수 있는 특별한 힘을 지닌 이성주의 형이상학자에 의해 실현될 수 있었다.

인간의 사고 속에서 이성이라는 개념은 항상 보편적이고 필연적인 원칙에 따라 이론적이고 실제적인 단언들을 심판할 수 있도록 허락해줌으로써 관념적인 진리규범이라는 이상에 부응했다. 이성을 표명한다는 것은 자신의 본질적인 명증함에 의해 우위에 서게 되며 있는 그대로의 모든 인간에게 부과되는 권위를 참조한다는 것이다. 그러므로 이처럼 보편적이고 필연적인 동의로 정의된 이성은 우선 정신의 놀이를 위한 하나의 규칙, 다시 말해 사고의 타당한 발걸음을 정당화해주는 소송법으로 나타난다. 하지만 형태란 내용을 전제로 하고 있으며, 일치의 규칙은 일치의 대상과 관련되어 있어야 한다. 그러므로 이성이라는 관념은 내용에 대한 요청이다. 그것은 사고의 질서와 사물의 질서 사이의 원칙적인 일치에 따라 모든 현실의 존재 자체와 관련되어 있다. 그러므로 인식에 관한 이론은 모든 인간이 참여하고 있는 지성이라는 관념적인 영역을 미리 나타냄으로써 하나의 존재론과 연결되어 있다. 법적으로 존재하는 세계는 모든 기성 현실의 척도를 제공한다. 이러한 공통적인 참조는 모든 인간활동처럼 과학의 토대를 이루고 있다. 사실 과학은 이성적인 복종이 가장 완벽하게 발휘되고 있는 영역 중 하나로 나타나고 있다.

모든 진리의 고향으로서의 이성의 개념은 아주 낙관적이며 마음 편한 것이다. 이러한 이성의 개념이 워낙 만족스러운 것이기 때문에, 합리적인 이성이 아주 명확하게 정의되는 순간부터 온갖 문제들이 완전히 해결되지 않는다는 것은 이해할 수 없는 일이다. 그런데 이성에 대한 정의는 철학적인 탐구를 마감하지도 못했으며, 불신자들에게 오류를 납득시키지도 못했다. 게다가 이성이 보여주는 무력함은 철학적 전통의 가장 기이한 양상들 중 하나이다. 그런데 각각의 위대한 체계는 논쟁을 마감했다고 주장하지만 그 논쟁은 그후 곧바로 다시 시작되었다. 게다가 항상 단 하나의 합리주의가 아닌 경쟁관계에 놓인 복수의 합리주의가 존재한 것이었다. 오늘날 우리는 토마스 아퀴나스에게서 비롯된 합리주의, 계몽주의적인 전통 속에서의 자유주의적 합리주의와 헤겔이나 마르크스적인 합리주의가 서로 대립하면서 번창하는 것을 보고 있기 때문이다. 만약 이런 여러 가지 합리주의가 이성의 이름으로 싸우고 있다면, 다른 것들에 반하여 어느 하나를 옳다고 인정하는 이성은 동일한 이성이 아니라는 사실을 인정해야 한다. 하지만 이러한 복수성 자체는 합리주의의 기본적인 전제에 모순되는 것이다. 게다가 일상어에서 "옳다고 자인하다se faire une raison" "누군가를 옳다고 인정하다mettre quelqu'un à la raison" "공격의 이유를 묻다demander raison d'une offense" "~와 사이가 나쁘다avoir des raisons avec quelqu'un" 등의 표현을 사용할 때, 일상어는 철학자들이 요청하는 객관적으로 설득력이 있는 이성과는 아주 다른 '국시(國是)raison d'Etat'의 형태와 같은 이성처럼 논쟁적이고 강압에 의해 속박하는 이성의 개념과 관련된다.

이러한 역설들은 왜 이성이 사람들이 자주 의뢰하고 정의하는 데 제일 힘들어하는 이상인지를 설명해주고 있다. 엄격한 논리로 보자면, 이성이란 형태적 분야의 몇 가지 엄격한 원칙들, 다시 말해 정체성의 원칙 주위로 모여드는 몇 가지 주된 인식 원칙들로 축소된다. 과학에서의 명료함의 문제를 규명하는 데 중요한 작품을 바쳤던 에밀 마이어슨은 과학자들의 작업을 인간의 모든 지식을 단순한 동어반복으로 축소시키려는 노력으로 보았다. 그런데 그들의 노력은 다행스럽게도 실패할 수밖에 없다. 복수를 단수로 귀착시킨다는 것은 현실을 완전히 제거하는 것이 되기 때문이다. 마이어슨에 따르면, "이성이란 자기 자신으로부터 나오지 않는 것을 설명하기 위한 단 한 가지 수단만을 가지고 있는데, 그것은 자신에게서 나오지 않는 것을 무화시켜버리는 것이다."[84] 그러므로 합리적인 요청에는 일종의 근본적인 허무주의가 존재하는 셈인데, 이러한 입장에서 브룅슈비크는 마이어슨을 비판하면서 다음과 같이 말한다. "인간 이성의 이상은 환상적인 것이다. (……) 왜냐하면 이성의 완전한 성공이라는 관념은 이성에 반하는 것이기 때문이다……"[85]

게다가 실제로 우리가 일상적으로 대하는 이성은, 자신의 정복에 의한 몇 가지 양식에 갇혀 있는 의기양양하고 메마른 이성이 아니라, 과학적이고 반성적인 지성의 노력 속에서 작동하는 전투적인 이성이다. 그런데, 현재 작동하고 있는 이성은 기본적으로 온갖 결정적 한계를 거부하려는 성질을 지니고 있다. 그 이성은 항상 자신이 그 흔적을 지니고 있는 시간 속에서 펼쳐진다. 부트루는 이 점에 대해 다음과 같이 확고한 입장을 밝히고 있다. "독단적인 형이상학자들이 원했던 대로, 이성이란 선천적이고 고정적이며 선험적으로 제시된 원칙들의 총체가 아니다. 또한 이성이란 우리 의식의 테이블이나 초월적이고 온갖 진리로 이루어진 영원성의 테이블 위에 새겨진 계시가 아니다. 이성은 하나의 역사가 되고 하나의 역사를 가진다. 데카르트가 본 대로, 이성이란 우리가 지성을 살찌우는 과학적 인식과 실천적 경험들을 형성하게 된다.[86]

랄랑드는 엄격하고 터무니없을 만큼 절대적인 동시에 이성을 증식시키고 분산시키는 듯한 시간에 사로잡힌 이성의 이중적 성격을 강조했다. 그는 여

84. 마이어슨, 『상대주의적 연역*La Déduction relativiste*』, Payot, §186, p. 258.
85. 브룅슈비크, 「마이어슨의 철학La Philosophie de Meyerson」, 『형이상학과 도덕 논집』, 1926, p. 40.

기서 구축된 이성과 구축하는 이성이라는 유명한 분리를 이끌어냈다. 구축된 이성이란 "그 변화가 꽤나 느리기 때문에 개인과 삶의 여러 상황에 대해 영원한 진리로 간주될 수 있는 기성의 공식화된 원칙들의 총체"[87]와 부합한다. 최소의 진화 속도에 불과한 이러한 '영원성'에, 구축하는 이성의 본질적인 현재성이 대립된다. 구축하는 이성이란 "아마도 우리가 그 결과에 대한 연구를 통해 나중에 한정할 수 있는 어떤 방향 속에서 이루어지는 노력이다. 하지만 그 노력이 성공하면 일정 부분의 타협과 인식재료에의 적응을 포함하게 된다. 이처럼 유연하며 배가된 이성은 자신이 이전에 지니고 있던 위엄의 상당 부분을 상실했다. 바슐라르와 더불어 사람들은 "이성을 위기 속에 정착시키게 되며, 이성의 기능이 위기를 초래하는 것임을 증명하고, 칸트가 초라한 역할만을 부여한 논쟁적인 이성은 오랫동안 자신의 관조에 구조적인 이성을 남겨주지 못한다는 것을 증명하기에 이른다."[88]

그러므로 사람들은 변증법적인 전투를 위한 이성의 총동원을 목격하게 되는데, 그 전투는 인간 인식의 최고 기능에 훨씬 더 보잘것없고 상대적인 위상을 부여한다. 결국 그것은 명료함의 대변자이자 분석체계가 되는데, 그러한 체계로 인해 우리는 현실을 비시간적이고 추상적인 것 속에서가 아니라 어떤 순간에 주어진 지식 상태에 따라 그 동기를 설명하게 된다. 모든 것을 정당화해야 할 이성이 자신만의 수단으로는 스스로를 정당화할 수 없다. 그러므로 이성은 어느 순간 멈추어야 하며, 자신에게 형태와 내용을 동시에 부여하는 결정적인 주도권에 의해 스스로를 승인하든가 스스로를 선택해야 한다. 이러한 최초의 참조사항은 최초의 증거이든 계시이든 초월적인 권위에 의뢰하게 되는데, 여기서부터 합리성의 활동이 펼쳐진다.

그러므로 이성 최초의 성질로 보이는 논쟁적인 명석함에 대한 요청은 존

---

86. 부트루, 「과학과 종교Science et Religion」, 『프랑스 철학회지』, 1909, pp. 31~32.
87. A. 랄랑드, 『철학사전』의 '이성' 항목. 『이성과 규범*La Raison et les Normes*』, Hachette, 1948, p. 18 이하 참조.
88. 바슐라르, 『이성과 감각세계*Raison et Monde sensible*』, Hermann, 1939, p. 28.

재 파악이라는 문제에 예속되어 있다. 만약 지성의 놀이가 데카르트에서 스피노자나 헤겔 등의 위대한 체계가 아주 특별한 규약으로 정의하려 했던 명료함이라는 표준을 지니지 않는다면, 그것은 더이상 타당하지 않을 것이다. 만약 최초의 초이성적인 요소가 사람들이 보통 그에게 부여하는 절대적인 성격을 띠고 있지 않다면, 철학사란 존재하지도 않을 것이다. 이성에 대한 바람직한 정의는 일단 발견되기만 하면, 영원히 모든 사람에게 부과될 것이다. 그러므로 사실 이성에 대한 보편적이고 최종적인 정의란 존재하지 않는다. 단 하나의 이성에 의해 자신을 증명할 수 있다거나 자신을 인정하게 할 수 있다고 믿는 교의보다 더 위험한 것은 없다. 모든 것의 이유를 설명할 수 있다고 자부하는 체계의 제국주의는, 조르주 소렐이 프랑스 혁명의 합리주의적이고 낙관주의적인 관념론자들에 대해 증명한 것처럼 쉽사리 단순한 힘을 이성의 궁극적인 '이성'으로 삼는 공포정치로 변하게 된다. 마르크스적 합리주의는 권력을 장악한 곳에서 이 점에 대한 소렐의 시각을 완벽하게 확인해주고 있다.

그러므로 이성의 모든 단언은 개인적인 고정관념과 철학자 측의 선택을 전제로 한다. 이성이란 자명한 것이 아니라 인간과 함께하는 것이다. 합리주의 철학자는 이성에 내기를 걸었다. 그는 이성이 존재의 척도를 제공한다는 것을 인정한다. 게다가 실현된 작품이 여전히 미완성으로 남아 있게 됨에 따라 합리주의 철학자는 차후에 있게 될 지식의 발전을 앞질러간다. 합리주의 역사철학은 이성의 이름으로 역사의 종말 자체를 규정한다. 랄랑드의 개념에 의하면, 구축된 이성은 구축하는 이성의 의미를 복원할 수 있도록 허락하며, 그렇게 함으로써 자신의 완성의 끝을 예언할 수 있도록 한다. 랄랑드는 다음과 같이 언급하고 있다. "물리적 반응이 항상 전체와의 관련 속에서 엔트로피를 증가시키고 에너지를 균질화하는 방향으로 이루어지는 것과 마찬가지로, 왜 이러한 변화들은 사람들이 그 방향을 정할 수 있는 일련의 과정 속에 정돈될 수 없을까?"[89]

의문형으로 된 이 이상한 텍스트는 비유를 이성으로 만든다. 이 텍스트는 랄랑드의 철학 자체라고 할 수 있는 온갖 자연철학을 전제로 하는데, 그 철학은 진화의 형이상학과 대립되며, 사회도덕과 민주정치와 연결되어 있다. 이것은 아주 관대한 개념으로서, 비록 수십 년 전부터 여러 사건들에 의해 그럭저럭 확인된 것이기는 하지만, 저자의 독특한 선택을 보여주고 있다. 비록 이성이 보편화의 모습으로 나타나지만 이러한 사상 속에는 뭔가 비합리적이고 초합리적인 것이 있다. 왜냐하면 이 사상들이 모든 사람들을 연결하지는 못하기 때문이다. 개인적인 기질을 반영하고 있는 현대의 모든 합리주의에 대해서도 동일한 반박을 할 수 있을 것이다. 가령 브룅슈비크의 사고는 과학적 지성이 현실 전체를 껴안을 수 있다는 믿음에서 출발한다. 이처럼 인간 현실과 실증적 명료함의 통합은 브룅슈비크라는 위대한 인물의 온갖 섬세함을 풍요롭게 함으로써 과학주의의 영감을 연장한다. 수학적인 인식이나 동일한 유형의 인식이 인간과 신, 선과 악을 설명할 수 있다고 주장할 수 있을까? 그러한 인식이 장차 인류공동체가 직면한 온갖 어려움들을 해결할 수 있을 것인가? 브룅슈비크는 그렇게 믿었지만, 아주 존중할 만한 이러한 믿음은 다른 사람들과 공유되지 않을 수도 있다. 그러한 믿음은 이성의 특권에 의해 부과되는 것이 아니다. 또한 현대사의 흐름 자체는 브룅슈비크에 영감을 불어넣었던 진보에 대한 낙관적인 믿음에 어느 정도 대립되는 것처럼 보인다.

그러므로 합리주의의 존재론적인 존재 파악은 피해갈 수 없는 가치판단과 부합한다. 이성의 진영은 항상 여러 진영들 중 하나이다. 그러므로 이 진영의 편을 들어야 한다. 게다가 사람들은 그것을 위해 자신을 드러내는 이성을 정의해야 하는데, 이는 다른 가치판단을 함축하고 있다. 부트루가 지적하는 것처럼, 과학이란 자족적인 것도 자율적인 것도 아니다. 과학이란 "존재를 전제로 하고 있다. 하지만 과학이 그 존재를 대신할 수는 없다."[90] 마찬

89. 랄랑드, 『이성과 규범』, 1948, pp. 18~19.
90. 부트루, 『프랑스 철학회지』, 1909, p. 37.

가지로 이성 또한 가치를 대신할 수 없는데, 그것은 가치란 "신앙의 대상이기 때문이다. 또한 이성이란 하나의 위험, 하나의 모험, 일종의 논리적인 부조리를 함축하고 있다"[91] 인간의 최후 목표, 즉 인간의 가장 고상한 요구를 양식화하는 최후 목표들은 다른 것으로 환원될 수 없다. "의무, 이상, 사랑 등의 개념은 인간생활에 심오한 이원론을 도입하는데, 그것은 자연이라는 관념과 단순하고 순전한 이성에 대한 관념과는 별개의 것이다."[92]

게다가 이성의 개인적인 상대성이 혼자서 문제시되는 경우는 없다. 우리가 이미 살펴본 대로, 이성이란 항상 역사 속에 나타난다. 부트루의 말대로 "경험을 해석해내기 위한 계속적인 교육과 이성의 형성이 바로 인간 오성의 역사가 우리에게 보여주고 있는 것이다."[93] 이성의 역사성은 이성이 연대기에 의존한다는 것을 의미하지 않으며, 그렇다고 해서 철학자의 존재 파악이 절대 속에서 실현되지 않는다는 것을 의미하지도 않는다. 소크라테스가 감옥 속으로 물러나고, 몽테뉴가 탑 속에 칩거하고, 데카르트가 훈훈한 방으로 칩거하고, 스피노자가 작업장에 묻혀 살았을 때, 이들 각자가 세상으로부터 완전히 떨어져 살았던 것은 아니다. 그들 각각은 여전히 자신의 시대라는 상황 속에 머물러 있었으며, 어떤 정해진 문화적 맥락 속에서 자신을 인식하고 있었다. 몽테뉴의 상아탑은 동시에 그의 서재이기도 했다. 이성을 생성하고 그것을 지탱하는 명증함은 사회적 배경 속에 각인되어 있다.

고독한 사고란 존재하지 않는다. 물론 우리는 전체성과 절대를 목표로 할 수는 있지만, 우리가 그렇게 하는 것은 언제나 우리가 처한 환경 속에서 미리 확립되어 있는 확실성에서부터 출발한다. 지배적인 관념에 대한 반항 자체는 이러한 종속성을 비난하기만 한다. 번창하는 철학자들이 있고 쇠퇴하거나 위기나 혁명적인 상황에 처한 사상가들이 존재한다. 그들의 사고는 그것이 형성된 시대의 고유한 가치 기준을 나타내고 있다. 마찬가지로 시간과

91. 같은 책, p. 33.
92. 같은 책, p. 35.
93. 『프랑스 철학회지』, 1907년 1월 31일, p. 150.

상관없는 이성이라는 이름으로 아리스토텔레스나 아우구스티누스 같은 사람들이 노예제도를 인정했다고 해서 분개하는 것은 터무니없는 짓이다. 노예제도란 그들의 시대에는 당연한 것이었다. 그러한 당연한 사항은, 현실의 의미를 왜곡하는 회고적 시각에 의해서가 아니라면 객관적으로 문제 될 것이 없다. 이와 마찬가지로 데카르트와 같은 사람은 절대로 마르크스주의자가 될 수 없으며, 비유클리드 기하학이나 양자물리학을 고려하지 못했다고 해서 칸트를 비난할 수 없는 노릇이다. 현실을 직접적으로 포착하는 데 있어서 우리는 더이상 중세인과 같은 명증을 지니고 있지 못하다.

이상의 하늘은 인간의 대지와 따로 떨어져 있지 않다. 개인적인 단언 자체는 기성가치의 사회적인 각인을 참조한다. 합리주의 철학자의 이성은 그 이성이 개입하는 지적이고 문화적인 순간에 의존한다. 이런 점에서 볼 때, 사람들은 랄랑드의 합리주의에서부터 바슐라르의 합리주의에 이르기까지 과학적이고, 의심할 여지 없이 사회적이며 정치적인 세대의 간극이 존재한다고 말할 수 있을 것이다.

하지만 여기서 하나의 의문이 생겨난다. 만약 이성이 진화한다면, 이성은 철학이 전통적으로 자신에게 부여하는 초월적인 중재기능을 맡을 수 없게 될 가능성이 있다. 이 경우 사람들은 사회적 유형의 일종의 상대주의로 이어지고 그렇게 됨으로써 다소 완전한 형태의 회의주의로 이어질 것이다. 이성이란 각 시대마다 지성에 대해서 이미 확립된 관습의 총체에 불과하게 될 것이다. 시대가 달라지면 관습도 달라진다. 다른 모든 것과 마찬가지로 이성 또한 유행에 뒤떨어지게 된다. 『반(反)뒤링*Anti-Dühring*』 속에 나타나는 엥겔스의 이상한 단어는 마르크스주의 비평의 이름으로 고전적인 합리주의의 장송곡을 읊조린다. "이성이란 부르주아 계급의 이상화된 통치에 다름아니었다."

이성의 역사성은 이성을 인간 현실에서의 부재로 간주하는 사람들 사이에서만, 그리고 이성이 영원한 것이거나 그렇지 않기를 바라는 사람들 사이에서만 이성의 부정이 된다. 여기서 영원성이란 도피의 승화된 개념에 불과할 따름이다. 사실 이성이란, 그것이 지적인 뼈대를 전달하는 사회, 제도, 문명과 같은 정도로 유연한 것이다. 이성만이 요지부동이고 하늘과 땅은 변화할 수 있다고 믿는 것은 터무니없는 일이다. 이성이란 바로 인간을 하늘과 땅 사이에 위치시키기 위한 시도이다. 사고의 균형은 그 사고가 우리를 그 속에 위치시키는 것을 기능으로 하고 있는 세상과 동시에 새로워져야 한다. 하지만 이러한 변화가 제멋대로 이루어지는 것은 아니다. 그것은 항상 인간 존재를 구축하고 있는 통일성에 대한 소명을 드러내며, 그렇게 함으로써 결국 그것만이 유일하게 역사에 의미를 부여하는 인간의 기준을 전제로 한다.

그러므로 주지주의가 범하고 있는 실수는 아마도 인식의 무류성과 자기 자신이나 자신의 본질적인 명료함을 통해서만 특권을 얻게 되는 신이 부여한 이성을 지켜나가는 일일 것이다. 사실 지적 활동은 세계 내적 존재를 이루고 있는 요청과 실존의 장소 자체 사이에 일종의 매개를 실현한다. 구체적인 이성은 본질적인 가치들을 그 구조로 삼고 있다. 이성은 인간사회를 위해 자신의 기준대로 하나의 환경을 창조해냄으로써 그 가치들을 양식화하고 그들의 위치를 설정한다. 그러므로 주지주의의 무상적인 이성에 행동적이고 실용적인 이성이 대립된다고 보아야 할 것이다. 하이데거의 멋진 표현에 따르자면, 존재론이란 "인간 현실의 존재를 구성하고 있는 것이 무엇인지를 드러내는 것이다."[94] 이러한 구성은 행동과 사고의 층위에서 표현된다. 그 구성은 자체로는 행동도 사고도 아니다. 그러므로 그 구성은 구조적인 성격을 가져야 한다. 이렇게 해서 우리는 인간에게 그 본질적인 가치들을 규정해주는 현실의 원형들을 참조하게 된다. 그 가치들은 인간 존재의 관절들이며, 온갖 표현들을 정당화시켜주는 것이다. 고정관념이 없는 실존이란 존재할 수 없다. 왜냐하면 실존 그 자체가 이미 세계 내적 인간의 기본적인 고정

---

94. 하이데거, 「칸트와 형이상학의 문제Kant und das Problem der Metaphysik」, 코르뱅Corbin 역, 『형이상학이란 무엇인가?*Qu'est-ce que la Métaphysique?*』, N.R.F., 1938, p.212.

관념이기 때문이다.

그러므로 이러한 존재론적인 조망 속에서 사람들은 과학과 주지주의적인 이성의 불충분함이 어디서 생겨나는지를 감지하게 된다. 어떠한 전제사항 없이 인식을 무난히 이끌어나간다는 것은 불가능하다. 모든 인식은 인간 존재의 구조 자체에 부합하는 기존의 명료함을 다시 끌어모아야 한다. 게다가 순수이성의 불충분함을 인정한다는 것이 지적 원리에 대한 거부를 의미하는 것도 아니며 순전히 비합리주의에 의뢰하는 것도 아니다. 사실 추상적 이성의 부인은 인간의 여러 특권들 중 하나인 설명과 지식에의 요청을 구하는 수단이다. 달리 말하자면, 이성이 인간적인 가치의 차원을 포기한다면 그 가치를 다른 것에 남겨주게 된다. 이런 다른 가치들은 온갖 비판을 거부한 채 협잡꾼이 되어버린다. 우리는 이것을 여전히 생생하게 살아 있는 신비주의에서 확인할 수 있다. 그와 동시에 이성은 자신을 무용지물로 만들어버리는 분리주의자로 낙인찍음으로써 그만큼 빈약해진다.

그러므로 이성과 신화 사이의 대립은 근본적인 것이 아니다. 아마도 인간 인식이 지닌 최고 형태의 현실성을 느끼도록 해주는 화해가 가능할 것이다. 신화와 이성 사이의 최초의 접촉은 무엇보다도 전투이다. 이성은 신화의 지나침을 검열한다. 이성은 선사시대의 신화의 지배를 마감함으로써 신화가 정상궤도를 벗어나지 못하도록 한다. 또한 만약 신화가 이러한 여과장치에도 불구하고 살아남는다고 해도, 비판적인 이성은 항상 대략적인 특수한 진리라는 양상이나 칸트적 의미의 신앙의 차원이라는 양상으로 그것을 한정한다. 사실 칸트에게 '믿음Glauben'은 '앎Wissen'의 부족함을 넘어서도 지탱된다. 이처럼 비판에 의해 인정되고 확인된 신화는 이성에 대해 아주 중요한 의미를 띤다. 신화는 이성 최초의 토대들이나 최후의 종말이 문제 될 때마다 항상 개입하게 된다. 그것은 인식의 완전한 사용을 위한 가능한 유일의 지평이다. 신화는 필연적으로 이성의 한계를 지적해주며, 이성에 종말론적인 의미를 부여하고 있다. 결국, 이성이 실존 속에서 자리잡을 수 있도록 해주며, 이성을 전체성 속에 자리잡을 수 있게 해주는 것은 바로 신화적 의식이다. 이성을 혼자 내버려두었다가는 현실세계에 발을 붙이지 못하고 추상 속에서만 머물러 있을 것이기 때문이다.

7. 신화와 철학

그러므로 철학은 신화적 의식과의 관계를 단절해서는 안 될 것처럼 보인다. 반성적 사고의 탄생은 철학으로부터 독단적인 유효성을 앗아갔으며, 철학을 어느 정도 제도적인 우위로 축소했다. 다시 말해 합리적인 비판을 함으로써 이성을 제한해버린 것이다. 칸트에게 있어서, 비판적인 검열이 형이상학적인 요청에 종말을 고하지 않았던 것과 마찬가지로 신화의식 또한 오성의 유희를 넘어서서 근본적인 역할을 여전히 지켜오고 있다. 신화적 의식은 엄밀히 말해 신화의 형태로 나타나는 것이 아니다. 왜냐하면 모든 형태화는 불충분할 뿐만 아니라 오류투성이로 나타나기 때문이다. 의미는 이미지보다, 그리고 의도는 표현보다 우세하다. 이와 같이 본질적인 것으로 축소된 신화적 의식은 인간 형태의 근원이나 우리의 확인에 최후의 원칙으로 개입한다. 신화적 의식은 세계 내적 존재의 조정자로서 가치들의 의식과 동일시되려 하며, 모든 사고의 방향을 설정해주고 있기 때문에 사고의 직접적인 포착에서 벗어난다. 만약 신화학이 최초의 형이상학이라면, 형이상학은 제

2의 신화학으로 이해되어야 한다. 가치의 개입은 인간이 세계와의 관계를 유지하도록 해주며, 인류학과 우주론으로 하여금 인간 조건을 규정하고 있는 초월적인 원칙에 공통적으로 따르면서 서로 통합되도록 해준다.[95]

반성적 사유가 지성의 미묘한 운동이 되는 것은 수단에 불과한 것을 목적으로 취하는 궤변론적인 타락을 통해서만 가능하다. 진정한 의미의 철학의 출발점은 경이나 감탄과 고뇌 속에 존재한다.[96] 실존 속에 하나의 균열이 생겨나게 되면, 의심과 우유부단의 틈을 메워야 한다. 사고는 무질서에 질서를 부여한다. 이러한 질서는 정신의 무상적인 놀이가 아니라, 세계에 관한 명령이자 인간 속에 존재하는 명령인 존재의 총체성과 관련된다. 아무리 단순하다고 하더라도 모든 인간들에게, 세계 내에서의 자신의 위치나 자신과 세계의 일치에 대해서 스스로 어떻게 정당화시켜나가고 있는지를 보여주는 기본 원칙들을 철학이라고 부른다. 투박한 것이든 세련된 것이든 반성적 사유가 찾고 있는 것은 항상 자신과 자신, 자신과 타인, 자신과 세계 사이의 평화 상태이다. 그것은 그에 대한 믿음을 통해서 인간이 자신의 환경 속에서 편안하게 지내게 되는 존재론적인 방향 설정의 원칙이다.

이런 점에서 보자면, 철학의 기능은 신화의 기능과 다르지 않다. 헤라클레이토스에서 데카르트와 칸트로 이어지는 사상가들의 작품에 영감을 제공하고 있는 것은 동일한 의도이다. 문제는 하나의 유희로서가 아니라 실존적인 의문으로 개입하며, 또한 사상가 자신에 대한 문제제기로서 개입한다.

---

95. G. 귀스도르프, 「형이상학과 인류학Métaphysique et Anthropologie」, 『형이상학과 도덕 논집』, 1947 참조.

96. 아리스토텔레스, 『형이상학』, A2, 982 b, 트리코Tricot 역, Vrin, 1933, 제1권, pp. 8~9: "오늘날에도 그렇지만 초기의 사상가들로 하여금 철학적으로 사유하도록 강요한 것은 경이로움이었다. 처음에 그들을 놀라게 한 것은 가장 뚜렷한 형태로 나타나는 난관들이었지만, 나중에 그들은 이런 식으로 조금씩 나아감으로써 달의 현상이나 태양이나 천체 현상들, 결국 우주의 기원과 같은 더 중요한 문제들을 풀어보게 되었다. 어려움을 인식하고 놀라는 것은 자기 자신의 무지를 인식하는 것이다. 그렇기 때문에 신화를 사랑한다는 것은 결국 자신이 철학자라는 것을 보여준다. 그것은 신화라는 것이 경이로움으로 이루어져 있기 때문이다."

세상과 시간 속으로 사라진 인간은 주어진 상황 속에서 돌파구를 찾아야 하며, 무한한 우주 속에서 자신의 위치를 확립해야 할 필요가 있다. 신화는 인류공동체가 자신의 환경에 영적으로 적응하기 위한 최초의 형태이다. 그것은 세상에 대한 최초의 해석이자 공간과 시간 속에서의 최초의 자리잡음을 제공한다. 일단 최초의 공동체적 일치와 단절된 사상가는 반성의 증가된 수단들과 더불어 자신의 위치를 확립하기 위한 인간의 시도를 자기 식으로 다시 다루게 된다. 이 경우 위험한 것은 이성이 명백한 탈출 가능성으로 제시된다는 사실 속에 있다. 담론세계가 구체적인 실존세계를 대신하며, 인간이 현실 속에 뿌리내리는 것은 하나의 우연이나 오해로 통하게 된다.

게다가 합리주의 사상가의 탈육화는 중대한 문제를 해결해주지도 않는다. 철학자는 하나의 실존을 두 개의 분신으로 이끌어가게 될 것이다. 즉 정신은 다른 곳이나 도처에 존재하지만, 유기적인 조직이나 실존은 반드시 어느 한 곳에 위치하고 있다. 보편세계의 추상적인 시민은 그 삶이 환경이나 시대의 고유한 리듬에 따라 특별한 지평 속에서 전개되고 있는 구체적인 개인이기도 하다. 사고의 통일성이 순수 이성에만 의존하는 것이라면, 실존의 통일성은 관습에 의해, 다시 말해 기존의 신화로부터 받아들여진다. 왜냐하면 놀라운 만남은 순수 이성으로 하여금 관례적으로 흐르는 주변환경의 리듬을 따르는 실제적 삶의 행위를 거의 항상 아무런 어려움 없이 포기하도록 하기 때문이다. 몽테뉴나 흄의 그것처럼 지성의 차원에서 아무리 대담한 주도권이라고 해도, 결국 있는 그대로의 문화가 지니는 기존의 사실을 비준하게 된다.

그러므로 실존적인 사고는 현실과 진실의 유리를 거부할 때 더욱 정직해지며, 세계 내적 상황에 처해 있는 인간의 위상, 다시 말해 어떻게 해서라도 자신의 실존 조건을 고정하고 있는 세계에 대한 예속 상태에서 벗어날 수 없다는 인간의 위상을 규명하고자 할 때 더 정직해진다. 여기서 중요한 것은 과거와 미래의 지평 사이에서 펼쳐지는 구체적인 역사의 흐름을 따르고 있는 어떤 존재의 삶의 흐름을 따라가는 것이다. 세계 내에 끼어드는 형태들은 그 강조된 의도가 희망이나 후회, 힘, 야망, 사랑의 신화라는 형태로 의식에 주어지는 삶의 형식에 부합하고 있다. 분산되어 있는 여러 가지 요소를 다시 모으고, 우리의 삶뿐만 아니라 타인들의 삶과 심지어 공동체의 삶에 의미와 형상을 부여하면서 구체적인 실존의 통일성을 이루는 것이 신화적 의식이다. 결국, 신화적인 의도가 세계 내적 현존의 여러 양상들을 규정하고 있기 때문에 신화가 없는 세계는 더이상 인간의 세계가 아니라고 할 수 있을 것이다. 신화들의 원천으로서의 가치의식은 인간적인 의미 작용의 잠재적인 목록을 이루고 있으며, 인간이 자연 속에 자리잡으면서 자연에 덧붙이게 되는 것의 총체를 이루고 있다.

게다가 위대한 철학체계들 또한 기성의 가치들이 보여주는 우연에서 벗어나 단지 관념적인 필요성에 따라서만 자신을 확립한다고 주장해도 아무 소용 없는 일이다. 우리는 그러한 철학체계 안에 여전히 살아 있으며 순수 이성의 기준에 의해 전혀 사라져버리지 않고 있는 신화적인 의도를 별 어려움 없이 재발견할 수 있게 될 것이다. 아무리 위대한 체계라고 하더라도 여전히 그것은 문화와 국민적·종교적·영적 전통 전체에 종속되어 있다. 그럼에도 불구하고 스스로 절대적으로 타당한 것이 되고자 하는 체계의 기원에 대한 의문은 여전히 유익한 것이다. 플라톤은 오르페우스적이고 피타고라스적인 신비에 관한 분석이나 그들을 넘어 이집트나 심지어 인도에 관한 분석에서도 나타난다. 데카르트는 중세의 스콜라 철학을 연장시켰으며, 한편으로 보자면 사람들은 그에게서 다양한 신비주의적인 영향의 흔적들을 찾아낼 수 있었다. 스피노자는 유대교와의 분쟁에도 불구하고, 히브리 전통에 많은 것을 빚지고 있다. 전적으로 경건주의로 성장한 칸트의 정신성은 루터의 사고의 조망 속에 각인되어 있다.

하지만 신화는 단지 체계가 결정화되는 지적 환경으로만 주어지지 않는다. 그것은 또한 철학적 시도의 중심부에 놓이게 되어 그러한 시도가 지닌 야망을 정당화하고 그러한 시도를 살찌운다. 사실 사람들은 존재에 대한 모든 이해와 포착은 우리를 반성적 의식에서 가장 고상한 형태의 신화적 의식으로 되돌려놓는다고 말할 수 있다. 존재는 스스로 정당화되지만 이성은 모든 것을 정당화하면서도 정작 자신은 정당화하지 못한다. 단순한 정신의 움직임으로 환원시킬 수 없는 필연성에서 생겨난 가치의식에 의뢰하지 않고는 어떠한 존재론도 존재할 수 없다. 그러므로 모든 형이상학의 토대를 이루고 있는 최초의 명증함은 존재의 고정관념을 드러낸다. 각각의 철학의 기원에는 위대한 야망과 갈망이 있어서 지성의 의기양양한 역동성에 생명을 불어넣고 있다. 철학자는 분명 진리를 찾는 인간이지만, 그 진리는 자신의 진리이며 자신의 불안감에 대한 진정이며 자신의 완성을 향한 고유한 길이다. 사상가의 작업은 새로운 세계를 창조해내면서도 자신의 운명의 의미를 고통스럽게 해독해내기만 하는 예술가의 작업과 다르지 않다.

존재에 대해 온갖 초논리적인 정의를 거부하게 될 사고는 '그러니까 그렇다' 라는 정도에서 만족해야 할 것이며, 즉시 그리고 도처에서 부조리에 직면하게 된다. 그러한 사고는 존재론적인 지평의 결여로 질식할 것이다. 신화적인 의도는 사고 환경을 행동 환경으로 묘사한다. 신화적인 의도는 각각의 단언에 그것이 없이는 현재의 모습에서 그치게 될 종말론적인 결과를 제공하면서 초월적인 곳에 있는 존재를 지향한다. 철학자의 주된 직관, 다시 말해 철학자의 위대한 계획에 통일성을 부여하는 독특한 사고는 항상 주어져 있고 항상 거부되는 충만함을 지향하는 목표에 부합한다. 그러므로 철학자의 직관은 본질적으로 신화의 역할인 전체성에 대한 도입 역할을 한다. 분명히 말해 이 경우, 그 역할은 더이상 질료로서 주어지지는 않을 것이다. 아니면 차라리 그것이 질료로서 주어질 때마다 부인될 것이다. 칸트의 명료한 성격의 채택이라는 신화처럼, 플라톤의 운명의 선택이라는 신화는 이성적으로 설득력이 없다. 하지만 신화적인 의도는 훨씬 더 강하게, 사고를 완전하게 이용하기 위한 요구와 목표와 야망으로 존속하게 된다. 비판철학은 이미지들을 거부할 수 있다. 하지만 비판철학은 근본적인 리듬이자 체계에 대한 최후의 정당화들인 관념들을 거부할 수는 없다. 또한 우리가 이미 살펴보았던 것처럼, '자아' '세계' '신' 이라는 전통적 형이상학의 대상들은 인식의 팽창을 위한 자료들이 아니라 그 의미들이며, 이성의 내용이 아니라 그 형태들이다. 그런데 이성은 최초의 가치의식에 따르면서 존재가 지니고 있는 존재론적인 도식에 대한 한정으로 개입한다.

그러므로 체계를 뒤집어놓음으로써 체계들에 대해 가능한 하나의 해석을 내릴 수 있다. 그 해석은 그 체계들이 전제로 내세우고 있는 가치들을 밝혀줄 것이며, 동시에 신화적인 의도를 그 기원에서 고려할 것이다. 그런데 신화적인 구조들은 계속해서 형이상학의 중심 주제들의 형성에 개입해왔다. 신화의 '대시간'은 고전적인 존재론의 영원 속으로 연장된다. 즉 플라톤이나 스피노자 같은 사람에게 구원은 인간을 일상적인 시간의 흐름으로부터 일시적인 것을 확고히 해주고 정당화하는, 영원한 것이 드러내고 있는 초월적인 부동성으로 나아가게 하는 것이다. 데카르트가 말하는 확대된 실체는 신화체계의 '대공간'을 재발견한다. '대시간'과 '대공간'은 다시 하나로 합쳐져서 실제적으로는 그렇지 않다고 하더라도 법적으로는 최초인 관념세계의 골격을 이루게 된다. 그런데 관념세계의 특권은 칸트의 원형으로서의 '지성 차원'에서도 여전히 존속한다. 물론 오성은 가치들의 전체주의적인 요청의 매혹에 저항한다. 하지만 이러한 매혹은 여전히 쾨니히스베르크 파의 우두머리의 사고 자체에 온갖 위엄을 행사하고 있다. 게다가 이러한 매혹은 인간 사유에 신에 대한 완전하고 종말론적인 비전을 부여하는 데카르트, 말브랑슈, 스피노자, 라이프니츠와 같은 모든 위대한 사상가들에게는 인식의 최후 지평이다.

현실적인 것과 감각적인 것에 대한 관념적인 것의 우위는 존재론적인 의도를 규정하는 것으로, 새로운 가능성을 통해 신화를 풍부하게 함으로써 신화의 확고한 입장을 연장하고 동일한 요청에 부응한다. 가령 형이상학적인 '대시간'은 단지 과거로만 주어지는 것이 아니라, 역사철학의 탁월한 영역이 되어 미래로도 나타난다. 이렇게 되면 인류의 미래는 이성이 예언하는 약속의 완성으로 나타나게 된다. 인간적인 시간의 움직임은 진보를 통하여 실현되어야 한다. 은총의 지배라는 신학적인 테마는 모든 요청들이 완성되어 나타나게 될 충만한 시간에 도달해야 한다는 인류 교육 속에서 세속화된다. 기독교는 역사철학의 모델을 제공했는데, 그 모델은 스피노자, 콩도르세, 레싱, 칸트, 헤겔이나 마르크스 등과 같은 사람의 교의에 영감을 불어넣게 된다. 19세기에 꽃피웠던 사회사상은 보통, 시간 속에 나타나는 온갖 결함을 메우면서 시간을 소멸시켜버릴 시간에 대한 유토피아적 약속에 이르게 된다. 은총의 통치, 지성의 공화국, 영원한 평화나 계급 없는 사회의 도래에 의한 역사의 종말이라는 사상 자체 속에서도 축제라는 신화적인 주제는 발견된다. 그런데 우애의 도시가 여전히 희망과 예언으로 남아 있는 반면, 원시적인 축제는 항상 현존하는 현실이며 이미 승리를 잡은 시합이라는 사실을 언급할 필요는 없으리라. 철학의 '대시간' 은 단지 미래만을 지향하며, 축제라는 구체적인 범주를 따를 때에도 진보의 신화라는 도식에만 따른다.

이처럼 존재론의 커다란 주제들은 신화세계의 구조들이기도 한 구조들을 표현하고 있다. 온갖 가능한 형이상학으로부터 다양한 의미를 추출하며, 구체적인 이성의 기본 결합을 세계 내적 존재의 제1의미의 총체로 규정하게 될 하나의 공동체적인 유형론이 가능해 보인다.[97] 결합시키는 이성은 각각의 사상가들에게 개인적으로 영감을 불어넣는다. 이성은 사상가의 계획을 이루고 있다. 베르그송의 말대로, "철학자는 통일성을 향해 나아가는 것이 아니라 통일성에서 떠난다."[98] 그러므로 오성Verstand이란 종속기능만

97. 『판단력 비판 *Critique du Jugement*』이라는 기이하고도 모호한 텍스트는 칸트에게 있어서 신화의 교의와 관련된 것으로 보인다: "감각적 이미지로서의 모든 가정은 이중적이다. 하나는 '도식적인 것' 으로, 이는 사람들이 오성에 의해 포착된 개념에 그에 대응하는 직관을 선험적으로 부여하는 경우이다. 다른 하나는 '상징적인 것' 으로, 그것은 오로지 이성만이 인식할 수 있고 어떠한 감각적 직관도 일치하지 않는 개념에 대해 하나의 직관을 가정할 경우이다. 그러한 직관 속에서 사람들은 오성이 도식주의의 방법에만 유사한 방법을 사용한다고 가정하는 것이다. 다시 말해 직관을 위해서가 아니라 규칙만을 위해서 — 그러므로 직관의 내용만을 위해서가 아니라 형태를 위해 오성이 도식주의와 타협하게 될 경우이다"(지블랭 Gibelin 역, Vrin, pp. 172~173). 신화는 합리적인 의미가 감각적 질료 속에 드러나는 것이라고 정의된다.

을 지닌다. 오성의 명료함은, 엄격하게도 그 자체로는 표현을 위한 어떠한 노력으로도 환원될 수 없는 최초의 명료함과 관련지어볼 때 부차적인 것으로 남아 있게 된다.

이러한 단언은 위대한 형이상학자들 각각의 경우에서 확인될 수 있을 것이다. 델보는 『칸트의 실천철학』에 대한 뛰어난 저술에서, 철학자의 사유 속에서 실천적 요소와 비판적 요소에 필수적으로 부여되어 있는 '신비적'인 요소의 중요성을 지적하고 있다. "아마도 다소 순화된 형태로 모든 고상한 사변적인 시도에 존재하는 신비적인 요소는, 모든 분석적인 사유에 앞서 존재의 살아 있는 통일성이나 존재의 내밀한 공동체를 확인하는 것이다. 고립된 것이건 집단적인 것이건 어떠한 감각적인 경험이나 어떠한 논리적인 경험도, 그러한 확인에 대해 자신들이 형상화할 수 있고 또 그래야만 하는 정확한 표현을 우리에게 제공할 수 없을 것이다."[99] 우리의 입장에서 보자면, 델보가 신비적인 요소라고 부르는 것은 가치에 대한 신화적 인식과 칸트를 끊임없이 비판적 의식의 한계 너머로 이끌어가는 초월성에 대한 포착과 부합하고 있다. 이러한 경향은 『단순 이성의 한계 내에서의 종교』에 나타나는 플라톤의 쇄신된 신화에서뿐만 아니라 칸트의 전 작품이 따르고 있는 신, 자유, 불멸성, 신앙의 대상, 전체의 리듬 등과 같은 실천 이성의 가정들보다 더 순화된 신화 속에서도 확인된다.

하지만 신화적인 의도는 비판철학의 창시자에게만 특별히 나타나는 것은 아니다. 모든 위대한 사상은 관념의 서정주의와, 이미지와 양식을 초월의 리듬에 예속시키는 지적 관대함에서 생겨난다. 바로 이러한 역동적인 성격이 독자의 마음을 사로잡아, 독자가 자신에게 유사한 영혼의 특징을 지니고 있음을 알게 되면서 그를 한 사람의 추종자로 삼는다.

프랑스의 철학적 전통 또한 신화적 의도를 지니고 있다. 그것은 우선 프

---

98. 베르그송, 『사유와 운동』, Alcan, 1934, p. 157.
99. 델보 Delbos, 『칸트의 실천철학 *La Philosophie pratique de Kant*』, Alcan, 1905, p. 43.

랑스의 철학적인 전통이 기독교와 밀접하게 연관되어 있기 때문이다. 다시 말해 그 전통은 그것이 뚜렷하게 나타나 있지 않은 곳에서조차 그 영향력이 발휘되는 종교적 계시와 관련되어 있기 때문이다. 가령 데카르트의 경우가 그러한데, 브레이에는 이 점에 대해 다음과 같이 말하고 있다. "비록 데카르트 철학 속에는 종교적인 신화가 존재하지 않지만, 그의 사고 속에는 존재한다."[100] 게다가 내재성의 차원에서조차 철학자의 강한 낙관주의는 유효한 전제사항을 배반한다. 인간이 자연의 주인이자 소유자가 될 미래에 대한 약속은 마르크스의 메시아주의가 발견되는 인간 운명에 대한 파우스트적인 신화에 부합한다. 퐁트넬, 볼테르, 콩도르세 등 18세기 철학자들처럼, 신화에 대해 근본적인 비판정신으로 생기를 부여받은 신화에 가장 적대적이었던 철학자들은 대혁명을 통해 역사 속에 각인된 새로운 중심 개념의 선전자가 된다. 그 중심 개념에는 진보, 문명, 자유, 평등, 인간의 우애 등 이미 시대에 뒤처진 종교적 우상을 이어받도록 정해진 여러 신화들이 있다. 루소의 사회계약론과 진보의 신화에 대립된 쇠퇴의 신화 역시 아주 운이 좋은 편에 속한다.

19세기에는 공동체에 봉사하기 위한 가치들을 동원하는 사회적인 신화들이 꽃피게 된다. 생 시몽, 오귀스트 콩트, 푸리에, 카베[27] 등은 프랑스의 사회주의 사상을 인류의 발전을 위해 제안된 프로그램이라고 정의한다. 프루동 같은 비판정신의 소유자마저도 기존의 사상과 제도들을 파괴하려 할 때에는 반드시 가치들의 요점에 부합하는 더 나은 질서를 창조해낸다. 사람들은 조르주 소렐[28]이 비정통 마르크스주의의 조망 속에서 사회적인 신화 이론가가 되었다는 사실을 알고 있다. "커다란 사회운동에 참여하는 사람들은 자신들의 대의명분을 위한 승리를 확고히 해주는 전투적인 이미지로 다음 행동을 구상한다. 나는 노조의 총파업과 같이, 그에 대한 인식이 역사가들에

100. 「철학과 신화」, 『형이상학과 도덕 논집』, 1914, p. 369.
27) Etienne Cabet(1788~1856): 프랑스의 사회주의자.
28) Georges Sorel(1847~1922): 프랑스의 신문기자.

게 대단히 중요한 구조들을 신화라고 부를 것을 제안했다. 나는 원시기독교, 종교개혁, 프랑스 대혁명, 마치니[29] 파가 이루어낸 구조들을 신화의 탁월한 예로 들었다." [101] 사람들은 나중에 어떤 무서운 후예들이 정치적 신화의 인위적인 이론을 다시 취하게 되는지를 알고 있다. 이론가인 소렐은 레닌과 무솔리니에게 영감을 불어넣은 사람들 중 하나였다. 또한 히틀러의 국가사회주의는 '20세기 신화'에 대한 자신의 독특한 개념을 부과하려 할 것이다. 게다가 선전기법의 엄청난 발전은 많은 조각들로 만들어져서 인간에게 부과되는 집단적 재현들의 효율성을 증대시킨다.

오성의 비판적 검열을 잠식하는 신화의식의 일탈 자체와 착란 속에서도, 신화는 인간을 우주 속에 자리잡게 하는 기능을 그대로 지니고 있다. 황금시대와 실낙원의 주제는 지상에서의 신의 왕국의 도래에 대한 약속으로 변한다. 『러시아 공산주의의 원천과 의미 *Les Sources et le Sens du communisme russe*』에 대한 연구에서 니콜라이 베르다예프[30]는 소비에트 이데올로기가 어떻게 해서 정통파 신학에 접목된 기독교 유토피아라는 옛 전통을 연장시키고 있는지를 보여주었다. 문제는 여전히 온갖 현실의 의미를 결정짓는 원형들에 따라 인간적 시간을 근본적으로 정당화하는 것이다. 정치는 분노, 반항, 희망의 존재론을 따른다. 하지만 역사철학에 의해 이루어진 관점의 귀환 덕분에 고대 축제의 퇴행적인 이상향은 투사들의 열기를 불러일으키는 종말론적인 기다림 속에서 진보적인 이상향으로 변형된다.

사실, 현대의 신화는 점점 더 정치적이고 사회적인 성격을 띠어가고 있는 것처럼 보인다. 이것이 바로 우리 시대의 독특한 양상으로, 실증주의 예언가들을 실망시키는 것이다. 사람들은 계몽주의의 진보와 교육의 확산이 신화의 완전한 소멸을 초래할 것이라고 생각할 수 있었다. 그런데 신화는 사라지기는커녕 현대문명을 특징짓고 있는 새로운 표현수단에 힘입어 더욱

29) Giuseppe Mazzini(1805~1872): 이탈리아의 혁명가.

101. 조르주 소렐, 『폭력에 대한 사색 *Réflexions sur la Violence*』, Rivière, 1908, pp. 32~33.

30) Nikolai Berdyaev(1874~1948): 러시아의 철학자.

증식하는 것처럼 보인다. 카를 마르크스는 어떤 흥미있는 텍스트에서 신화의 팽창을 예견했다. 그는 언젠가 다음과 같이 지적한 적이 있다. "지금까지 사람들은 로마제국 치하에서 기독교 신화가 형성된 것은 아직 인쇄술이 발명되지 않았기 때문에 가능했다고 믿을 수도 있었다. 사실은 완전히 반대이다. 눈 깜짝할 사이에 전세계에 자신들의 발명품을 퍼뜨릴 수 있는 일간지와 전신의 발달은 단 하루 만에, 예전 같으면 한 세기 이상 걸려 만들어졌을 신화보다도 더 많은 신화를 만들어낸다. 그리고 부르주아의 무리가 그 신화들을 받아들이고 퍼뜨린다."[102] 주로 라디오와 영화가 신화의 확산에 기여했다. 또한 현대인에게는 원자폭탄 자체가 종말론적 신화의 가장 구체적인 형태이다.

게다가 현재와 같은 신화의 확장은 기술의 진보 자체와 연결되어 있다. 선사시대에 인간이 최초로 자신의 위치를 확립한 것은 엄밀히 말하자면 인간 세상의 창조였다. 아직 초보단계였지만 최초의 기술은 공동체의 물질적인 문제의 해결을 용이하게 함으로써 세상을 거주할 수 있는 장소로 만들어 주었다. 신화들은 영적인 배경을 이루고 있었다. 그것은 깨지기 쉬운 균형으로서 자신이 그 리듬을 존중하는 자연환경과 밀접하게 연관되어 있다. 아주 조그만 기후 변화도 종의 생존 자체를 위협했다. 살아남는다는 문제가 인간 노력의 대부분을 차지하고 있었으며, 문명은 정체되어 있었다.

기술은 수천 년 동안 아주 천천히 진보한다. 동서양의 인류는 역사적인 시간의 흐름과 더불어 조금씩 세계 내에서의 자신의 위치를 완성시켜나가게 된다. 인간은 자신의 실존 조건을 개량해나간다. 하지만 진보가 너무나 완만했기 때문에, 수세대에 걸쳐 인간이 불균형을 의식하지도 못하는 상태에서 진보가 이루어졌다. 자연의 형상은 별다른 변화가 없었으며, 직접적으로 해석할 수 있었고 항상 가까이에 있었다. 18세기 말엽부터 생겨난 현대적인 기술의 탄생은 변화의 리듬을 전복시켜버리게 된다. 그리하여 산업혁

102. 카를 마르크스, 「쿠겔만에게 보내는 편지 Lettre à Kugelmann」, 1871년 7월 27일.

명은 인류가 지금까지 동시에 경험했던 정신적인 전복 중에서도 가장 강력한 것으로서, 인류는 아직까지도 그 결과를 완전히 극복하지 못했다.

사실, 현대적인 기술은 더이상 자연적인 명증함을 존중하지 않게 되었다. 현대적인 기술은 토양의 기복에 따른 강물의 흐름을 변경시키고 동식물의 생체리듬과 계절의 변화마저도 변경시켜버림으로써 자연적인 명증함을 뒤죽박죽으로 만들고 그것을 제거해버렸다. 인간의 지리학은 단순히 물리적인 지리학으로 대체된다. 그러므로 기술은 원초적인 환경을 인위적인 새로운 환경으로 변형시켜버렸다. 그리하여 인간은 더이상 그러한 환경이 인류의 물리적이고 정신적인 건강에 부합한다는 확신을 가질 수 없게 되었다. 그만큼 기술적인 혁명은 영속적으로 변해가는 경향이 있으며, 그 혁명의 리듬은 점점 더 빨라지고 있다. 빙하기의 소멸이나 진행과 같은 지구의 지질학적 진화는 인류가 그에 적응할 시간적인 여유를 가질 만큼 지구상에서 진행되었다. 이에 반해, 기술적인 환경은 지구상에서 인간이 자신의 자리매김 자체를 문제삼을 정도로 빠르게 새로워지고 있다.

그러므로 현대인의 불편함은 인간이 자신이 창조해낸 새로운 세계에서 스스로 고통당하는 존재론적인 방향을 상실해버린 데 기인한다. 사람들은 세계 내에서의 인간 상황을 특징짓고 있는 위치 상실을 설명하기 위해 기계적인 야만 상태나 기술적인 정글이라는 말로 표현할 수 있게 되었다.[103] 통제할 수 없을 정도가 되어버린 기술적인 진보의 확산은, 인간으로 하여금 자신이 발명한 도구에 의해 영향을 받고 스스로 그 노예나 희생자가 되지 않을까 두려워할 수밖에 없는 애송이 마술사의 역할을 하도록 했다.

그런데 우리는 신화의 역할이 인간 세상에 하나의 의미를 부여하는 것이라는 사실을 살펴보았다. 이러한 기능은 세계가 일관성 없고 모호할수록 더욱 필요해 보인다. 세계가 자명하지 않게 될수록 더욱더 인간과 조화를 이

---

103. 조르주 프리드만Georges Friedmann, 『인간의 노동은 어디로 가는가? *Où va le travail humain?*』, N.R.F., 1951.

루어야 하며, 개인적인 동의라는 절망적인 에너지가 개입하여 시대의 불안을 메워주어야 한다. 바로 이 때문에 신화가 현재와 같이 증식하게 된다. 이러한 증식은 신화의 사회적 성격에 따른 것으로 보이며, 그것은 또한 개인의 운명이 진리가 확산되기에는 너무나 좁은 틀로 보이는 시대에는 불가피한 것이다. 현대인은 스스로 자신을 구원할 수 없다는 사실을 인식하고 있다. 마찬가지로 영혼의 분리주의와 순전히 영적 차원에서의 구원의 추구는 사물의 교훈 자체와 대립되어 보인다. 기술적인 요인에 의해 제기된 고통스런 문제들은 그것을 떠나서는 해결될 수 없다. 오늘날 사람들은 더이상 지구 재산의 분배문제를 무시할 수 없다. 영적인 구원은 모든 인간의 실존권과 분리될 수 없는 문제이다. 문제는 더이상 사상을 다루는 것이 아니라 마르크스가 힘주어 말하고 있는 것처럼 세상의 질서를 잡는 일이다. "철학자들은 다양한 방식으로 세상을 해석하기만 하는데, 중요한 것은 세상을 변화시키는 것이다." [104]

그러므로 현대의 사회적 신화는 예전의 유토피아보다도 더 물질적인 성격을 띤다. 그 신화는 과거가 아닌 미래를 향하여 나아가고 있으며, 신 중심적인 것이 아니라 인간 중심적인 것이다. 그것은 시간과 역사 속에 펼쳐진 가치이다. 그것은 또한 인류의 미래를 예언하고 있다. 그 신화는 활동적인 것이 되고자 하며, 정치경제학이나 법률 언어 속에 양식화되고자 한다. 그러한 신화의 예로는 국가사회주의, 연방주의, 세계 시민권, 유럽 신화와 인터내셔널의 다양한 신화, 과두지배와 기술지배, 또는 개발계획 등과 같은 것이 있다. 현대인의 일상생활은 기존의 무질서 속에서 질서를 바로잡으려는 역사철학에 봉사하는 지성과 의지들을 동원하는 구체적인 이데올로기 양식의 대량소비를 함축하고 있다. 게다가 평화의 신화는 현대인의 모든 갈망을 자신 속에 요약하고 있는 것처럼 보인다. 왜냐하면 평화는 더이상 단

104. 카를 마르크스, 「포이어바흐에 대한 논문 XI, Thèse XI sur Feuerbach」, 『독일 이데올로기*Idéologie allemande*』, 『철학전집 *Œuvres philosophiques*』, 제6권, 몰리토르Molitor 역, Costes, 1937, p. 144.

순한 정치협약으로 이해될 수 없게 되었으며 경제적·사회적 균형을 동시에 함축하고 있기 때문이다.

또한 어떤 시대에서건 인간의 질서는 신화적 지평에 따라 정의된다. 인류 전체 속에서의 인간의 위치는 집단의 운명에 틀을 제공하는 현실적인 동시에 비현실적인 거대한 재현에 의해 조절되고 있다. 고대사회는 제국의 신화에 입각해 있었는데 그 신화는 국가 지도자가 지켜나가고 있었으며 시인이 그 영감을 불어넣고 있었다. 중세사회는 교황과 황제가 그 방향을 두고 다투었던 정치적·종교적 로마니아[31]의 신화를 그 틀로 삼고 있었다. 르네상스 시대에 와서는 단절과 해방, 각성과 개혁의 신화가 개화하게 되는데, 르네상스라는 단어 자체도 신화적인 의미를 내포하고 있다. 고전주의 시대에 와서는 절대권력, 신권, 이성이라는 삶의 새로운 보조가 생겨나게 된다. 필리프 2세, 루이 14세, 부알로, 데카르트 등이 새로운 양식을 구현한다. 그런 다음 18세기에 와서는 계몽주의의 신화와 계몽전제주의나 혁명에 의한 해방의 신화가 생겨난다. 19세기에는 혁명의 유산으로부터 복고와 국민성과 사회주의라는 상호모순되는 신화들이 생겨난다.

계속 이어지는 중심 개념들은 자연스럽게 스스로에게 합리적인 정당성을 부여하며 교의로 양식화된다. 하지만 그 활력 자체는 그것이 주어진 시대의 영적인 지평을 규정한다는 사실에서 온다. 제도의 힘과 더불어 객관적인 정신을 이루고 있는 것이 신화이다. 인간은 자연환경 속에서가 아니라 역사 속에서, 문화적인 환경 속에서 살아간다. 신화는 주어진 어느 한 시대의 인간 현실의 중심 구조이다. 사람들은 경험의 내적인 맥락에 정신세계라는 단어를 부여했다. 어떤 철학자는 다음과 같이 지적하고 있다. "우리는 사고 이전의 사고, 가장 개인적인 사상이 강제로 뿌리내리고 있는 정신적인 부식토, 범주와 가치의 본질적인 도표, 한마디로 말해 우리의 환경에 의해 우리에게 부과되며 우리의 판단을 규제하는 이러한 함축적인 가정들의 총

31) 로마에 예속된 국가라는 의미.

체를 이런 이름으로 부른다. 그러한 원칙들을 발견하기란 어려운 일이다. 원칙들은 은밀한 상태로서만 표현되기 때문이다. 결코 공공연하게 나타나 본 적이 없기 때문에, 이러한 원칙들은 학파들 간의 논란의 대상이 아니다. 동시대에도 종종 양극을 달리는 당파들이 그 원칙들을 똑같이 수용하게 된 경우가 있다. 그런데 바로 이것이 그 두 당파를 중개하는 것이다."[105]

여기서 신화는 합리주의적인 교의와 사고가 전면으로 부각되는 하나의 배경처럼 보인다. 하지만 겉으로 드러나는 합리적인 명료함은 문화적인 풍경 속에서 주어지는 신화적인 성층의 함축적인 명료함을 참조한다. 그리하여 신화는 아무리 추상적인 체계화에 대해서도 자신의 영향력을 드러낸다. 기통[32)]의 말에 의하면, 정신세계는 "아무리 평범한 개념들이라도 채색한다. 변화, 시간, 장소, 움직임, 인과성, 실존, 존재 등의 관념은 비록 동일한 용어에 의해 논리적으로 규정될 수 있다고 하더라도 결코 동일한 방식으로 인식되지 않는다. 이러한 관념들은 시대나 학파에 따라 독특한 차이를 보여주고 있다."[106] 그러므로 한 시대의 여러 가지 기준에 부합하는 개념들 사이에 신화적인 침투가 존재한다. 기성의 사고가 움직이는 사고 위에서 주어진 언어로 반영되는 것이다.

이와 같이 살아 있는 신화의 임무는 공동의 의미를 구성하는 것이다. 신화는 잘 통합된 사회의 안정을 보장해주는 자연화되고 현실화된 가치들의 총체에 대한 표현으로 주어진다. 고대 그리스사회는 건축가와 조각가와 시인의 위대한 작품들이 보여주고 있는 영적인 파노라마 속에 위치한다. 이와 마찬가지로 중세사회 또한, 성당에서의 예배라는 틀과 사고에 대한 스콜라 철학자의 틀, 교회 앞마당에서 행해진 신비의 틀 등과 같이 보편적인 동의의 지평을 규정하고 있던 기독교 신화 속에서 자신의 균형을 발견했다. 그

---

105. 기통, 『플로티노스와 성 아우구스티누스의 시간과 영원성 *Le Temps et l'Eternité chez Plotin et saint Augustin*』, Boivin, 1933, pp. XII~XIII.

32) Jean Guitton(1901~1999): 프랑스의 가톨릭 철학자.

106. 같은 책, p. XIII.

시대는 모순되는 요청이 드물게 나타나는 분열도 양심의 거리낌도 없는 시대, 공동체의 시대였다.

이러한 통합의 시대를 특징짓는 것은, 지배하는 신화가 있는 그대로 알려지는 일이 드물다는 것이다. 게다가 사람들이 경멸적인 뉘앙스를 가지고 신화라고 부르는 것은 보통 자신은 닫혀 있으면서 타인에 대한 확실성을 구하려는 것과 같다. 가톨릭 교도와 공산주의자는 각각 상대의 신앙에 대해 귀를 막고 있으면서 자신을 기꺼이 신화광으로 취급한다. 사람들이 살아가고 있는 사회의 토대 구실을 하는 신화들을 규명하는 것은 항상 어려운 일이다. 그러한 작업은 단절과 복수성의 시대에 시도되었다. 볼테르는 프랑스에 휴론인[33]을 파견했고 몽테스키외는 페르시아인[34]을 파견했다. 새뮤얼 버틀러[35]는 자신의 에레혼[36]에 대한 간접적인 비판을 실현했다. 하지만 신화를 거부하는 사람은 양심상의 반대자의 모습을 띠게 되며, 그의 노력은 그것이 불러일으키는 반응 자체에 의해 신화가 인간 질서에 그 사회적인 구조와 정신적인 구조를 부여한다는 사실을 보여준다. 신화는 기본적인 가치들의 보관소이다.

특히, 이렇게 해서 철학적인 사고의 형성에서 신화가 행하고 있는 역할의 중요성이 정당화된다. 신화는 객관적인 정신의 밑그림, 기존 언어의 추(錘), 이미지들과 지정된 삶의 양식에 대한 무기력으로 개입한다. 그와 동시에 신화는 사상가의 능동적인 고정관념, 그의 고유한 서정성의 창의적인 결정, 그의 재능에 대한 확인으로서 개입한다. 논리적인 필요성과 논쟁적인 명료함

---

33) 볼테르의 「순진한 사람 혹은 휴론인」이라는 콩트에 등장하는 북아메리카 인디언으로 '선한 야만인'을 상징한다.

34) 몽테스키외는 『페르시아인의 편지』에서 페르시아인의 눈을 통해서 프랑스의 관습을 비판하고 있다.

35) Samuel Butler(1835~1902): 영국의 소설가. 작품으로 『에레혼, 혹은 한계를 넘어』 『에레혼으로의 새로운 여행』 등이 있다.

36) 새뮤얼 버틀러의 소설에 등장하는 가공의 장소로서, nowhere(어디에도 없다)의 철자를 거꾸로 배열하여 만든 이름이다.

이란 지적인 형태화를 위한 놀이 규칙만을 가져다줄 따름이다. 하지만 충만함 속에서 드러나는 인간의 통일성이란 의식적인 것이건 무의식적인 것이건 항상 다른 차원에서 이루어진다. 타인을 이해하고 우리 자신을 이해한다는 것은, 항상 운명의 의미를 받아들이며, 과거에서 미래로 향하는 움직임 속에서 나타나는 유효한 단언의 내밀한 발걸음을 받아들인다는 것이다.

결론

그러나 신화적 의식과 반성적 의식 사이에서 선택의 문제란 존재하지 않을 것이다. 대립 상태는 화해 속에 용해될 수 있는데, 그것은 인간의 위치확립의 두 가지 구성요소가 서로 보완적인 관계에 놓여 있기 때문이다. 반성적 사유의 역할은 기본적으로 비판하는 것이다. 신화의 제국주의는 공동체를 아주 심각한 위험에 노출시킨다. 이런 차원의 유혹을 피하려 하는 것이 비판의 몫이다. 하지만 비판 자체도, 어떤 권위가 정당화된 것으로 보일 때, 그리고 그 권위가 인간 소명의 진정성을 재발견하게 될 때, 심오한 권위에 복종해야 한다.

그러므로 신화적 의식은 전혀 이성에 대한 거부를 의미하는 것이 아니다. 차라리 우리가 보기에 신화적 의식은 이성이 더 폭넓어지고 풍요로워진 것이다. 만약 이성이 인간 사고의 최고 기관이라면, 진리의 기능은 서로 대립적인 갈망들을 인간의 내부에서 다시 붙들고 정리해야 하며, 그러한 갈망들 각각에 합당한 위치를 부여함으로써 그 정당성을 인정해주어야 한다. 허구만이 이성이 시간과 역사를 비껴나갈 수 있도록 해주며, 이성을 세계 내적 존재의 구체적인 요청과 아무런 관련 없이 순전히 형태적이기만 한 힘으로 만들 수 있다. 게다가 축소 지향은 자신의 고유한 힘으로만 축소된다면 실패할 수밖에 없다. 이러한 축소 지향이 존속할 수 있는 것은 처음에 거부했던 본질적인 에너지를 암암리에 다시 도입함으로써 가능해진다. 메를로 퐁티에 의하면, "철학자들이 이성을 역사 밖에 위치시키고자 할 때, 그들은 심리학, 사회학, 민족학, 역사학, 정신병리학이 인간 행위의 조건화에 대해 우리에게 가르쳐준 모든 것들을 완전히 망각해버릴 수 없다. 우리의 인식에 대한 부인 위에 이성의 통치를 위치시키려 한다는 것은 이성을 사랑하는 대단히 낭만적인 방법이 될 것이다."[1]

그러므로 문제는 이성을 잃어버리는 것이 아니라 이성을 구해내는 것이다. 전체적인 이성의 탐구는 원래 신화의 단언이 우리를 상상력, 정열, 감성으로 되돌리려는 데 비해 지성은 이러한 차원의 어떠한 영향도 인정할 수 없다는 이유로 신화의 단언을 거부할 수 없다. 인간이 가치의 토대를 감정적인 것에서 찾으려 하는 것이 무정부주의에 몸을 던지는 것은 아니다. 본능은 우리를 세상 속에 뿌리내리게 한다. 본능은 세계 내적 존재의 원시적인 방향 설정의 원칙을 제공해준다. 본능이 착란되어버린 인간은 소외된 자이며, 우리가 이성을 잃었다고 말할 수 있는 바로 그런 사람이다. 그러므로 자신이 촉진시킴으로써 연장하게 되는 본능으로부터 이성을 단절시킨다는 것은, 스스로를 가당치도 않은 소리나 지껄이는 사람으로 만들어버리는 것이다. 하지만 본능적인 몫을 받아들이는 것이 그것의 노예가 되는 것은 아니다. 그것은 그러한 몫을 판단할 수 있는 권리를 자신에게 부여하는 것이다. 이와 마찬가지로 사람들이 감정적인 것을 극복하게 되는 것은 거기에 복종함으로써만, 그리고 그 속에서 거부할 수 없는 진정성의 요소들을 재발

---

1. 『프랑스 철학회지』, 1947, p. 132. 몽테스키외의 말 참조: "이상한 일이다! 합리적인 일을 하는 것은 거의 이성이 아니며, 이성을 통해 이성에 도달하는 법이란 없다."

견함으로써만 가능하다.

그러므로 신화는 직설적으로나 조건부로만 받아들여져야 한다. 철학은 절대로 신화체계나 모든 시대의 우화의 표절이 되도록 요청받지 않는다. 차라리 신화학의 증언을 받아들이고 그 의미를 해독하는 것이 철학의 몫이다. 이미지의 마술이나 역사의 아름다움보다는 심오한 의도가 더 중요하다. 신화는 모든 인간적 가치에 대한 일종의 시험대를 제공한다. 그러므로 신화형태학이나 신화위상학은 통상적인 철학적 인간과는 아주 다른 구체적인 인간의 인식에 대한 서론이 될 것이다. 전통철학은 인간을 탈육화시키려는 노력을 기울이고 있다. 그리하여 보통의 인간은 그에게 자신의 이미지를 가져다줄 것이라고 여기던 지성화된 도식 속에서는 자신을 알아볼 수 없게 되었다. 또한 베르그송이나 사르트르와 같이 아주 드문 경우에서 보는 것처럼 철학자들이 특별한 지식 없이도 이해될 여지를 남겨줄 사상가는 동료 철학자들로부터 시류에 편승하고 자신의 성공을 속물근성에 빚지고 있다는 비난을 받게 된다. 아니면 사람들은 그러한 철학자를 문학 속에 빠져버렸다고 비난한다. 사실 현대에 들어와서 철학자가 포기해버린 구체적인 인간은 문학가, 특히 소설가의 자산이 되었다. 소설 속의 신화는 실제적인 인간을 직업적인 사상가보다도 더 충실하게 묘사해주고 있다. 그럼에도 불구하고 철학자의 임무란 인간 조건을 규명하는 것이다.

신화의 임무는 우리가 그에 대해 말할 수 있는 그 어떤 것보다도 훨씬 더 진실한 진리에 관한 감각으로 우리를 이해하는 것이다. 페드르 속에 나타나는 영혼의 신화와 트리스탄의 신화는 우리에게 직접 호소한다. 우리는 그 내적인 진리가 우리의 현존재의 의미를 드러내주는 존재의 알레고리 같은 것으로부터 충격을 받는다. 신화 속에는 설득력이 존재하지 않는다. 그 힘은 우리의 내부에 존재하며, 암시의 형태로 깨어나서 우리의 존재 전체를 장악하게 된다. 신화의 영속성이 우화의 위엄이나 문학의 마술에 기인하는 것은 아니다. 수천 년이 지났지만 우리는 여전히 그리스신화와 기독교의 계시 속에서 살아가고 있다. 심지어 신화가 보여주는 다원결정론은 여전히 신화의 의미를 새롭게 해나가고 있다. 즉 정령의 마차를 끄는 말, 그리스도의 십자가, 신화적 상징들은 우리의 내부에서 아주 효율적으로 작용한다. 이미지들 자체가 초월적인 타당성을 덧입고 있는 것처럼 보인다. 플라톤의 두 마리의 준마와 그들을 부리는 마부, 기독교적인 이미지, 포도나무, 빵, 우화들은 자신들의 모습 그대로이며 결코 다른 것일 수 없었다. 우리는 필연적으로 그리고 항상 그것들을 알고 있었던 것처럼 인식하게 된다.

실제로 어떤 놀라운 신비에 의해 신화는 자신의 고유한 언어로 각자에게 말을 걸어온다. 신화는 각각의 인간에게 특별한 계시를 가져다주며, 이를 통해 직업적인 신화학자의 온갖 객관적인 결정을 벗어나게 된다. 앙드레 지드는 이 점에 대해 다음과 같이 힘주어 말하고 있다. "그리스의 우화는 만약 제우스와 건배한다면 아무리 마셔대도 고갈되지 않는 필레몬[1]의 항아리와 유사하다. (……) 내 갈증이 바닥내는 우유는 몽테뉴가 목을 축였던 우유와 결코 동일한 것이 아니다. 또한 키츠나 괴테의 갈증이 라신이나 셰니에[2)]의 갈증도 아니다. 니체와 같은 다른 사람들이 오게 될 것이지만, 여전히 그들의 새로운 요구는 뜨거운 입술을 마르게 할 것이다. 하지만 신에 대한 존경심 없이 그 밑바닥을 보고, 그 기적의 비밀을 간파하려는 구실로 그 항아리를 깨뜨리는 사람의 손에는 깨어진 항아리 조각말고는 쥐어지지 않을 것이다. 신화학자들이 우리에게 자주 제시하는 것은 신화의 깨진 파편들이다."[2]

이렇게 해서 그림자에 홀려 먹이를 놓쳐버리는 어리석음을 범하지 않는 신화학 중의 신화학의 개념이 모습을 드러내게 된다. 아마도 이러한 신화학이 진정한 신화학이 될 것이다. 동시에 그것은 이성의 가장 비밀스러운 움직임과 신비, 즉 우리의 존재이유가 생겨나게 되는 함축적인 종말론이 기초하고 있는 처음이자 마지막 기준을 우리에게 제공해줄 것이다. 신화는 우리를 인

1) Philemon. 그리스 신화에서 프리지아 사람 바우키스의 남편.
2) André de Chénier(1762~1794): 프랑스의 시인.
2. André Gide, 『그리스 신화에 대한 고찰*Considérations sur la Mythologie grecque*』, 『지드 선집*Morceaux choisis de Gide*』, N.R.F., 1935, p. 185.

간의 양식으로 되돌려준다. 신화는 제시양식이나 표현형태뿐만 아니라, 무엇보다도 살아 있는 복합체로서의 근본적인 가치들의 매듭 구실을 한다.

신화는 이성의 종말이 아니라 차라리 이성의 시작이다. 또한 구체적인 이성은 신화학의 조종(弔鐘)을 울릴 것이 아니라 차라리 신화를 다시 다루고, 정당화하고 차별화하는 것을 임무로 삼아야 할 것이다. 신화는 인간 현실의 질료, 야만 상태의 가치들을 진술하며, 이를 통해 최선의 것과 최악의 것을 차별 없이 의미하게 된다. 정상을 향한 상승신화에 지옥으로의 하강신화가 대립되어 나타난다. 인간적인 것의 신화에 대립하여 근친상간, 살해, 전쟁, 카오스 등과 같이 비인간적인 것에 관한 신화가 괴물스럽게 피어난다. 신화란 인간적인 본질의 차원에 속한다. 그러므로 비판적 이성의 역할은 정화의 역할일 것이다. 비판적 이성은 그 가치의 인증에 의해 인간을 자연에서 문화로, 다시 말해 도덕으로 나아가게 한다.

신화는 순수하고 불순한 모든 가치들을 제안한다. 신화가 암시하는 모든 것을 용인하는 것은 신화의 몫이 아니다. 우리 시대는 힘과 종족의 신화가 자신의 매력이 아무런 제한 없이 실행될 경우 무섭게 폭발하는 것을 경험했다. 지혜는 균형이다. 신화는 제안하지만 배치하는 것은 의식이다. 신화가 아무런 통제를 받지 않으면 미쳐버리는 것은 아마도 너무 편협한 합리주의가 공공연히 신화를 경멸하고 있기 때문일 것이다. 신화를 인정하는 것이 이성을 거부하지 않는 것과 마찬가지로, 신화를 인정하는 것이 도덕을 거부하는 것은 아니다. 차라리 그와는 정반대이다. 즉 위대한 문명시대는 항상 자신들의 생활양식을 신화적인 이상이라는 형태로 정의했다. 스파르타의 전사들, 예의바른 아테네인들, 로마의 시민들, 중세의 기사, 인문주의자, 고전주의의 전형인 교양인은 주어진 시대에서 가장 고상한 가치를 구현하는 신화의 형태로 인간의 탁월함의 유형을 제시했다. 또한 어떤 정령이나 성자, 영웅과 같은 온갖 전투적인 지혜의 모델들 자체도 자신들의 이름을 실재했던 인간에게서 빌려오고 있다. 그런데 그것은 역사보다는 차라리 신화와 관련된 형태적인 완성으로 등장인물의 성격을 규정한다.

그러므로 신화학은 온갖 인간적인 가능성들의 목록과 세계 내적 존재를 이루고 있는 모든 함축적인 의도를 발전시키는 암호화된 기술(記述)을 제공해준다. 문화의 각 시기는 예술언어, 정치언어, 철학언어 등과 같이 그 시대의 언어 속에 인간의 구조를 표현하려는 작업을 다시 시작한다. 시대에 따라 표현형태들이 달라지기는 하지만 인류의 역사라고 하는 페넬로페의 옷감의 씨실은 여전히 그대로이다. 우리는 신화의 보증 속에서, 또는 이미 시대에 뒤떨어진 것으로 보이지만 신화를 그 시대에 맞추어주는 영감의 통일성 속에서 이와 같은 씨실을 발견한다. 신화는 시대의 획을 긋기도 하고 그렇지 않기도 한데, 그것은 신화가 인류와 동시대의 것이기 때문이다. 신화는 인간으로 하여금 시대 속에서 그 시대를 넘어서는 소명을 의식할 수 있도록 해준다.

신화적 의식이란 결국 모든 초월 확립의 근원을 이루고 있는 것으로 보인다. 완전한 인간의 표현으로서의 신화적 의식은 인간의 모든 갈망을 승화함으로써 그 권리를 인정한다. 신화적 의식은 본능적인 것을 영적인 것으로 격상시킨다. 게다가 매번 비판적인 오성은 자신에게 가해진 폭력에 저항한다. 비판적 오성에게 신화적 의식이란 우주를 황폐화하는 온갖 악들이 빠져나오는 판도라의 상자와도 같은 것이다.

하지만 신화적 의식의 영속성만이 신학, 존재론, 사회적인 교의 등과 같은 초월성의 온갖 형태들 — 다시 말해 신화적인 요청이 보여주는 그 많은 양식화들 — 을 통합시켜주게 된다. 여러 시대를 걸친 변화에 따른 초월성의 역사는 존재한다. 문화의 위기 순간들은 하나의 신화체계에서 다른 신화체계로의 이동과 부합하고 있다. 인간이 시간 속에 자리잡을 수 있도록 해주는 가치의 확립은 세계 자체와 동시에 쇄신된다. 이렇게 해서 역사철학이 신학의 대체물로 개입할 수 있었다. 어떤 시대에는 진보의 신화가 신에 대한 믿음으로 대체되었다. 역사에 참여하고자 하는 의식이 역사를 구원하고자 하는 의식을 대신하게 되었다. 그러나 신화 그 자체는 상반되는 명증함의 압력에 저항하지 않는다. 또한 신화의 죽음은 그 때문에 원시문명이 쇠퇴하게 된 존재론적인 절망을 생겨나게 할 소지가 있다. 러시아나 미국의 예가 잘 보여주는 것처럼, 힘있는 민족들은 자신의 신화에 대한 믿음을 지니고 있다. 서구 여러 나라들이 고통당하고 있는 것은 어떠한 신화체계도 그들 내부와 그들 사이의 일체감을 보장해주지 못하기 때문이다. 서구 국가들은 자신들의 생기 있는 균형을 보장해줄 수단을 찾고 있다.

그러므로 신화적 요청이 사라져버려야 할 운명에 처한 것 같지는 않다. 신화적 요청은 자신의 질료와 표현양태들을 새롭게 해나갈 수 있다. 하지만 의도는 여전히 동일하다. 왜냐하면 신화적 의식은 인간의 존재론적인 균형을 조절해주는 최고 심급을 가리키고 있기 때문이다. 신화적 의식은 시간을 포괄하고 초월하는 충만함 속에서 인간 운명의 심오한 노래를 드러내준다. 노발리스는 "신화체계는 원형들의 세계사를 간직하고 있으며 과거, 현재, 미래를 포함하고 있다"[3]고 적었다. 또한 키에르케고르 역시 단호한 표현으로 다음과 같이 지적하고 있다. "신화체계는 영원성이라는 관념을 시간과 공간의 범주 속에 유지하는 데 있다."[4]

---

3. 노발리스, 『꽃가루 알갱이*Grains de pollen*』(1798), 『소품들』, 비앙키 역, Aubier, 1947, p. 77.
4. 장 발, 『키에르케고르 연구』, Aubier, 1938, p. 444에서 재인용.

옮긴이의 말

1

신화와 형이상학은 어떤 관계가 있을까? 귀스도르프는 1953년 '철학개론'이라는 부제를 붙여 처음으로 출간한 이 책의 1983년판 서문에서 이제는 아무도 의아스럽게 생각하지 않는 이 질문을 검토하는 것이 이 책의 목적임을 밝히고 있다. 오로지 이성만이 인간사유를 지배하는 것으로 보는 시대였다면 '신화'와 '형이상학'의 관계를 묻는 질문은 황당하게 들렸을 것이다. 합리철학의 입장에서 보자면 신화와 형이상학이라는 두 단어는 절대로 자리를 함께할 수 없기 때문이다. 결론적으로 귀스도르프는 이 책에서 신화와 형이상학이 별개의 것이 아니라, 신화학은 "최초의 형이상학"이고 형이상학은 "제2의 신화학"이라고 선언하고 있다.

귀스도르프는 오늘날 "차라리 이성으로 돌아갈 것을 권해야 할" 정도로 신화에 대한 논의가 확대된 상황이라고 진단한다. 여러 분야에서 이루어지고 있는 신화에 대한 논의는 과연 이성만이 인간현상을 바라보는 절대적인 기준일 수 있는가 하는 의문을 제기하게 만든다. 멀게는 소크라테스의 사유에 의해, 가까이는 데카르트 철학을 통해 이성은 인간사유의 절대적인 기준으로 자리잡게 되었다. 제국주의 시대를 거치면서 이성중심의 사유는 전 세계적으로 확산되었다. 그러나 이성중심주의는 서구인들, 그중에서도 근대 서구인들의 것일 따름이다. 전통사회를 보존하고 있던 원주민들의 사유방식은 서구인의 그것을 받아들일 수 없었다. 그 결과 전통사회는 급격한 혼란에 빠져들게 되었다. 거기서는 추론적 형이상학이 아닌 신화가 삶의 기준이었기 때문이다. 하지만 오늘날 합리주의를 따르는 서구인들은 우여곡절 끝에 원주민들에게서 자신들이 잃어버렸던 "예술, 진리, 지혜의 비밀"을 구하는 상황에 이르렀으며, 자신들의 신화인 그리스 로마 신화의 본래 모습을 다시 보려 하고 있다는 것이 귀스도르프의 견해이다.

오늘날 이 같은 상황 속에서 신화는 과연 인간의 삶에 어떤 의미를 부여하고 있는가? 이것이 바로 이 책에서 귀스도르프가 제기하고 있는 궁극적인 질문이다. 철학을 본질적으로 인간 삶에 의미를 부여하는 것으로 본 저자에게 신화에 대한 문제제기는 철학의 근본문제이다. 왜냐하면 형이상학적 사유가 형성되기 전에 인간의 삶에 의미를 부여하고 삶의 방향을 잡아주던 것이 바로 신화이기 때문이다. 프랑스의 경우 이성중심의 철학은 데카르트 철학으로 본격적으로 그 모습을 드러낸 후 계몽주의 시대의 많은 철학자들에 의해 강화되고 오귀스트 콩트의 실증주의에 이르러 절정에 달했다. 이러한 공식 철학의 흐름은 이성을 인간현상의 유일한 계량기로 만들었다. 따라서 이성의 부재는 유년기적 사고로 인식되어왔던 것이다. 콩트의 경우 인간사유가 신학의 단계에서 형이상학의 단계를 거쳐 실증의 단계로 나아간다고 보았으며, 그것을 인간사유의 발전이라고 간주했다. 그것은 이성적 사유의 점진적인 확대 과정이지만, 거꾸로 보자면 신화적 사유의 축소 과정이다.

귀스도르프는 이 책에서 신화적 사유를 형이상학 속에 포함시킴으로써 "형이상학의 영역 확장"을 시도하고 있다. 여러 가지 다양한 양상으로 드러나고 있기는 하지만, 원시인의 경우 신화는 "지구상의 어느 곳에 인간을 정착시키는 것"을 목적으로 하며, 현대인의 경우 철학은 "세계 내에서의 인간의 계획과 운명의 의미를 밝히는 것"을 목적으로 하고 있다. 이런 점에서 신화와 철학은 동일한 기능을 지니고 있다는 것이다. 그런데 근대 이후 서구인은 이성의 승리로 존재의 뿌리를 상실하고 자기 땅에서 소외되어 이방인으로 존재하게 되었다. 철학의 역할은 인생의 전반적인 방향을 잡아주면서 인간에게 삶의 의미를 부여하는 것이다. 전통사회의 원주민들에게 이런 역할을 해주고 있는 것은 바로 그들이 현실과 구분하지 않고 있는 그대로 받아들이고 있는 신화이다.

귀스도르프는 철학하는 것을 '죽는 것을 배우는 것'이라고 본 고전시대의 한 철학자의 표현을 빌려, 철학이란 내가 어디에서 왔으며, 어디에 있으며, 결국 어디로 가는 것인지 아는 것이라고 지적한다. 그에 따르면, 신화적 사유를 믿는 사람은 오늘날 철학이 인간에게 부여하는 의미를 분명히 알고 있다. 철학의 선사시대라고 할 수 있는 신화시대에는 신화가 신화로 인식되지 않고 현실 그 자체로 받아들여졌다. 즉 신화시대의 인간은 자연으로부터 분리되어 있지 않았으므로, 주변환경도 인간과 동일한 현실성을 지니고 있었다. 주변환경과 사물은 나와의 관계에서 단순한 대상으로 존재하는 것이 아니라 인간과 동등한 자격을 갖는다. 가령 '내'가 어떤 물건을 (대상으로) 갖기를 원하는 것이 아니라 오히려 어떤 물건이 (주체가 되어) '나'를 끌어당긴다.

인간은 이러한 신화적 의식이 지배하던 단계에서 벗어나 역사의 단계로 진입하게 된다. 귀스도르프는 신화시대에서 역사시대로의 진입이 가져온 가장 두드러진 특징으로 개인성의 확립을 들고 있다. 신화시대는 비개성이 지배하던 시기였다. 그때 개인은 자신이 속한 인간집단으로부터도, 자연환경으로부터도, 신으로부터도 분리되어 있지 않았다. 하지만 역사시대로 진입하면서 자아, 신, 세계는 서로 분리된다. 귀스도르프에 따르면, 소크라테스는 이전까지만 해도 당연하게 받아들여지던 집단적 재현에 종언을 고하고 개성의 자유로운 검토를 지지함으로써 서구철학의 역사상 공식적으로 신화체계에 종언을 고한 사람이 되었다. 하지만 소크라테스가 실질적으로 신화시대에 종말을 고한 것은 아니다. 왜냐하면 그 이전에도 소포클레스나 에우리피데스 등의 작품이 이미 신화가 문학으로 타락해가는 분명한 과정을 보여주고 있기 때문이다. 이제부터 신화는 위대한 작가들의 창조적인 상상력이 만들어내는 아름다운 이야기에 불과하게 된다. 신화가 단지 상상력과 시의 소재가 되어버린 것이다.

이어서 반성적 사고가 나타난다. 반성적 사고는 신화의 무지(無知)에 종지부를 찍는다. 그리하여 인간은 더이상 신화가 보장해주는 명증함에 끌려다니지 않게 되고 인간존재는 분열 위에, 다시 말해 자아와 세계, 자아와 자아, 자아와 신의 분리 위에 기초하게 된다. 그러나 신화가 보장해주고 있었지만 반성적 사고가 파괴해버린 존재론적 장소가 소멸됨에 따라 불안과 고뇌를 발생시키는 일탈이 생겨나게 된다. 그리하여 반성적 의식은 성스러운 것에 대한 원시인의 경험을 발전시켜 종교를 낳는다. 원시인의 의식에서 인간과 신의 관계는 연루와 참여의 관계였지만, 반성적 의식은 신을 신격화하고 인간을 인간화함으로써 인간의 역사를 신화체계와 구분한다. 신들이 인간으로부터 멀어져서 세상 밖에서 신적인 삶을 살게 되면서부터 인간의 질서와 신의 질서라는 두 영역을 가지는 이원론이 생겨나는데, 이 두 영역은 서로 완전히 이질적이다.

하지만 반성적 사고에 의한 신화의 추방은 결정적인 것이 아니었다. 콩트의 공식에 따른 신화적 의식의 파괴나 브룅슈비크나 19세기 과학주의의 방법에 따른 신화의 축소는 현실 속에서 극복할 수 없는 저항과 거절이라는 난관에 봉착했기 때문이다. 그것은 전통사회의 원시인들에게는 전혀 맞지 않는 것이었다.

전통사회에서 신화적 의식은 "안보체계"이자 "공동체의 유지원칙"으로서, 인간과 사물의 "존재이유"와 "우주의 힘과 조화롭게 일치할 수 있는 가능성"을 보장해주었다. 반성적 사고 역시 항상 자신과 자신, 자신과 타인, 자신과 세계 사이의 평화상태를 추구한다. 그것은 인간이 환경 속에서 편안하게 지낼 수 있게 하는 존재론적 방향설정의 원칙이다. 이런 점에서 보자면 반성적 의식과 신화적 의식은 서로 배척하지 않으며, 그렇기 때문에 그 둘 사이에 선택의 문제란 존재하지 않는다. 신화적 의식은 이성에 대한 거부를 의미하는 것이 아니라 오히려 이성이 더 폭넓어지고 풍요로워진 것이라고 할 수 있다.

귀스도르프에 따르면, 철학이란 결국 신화학의 증언을 받아들이고 그 의미를 해독하는 것을 본분으로 한다. 신화는 모든 인간적 가치의 시험대이다. 실제로 현대에 들어와서 철학자가 포기해버린 구체적 인간은 문학가, 특히 소설가의 자산이 되었다. 소설 속의 신화는 직업 사상가보다도 더 충실하게 실제적인 인간을 묘사하고 있다. 철학자의 임무란 인간조건을 규명하는 것이며, 신화의 임무는 우리를 이해하는 것이다. 신화는 이성의 종말이 아니라 이성의 시작이다. 또한 구체적 이성은 신화학에 조종(弔鐘)을 울릴 것이 아니라 차라리 신화를 다시 다루고 정당화하고 그 특성을 밝히는 것을 임무로 삼아야 할 것이다. 신화적 의식이란 모든 초월확립의 근원을 이루고 있다. 완전한 인간을 표현하는 것으로서의 신화적 의식은 인간의 모든 갈망을 승화시킨다. 근대인의 삶에 의미를 부여하고 있는 형이상학은 신화학의 투영일 따름이다. 그리하여 귀스도르프는 이 책에서 현대의 형이상학자들에게 그림자에 홀려 먹이를 놓치지 말 것을 충고하면서 "최초의 형이상학"으로서의 신화학의 입지를 구축하고자 한다.

2

이 책의 저자인 귀스도르프는 1912년 보르도의 프로테스탄트 가정에서 태어나 파리 고등사범학교를 졸업했다. 그후 소르본 대학에서 레옹 브룅슈비크의 지도 하에 철학공부를 시작하지만 그는 스승이 제시하는 극단적 합리주의에 동의하지 못하고 그의 곁을 떠나고 만다. 스승과의 결별은 두 사람에게 깊은 회한을 안겨주었다. 브룅슈비크와의 관계는 2차 세계대전이 발발하여 귀스도르프가 포로수용소에 수용되고 브룅슈비크가 전쟁중에 사망함으로써 결정적인 것이 되고 만다. 하지만 스승에 대한 인간적인 존경심만은 변하지 않았다. 귀스도르프는 1983년판 서문에서 이 책이 "사라져버린 스승을 마주하고 정당화하려는 시도"이며 "영원한 철학의 의연한 증인에 대한 경의의 총체"였다고 고백한다. 그럼에도 불구하고 귀스도르프는 이성의 부재를 치명적인 것으로 보는 극단적 합리주의에 갇혀 있을 수 없었던 자유로운 정신의 소유자였다.

전쟁중 그는 포로수용소에서 훗날 자신의 학위논문의 기초가 될 연구를 진행한다. 이 작업은 수용소라는 제한된 공간 안에서 비평서와 연구서 등과 같은 참고자료의 도움 없이, 거의 일차적인 텍스트들의 도움만으로 이루어진 것이었다. 전쟁이 끝나고 그는 포로수용소에서 풀려나 고등사범학교에서 조교생활을 하게 되는데, 당시 그 학교의 학생으로 철학교수 자격시험을 준비하고 있던 미셸 푸코, 루이 알튀세 등과 만난다. 이들의 증언에 따르면, 그는 학생들에게 대단히 엄격했으며, 이상한 미소를 지으며 "그 친구들 뭔가에 홀렸어"라고 말하곤 했다고 한다. 그만큼 그는 마르크스주의와 구조주의에 비판적이었다.

1948년, 그는 가스통 바슐라르를 지도교수로 하여 수용소에서 초안을 작성해 가지고 나온 「자아의 발견*La Découverte de Soi*」이라는 논문으로 박사학위를 받는다. 그는 이 점에 대해서 이 책의 1983년판 서문에서 간략하게 언급하고 있다. 포로수용소에서의 경험은 그의 삶에 커다란 이정표로 남게 되는데, 거기서 그는 공동체에서 벗어나 있는 인간적 유대감과 강력한 영적(靈的) 삶을 경험하게 된다. 여기서의 경험은 당시로서는 철학자들의 관심사라고 할 수 없었던 자서전이라는 분야에 관심을 갖게 되는 계기가 된다. 이것은 학위논문과도 관련이 있으며, 만년에 출간한 두 권으로 이루어진 대작 『삶의 선(線)*Lignes de Vie*』(제1권 『자아의 글쓰기*Les Ecritures du Moi*』, 제2권 『자서전Auto-bio-graphie』)을 탄생시킨다.

그후 그는 조르주 캉길렘의 부름으로 스트라스부르로 가서 은퇴할 때까지 일반철학과 논리철학 교수로 재직하면서 많은 책을 저술한다. 68 혁명 당시에는 학생들의 반항에 분개하여 잠깐 퀘벡으로 가서 지내지만 혁명의 열기가 가라앉자 다시 스트라스부르로 돌아온다. 은퇴 후 그는 고향 부근인 아르카숑에서 조용히 지내다 2000년 세상을 떠났다. 그는 실존주의의 입장에서 철학을 구체적 인간학으로 보려 했지만, 실존주의를 중심으로 한 앙가주망의 시대에 혼란스런 사상투쟁의 대열에 뛰어들지는 않았다. 구조주의의 현란한 부상과 쇠퇴를 목격하면서 그는 지나치게 유행을 추종하는 철학을 거부했다. 그래서 평생 동안 이 책에서 그가 표현한 대로 "추론적 이성이라는 사각의 링"에서 빠져나와 현실의 여러 사상논쟁에 개입하지 않았던 것이다. 그 결과 그는 수많은 논쟁으로 점철된 자신의 시대에서 거의 입지를 차지하지 못했다.

그만큼 그는 합리주의를 중심으로 한 공식철학의 대열에서 벗어나 있었다. 이런 이유로 그가 소르본 대학의 문을 두드렸을 때, 당시 철학연구소 소장이었으며 그와도 친분이 있던 페르디낭 알키에Ferdinand Alquié는 귀스도르프의 정신적 자유로움과 키에르케고르뿐만 아니라 니체의 사상에도 기울어진 듯한 그의 신랄함 때문에 그를 받아들이지 않았다. 그만큼 그는 소르본 대학이 지켜오고 있던 엄격한 합리주의 철학과는 거리가 멀었다고 할 수 있다. 이 책의 1983년판 서문에서 언급하고 있는 것처럼, 귀스도르프가 보기에 철학자란 인간의 삶에 의미를 제공하는 사람이다. 그러므로 철학자의 임무는 동시대인들이 전반적인 혼란 속에서 방향을 잡을 수 있도록 돕는 것, 이 책에서 그가 표현한 바에 따르면, 문명의 초기에 오이디푸스에게 던져진 질문, 즉 인간에 대한 질문에 대답을 찾아나가는 사람이다. 이처럼 그는 의미가 사라져버리고 비의미가 득세하는 세상에서 인간의 삶에 의미를 부여하고 삶의 방향을 잡는 데 철학적 성찰을 집중시켰다.

그는 여러 방면에 걸쳐서 많은 책을 펴냈는데, 일반철학과 관련된 책으로는 학위논문인 「자아의 발견」(1948)을 시작으로 『희생의 인간적 경험*L'Expérience Humaine du Sacrifice*』(1948), 『도덕적 경험론*Traité de l'Expérience Morale*』(1949), 『기억과 인간*Mémoire et Personne*』(1951), 『신화와 형이상학*Mythe et Métaphysique*』(1953), 『말*La Parole*』(1953), 『형이상학론*Traité de Métaphysique*』(1956), 『억지 미덕*Le Vertu de Force*』(1957), 『인문과학서론*Introduction aux Sciences Humaines*』(1960) 등이 있다. 그리고 사회문제를 다룬 책으로는 『왜 교수들인가?*Pourquoi des Professeurs?*』(1963), 『문제의 대학*L'Université en Question*』(1964), 『성령 없는 성령강림절, 대학*La Pentecôte sans l'Esprit Saint, Université*』(1968), 『프랑스와 미국의 혁명들*Les Révolutions de France et d'Amérique*』(1988) 등이 있으며, 만년인 1991년에는 젊은 시절 수용소에서부터 관심을 가져온 자서전이라는 주제에 관해 두 권으로 된 저서 『삶의 선』(제1권, 『자아의 글쓰기』, 제2권 『자서전』)을 출간한다.

특히 그는 1966년부터 1988년까지 20여 년 동안 『인문과학과 서구사상 *Les Sciences humaines et la Pensée occidentale*』이라는 제목 하에 열네 권으로 된 방대한 저술을 내놓았다. 그 제목만 살펴보아도 그의 관심사가 얼마나 폭넓었는지 알 수 있다. 제1권 『과학의 역사에서 사상의 역사로*De l'Histoire de la Science à l'Histoire de la Pensée*』(1966), 제2권 『인문과학의 기원*Les Origines des Sciences Humaines*』(1967), 제3권 『갈릴레오의 혁명(전2권)*La Révolution Galiléenne(2 vols)*』(1969), 제4권 『계몽주의 시대의 사고의 원칙들*Les Principes de la Pensée au Siècle des Lumières*』(1971), 제5권 『계몽주의 시대의 신, 자연, 인간*Dieu, la Nature, l'Homme au Siècle des Lumières*』(1972), 제6권 『계몽주의 시대의 인문과학의 도래*L'Avènement des Sciences Humaines au Siècle des Lumières*』(1973), 제7권 『계몽주의 시대의 낭만적 의식의 탄생*Naissance de la Conscience Romantique au Siècle des Lumières*』(1976), 제8권 『혁명적 의식: 관념론자들*La Conscience Révolutionnaire: Les Idéologues*』(1978), 제9권 『낭만적 지식의 토대들*Fondements du Savoir Romantique*』(1982), 제10권 『낭만적 지식 속에 나타난 허무에서 신까지*Du Néant à Dieu dans le Savoir Romantique*』(1983), 제11권 『낭만적 인간*L'Homme Romantique*』(1984), 제12권 『자연에 대한 낭만적 지식*Le Savoir Romantique de la Nature*』(1985), 제13권 『해석학의 기원*Les Origines de l'Herméneutique*』(1988).

3

인간은 이성적인 존재라고 한다. 하지만 그뿐일까? 만약 그렇다면, 우리가 주위의 많은 사람들에게서뿐만 아니라 우리 자신 속에서도 발견하는 이성과 무관한 많은 것들은 설명되지 않는다. 그리고 우리는 오로지 이성적으로만 사유하고 행동하는 데 시간을 보내지 않는다. 어쩌면 우리가 보내는 시간 중에는 이성이 지배하는 부분보다 그렇지 않은 부분이 훨씬 더 많을지도 모른다. 무엇보다도 우리는 많은 시간을 '상상하는 데' 보낸다. 우리의 사유는 많은 시간을 일상의 세속적 공간을 떠나 완전히 다른 공간 속을 떠돌아다닌다. 우리는 이러한 행위를 통하여 어떠한 거리낌도 없이 이성의 한계와 그에 기초한 현실의 한계를 넘어선다. 철학이 "세계 내에서의 인간의 계획과 운명의 의미를 밝히는 것"이라는 자신의 임무에 충실하기 위해서는 인간 삶의 이성적인 부분만을 탐구대상으로 삼아서는 안 된다. 진정한 의미에서의 철학이 인간사유의 모든 영역을 포괄할 수 있어야 한다는 것은 너무나 당연한 일이다. 바로 여기서 인간사유의 뿌리로서의 신화와 그에 대한 논의의 중요성이 생겨나게 된다.

우리말로 서툴게 옮겨 출판사에 넘긴 원고가 다시 역자의 손에 돌아오기까지는 많은 시간이 흘렀다. 우여곡절 끝에 빛을 보게 된 이 책에 대해 여러 가지 소회가 없는 것은 아니지만 일일이 열거할 필요는 없을 것이다. 신화와 상상력에 대한 관심 때문에 역자의 손에 들어온 이 책의 번역작업은 그다지 쉬운 일은 아니었다. 귀스도르프의 이 책은 신화 속에서 '대시간'과 '대공간'을 읽어내고 전통사회의 원시인들의 행동모범을 찾아내고자 한다는 점에서 엘리아데의 글들과 멀리 있지 않고, 신화를 철학적 사유의 일부분으로 보고자 한다는 점에서는 질베르 뒤랑의 치밀한 분석과 그 궤를 같이하고 있다. 약간 다른 맥락이긴 하지만 이 책은 가스통 바슐라르의 글과 같은 편안함마저도 준다. 저자 자신이 인간의 삶을 논리적이고 합리적인 구도 속에서가 아니라 구체적인 현실 속에서 파악하고자 한다는 점에서 역자에게 그의 사유가 그다지 어렵게 느껴지지는 않았다. 이러한 편안함을 번역의 정확함으로 연결짓지 못한 역자의 부족함이 못내 아쉽다.

많은 부분을 재검토하고 싶지만 그 일은 다음으로 미루어야 할 것 같다. 이 일을 위해 수고한 모든 사람들에게 감사하다는 한 마디 말을 전하고자 한다. 번역 원문으로는 플라마리옹(Flammarion)사에서 1984년에 간행한 *Mythe et Métaphysique-Introduction à la Philosophie*를 사용했다.

2003년 겨울
김점석

찾아보기

| ㅅ |

| ㅊ |

| ㅎ |

옮긴이 **김점석**
서울대 불문과를 졸업하고 동대학원에서 「쥘리앵 그린의 초기소설 연구」로 문학박사학위를 취득했다. 프랑스 부르고뉴 대학교 철학과 DEA를 취득했다. 논문으로 「담론언어학과 해석학」, 「구조 개념의 변화와 그 의미」 등이 있으며, 콩트의 『실증주의 서설』을 번역했다. 현재 강원대, 서울대, 한국교원대에 출강하고 있다.

문학동네 교양선
신화와 형이상학

1판 1쇄 | 2003년 12월 30일
1판 2쇄 | 2007년 10월 15일

지 은 이 | 조르주 귀스도르프
옮 긴 이 | 김점석
펴 낸 이 | 강병선
책임편집 | 최정수 김지연
펴 낸 곳 | (주)문학동네
출판등록 | 1993년 10월 22일 제406-2003-000045호

주 소 | 413-756 경기도 파주시 교하읍 문발리 파주출판도시 513-8
전자우편 | editor@munhak.com
전화번호 | 031) 955-8888
팩 스 | 031) 955-8855

ISBN 89-8281-784-0 03160
www.munhak.com